你一定要知道的

资治通鉴故事

1

中国华侨出版社
·北京·

你一定要知道的

资治通鉴故事

汪阳 编

（全4册）

①

中国华侨出版社

·北京·

图书在版编目（CIP）数据

你一定要知道的资治通鉴故事：全4册 / 汪阳编 . — 北京：中国华侨出版社，2012.9（2024.11 重印）.

ISBN 978-7-5113-2780-2

Ⅰ . ①你… Ⅱ . ①汪… Ⅲ . ①中国历史－古代史－编年体－通俗读物 Ⅳ .

① K204.3－49

中国版本图书馆 CIP 数据核字（2012）第 184467 号

你一定要知道的资治通鉴故事：全 4 册

编　　者：汪　阳		
责任编辑：张亚娟		
经　　销：新华书店		
开　　本：645 毫米 ×915 毫米　1/16 开	总印张：32	总字数：580 千字
印　　刷：德富泰（唐山）印务有限公司		
版　　次：2012 年 9 月第 1 版		
印　　次：2024 年 11 月第 3 次印刷		
书　　号：ISBN 978-7-5113-2780-2		
定　　价：160.00 元（全 4 册）		

中国华侨出版社　北京市朝阳区西坝河东里 77 号楼底商 5 号　邮编：100028

发 行 部：（010）64443051　　传真：（010）64439708

如发现印装质量问题，影响阅读，请与印刷厂联系调换。

前　言

　　《资治通鉴》是我国北宋史学家司马光主持编写的一部规模空前的编年体史学巨著，由宋神宗取意"鉴于往事，有资于治道"而赐名。该书自成书以来，历代帝王将相、文人骚客、各界要人，竞相传阅，争读不止。它与《史记》并称"史学双璧"。

　　司马光自幼酷爱史学，他深感历代史籍浩繁冗杂，除《史记》之外多数为断代史，不便参阅，使学习历史的人困难重重，同时他为了给封建统治者提供历史借鉴，于是决定编一部"删削冗长，举撮机要，专取关国家盛衰，系生民休戚，善可为法，恶可为戒"的史书，并确定此书的宗旨是"鉴前世之兴衰，考当今之得失，嘉善矜恶，取是舍非"。英宗治平三年（公元1066年），他将记载战国、秦朝历史的《通志》呈进朝廷，获得赏识，并受诏设局续编。书局始辟于开封，后迁至洛阳，设主修、同修、书吏多人。宋神宗曾专听司马光进读书稿，并御撰书序，以示褒奖。元丰七年，全书完成，历时19年。

　　《资治通鉴》记载了上自周威烈王二十三年（公元前403年），下至后周世宗显德六年（公元959年），共1362年的历史，内容以政治、军事和民族关系方面为主，兼及经济、文化和历史人物评价，全面展示了几十个政权的兴亡过程，博大精深，通古今之变，有"网罗宏富、体大思精，为前古之所未有"的美誉。全书卷帙浩繁，共294卷，《周纪》5卷，《秦纪》3卷，《汉纪》60卷，《魏纪》10卷，《晋纪》40卷，《宋纪》16卷，《齐纪》10卷，《梁纪》22卷，《陈纪》10卷，《隋纪》8卷，《唐纪》81卷，《后梁纪》6卷，《后唐纪》8卷，《后晋纪》6卷，

《后汉纪》4卷，《后周纪》5卷，另外《目录》30卷，《考异》30卷。

《资治通鉴》全书文字简练，体例严谨，脉络分明，对后世史学产生了巨大影响。自《资治通鉴》出现后，一度中衰的编年史书体裁才得重整旗鼓，并加以发展起来。但《资治通鉴》也有它的不足之处，在体例上有可以改进的地方，尤其是列在同一年代下的历史叙述常常缺乏相关性，同一事件的来龙去脉也不可避免地分散开来，这些都给现代读者带来了阅读和理解上的不便。鉴于此，我们选取《资治通鉴》中的精华部分，以符合现代读者阅读习惯的体例，重新编撰了其中的经典故事，推出了这部《你一定要知道的资治通鉴故事》。

本书为了方便读者阅读，分为四册，精选了原著中200多个最经典的故事，按历史时间顺序对其进行整理编撰，通过科学的体例和创新的形式，全方位、新视角、多层面地呈现这部中华文明巨著，力求在知识性、趣味性和启发性等方面达到全新的高度。除了一个个语言通俗生动的故事，书中穿插有大量知识链接，内容涉及典故、成语、政令、民俗、人物、事件、科技等诸多方面，极大拓展丰富了与原文相关的知识。书中还选配了200多幅精美图片，有历史文物和遗迹照片、战争示意图、帝王名臣画像、历代人物名画等，这些图片将历史真实、直观、生动地呈现在读者面前，既帮助读者理解历史，摄取知识，又营造了赏心悦目的阅读空间。

宋末元初胡三省评价说："为人君而不知《通鉴》，则欲治而不知自治之源，恶乱而不知防乱之术；为人臣而不知《通鉴》，则上无以事君，下无以治民；为人子而不知《通鉴》，则谋身必至于辱先，作事不足以垂后。"经典经得住时间的考验，时至当今，无论是哪类人，仍然都能从《资治通鉴》中汲取营养，所获得的也不只是历史知识，读故事品人物的趣味，更可从中总结历史发展的规律，获得各方面的人生经验和启示。走进这本书，在故事中畅读历史，在历史中汲取智慧。

目　录

秦 纪

周　纪

　　周朝分为西周和东周两个时期。西周约从公元前1046年周武王灭商朝起到公元前771年周幽王被申侯和犬戎所杀为止，共经历11代12王，历经275年左右。公元前770年，申侯和其他一些诸侯立周平王为天子，平王将京都从镐京（今陕西西安西南）迁至洛邑（今河南洛阳西），历史上称东迁以后的周王朝为东周。

　　从周朝开始，境内各个民族与部落不断融合。周王为了巩固其统治地位，采取了"众建诸侯、裂土为民"的分封制。"井田制"是周朝社会生产关系的基础，也是贵族赖以生存的经济基础，农业仍旧是社会经济的主要部门。

　　周王朝建立以后，仍不断用兵，常和荆楚、鬼方、猃狁、东夷、淮夷等邻邦发生战争，互有胜负，但更多的则是与邻邦的友好往来和经济文化交流。

赵魏韩三家分晋

晋国自晋文公之后，国君的权力日渐衰弱，晋国的大权掌握在智、赵、魏、韩四大家族的手中，尤以智家势力最大。当初，智宣子打算立智瑶做继承人。智果得到消息后就劝他说："我觉得立智瑶不是最好的选择，不如改立智宵。虽然智瑶有很多方面超过了一般人，但是他却有一个方面是致命的缺点。"

智宣子听到后问："那你说说看，智瑶有什么致命的缺点？"

智果回答说："智瑶虽然很聪明，但是做起事来却不仁不义。如果让他继承爵位的话，恐怕我们智氏就要灭亡了啊！"

智宣子听后不以为然，没有听从智果的劝告。

智宣子死后，智瑶成为智家的族长，并掌握了晋国的大权，称为智襄子，而晋国也开始走向衰亡。

这个智瑶果然像智果说的那样，虽然具有治理国家的才能，但是却专横跋扈，残暴无道。有一天，智瑶找来了大夫韩康子和魏桓子，与他们一起在蓝台喝酒。酒席间，智瑶不但戏弄了韩康子，而且还侮辱了他的家臣段规。

智瑶又提出让韩康子把地割让给他，韩康子听后本来不愿给，可是段规却说："先不要着急，我们不如答应他的条件。这个智瑶既贪婪又凶狠，如果我们不给他，他一定会派兵讨伐我们的，以我们的实力，肯定会战败。"

韩康子觉得段规说得有道理，就把一块非常好的地给了智瑶。这下智瑶尝到了甜头，紧接着又向魏桓子要地。这魏桓子本来也不想给，可是他手下的谋士任章劝他说："智瑶现在无故向自己的大夫索要土地，一定会招来很多人的怨恨。不过，现在还不是和他硬拼的时候，不如答

三家分晋示意图

应他的要求，助长他的骄横气焰。这样一来，智氏恐怕就离灭亡的时间不远了。"

魏桓子觉得任章说得有理，也给了智瑶很好的一块地。于是，智瑶又向赵襄子索要土地。

赵襄子说什么也不答应智瑶的要求。智瑶还从来没被人拒绝过，一气之下就联合韩魏两家的军队一起攻打赵襄子。

赵襄子一看形势危急，就按照他已故父亲的指示，投靠了晋阳（今山西太原西南）的尹铎。

智瑶一看赵襄子跑了，马上带兵包围了晋阳。为了逼死赵襄子，智瑶命人引水灌淹晋阳，大水很快就淹没了整个晋阳城。即使是这样，晋阳城内的百姓也没有一丝要投降的意思。智瑶趾高气扬地坐在车上，冷笑了几声，说道："原来，一场大水也可以灭亡一个国家啊！"

听到这些话，韩康子偷偷地用胳膊碰了一下魏桓子，魏桓子也用脚偷偷地踩了一下韩康子，两人都明白什么意思，就谎称要去引水淹城，

木铎

商周时期，政府组织比较简单，没有那么多的行政人员。政府需要传达政令时，便由一种叫作道人的政府官员到民间走街串巷传达，同时官员也顺便采集民风，因此这种官员可谓是兼具上令下达和下情上达两个功能，是政府与社会的直接连接者。木铎是道人巡行各地随身所带的器具，是一种带木柄的金属铃铛，类似于走街串巷的小贩所拿的拨浪鼓。道人正是用这个东西将大家召集起来发布政令。因此，木铎经常象征了王道。后来，孔子周游列国时，一个卫国的小地方官因为被孔子的个人魅力所折服，说"天将以夫子为木铎"，意思是将孔子比作上天的代表。从此，木铎便也象征天道。

纷纷退了出去。

郗疵觉得事情不对，就对智瑶说："主公，我看这两个人一定会谋反的。"

智瑶奇怪地问他："哦？你怎么知道的？你凭什么这么说？"

郗疵回答说："我是从他们的表现判断出来的！你想，他们两家和我们一起攻打赵氏，眼看赵氏就要灭亡，他们马上就能分到赵国的土地，可为什么还愁眉不展呢？我觉得，他们一定是有所顾虑，想要谋反。"

第二天，智瑶把郗疵的话一五一十地全都告诉了韩康子和魏桓子。两人听后吓出了一身冷汗，赶忙辩解说："不不！这个家伙其实是在为赵襄子办事啊！他想挑拨我们之间的关系，使我们不能攻下赵氏。您想，我们难道放着赵家的土地不要，却偏偏去谋划什么不可能成功的事吗？"

智瑶觉得有道理，就放他们两个走了。这时，郗疵也走了进来，就问智瑶："您是不是把我的话告诉他们了？"

智瑶说："是啊，你怎么知道的？"

郗疵回答说："我刚才看他们二人神色慌张，不敢看我。可见，这两个人已经知道我揭穿了他们的阴谋啊！"

可是，这时的智瑶已经完全听不进劝告了，反而派郗疵去出使齐国。后来，赵襄子和韩康子、魏桓子联合起来，用水淹的办法打败了智瑶。最后，他们将智瑶和他的族人全部杀死，只留下了辅氏。

周威烈王二十三年（公元前403年），韩、赵、魏三家灭了智氏，被周天子封为诸侯，晋国遂亡。

豫让刺杀赵襄子

豫让，春秋时期晋国人。他曾经侍奉过晋国的大夫范氏和中行氏，但没有得到重用。后来，他又投靠在大夫智氏的门下。智瑶很赏识他的才华，非常器重他，所以豫让对智瑶感激不尽。

韩、魏、赵三家消灭了智氏以后，赵襄子为了出口恶气，就把智瑶的人头砍了下来，并且用漆把他的头骨装饰了一下，制成饮酒用的器皿。每次赵襄子与大夫们饮宴时，都会用这个仇人头骨做成的酒杯喝酒。

逃亡在外的豫让听到智瑶被杀的消息后，十分伤心，后来又听说赵襄子居然用智瑶的头骨做酒器饮酒作乐，更是恨得牙根痒痒。豫让心中暗自发誓，一定要杀了赵襄子，好为智瑶报仇。可是，赵襄子是什么人啊？前呼后拥，一呼百应，一个小小的刺客想凭自己的力量刺杀他，简直是做梦！豫让苦思冥想，最后终于想出了一条妙计。

这天，一个奴隶打扮的人出现在了赵襄子的宫门口。来人声称自己因为犯了罪，被判罚到这里来做苦役。还说自己不怕脏，不怕累，别人不愿意干的活他愿意干。赵襄子见他挺可怜的，就把他留了下来，让他每天负责为自己整理、清扫和维修厕所。

其实，这个人就是豫让。为了能够接近赵襄子，豫让变卖了所有的家产，然后怀揣着匕首来到了赵襄子的宫中。豫让是个沉得住气的人，时机不成熟，他是不会动手的。因此，虽然他在赵襄子宫中潜伏了很长时间，但一直没有被发现。

周礼

周朝建立了一套完整的礼乐制度，将上至天子，下至庶人的各种宗法封建制度合法化、礼仪化，以便平衡权利的分配制度。周代的社会道德规范统称为"礼"，在举行礼仪活动时，常常歌舞相伴。相传西周的礼乐是由周公制定的。周公对以前的礼乐进行了加工和改造，就成为"周礼"。周礼分为五礼：吉礼，用于各种祭祀活动；凶礼，用于丧葬和哀悼各种灾祸；宾礼，用于诸侯朝见天子；军礼，用于军事和相关的领域；嘉礼，用于各种吉庆的活动，包括饮食、婚冠、宴享、贺庆等。在《仪礼》中记载的具体的礼仪，则有士冠礼、士婚礼、乡饮酒礼、燕礼、聘礼、士丧礼等，名目极为繁细。周代的礼乐主要通行于士和士以上的贵族阶层，用以约束贵族的行为，明确他们之间的尊卑关系。对于下层人民而言，则以刑罚治之，礼乐是不适用的，所以说"刑不上大夫，礼不下庶人"。

这天，赵襄子去厕所，突然觉得心神不宁。赵襄子马上意识到，这是预示有什么不祥的事情要发生。于是，他下令自己的卫士四处搜索，看看有没有可疑的人。不一会儿，卫兵们就把正在外面粉刷墙壁的豫让抓了过来，报告说："禀报大王，从这个人身上搜出一把匕首。"

赵襄子看了看匕首，又看了看豫让，问道："你是何人？为什么要谋刺我？我与你有什么仇恨？"

豫让知道这次被抓后，自己是难逃一死，于是就大声说道："呸！你这个背叛故主的小人，我是智瑶的家臣，今天就是想要杀了你，为主人报仇。"

旁边的大臣们一听，全都气得哇哇乱叫，纷纷表示一定要杀了豫让。赵襄子想了想，就说："你的精神我很佩服，我决定不杀你！"

这下连豫让都被搞糊涂了，他不知道赵襄子葫芦里到底卖的是什么药。赵襄子看了看左右的大臣，对他们说："智瑶残暴无道，最终被我和韩、魏两家消灭。智瑶死了，他的三族也被消灭得差不多了，可以说他现在已经是断子绝孙，没有后代了。但是，眼前的这个人明知道这样，还要为他的主人报仇，这难道不是一位难得的义士吗？我怎么忍心杀害他呢？算了，我以后自己多加小心就是了！"于是，赵襄子就命人放了豫让。

不过，豫让对赵襄子的大度并不领情，他还要继续刺杀他。这次，豫让考虑到赵襄子已经知道自己的容貌和身世，就用漆涂满了全身，弄得浑身上下生满了癞疮，有的地方还流着脓水。接着，他又生吞火炭，把自己的嗓子弄哑。这样一来，当初相貌堂堂的豫让就变成了一个丑陋不堪的丑八怪。

为了检验自己这招是不是管用，豫让又装成乞丐，每天都在大街上乞讨。结果，没有一个人认出他来，就连他的妻子也不例外。豫让觉得很满意，认为自己已经可以蒙骗过任何人了。一天，豫让像往常一样在大街上乞讨，突然他以前的一个朋友认出了他。这位朋友见他把自己折磨成这个样子，非常伤心，流着眼泪对他说："豫让啊豫让，你这又是何苦呢？凭借你的才华，如果去投奔赵襄子，一定可以得到他的宠信。时间一长，他会慢慢放松对你的警惕。到那时，你再找机会刺杀他，不是易如反掌的事吗？可是你……你干吗要把自己的身体摧残成这个样子呢？你把自己搞得这么痛苦，却还想做什么阴谋刺杀，这不是更加困难了吗？"

豫让摇了摇头说："我的做法你是不会理解的。如果说我放弃原则，去投奔赵襄子，做赵氏的家臣，那么，当我以后找机会杀掉他的时候，我就不是替故主报仇，而是变成了一个怀有二心的小人，那样我还怎么称自己是一个堂堂正正的人。我知道，我现在做的这些事情是极其困难和痛苦的，可是我必须这样做，因为我要让天下所有人都知道，凡是对主人怀有二心的人，都应该感到非常惭愧。"

见他已经下定了决心，朋友无奈地摇摇头走开了。

这天，赵襄子乘车出行，豫让躲在桥下伺机行动。可是，连老天都在帮赵襄子。当赵襄子的马车经过桥上时，拉车的马突然受了惊吓。赵襄子觉得一定有什么问题，就让手下的士兵四处搜查。结果可想而知，豫让又被赵襄子抓了起来。

这次，赵襄子知道豫让是铁了心要杀自己，所以就命人把他杀了。

名将吴起

吴起是卫国人，出身于贵族之家，但是到了他这一代，家境已经没落了。

吴起喜欢兵法，曾经拜曾子为师，学习治国之道，后来到鲁国做官。

齐国的军队攻打鲁国，鲁国国君想任命吴起为将军，但是因为吴起的妻子是齐国人，所以鲁国国君对他还是有些怀疑。吴起一心想当上将军，一展自己平生所学。他得知鲁穆公对自己有所怀疑，就回到家，杀了自己的妻子，并砍下妻子的头，拿给鲁穆公，以此表明自己的心迹。鲁穆公一见，非常感动，就任命吴起做将军，率领军队攻打齐国。吴起果然不负鲁穆公的重托，率领鲁国军队，大胜齐军。

鲁国有的人非常嫉妒吴起，就暗中诋毁他说："吴起从不相信别人，而且非常残忍狠毒。他年轻的时候，家里的黄金足足有几千两，他把这些钱都用来去外面买官，但是到最后却什么也没得到，还花完了家里所有的积蓄。和吴起同乡的人笑话他，说他没什么出息，他就拔剑把几十个嘲笑自己的人都给杀了。他杀人以后，就从卫国的东门逃跑，不顾自己年迈母亲的死活，离开了家乡。他和他的母亲告别的时候，咬着自己的胳膊发誓说：'我吴起要是当不上国相客卿，就绝不回卫国。'于是到了鲁国，拜孔子的弟子曾参为师学习儒术。不久，同乡的人来告诉吴起，说他母亲故去，但是他为了做官，竟然不回去奔丧。曾参知道后，认为他一点儿也不孝顺，非常瞧不起他，甚至和他断绝了师徒关系。吴起被老师开除后，就去学习兵法，后来在国君的朝中做官。国君怀疑他，吴起就杀了自己的妻子，向国君表明自己的心迹，希望能够得到将军的职位。鲁国是一个小国，如果任用一个会打仗的将军，就会被其他国家误认为我们鲁国很有野心，那样的话对鲁国十分不利。况且鲁国和卫国是兄弟国家，国君要是重用吴起的话，就等于得罪卫国。"鲁穆公听到流言，就慢慢地对吴起有所猜疑，逐渐疏远了吴起。

吴起像

吴起被鲁穆公疏远以后，没有办法，只能去其他国家发展。他听说魏文侯非常贤明，觉得不如去投奔他。吴起就前往魏国，表示自己愿意在魏国效力。魏文侯也听人说起吴起有才能，想委以重任，但对吴起了解不多。为搞明真实情况，他问大臣李克："吴起是个什么样的人啊？"李克回答说："大王，虽然吴起这个人贪恋财物而且喜欢女色，但是讲起带兵打仗，那他可真是一位英雄，连齐国的司马穰苴也很难比得上他。"魏文侯听了以后，马上任命吴起为大将军，并且让他率领军队与秦军作战。吴起带领魏国军队西征，击败秦军，夺取了秦国五座城池。

吴起担任将军带兵打仗的时候，总是和士兵们一起同甘共苦。和最下等的士兵穿一样的衣服，吃一样的饭菜，睡觉的时候不铺垫子，行军的时候也不坐车骑马，还亲自背着行李和干粮。吴起还十分爱护士兵。有一次，一个士兵身上长了一个毒疮，吴起就亲自给这个士兵吸出疮里面的毒液。这个士兵的母亲听说了这件事情后，就号啕大哭。别人知道了，觉得很奇怪，就问她说："你的儿子在部队里只是一个无名小卒。他身上长了个毒疮，吴起将军却亲自给他吸疮里的毒，你应该为你儿子感到高兴和骄傲才是啊，怎么还哭得那么伤心呢？"那个士兵的母亲回答说："不是像你说的那样。以前他父亲也在吴起将军手下当兵，身上也长了个毒疮，吴起将军亲自替他父亲吸出了疮里面的毒。他父亲为报答吴起将军，在战场上勇往直前，不顾生死，最后战死在战场上。现在吴起将军又亲自给我儿子吸出毒疮里面的毒，他肯定也会像他父亲那样，舍生忘死地报答吴起将军啊。我不知道他会在什么时候战死，也不知道他会在哪里战死，所以我才放声痛哭。"

魏文侯因为吴起非常善于用兵打仗，对人公正公平，在部队得到所有将军和士兵们的信任和爱戴，于是就任命他担任西河地区的郡守，来抗拒秦国和韩国对魏国的进攻。

魏文侯死了以后，他的儿子当了国君，这就是魏武侯。有一天，魏武侯带领大臣们乘坐大船，沿黄河顺流而下。船行在黄河中央，魏武侯站在船头，看着黄河宏大磅礴的气势，感慨颇多，便回过头来对吴起说："你看这大山，这大河，多么壮观、多么险要啊！真是我们魏国的珍宝啊！"他满以为吴起会赞同，没想到吴起却讲出下面一番大道理来："君王，成就大业依靠的是国君的仁慈和美德，而不是靠山川的险要。古代三苗氏凶暴好杀，不修德行，不讲信义，他们拥有洞庭湖和彭蠡湖，想凭借这些险要的地势阻挡大禹，最后怎么样，不还是被提倡仁德的夏朝灭亡了吗？夏朝的最后一个王夏桀，不施仁政，残暴昏庸，致使民心离散。再看看他的领土，西有滔滔黄河，东靠高大的泰山与华山，南边是高峻的伊阙山，北面是艰难曲折的羊肠坂，这些地方足够险要吧，但仍然不能阻挡商汤的进攻，最后被商朝灭掉，整个国家也被商汤占有。商朝最后一个王殷纣，暴虐百姓，残杀大臣，最后众叛亲离，虽然拥有太行山和黄河这些天下最重要的军事要地，还是抵挡不住周武王的仁义之师，逃不脱灭亡的命运。由此看来，一个国家政权是否稳固，在于国君有没有美德，能不能让百姓得到好处，而不在于拥有多少险峻的山水，占据多少地理上的险要。如果君王您不修仁德，现在和您同乘一条船的人，也难保不成为您的仇敌！"魏武侯听了他的话，连忙点头，说："你说得真对！"

吴起做西河郡守，很有政绩，名声一天比一天大。后来，魏国设置了相国，由田文担任。吴起认为自己的功绩比田文高，心里愤愤不平，总想找田文理论一番。

他就找到田文说："我想和您比一比功劳，比一比才能，你看怎么样啊？"田文一听这句话，就知道他来者不善，但还是和气地回答说："好的，吴将军您请说吧。"吴起就问："那我先

春秋方阵示意图
（前列）

春秋圆阵示意图

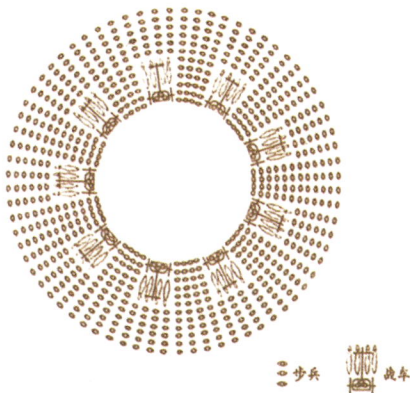

春秋兵阵示意图

问问你，带兵打仗，让士兵心甘情愿地为国作战，让敌国不敢轻视魏国，你说我们俩谁更厉害啊？"田文回答说："当然是将军您啊，这点我哪能比得上您啊！"吴起一听这话，就更看不起田文了，又问他："那我们再比比其他的。说到管理老百姓，发展生产，让国家富强，我们两个人，你说谁厉害？"田文还是低声下气地说："这点我也比不上吴将军您啊。"吴起更加高兴了，连看都不看田文一眼，趾高气扬地说："那你再说说，镇守西河，抵抗秦国的进攻，打败韩国和赵国，去攻占他们的土地，我们俩相比谁更厉害？还是我吧？"田文连忙点头，说："当然还是将军您啊！我怎么能和您相比呢？"

这时的吴起，满以为田文在自己的逼问下，会主动让出国相的位置，就马上接着说："那我就不懂了，论带兵打仗，你不如我；论治理百姓，你也不如我；论镇守西河，抗拒秦军，你还是不如我，那为什么现在你是国相，而我只做个西河郡守呢？"田文见吴起说出了自己的真正意图，便回答说："吴起将军，上面的三点，我确实是不如您，但是国君让我当国相，自然有他的道理。您想想，现在国君刚刚即位，年龄不大，没有太多的政治经验，不但大臣们对他能否治理好国家都心怀疑虑，而且就连百姓们也不大信服。魏国国内，隐藏着许多不安定的因素，您说，这种情况下，是让您来处理国家大事好呢、还是让我来处理国家大事好呢？"

听了这句话，吴起沉默了很长一段时间，想自己的身份和才能在稳定国家政局方面确实不如田文，然后诚恳地说："应该让您来掌管国家政务！"田文接着说："这就是我的优势所在，也是我的职位比您高的原因。"吴起明白了其中的道理，从此以后，再也不敢看不起田文了。

魏国国相田文死了以后，公叔痤接替他当上了国相，而且还娶了魏国的公主做妻子。公叔痤听说吴起曾经和田文比试谁的功劳大，害怕他也会这样对待自己，威胁自己的相位。他想除掉吴起，然而又无良策，只能整天在家唉声叹气。一天，一个聪明的下人知道了他的心思，就对他说："大人，您要想把吴起赶走，那还不简单？只要一个小小的主意就行了啊。"公叔痤一听，非常高兴，连忙问下人说："你快说，有什么好办法？"下人附着公叔痤的耳朵说道："大人，吴起这个人，为人节俭而且清正廉明，但是又非常爱面子，喜欢别人夸他。大人您只要对大王说：'大王，吴起那么有才华，既能带兵打仗，又能管理国家和百姓，而我们魏国国土那么小，又和西方强大的秦国相邻接。他肯定不会在我们魏国这样的小国待下去，一定会有其他的打算的。'那时大王肯定就会对他产生怀疑，并且问您：'那该怎么办呢？'您就对大王说：'大王可以把公主殿下许配给吴起做妻子，来观察他到底有没有永远留在魏国的打算。如果吴起拒绝娶公主为妻的话，那就说明吴起不打算在魏国长住；如果他愿意娶公主为妻，那自然就说明他以后要永远待在魏国。那大王您也就能放心了。'等到大王下令把公主许配给吴起的时候，大人您再找个机会，邀请吴起来家里面，让他亲眼看看公主是怎么对待自己的丈夫的。但是大人您事先要和公主商量好，假装让公主生气，让公主表现得看不起你。到时候，吴起看见公主连您这个丞相大人都看不起，就会担心她更看不起自己一个小小的将军了。那样，他自然就会拒绝大王的美意。如此一来，他只能离开我们魏国了。"

对公叔痤的诡计一无所知的吴起，果然中了他设下的圈套。吴起在公叔痤家做客时，只见公主对国相大人呼来喝去，根本不把他当个人看，十分吃惊。时隔不久，魏武侯提出将公主许配给吴起，吴起委婉拒绝了。于是，魏武侯当真怀疑吴起有另投他国的打算，慢慢地就疏远吴起，不再信任他。吴起见状，害怕魏武侯下令降罪给自己，马上逃离了魏国，去了楚国。

这时的吴起，已经不是原来那个刚学完兵法没什么名气的吴起了。因为打了很多的胜仗，他在诸侯国当中已经有了很大的名气。楚悼王早就听说吴起很有才华，知道吴起到达楚国，就马上派人四处打听吴起的消息。找到吴起后，楚悼王就封他做楚国的国相，让他辅佐自己，治理楚国。

吴起当了楚国国相以后，没有辜负楚王的厚望，马上着手进行各种改革。他进一步明确了楚国的法令，坚决按照法令办事；命令下达了，就一定执行。他还淘汰并裁减了一些没有什么作用的职位，废除了一些和国君以及公侯关系非常疏远的人的贵族地位，将原本用于养活这些人的财物用来培养军队。吴起致力于提高楚国士兵的素质，增强楚国的军事力量，还揭穿了那些在楚国往来奔走、希望游说楚王进行连横或者合纵的说客。就这样，楚国逐渐强大了起来，向南平定了百越，向北吞并了陈国和蔡国，打退了韩、赵、魏三国的进攻，向西还讨伐了秦国。

　　一个人有得意的时候，就肯定会有失意的时候。各诸侯国对楚国的强大感到非常担心。而且吴起在楚国的改革，得罪了太多的贵族势力。那些因为吴起改革而丧失利益的贵族们，一同谋划，想害死他，但是苦于楚悼王对他非常宠信，一时也没什么办法。

　　终于，楚悼王去世了。那些被吴起得罪的人，马上展开了行动。他们带领着自己的部下，拿着弓箭，攻打吴起。吴起被迫跑进了停放楚悼王尸体的地方，但围攻他的贵族们并不放弃，一直追到了楚悼王的尸体旁边。吴起一看对方人多势众，就趴在楚悼王的尸体上。贵族们对他早就怀恨在心，现在好不容易等到国君去世，怎么都不放过他，于是纷纷朝他的身上射箭。因为吴起和楚悼王的尸体在一起，他们虽然射杀了吴起，一些人的箭也射中了楚悼王的尸体。

　　安葬完楚悼王，太子登基当上了国君。太子一即位，就下令把射中楚悼王尸体的人全部处死。那些为射吴起而射中了楚悼王尸体而被灭族的人，一共有70多家。

聂政刺韩傀

　　韩傀（《史记》和《资治通鉴》中称其为"侠累"）是战国时期韩

国的大臣，也是韩烈侯的叔父，曾经担任过韩国的相国。

在任韩国相国时，韩傀与当时的另一位重臣严仲子（即严遂）政见不合。后来，严仲子因为反对韩傀唆使韩王攻打魏国和晋国而得罪了他，两人结下了仇怨。严仲子怕被韩傀报复杀害，所以逃离了韩国，一心希望可以找到能够杀死韩傀的人。

严仲子后来到了齐国，在和齐国人交谈的过程中得知，有一位名叫聂政的勇士隐居在齐国轵地深井（今河南济源南部）。这个人不仅非常勇猛，武艺高强，而且还十分讲义气。他因为在家乡杀了人，所以就带着母亲和姐姐一同逃到了齐国，靠屠宰牲畜维持生计。于是，严仲子准备了丰盛的酒席，请来了聂政和他的母亲。

酒席间，严仲子亲自为聂政的母亲敬酒，而且还拿出了一百镒（古代计量单位，一镒约为二十两）黄金作为贺礼，给聂政的母亲祝寿。聂政对严仲子的行为非常感动，但也非常诧异，问道："不知你找我有什么事情？"

严仲子回答说："当今韩国的相国韩傀是我的仇人，我想让人前去刺杀他，为我报仇。我游历了很多国家，发现没有一个人能够担当这项任务。我听说您是勇士，而且还十分重情义，因此想让你替我完成心愿。"

聂政听后摇了摇头，拒绝道："这件事我现在还不能办，我知道刺杀韩傀的任务是十分凶险的，很有可能被他杀死。如今我的老母亲还健在，需要我赡养，所以我是不能将我的性命交付给你的。"聂政还表示坚决不接受严仲子的礼物。

严仲子听后，对聂政十分敬佩。虽然自己报仇的愿望暂时不能实现，但还是热情款待了聂政和他的母亲。

几年以后，聂政的母亲去世了，严仲子得知消息后，马上派人去请聂政。聂政心想："我只不过是个以屠宰牲畜为生的草民，而严仲子却是韩国的重臣。这么一个有身份的人不惜千里来到齐国和我结交，这是对我莫大的信任，我愿意为他肝脑涂地。"

于是，聂政脱下丧服，来到了濮阳严仲子府上，对严仲子说："先前没有答应您的请求是因为我的老母亲还健在。如今，我的母亲已经去世了，我也没有什么好牵挂的了。我愿意替您报仇雪恨。"

严仲子听后非常高兴，说道："你果然是我要找的义士。不过韩傀现在是韩国的相国，而且又是韩王的叔父，所以他的府院有重兵把守，守卫森严。我以前曾经派人去刺杀过他，但是都没有成功。如今你要去刺杀，请让我为您准备足够的银两、车马和随从，那样会增加实现计划的可能性。"

聂政却对严仲子说："齐国和韩国的距离是很近的，我们如今要刺杀的是韩国的相国，带太多人去，很可能会泄露行刺的秘密。如果是那样的话，韩国所有的臣民都会与您为敌，您以后恐怕就很难在韩国立足了。因此，我决定还是我自己去吧，那样成功的概率会大一些。"

严仲子听后觉得有道理，就同意了聂政的意见，让他一个人前去刺杀韩傀。这样，聂政带了一把宝剑，辞别了严仲子，赶往韩傀的府邸。

当聂政赶到韩傀府时，韩傀正坐在府中，府邸周围有重兵把守。聂政心中很清楚，如果现在冲进去，自己恐怕也没命回来。但是，他这次前来抱了必死的决心，所以他根本没把那些士兵放在眼里，提着宝剑，径直闯进了韩傀府，一直冲上了府阶。

守卫看到聂政手中持有宝剑，知道他是刺客，马上过来阻截，但是都不是聂政的对手。聂政来到韩傀近前，不由分说，一剑下去将韩傀杀死，但此时聂政也被韩傀府上的士兵包围。

聂政知道自己已经没有逃脱的可能了，于是就用宝剑划破了自己的脸皮，挖出了自己的双眼，毁掉了自己的容貌。然后，他又用剑剖开了自己的肚子，自杀身亡。韩国人对聂政恨之入骨，于是就把他的尸体抛在大街上当街示众，同时还发下榜文，说如果有人能够说出这个人的来历，就能得到很高的赏金。但是，很长时间过去了，也没有人来认领聂政的尸体。

这时，聂政的姐姐听说了这件事，知道那个刺杀韩傀的人就是自己的弟弟。于是她来到了大街上，哭着说："这个人就是轵地深井的聂政，我是他的亲姐姐！聂政之所以毁掉自己的容貌，完全是怕我也受到牵连啊！以前我们的母亲在世，聂政为了不让母亲担忧而放弃争取名爵的机会，甘心做一个市井屠户。如今母亲已经去世，他又为了我而不敢暴露自己的真实身份。身为一个女流之辈，我怎么能因为害怕丢掉自己的性命而让弟弟的英名被埋没呢？"

说完之后，聂政的姐姐就在聂政尸体的旁边自尽了。

商鞅变法

商鞅（约公元前390～前338年），原名公孙鞅，战国时期卫国人。商鞅年轻的时候就十分喜欢法家的主张，曾经在魏国的宰相公叔痤手下做一名侍从。公叔痤死后，商鞅听说秦国的秦孝公胸怀大志，广招贤才，于是就前去投奔。

商鞅在和秦孝公的交谈中，提出了只有通过变法革新才能使国家富强的观点，秦孝公也表示赞同。但是当时的秦国人思想很保守，所以都对商鞅提出的变法这件事表示不满。商鞅就劝秦孝公说："老百姓的思想是很保守的，他们的目光也是很短浅的。国家做什么事，在一开始的时候百姓是不能理解的，但是等到

商鞅像

这件事办成了他们就会非常高兴。我认为，我们不应该受百姓思想的左右，必须进行变法才能使秦国强大。"

秦国的贵族大臣甘龙坚决反对变法，对秦孝公说："商鞅的说法是错误的，只有按照祖宗定下来的法律治国，百姓们才可以安居乐业。"

商鞅马上反驳甘龙的说法，陈述变法的好处，指出因循守旧的坏处。秦孝公听后，觉得商鞅说得十分有道理，于是就同意了商鞅变法的主张。同时，秦孝公还任命商鞅为左庶长（官职名称），让他处理所有与变法有关的事宜。

很快，商鞅的新法就拟定好了。新法规定，秦国的百姓每五户编成一组，称为"伍"；每十户又编成一组，称为"什"。"伍"和"什"的成员都必须互相监督，如果有谁犯了法，那么其他成员也要受到牵连，受到处罚。如果有谁告发了罪犯或是把罪犯杀死，那么他就会得到相应的奖励。但是如果有谁故意窝藏罪犯或是与罪犯同流合污，那么他就会受到严厉的惩罚。

新法同时规定，百姓想获得名爵，可以通过战斗实现。如果在战争中立了功，那么就可以按照功劳的大小得到官爵。但是如果是为了一己私利打架斗殴的话，那么就会视情节的严重程度而判处刑罚。

此外，新法还规定，如果在耕作纺织等方面做得相当出色的话，就可以免除辛苦的劳役，成为一个自由的人。王室贵族的地位也不是长久的，如果有谁在战争中没有立功，那么他将被取消贵族头衔而成为平民百姓。各个不同等级的官吏之间有着严格的限制，不同阶层的官吏在土地的数量、宅院的大小以及衣服的形式和妻妾的数量上都有明确规定。

新法制定后并没有马上颁布，商鞅为了让百姓们相信新法上写的都是真的，就想了一个办法。他让人在秦国国都市场的南门口树立起一根足足有三丈高的木杆，然后对围观的百姓说，如果有谁能够把这根木杆扛到北门的话，就马上奖励他十金。

开始，秦国的百姓都认为这件事太奇怪了，都不相信这是真的，所以没有人去动那根木杆。商鞅看到这种情况，知道百姓们是不信任他。于是，他又对百姓们说，如果有谁能够按照他的话去做，就奖励给他五十金。

这时，百姓中有一个人站了出来。他走到木杆的面前，很轻松地把它扛了起来，然后一直把它扛到了市场的北门口。商鞅非常高兴，并马上兑现了自己的承诺，给了那个人五十金。那人得到金子后非

常高兴，对其他百姓说："看来政府说的话全都是真的，没有欺骗我们！"在场的所有百姓也都点头称是。

但是，变法还是遇到了很大的困难。新法实施一年后，有上千人跑到秦孝公那里告状，说新法不如旧法，请求废除它。秦孝公很为难，但也没有答应。这时，秦国的太子触犯了新法，按照新法的规定是要判处刑罚的。但是太子是国家的储君，是不能够定罪的，商鞅就说："新法之所以不能很好地实施，关键原因是我们秦国的上层人物不重视它，不遵守它。如今，太子触犯了新法，理应治罪。但是由于他是储君，所以是不能对他施刑的。那么只好处罚太子的师傅公子虔和公孙贾了。"就这样，太子的师傅公子虔受了刑罚，公孙贾的脸上也被刺上字。

第二天，太子师傅受到惩罚的消息就传遍了整个秦国，百姓们都相

信了新法。就这样，商鞅的新法开始在全国推行。在新法的推动下，秦国果然变得很强大。秦国的农业和纺织业都有了很大的发展，国库里的财富越聚越多。同时，秦国的民风也变得非常好，即使有人在闹市丢失一块金子也能够找回来。而且那时的秦国没有山贼强盗，人们更加崇尚的是为国家战斗。

在那些曾经向秦孝公提出废除新法意见的人当中，有些人依然不死心，还向秦孝公提出废除新法。商鞅认为这些人实在太可恶了，就说："这些人没安好心，全部都是扰乱国家法度的人，应该狠狠地处罚他们。"于是，这些人就全被发配到了边疆。

商鞅的新法虽然使秦国强大起来，但是也得罪了很多贵族。秦孝公死后，贵族们联合起来诬陷商鞅"谋反"，最后把他车裂（五马分尸），但新法最后并未废除，仍然实施。

苏秦佩六国相印

苏秦是东周洛阳人，在齐国求学，后来拜鬼谷子为师，学习纵横之术。他学成后到处游历，但没有国君肯接纳他。几年后穷得过不下去了，只好灰溜溜地回家。全家人都嘲笑他说："我们周人的风俗就是做生意，现在你却舍弃事业去用嘴巴谋生，你穷是活该。"苏秦听到家人这么说感到非常惭愧，从此闭门不出，把所有书都翻出来一本一本地看，说："大丈夫已经学了这么多东西了，还不能用它们来获得地位财富，书再多又怎么样！"不久他得到了一本《阴符》书，日夜埋头苦读。一年后他觉得学得差不多了，说："这下子可以去游说当代的君王们了。"于是他求见周显王，而周显王周围的人都听说过苏秦的事，看不起他，所以没有成功。

苏秦去了秦国，他对秦惠王说："秦国地势险要，乃天府之国。以秦国众多的百姓和军事力量，吞并天下都没有问题。"秦惠王刚刚杀了商鞅，本来就讨厌那些游说的人，就没有用他。

苏秦又去了赵国，也没有成功。后来在燕国待了一年多才见到燕王，他一番话把燕王说得晕头转向，很快就得到重用。燕王给了他许多礼物，让他出使各国。苏秦凭借自己的口才把除了秦国之外的其他六国的君王全部说动了心。最后六国在苏秦的帮助下建立了盟约，苏秦为从约长，当了六国的相国。苏秦路过洛阳的时候，声势浩大，身后跟了一大群六国派来服侍他的随从，比国王还威风。周显王吓坏了，赶紧把道路清扫干净，派人去慰劳苏秦。苏秦的家人也都跪在路边不敢抬头看他，苏秦笑着对他嫂子说："怎么以前你们那么傲慢，现在又这么恭敬呢？"嫂嫂很不好意思，遮着脸说："是因为弟弟你地位很高，又有很多钱的缘故。"苏秦长叹道："同样的一个人，富贵的时候亲戚怕他，贫贱的时候亲戚却看不起他。亲戚尚且如此，更何况其他人呢？如果当初我能拥有洛阳的两顷土地，现在怎么能佩上六国的相印呢？"他取出千金分给亲戚朋友。当年苏秦去燕国的时候，向人借了一百钱当路费，现在富贵了，就给了当年借他钱的人百金。凡是当初对他有恩德的人苏

六国封相图　年画

秦都重重地回报了他们。但跟从他的人中有一个没有得到报酬，就上前询问。苏秦说："我不是把你忘了。当年你和我一起去燕国，在易水上有好几次都想扔下我走掉。当时我很穷困，所以对这事耿耿于怀。我想最后一个报答你，现在你也有一份赏赐了。"

苏秦撮合六国合纵后就去了赵国，被封为武安君。由于六国团结了起来，秦国有15年都不敢出兵。后来秦国派人欺骗齐国和魏国，和他们一起讨伐赵国。结果赵王责备苏秦，他只好请求让自己去燕国想办法，他一走合纵就解散了。

不久齐国攻打燕国，燕王很不高兴，让苏秦想办法。苏秦只好跑到齐国游说齐王，他那三寸不烂之舌很快就把齐王骗得团团转，齐王当即答应停止攻打燕国，并把抢来的城池还给燕国。苏秦完成任务后回到燕国，燕王恢复了他的官职，对他更好了。不过苏秦人品不太好，他和燕王的母亲有奸情。燕王知道这件事后不但没有怪他，反而对他更好。苏秦担心自己被杀，就对燕王说："我在燕国不能让燕国强大，而我在齐国的时候反而对燕国好处更多。"燕王说："就听你的吧。"苏秦就假装得罪了燕王而逃到齐国，齐宣王任命他为客卿。

双龙形玉饰　战国

西周的礼制中，玉器具有神秘而高贵的内涵，有着完整的佩饰体系。春秋战国时期，旧礼制逐渐崩溃，人们将有关君子的伦理道德观念与玉的特质相结合，使"君子之德比于玉"等观念应运而生。这种理念贯穿中国几千年的历史，成为后世玉器经久不衰的理论基础和精神支柱。

齐宣王死后，苏秦游说新齐王厚葬齐宣王以表示自己是个孝顺的孩子，又花了很多钱来修筑宫殿，实际上是想让齐国变穷，这样对燕国就有好处。后来齐国大夫们和苏秦争宠，有人就派了刺客去刺杀苏秦。刺客刺中了苏秦就跑了，苏秦虽然受了重伤，但还没有死。齐王派人查访凶手，但总也找不到。苏秦快死的时候对齐王说："我死后大王要把我的尸体拉到集市上车裂，说我是为了燕国而来齐国捣乱的，这样杀我的人就会自己跑出来了。"齐王照他的话做了，不久凶手果然自己跑出来承认了，齐王就把他杀了为苏秦报仇。

苏秦虽然死了，但他开创了一个靠游说取得官职的时代。在他之后出现了很多纵横家，包括苏秦的弟弟苏代也是靠嘴皮子吃饭的人，这些人的思想对中国影响很大。

苏秦激张仪

战国时代和苏秦齐名的纵横家，毫无疑问就是张仪了。

张仪年轻的时候，和苏秦一起拜鬼谷子为师。张仪十分有才华，就连苏秦都认为自己比不上他。张仪离开师父后，就准备去游说诸侯。

张仪的第一个目标，就是楚国国君。但是在当时，平民想见国君的话，需要有大臣的引荐。一般的官员都见不到国君，更何况是张仪这样一个不名一文的穷书生？于是张仪决定先去楚国国相家里担任门客。如果得到了楚国国相的赏识，那自然就有机会见到楚国的国君。张仪到了国相家里以后，很长一段时间得不到国相的信任。他只能慢慢地等待机会。

有一天，楚国国相设宴招待宾客。在席上，国相丢了自己心爱的玉璧，门客们就对国相说："张仪一向贫困，而且品行恶劣，肯定是他偷了国相您的玉璧。"国相就让人把张仪抓住，打了几百杖。张仪宁死不承认，国相只好把他放了。带着这样大的屈辱，张仪回到了家。他的妻子看见他带着一身的伤回来，就问他："你今天怎么了？"张仪对她说了事情的经过，妻子对他说："唉！你要是不去读书、游说诸侯，又怎么会受到这样的屈辱呢？"张仪对妻子说："你帮我看看，我的舌头还在吗？"听了他的话，妻子笑着回答说："放心吧，你的舌头还好好地在那呢。"张仪一听，就说："那就够了。"

这个时候，苏秦成功说服了赵王，担任了赵国的国相，并且和赵王相约，去游说其他的国君。但是苏秦还是害怕秦国会攻打各国，破坏盟约。又因为找不到合适的人去秦国，苏秦就派人暗中对张仪说："当初你和苏秦关系很好，现在他已经当上了赵国的国相，你为什么不去赵国找他呢？"张仪觉得很有道理，就前往赵国，求见苏秦。

苏秦知道张仪到了自己家里，就让下人故意刁难他，不给他通报，还故意几天都不让他离开。等到张仪不耐烦的时候，苏秦才在大堂接见了他，让他坐在堂下，并且赐给他下人们吃的食物，对他说："没想到你会沦落到这个地步。我不是不能帮你说几句，让你大富大贵。只是你自己不争气，实在不值得我那样做罢了。"之后就把张仪打发走了。张仪满以为苏秦会看在师兄弟的情分上，向赵王推荐自己，没想到反而被这样羞辱。他非常生气，发誓一定要报复苏秦。考虑只有秦国能够对付赵国，于是张仪动身去秦国。

打发走张仪后，苏秦就对下人说："张仪非常有才华，我比不上他。只有他才能到秦国去，获得秦王的重用，从而掌握秦国的权势，然后让秦王不要攻打六国。但是张仪出身贫困，没有机会拜见秦王。我又害怕他贪图小利，不能成就大的事业，所以故意找个借口来侮辱他，目的是激发他的志气，让他能奋发向上。你帮我暗中照顾他。"苏秦于是派下人暗中跟随张仪，和他投宿同一客栈，慢慢接近他，还把车马和金钱送给他，提供给他需要的东西。

在苏秦下人的暗中帮助下，张仪终于见到了秦惠文王并且得到了秦惠文王的重用，担任了秦王的客卿。

看见张仪得到了秦王的重用，自己也完成了任务，下人就决定回国向苏秦复命。张仪感到很奇怪，就问他："多亏了您的帮助，我才能得到秦王的重视。现在正要报答您，您为什么要离开秦国呢？"下人回答说："其实暗中帮您忙的，并不是我，而是您的师兄苏秦先生啊。当初他担心秦国会攻打赵国，破坏六国的联盟，他认为除了您以外没有人能够说服秦王，掌握秦国的权势，所以就故意羞辱您。实际上他是为了激怒您，又暗中派我提供各种东西给您，支持您来秦国。这些其实都是苏秦先生的苦心啊。现在您得到了秦王的欣赏，我也应该回去向苏秦复命了。"张仪听了以后，非常感慨，说："哎呀！我现在才知道自己比不上苏秦啊！现在我刚被秦王任用，怎么能够说动秦王不去攻打赵国呢？您替我回去感谢苏秦，说只要有他苏秦在，我一定不会让秦国攻打六国。"

果然，在苏秦死之前，秦国都没有攻打六国。

说魏王连横

秦惠文王十年（公元前328年），公子华和张仪攻占了魏国的蒲阳。张仪劝说秦王把蒲阳还给魏国，并让公子繇去魏国做人质。然后张仪又游说魏王说："秦国对魏国这样宽厚，魏国不能不有所报答。"魏王就把上郡、少梁两郡献给秦国，作为答谢。秦惠文王于是封张仪为国相，并且把少梁改名叫作夏阳。

张仪当了四年秦国国相后，就正式拥立秦国国君称王。一年后，张仪担任将军，夺取了陕邑，并在上郡建立要塞。

后来的两年，张仪被秦王派去和齐、楚两国国相在啮桑会盟。回来以后，张仪被免去了国相的职务，他又去魏国担任国相。张仪到魏国，是为了给秦国谋利益。他想先说服魏国听从秦国的号令，然后迫使其他诸侯国仿效魏国，这样，秦国就可以号令天下了，但他的建议遭到了魏王的拒绝。秦惠文王知道后，非常生气，立刻派军队攻占了魏国的曲沃和平周，并且对张仪更加优待。张仪心里很惭愧，觉得没办法来报答秦王。他在魏国待了四年，这时魏襄王去世，魏哀王即位。张仪又劝说哀王，但再一次遭到拒绝。为了迫使魏国听命，张仪暗中让秦国军队攻打魏国。魏国出兵抗秦，交战失败。

第二年，齐国在观津打败了魏国军队，秦国想趁此机会讨伐魏国。为扫清进军障碍，秦军攻打申差带领的韩军。秦军获胜，斩杀韩军8万

● 礼乐征伐自天子出 ●

"礼乐征伐自天子出"，语出《论语·季氏第十六》："天下有道，则礼乐征伐自天子出；天下无道，则礼乐征伐自诸侯出。自诸侯出，盖十世希不失矣；自大夫出，五世希不失矣；陪臣执国命，三世希不失矣。天下有道，则政不在大夫。天下有道，则庶人不议。"这段话的意思是！天下有道的时候，礼乐的制定和战争的发动都是由天子决定的；天下无道的时候，礼乐和战争的事宜便由诸侯来决定。由诸侯来决定礼乐和战争，很少有能维持十代而不乱的；如果制定礼乐和发动战争的权力落到了大夫的手中，那就很少有能维持五代而不乱的；如果大夫的家臣把持了国政，就很少有超过三代而不发生动乱的。天下有道，国家的政权不会掌握在大夫的手中；天下有道，老百姓就不会有非议。孔子的这段话是经过对历史的考察而得出的结论。春秋时期，自齐桓公开始，"礼乐征伐自诸侯出"，而天子则失去了号令权；齐国从桓公称霸到简公为陈恒所杀，经历十代；鲁国自季友专政，到季桓子时政权让于阳虎，经历五代；而季氏的家臣阳虎、南蒯、公山弗扰等都是当身而败，未及三代。"礼乐征伐自天子出"之所以为"天下有道"的标志，是因为"自天子出"意味着政令的统一，意味着国家政治活动的清明有序。而若自诸侯出、自大夫出，乃至自家臣出，则意味着纷争与混乱，意味着激烈的权力争夺，而在这种争夺的过程中必然会产生种种丑陋的事件，同时也给人民带来危害，也就是"天下无道"。

士兵。诸侯们得知此事，非常恐慌。这时，张仪又游说魏王说：

"魏国国土纵横不到一千里，士兵也不超过三十万。地势四面平坦，可以和四方的其他诸侯国相通。国内没有什么崇山峻岭，从新郑到都城大梁只有二百多里，战车和士兵们不用费什么力气，就能很快到达。魏国的南边和楚国相接壤，西边和韩国相接，北边和赵国相邻，东边和齐国搭界，如果要让魏国的士兵驻守四方的边疆，单单是防守各种要塞的人就不能少于十万。可以这么说，魏国的地势，就是个天然的战场。假如魏国和南面的楚国交好而对齐国不友好，那么齐国就会攻打魏国的东面；如果和东面的齐国交好而不和北面的赵国亲善，那么赵国就会攻打魏国的北面；如果和西面的韩国不和，那么韩国就会攻打魏国的西面；和南面的楚国不亲，那么楚国就会攻打魏国的南面：这就是四分五裂的地形啊。

"而且现在各诸侯国成立合纵联盟的目的，是为了让国家得到安定，让国君得到尊崇，让军队更加强大，声名远扬。现在那些主张六国合纵的人，想让天下成为一个整体，诸侯六国成为兄弟国家，于是就在洹水边上宰杀白马，歃血为盟，互相表示信守盟约。但是，即便是同父同母所生的一对亲兄弟，也会为了争夺财产而互相争执。难道大王您还打算相信和遵守苏秦那套虚伪狡诈并且反复无常的合纵策略吗？如果真是那样的话，大王您的失败是必然的了。

"如果大王您不听从秦国的命令，秦国就会派兵攻打河外、卷地、衍地、燕地和酸枣，并且攻打卫国，夺取阳晋。这样的话，赵国军队就不能够南下。赵国的军队不能南下而魏国的军队又不能北上，六国合纵联盟的通道就被秦国断绝。六国合纵联盟的道路一旦被切断，魏国也就危险了。到时候，秦国用武力要挟韩国屈服，韩国因为害怕秦国，就会归附秦国。韩国和秦国一旦联盟，魏国就只能坐等亡国。这也是我替大王您担忧的事情啊。

"我为大王您着想，还是不如归附秦国。如果您听从秦国号令，

合纵连横示意图

战国末年，各国都展开积极外交，以争取盟友、削弱敌国。"合纵"即合众弱攻一强，攻击对象或秦或齐，以秦为主。"连横"指事一强而攻众弱，主要以秦国为中心。"合纵""连横"为秦强众弱格局下所出现的政治局面。

那么楚国和韩国就一定不敢有什么动作了，大王您也就可以高枕无忧，没什么值得担心的了。

"再加上现在秦国最想要削弱的国家就是楚国，但是能够削弱楚国的国家只有大王您的魏国。楚国虽然表面上很强大，百姓富饶，实际国力却很空虚；楚国的士兵虽然号称人数众多，却胆小懦弱，在战场上总是逃跑。假如魏国聚集所有的军队攻打楚国，肯定能够取胜。通过夺取楚国的土地而使大王您的魏国得到好处；通过归顺秦国，和秦国一起来攻打楚国，从而将灾祸转嫁给楚国，让魏国国家安宁，这是一件大大的好事啊。如果大王您不采纳我的建议，等秦国的军队向魏国发起进攻，那时，大王您即便想屈从于秦国，恐怕也来不及了。

"而且，那些主张合纵的人，只会讲大话，很难让别人信任他们，只是为了能够得到高官厚禄，封侯封爵。所以那些游说的人，没有一个不是天天都激动地攘着手腕，瞪着眼睛，向君王们大夸特夸合纵的好处。如果哪个国君因为赞赏他们的口才，就被他们合纵的计划给迷惑了，那也就太糊涂啦！

"我听说，羽毛虽然很轻，但要是放多了，也能够让船沉没；很松的货物，但装载多了，也会折断车的架子；群众的舆论可以把铁熔化，众多的诽谤可以毁灭一个人。所以我希望大王能仔细地采取正确的措施，并且恩准我辞去国相职位，离开魏国。"

听了张仪的话，魏哀王就背弃了六国的合纵盟约，并通过张仪表示希望和秦国和解。张仪回到秦国后，又担任了秦国的国相。三年以后，魏国再一次背弃了秦国，重新加入合纵盟约。之后秦国攻打魏国，并且占领了曲沃。第二年，魏国又重新听从秦国的号令。

张仪欺楚

秦国想要派兵攻打齐国，但是齐国和楚国相互之间缔结了合纵相亲的盟约。秦王于是派张仪去楚国担任楚国的国相，离间齐国和楚国。

楚怀王听说张仪到了楚国，就准备了上等的宾馆，并且亲自去宾馆内安排张仪的起居。看见张仪，楚怀王说："我们楚国只是个非常偏僻的国家，您到我们这里来，有什么东西可以指教我呢？"张仪对楚王说："大王如果真的想听从我的意见的话，就请让楚国和齐国之间断绝往来，解除两国的合纵盟约。如果大王同意的话，我将请秦王把秦国商于一带六百里的土地献给大王您，还让我们秦国的美女来侍奉您。秦国和楚国之间互相娶妇嫁女，永远结为兄弟国家。这样一来，不但齐国被削弱，秦国得到好处，大王您的楚国也能得到土地，没有比这更好的方法了。"听了张仪的话，楚怀王非常高兴，连忙点头答应。

大臣们都来祝贺楚怀王不费吹灰之力得到商於六百里的土地，只有陈轸一个人在一旁失声痛哭。楚怀王非常生气，就问他说："现在我不费一兵一卒就能得到六百里的土地，其他的臣子都来向我祝贺，你为什么在这痛哭呢？真是坏我的兴致！"陈轸回答说："事情没有大王您想的那么好啊。在我看来，您不但得不到秦国许诺的那块土地，反而会促成秦国和齐国的联合。一旦齐国和秦国联合起来，我们楚国就会大难

张仪像
战国时期魏国人，和苏秦同拜鬼谷子为师，学习纵横之术。

临头，到时候大王您别说得到土地，恐怕还会失去自己的土地啊。"楚怀王一听，马上问他说："为什么呢？"陈轸回答说："现在秦国之所以那么重视楚国，不惜用自己国家的土地来收买楚国，都是因为楚国和强大的齐国是合纵盟国。如果大王您听从了秦国的建议，和齐国断绝往来，废除两国的盟约，楚国就孤立了。到那时，强大的秦国又怎么会拿出自己的土地，来满足我们一个已经孤立无援的国家呢？现在张仪口口声声说秦王答应给楚国六百里土地，但是等到他回到秦国以后，肯定不会承认现在向大王许下的诺言。到那个时候，我们不但与齐国断绝了外交关系，还必将招来秦国的攻击，齐国和秦国的军队肯定会联合起来对付我们楚国。大王您不如先暗地里和齐国继续联合，表面上让秦国以为齐楚已经断绝了关系，再派人跟着张仪一起去秦国。如果到时候秦国真的给了我们六百里土地，大王您再和齐国断交也不算晚；如果秦国违背诺言，不给我们土地，那我们也不算失策。"然而楚怀王哪里听得进陈轸的话，生气地对他说："我希望先生您闭上嘴巴，不要在我面前讲话了。您就等着看我是怎么样得到那六百里土地吧。"

楚怀王把楚国的相印交给张仪，给了他大量的财宝和礼物，并且派了一位将军跟着张仪一起去秦国，打算去接收秦王许诺的商於之间的土地。随即，楚国和齐国断绝了外交关系，废除了合纵盟约。

张仪回到秦国以后，假装不小心从车上跌了下来，受了伤，一连三个月都没有去上朝。楚怀王听说了这件事情，就说："恐怕张仪是因为我和齐国之间的断交还不够彻底吧？"于是就派勇士到了宋国，借了宋国的符节，去北方的齐国大肆辱骂齐王。齐王非常愤怒，不但斩断了符节，还主动和秦国联合。秦国和齐国联合以后，张仪才上朝。一上朝，他就对楚国的使者说："现在我有秦王赐给的六里封地，愿意把这六里地献给你们楚王。"

使者回楚国向楚王报告，楚王气得七窍生烟，马上就要出动军队攻打秦国。这时，陈轸说："现在我可以说话了吧？大王您与其决定发兵攻打秦国，倒不如反过来割让一些土地，贿赂秦国，和秦国一起发兵攻打齐国。这样的话，虽然我们给了秦国一些土地但能够以从齐国夺过来的土地来作补偿。"楚王还是不听他的话，坚决要出兵攻打秦国。

秦国和齐国联合起来攻打楚国，斩杀楚国官兵八万，楚军主将屈匄战死。秦国获胜后，夺取了楚国的丹阳和汉中两地。楚怀王不服，又派出更多的军队去攻击秦国，楚军再次失败。无奈之下，楚国又割让两座城池给秦国，委曲求和。

脱身有术

秦国要挟楚国，想得到黔中一带的土地，并愿意用武关以外的土地交换它。楚王说："我不愿意交换土地，只要能够得到张仪。"秦王想派张仪去楚国，但又不忍心对他说。张仪却自告奋勇请求去楚国。秦惠王说："您欺骗了楚王，楚王对您恨之入骨，绝对不会对您善罢甘休的。"张仪说："秦国强大，楚国弱小。我和楚国大夫靳尚关系很好，他非常受郑袖的宠信，而楚王对夫人郑袖言听计从。再说，我是奉了大王您的命令前去楚国，楚王怎么敢杀我？假如我的死能让秦国得到黔中的土地，那是我最大的愿望，死了也值。"张仪就去了楚国。张仪一到楚国，楚怀王就把他抓了起来，并打算杀掉他。

张仪买通靳尚。靳尚找到郑袖，对她说："您知道您将不再为大王宠信吗？"郑袖问："为什么？"靳尚说："秦王特别信任张仪，肯定要把他救出来。现在秦王要将上庸等六个县的土地献给楚王，还要把秦国的美女嫁给楚王。大王一向喜欢土地，而且惧怕秦王，肯定会宠幸秦国的美女而冷落您。您不如在大王面前替张仪说情，让大王把他放了。那样秦王就不会给大王送美女，也就没人和您争宠了。"郑袖相信了，她对楚王说："凡是做臣子的都要为自己的国家效力。大王您还没把土地交给秦国，秦王就派张仪来楚国，可见秦王对大王还是很尊重的。现在大王您不但不回礼，反而要杀了张仪，秦王一怒之下肯定会派兵攻打楚国。到时候，楚国就危险了。"楚怀王听后，非常后悔，赶紧赦免了张仪。

张仪刚出狱不久，还没离开楚国，就听说苏秦死了。他又游说楚怀王说：

"秦国土地占天下的一半，秦国军队能抵挡四方的国家。秦国有险要的地形、河流和坚固的边塞。战士一百多万，战车千辆，战马万匹，粮食多得堆成山。法令严明，士兵们不畏艰难，乐于牺牲。以秦国的强大，肯定会吞灭各国。可以说，越后归顺的国家越快被灭亡。而且，那些主张合纵的人，无异于是赶着羊群去攻打凶猛的老虎。绵羊又怎么能够打得赢猛虎呢？现在大王不和老虎结盟，反而去亲近羊群，我认为大王的政策失当啊。

"现在天下强国，除了秦，就是楚，两国势不两立。大王如果不侍奉秦国，秦国就会派出军队占据宜阳，韩国各地交通断绝，无法来往。秦军出兵河东，夺取成皋，韩国肯定会向秦国称臣。魏国见状，也会屈服，并听命于秦国。秦国进攻楚国的西部边境，韩国、魏国进攻楚国的北部边境，楚国怎么会不危险呢？

"秦国之所以十五年不攻打齐国和赵国，是因为秦国在暗中谋划，想一举吞并天下。楚国和秦国在汉中打了一仗，楚国列侯战死70多位，还丢了汉中。再次出兵袭击秦国，和秦国军队在蓝田作战，这就是两虎相争啊。在楚国和秦国打仗之时，如果韩国和魏国突然发动全国的兵力进攻楚国，那么楚国就危险了。希望大王仔细地加以考虑。

"假如楚国与秦国结盟，结果会怎样呢？秦军出动军队攻占了卫国的阳晋，一举控制天下战略要地，东方各国全被制住。此时，大王您再出动全部兵力，进攻宋国，用不了几个月的时间就能拿下。再挥师东进，到时候泗水流域的小国就全归大王所有了。

"苏秦负责六国合纵，却暗中和燕王策划破坏齐国，夺取它的土地。苏秦假装得罪燕王，逃到齐国，做齐国国相，两年后被齐王五马分尸。主持各国结盟，最需要的是诚信，可主盟人却是奸诈虚伪的苏秦，因此，诸侯合纵结盟是不可能成功的。

"现在秦国和楚国接壤，从地势上也应该是互相亲近。大王如果能听我的主张，秦楚互相以太子为人质，秦王愿将女儿嫁给大王做姬妾，并且愿意拿出有一万户居民的都邑作为嫁妆，秦楚结为兄弟国家，永远友好。可以说，没有比这更好的办法了。"

楚王想来想去，最后决定听取张仪的建议。屈原劝阻他说："上次大王您就被张仪欺骗。这一次他来到楚国，我以为大王会煮死他，没想到您却放了他。现在您不但放了他，还听信他的计策，想归附于秦国。大王您千万不能这样啊！"怀王说："和秦国联合，就能保住黔中。这是很好的事情。况且我已经答应了他，你叫我又背弃他，这怎么可以呢？"楚王最后还是听从了张仪的建议，与秦国交好。

围魏救赵

周显王十五年（公元前354年），赵国大举进攻卫国，希望通过武力迫使卫国称臣。当时的卫国依附于实力比较强大的魏国，于是魏国以保护卫国为借口，对赵国发动了战争。魏惠王任命庞涓为大将军攻打赵国，结果很快就包围了赵国的国都邯郸（今河北邯郸西南）。

第二年，也就是公元前353年，赵国实在抵挡不住魏国的进攻，就向齐国求救。齐威王答应了赵国的请求，打算任命自己十分器重的孙膑为大将军，前往赵国解围。

这个孙膑是齐国人，与庞涓是同门师兄弟，二人曾经一起在鬼谷子门下学习兵法。后来，魏惠王为了完成自己的霸业，不惜重金在天下招揽有才能的人。庞涓得到消息后，认为自己建功立业的时机已到，于是马上投奔了魏惠王。庞涓杰出的军事才能很快就得到了魏惠王的赏识，在魏国做了大官。

后来，魏惠王希望庞涓能把孙膑也介绍到魏国来，让他两人帮助自己完成霸业。庞涓虽然嘴上答应，但心中却十分不满。原来，庞涓一直很嫉妒孙膑，十分害怕他抢夺了自己的地位。

当孙膑被请到魏国时，庞涓一方面假装举荐孙膑，另一方面却暗地在魏惠王面前诬陷孙膑，说他是齐国的奸细。果然，魏惠王听信了庞涓的谗言，把孙膑投入了监狱，并对他实施了墨刑（在犯人的脸上刺字）和膑刑（挖掉犯人的两个膝盖骨），使他变成了残疾。

不久后，齐国派使

百家争鸣

百家争鸣是指春秋（公元前770～前476年）战国（公元前475～前221年）时期知识分子中不同学派的涌现及各流派争芳斗艳的局面。《汉书·艺文志》将战国时期主要思想学派分为十家——儒、墨、道、法、阴阳、名、纵横、杂、兵、小说。西汉人刘歆在《七略·诸子略》中将小说家去掉，称为"九流"。"十家九流"就是从这里来的。百家争鸣反映了当时社会激烈和复杂的政治斗争，主要是新兴地主阶级和没落奴隶主之间的阶级斗争。这个时期的文化思想，奠定了整个封建时代文化的基础，对中国古代文化有着非常深刻的影响。

臣到魏国。孙膑想办法见到了使者，并说服他帮助自己逃离魏国。孙膑来到齐国以后，受到了齐国大将田忌的赏识，并被他收为宾客。后来，田忌把孙膑引荐给齐威王。齐威王和孙膑谈论如何用兵打仗，发现他有着卓越的军事才能，于是就把他留在自己的身边，并且还拜为自己的老师。

这次齐威王想派孙膑前去解赵国之围，也好让他建功立业，但是，孙膑听后却拒绝了齐威王。他对齐威王说："两军打仗，主将的威仪也是很重要的因素。我是一个受过膑刑的残疾人，是万万不能做大将军的。如果由我来担任大将军，那么一定会让敌人耻笑的，因此希望大王收回成命。"

《孙膑擒庞涓》书简
本篇记述了孙膑在"围魏救赵"之战中，用避实击虚、攻其必救等方法，在桂陵大破魏军，俘获庞涓。这是孙膑运用他的军事思想取得胜利的一个著名战例。

齐威王见孙膑态度十分坚决，只好放弃了让他当大将军的念头，改派田忌为大将军。但是，齐威王要求孙膑与田忌一同前去，做田忌的随行军师，好为他出谋划策。孙膑答应了齐威王的请求。

田忌召孙膑到他的府上，一起商讨作战计划。田忌认为，他们可以带领精锐部队直接赶到赵国的国都邯郸，然后在那里和魏军的主力部队决一死战，那样就可以解除魏军对邯郸的威胁了。

孙膑不同意他的观点，说道："如果想要阻止两个人打架，并不需要直接去阻拦他们落下的拳头。我们应该做的是让他们有所顾忌。现在魏国攻打赵国，肯定是把所有的精锐部队都带去了，只剩下那些老弱病残的士兵留在魏国国都。我们不如带领部队直接赶往魏国的国都大梁（今河南开封），攻打他们守备最空虚的地方。这样一来，庞涓看到自己的老巢受到攻击，肯定顾不上围攻赵国了。那样的话，我们一方面替赵国解除了被围的困扰，另一方面也可以看准机会，在半路上阻截魏军，给他们来个迎头痛击，这不是一举两得吗？"

田忌想了想，认为孙膑说得非常有道理，于是就带领着大队人马直接杀向魏国国都大梁。当部队走到桂陵（今河南长垣市西北）时，孙膑来见田忌，让他下令把军队停在这里。田忌不明白，就询问孙膑为什么在这里安营扎寨。孙膑解释说："我们攻打大梁的消息很快就会被庞涓知道的，他肯定会日夜兼程地赶回救援。魏国的军队自邯郸返回大梁时，一定会经过桂陵，所以我们在这里设下伏兵，等魏军钻进来时，就把他们一举歼灭。"田忌同意了孙膑的说法，采纳了他的计谋，留了很多人马在桂陵设下埋伏。

　　周显王十六年（公元前353年）十月，赵国因为抵挡不住魏国强大的攻势而宣布投降。正当魏军准备庆贺的时候，突然得知大梁被攻打的消息。于是，庞涓马上带齐所有人马，急急忙忙赶回大梁。

　　魏军在攻打赵国时，部队已经有了一定的损失，再加上着急回家"救火"，一路上长途跋涉，士兵都非常疲惫，所以当他们经过桂陵被齐国军队伏击时，根本没有还手之力。这场战争使魏军元气大伤，死伤约有两万人。

　　不过，魏国并没有因为这次失利而一蹶不振。几年后，魏军重整旗鼓，对韩国发动了进攻。孙膑采用老办法，又一次攻打魏国。最后，双方的主力部队在马陵（今河北大名）交战，魏军大败，庞涓战死。

增兵减灶

　　在齐国和魏国桂陵之战以后不久，齐国发生了内乱，田忌不再是齐国的大将军，而孙膑也不再是军师了。桂陵之战中被孙膑俘虏，又被释放了的魏国将军庞涓，总想着找孙膑再比高低。他见齐国发生内乱，孙膑也不再是军师了，觉得这是进攻其他国、扩大魏国土地的好时机，于是就发兵攻打韩国。正赶上齐威王死了，他的儿子继位，即齐宣王。齐宣王又重新启用了田忌和孙膑，不过庞涓不知道这件事。

韩国本来就没有魏国强大，加上庞涓确实有不低的军事才能，韩军抵挡不住魏军，于是向齐国求救。但是在齐国，关于要不要派兵去救韩国，却有着两种不同的意见。以相国邹忌为代表的一些人认为犯不着为了别的国家的事情派自己的士兵去冒险，而且如果帮助韩国的话，就得罪了魏国；以田忌为代表的一些人却认为应该去救，如果不救韩国的话，魏国就会越来越强大，到最后恐怕连齐国都会被魏国灭了。大家各有各的道理，争了半天，就是没争出个结果来。

最后，大家都看着孙膑，看他的想法怎么样。孙膑想了想，然后对大家说："如果我们不去救韩国的话，那韩国肯定抵抗不住强大的魏国，最后只能被魏国消灭。等魏国越来越强大以后，那我们齐国就麻烦了。可要是我们马上就派兵去帮助韩国，一起抵抗魏国的进攻，那无异于就是我们齐国和强大的魏国直接对抗。即便是能打赢，也要损失不少的人，对我们还是非常不利。现在最好的方法，莫过于一方面派人通知韩国，说我们齐国决定帮助他们，而且军队已经在路上，希望他们能够坚持到援兵的到来；另一方面我们先不要着急发兵，等韩国和魏国打得两败俱伤的时候再去，那样的话，就能一举两得了。"大家听了孙膑的主意，纷纷表示赞同。

果然，一切都按照孙膑的计划进行着。韩国得到齐国的答复后，面对魏国的进攻，拼命抵抗，等待着齐国的援救。而魏国也久攻不下，渐渐地失去了耐心。等到双方打得差不多的时候，孙膑才和田忌一起率兵攻打魏国都城大梁。庞涓听说齐国军队攻打大梁，没有办法，只能班师

虎形灶　春秋
行军作战时使用的炊具。

回国。由于韩国和魏国很近，庞涓的军队比齐国军队更快到达大梁。魏王命令太子魏申为元帅，庞涓为将军，前去迎击齐国军队。

在快到魏国的路上，孙膑对田忌说："大人，您知道，魏国的士兵非常英勇善战，而且一贯瞧不起齐国，认为我们齐国士兵胆小怯战。善于打仗的人就应该把握住外在的条件，运用各种方法来取得胜利。兵书上说，如果劳师远征，经过几百里去攻打别的国家，夺取别国的土地，那样的军队肯定要损失他们的将军；而要是经过几十里的路，去攻打其他的国家，那么在到达那个国家之前，士兵们就恐怕会有将近有一半的人都已经逃跑了。我们不如将计就计，每天减少做饭的锅灶，让魏国以为我们的士兵越来越少，从而对我们放松警惕，最后我们就能出其不意，打败魏国了。"田忌听从了孙膑的建议，让齐国军队进入魏国的第一天，建造10万个做饭的锅灶，第二天的时候就减为5万个，第三天又减为3万个，让魏国人误以为齐国士兵已经逃亡了一大半。

庞涓率兵出发三天，听说齐国士兵越来越少，到后来只剩下3万人。他非常高兴，就对士兵们说："我本来就知道齐国的士兵非常胆小，但没想到，进入我们魏国还不到三天，竟然有一半以上的人逃亡。现在正是我们进攻的好机会。"于是他丢下步兵，自己只带了一些精锐的骑兵不分日夜地追赶齐军。

孙膑对魏军的行程做了一个初步的计算后，估计着这天晚上魏军应该到达马陵。马陵道路狭窄，而且四周有很多险要关口，可以设下伏兵。于是他就命人在路旁的一棵大树上刮下一块树皮，在露出的白色树干上写着"庞涓死于此树之下"。接着他又选派军队中擅长射箭的士兵，埋伏在险要关口的两旁，并且命令他们，一看见黑夜中魏军点火，就一齐朝着火把放箭。

果然不出孙膑所料。傍晚，庞涓带领自己的骑兵到达马陵，忽然看见路旁有棵被削去树皮的大树，而且上面还有字，感到非常奇怪。他就命人点燃火把，照亮去看。还没等他读完那些字，在关口两旁埋伏多时的齐国士兵纷纷朝着火把开弓放箭。魏国军队突遭袭击，顿时乱作一团，士兵们四处逃窜。庞涓看见士兵们都四散奔逃，无法收拾，知道败局已定，就拔出自己的长剑，长长地叹了一口气，说："没想到我庞涓成就了孙膑这个小子的名声！"然后无奈

马陵之战示意图

地自杀了。正在逃跑的魏国士兵，得知自己的主帅自杀，军心涣散，斗志瓦解。齐军乘势追击，彻底击溃魏军，并俘虏了魏国的太子魏申，然后凯旋归国。

孙膑也因此名扬天下，后世还流传着他写的《孙膑兵法》。

燕昭王求贤

周慎靓王五年（公元前316年），燕王哙把王位传予了自己的亲信子之，而没有传给太子。周慎靓王六年（公元前315年），也就是子之做燕王的第二年，燕国太子姬平和大将军市被合谋，聚集了很多兵马一同讨伐子之。齐国见有机可乘，也马上大举进攻燕国。不久后，燕国国都被齐国军队攻破，大量金银珠宝被齐国抢走，燕王哙也在战乱中被杀死。

战争结束后，燕国一片悲惨的景象，百姓们流离失所，非常痛苦。所以这时的燕国很需要一位贤明的君王来领导。燕国的贵族经过商量，最后共同推举了太子姬平做燕王，即燕昭王。

燕昭王是一位很有能力而且很贤明的君主。在和齐国的战斗中，很多士兵和百姓都被齐国军队杀死，燕昭王首先对那些死去的人表示哀悼，而且还亲自探访和慰问那些死者的家属，并给他们发放了一些生活用品。燕昭王以身作则，与百姓们同甘共苦。他取消了所有奢侈的花费，吃的是粗茶淡饭，穿的衣服也很简单。但是，燕昭王在一个方面却是非常舍得花钱，那就是招揽人才。他知道，必须依靠那些有才能的人，才能使燕国恢复并强大起来。

燕昭王听说国内有一个名叫郭隗的是个有本事的人，于是就亲自来到他的府上，燕昭王对郭隗说："齐国的行为实在太可恨了，它趁我们国家内乱的时候发动进攻，而且还打败了我们国家的军队，使燕国遭受了十分沉重的灾难，这样的仇我是一定要报的。不过，我也知道，我们燕国国家很小，而且百姓和军队的数量也不多，所以想报仇是很困难的。但是，如果有很多有才能的人愿意前来帮助我们，就一定可以打败齐国。先生您是一个非常有本事的人，如果您看到有真本事的人，请您一定要帮我把他请过来，我是十分有诚意的。"

郭隗听完燕昭王的话后，马上对他说："大王，您拜托我的事我是不会推辞的，不过请先听我给您讲个故事吧！"

郭隗说："古代的时候有一个国家的大王十分喜欢马，而且特别想得到一匹千里马。于是，他就找来了平时打扫宫廷的人，让他带上千金去各地收购千里马。当那个人找到千里马时，却发现马已经死了。于是就花了五百金，买回了那匹死千里马的马头。大王看后非常生气，大声呵斥他，说他办事不力，而且还要重重地惩罚他。那人并没有着急，而是对大王说：'大王请先不要着急，等我说完后再定我的罪也不晚。我之所以把这匹死千里马的马头买回来，其实是为了您着想。如果天下人都知道了您愿意花五百金购买一匹死千里马的头的话，那么他们一定会自动将千里马送上门来的。'那个大王虽然没有完全相信他的话，但是也没有杀了他。一年后，他的话果然应验了，拥有千里马的人听说了这件事之后，不远千里来为大王献上了三匹千里马。虽然那个大王花费了五百金买了一匹死马，但是却得到了三匹活的千里马。”

燕昭王听完郭隗的话后，觉得非常有道理，就问他说："那么还请先生再讲明白一点，您给我讲这个故事的意思是什么呢？"

郭隗说道："其实我说的这个故事道理很简单，您就是故事中的那个大王，我就是故事中的那匹死掉的千里马，而那些真正有才能的人则是那三匹活的千里马。您想招揽天下有才能的人帮助你，那么就请您首先从我郭隗开始吧！因为天下人都知道，我的本事是很小的，也没有很高的才华。如果您对我非常好的话，那么其他人就会知道他们到燕国来一定可以得到更好的待遇，因为他们要比我聪明很多。"

燕昭王听完后，明白了郭隗的意思，也非常赞同他的说法。于是他把郭隗召进了宫中，给他奉上最好的美食，给他穿最华丽的衣服。这些还不够，燕昭王还拜郭隗为自己的老师，赐予了他非常高的地位。后来郭隗给燕昭王出了一个主意，让燕昭王建造一座"黄金台"，并向天下宣布，凡是有才能的人来到这里，都可以得到很高的报酬，而且还会获得很高的地位。

燕昭王建造黄金台招揽贤才的消息很快就传了出去，结果很多有才能的人都争着投奔燕国。

赵武灵王胡服骑射

古代的中山国是中原诸侯国以外的又一个强国。不过，中山国虽然强大，可是他们在各方面都保留着很浓重的北方民族的生活习惯。这样一来，中山国以及中山国的人就被那些中原地区的"文明国家"称为"胡地"和"胡人"（古代中原地区对少数民族的蔑称），自然也招来了那些"文明人"不齿的态度。

周赧王八年（公元前307年），赵国的国君武灵王领兵攻打中山国。为了取得最终的胜利，彻底打败中山国，武灵王心中酝酿着一场改革。虽然这场改革会很困难，也会招来很多人的反对，但是它的确可以使赵国军队的作战能力有很大的提高，所以武灵王下定了决心。

这天，赵武灵王找来了肥义，和他商量改革的事情。武灵王说："论礼仪，我们中原国家的人确实要比中山国的人讲究得多，可是我们的服装太累赘，打起仗来很不方便。通过观察，我发现胡人的衣服短小精悍，十分适合骑马作战。因此，我决定让我们赵国的人穿上胡人的衣服。"

赵武灵王胡服骑射复原图

肥义听后，说道："大王真是英明，我完全同意您的意见！不过，这么做那些大臣们会同意吗？"

武灵王笑了笑说："穿胡人的衣服肯定会被人耻笑，可是那些被傻瓜们耻笑的地方，聪明人却能发现很多的不同。这场战争我是志在必得，就算天下人都耻笑我，我也不会退缩。总之，我一定要占领胡地，踏平中山国。"

就这样，赵武灵王身先士卒，自己首先穿上了胡人的衣服。可是，事情果然和肥义预料的一样，赵国人对武灵王的做法非常不满，都不愿意穿上胡人的衣服。公子成一听说让自己换上胡人的衣服，气得直跺脚。可这是大王的命令，自己不敢明目张胆地对抗，于是，公子成就给武灵王来了个"闭门不出"，坚决不去上朝。

赵武灵王非常清楚，公子成哪里是得什么病了，即使有病也是心病。于是，武灵王就派了一位使者去"探望"公子成。其实，这位使者名义上是"探望"，实际上是来劝导的。使者见到公子成以后，先是来了一通假惺惺的问候，然后马上进入了主题。

使者对公子成说："大王托我给您捎话，说您是一个明白事理的人，想必一定知道家中的事情必须听从父母的安排，国家的事情必须听从君王的安排这个道理。如今国君下令全国百姓改换服装，这本来是件好事。可是您却带头违抗命令，坚决不穿胡服。您这无疑是给天下人做了一个'榜样'，百姓们都会拿您当例子来议论国君的命令啊！"

公子成听后撇了撇嘴，没有说话。使者继续说道："大王还说，治理一个国家有一套基本法则，而这个法则的根本就是有利于民；推行政令也有一套方法，而这套方法的根本就是能够实行下去。如果想要对天下人施恩泽，那么就应该从百姓施起。可是如果想要在国家推行政令，那么就应该从上层社会开始实施。如今，他希望公子成做天下的榜样，帮助他推行胡服改制的政策啊！"

公子成听到这里，再也坐不住了。他先是拜了两拜，然后磕头说："臣听说所谓中国，就应该是实施圣贤教化，推行礼乐的地方。那些住在远方的'夷族'（对少数民族的蔑称）只配到我们这里来参拜、效仿，哪有我们去学他们的道理？大王的做法是违背天下人的意志，是不遵从祖先训导的做法，臣不敢遵从，还请大王三思！"

使者见自己说不动他，只好把公子成的原话转达给了赵武灵王。武灵王听说后，马上亲自来到公子成的府上，用请求的口气对他说："我之所以要这么做，其实是为了我们赵国好啊！你想想，我赵国东面有强大的齐国和中山国，西面有楼烦国、秦国和韩国，就连北面都有燕国和东胡。这些国家没有一个不想把我们消灭，我们是生存在敌人包围圈里的啊！如果我们不精通骑马射箭，我问你，我们用什么保卫自己的国家？用什么捍卫自己的疆土？"

战国时期贵族服装复原图

公子成听了赵武灵王的一番话，低下了头。武灵王见自己的话起了作用，接着说道："正因为这样，我才叫百姓们换上胡人的衣服，学习骑马射箭的本领。我们既可以抵抗边境强敌的入侵，又可以打败中山国，以雪我们的耻辱。可你呢？却为了保持什么传统，而把整个国家的前途放在一边，您难道忘记了鄗城被攻（中山国曾派兵攻打鄗城，并且放水淹鄗城）的耻辱吗？我真是太失望了！"

公子成听后，终于明白了赵武灵王的良苦用心，于是接受了赵武灵王的要求。武灵王非常高兴，马上让人拿来一套胡服赐给了公子成。第二天早上，公子成穿着胡服，大大方方地前去上朝。

就这样，赵武灵王开始在全国发布诏令，让所有的人都穿上了胡服。同时，赵武灵王还把百姓聚集在一起，找人教他们骑马射箭。赵国的军事力量越来越强大，最后终于打败了中山国，占领了胡地。

鸡鸣狗盗

"鸡鸣狗盗"是一个成语，意思是指微不足道的本事或者是偷偷摸摸的行为。按照我们现在的理解，这个成语应该是含有贬义的，可是它的原意并非如此，而且"鸡鸣"和"狗盗"还救过一个非常有名的人的命，这个人就是战国时期的孟尝君。

齐国的孟尝君和赵国的平原君、魏国的信陵君、楚国的春申君合称为战国四公子。和其他三个人一样，孟尝君是个非常仁义和慷慨的人。他的府上足足养了3000多名食客。这些食客之中有很多人有真才实学，也有很多人是蒙吃骗喝，当然也有一部分人身怀绝技。

　　秦昭襄王也称"秦昭王"一直非常欣赏孟尝君的才学。为了得到孟尝君，秦昭襄王派泾阳君到齐国做人质，请求齐王同意孟尝君到秦国来。于是，孟尝君带着手下的几名食客，来到了秦国。

　　秦昭襄王见孟尝君果然来了，自然是喜出望外，马上任命他做了秦国的相国。而孟尝君作为战国四公子也不能失礼，作为对秦王赏识的报答，孟尝君送给了秦王一条上好的纯白狐裘。本来，这一切都应该顺顺当当地进行，可谁知道在第二年却发生了变故。

　　原来，孟尝君大老远从齐国来到秦国，没有给秦王献上一个计策，没有给秦国出一份力，却得到了相国的官职，这太不合"情理"了，自

士的崛起

战国时期，养士之风盛行，著名的"战国四公子"都养士千人。士与主人之间建立起一种新型的隶属关系。

然会招来很多人的嫉妒。因此，有人就开始在秦昭王的耳边煽风。这个小人对秦昭王说："大王，您如此重用孟尝君，就不怕将来他害了我们秦国吗？"

秦昭王听后摆了摆手说："你这是什么话？孟尝君可是个真君子，怎么会害我们秦国呢？"

那个小人又说："可是大王您别忘了，孟尝君可是齐国人啊！如今他在我秦国做相国，您认为他会一心一意地辅佐您吗？我想，他做什么事的时候，第一个想到的一定是齐国而不是秦国。时间长了，我们秦国真是危险啊！"

秦昭王听后心里也犯了嘀咕，为了防止孟尝君"背叛"自己，他下令将孟尝君软禁了起来。失去自由的孟尝君后悔当初来到秦国，日夜思念着能够回到齐国。可是，如今秦王把自己关了起来，朝中又没有人愿意替自己说话，要想逃出去，简直太难了。这时，孟尝君的食客中有人给他出主意，让他花重金去收买秦王的宠妃燕妃，只要她在秦王的枕边多吹点儿风，那么一切就都可以解决了。于是，孟尝君就派人去请求燕妃帮忙。

很快，派去的人就回来了，告诉孟尝君，燕妃已经答应帮他了。正当孟尝君高兴的时候，那人又说："燕妃说她不要金银珠宝，只想要一件和秦王一样的纯白狐裘。"孟尝君一听，像泄了气的皮球一样坐在了地上，心想："我的天哪！要什么不好，干吗非要那件东西啊！这纯白狐裘就一件，如今已经送给了秦王，让我到哪里去找第二件啊？"

正在孟尝君发愁的时候，他手下的一个食客说："孟尝君不要着急，我自有办法弄到狐裘。"到了晚上，这个人偷偷地从狗洞钻进了秦国的王宫，看准机会悄悄地把那件纯白狐裘偷了回来。孟尝君高兴得都快蹦起来了，赶忙让人把它送给了燕妃。

这白狐裘的魅力还真是不小，燕妃得到它以后，果然替孟尝君说了不少好话。没几天，秦昭王就释放了孟尝君。

骑马俑　战国

骑兵是战国以来形成的新兵种，机动性强，富有杀伤力，至战国末年，骑兵成为各国的主要兵种。这是目前发现的最早的骑兵陶俑，也是现在所知的最早的胡服。通常所说的胡服是指古代我国北方少数民族轻便简洁的一种适宜骑马的服装。

　　孟尝君得知秦王肯放自己，自然是心花怒放。不过他心里清楚，秦昭襄王是个反复无常的小人，如果在这里待得时间长了，说不定他会反悔。事不宜迟，要走马上就走。于是，孟尝君也不等天亮，趁着天黑带领着手下食客，悄悄地来到了秦国的边界函谷关（今河南灵宝西南）。

　　函谷关是秦国的边界关口，这时也成了孟尝君的最后关口，只要过了函谷关，那秦王就不能把他怎么样了。可是，由于孟尝君到达函谷关的时候是深夜，关口的城门还是关着的。不管孟尝君怎么请求，守门的士兵就是不开城门，非要等到天亮鸡叫的时候才能开。

　　这下可把孟尝君急坏了。眼看着马上就可以脱离虎口了，却在这里被挡住了，孟尝君能不急吗？不过孟尝君当时还不知道，秦王真的已经后悔了，后悔自己轻易就把他放跑，正派人在后面追赶。如果孟尝君再不走，恐怕就永远走不了了。

就在这最危险的时候，孟尝君手下的一名食客突然扯着嗓子叫了起来。原来，这个人擅长学习鸡叫，他这一叫，周围所有的鸡都跟着叫了起来。守城的士兵以为天亮了，就把城门打开了。

就这样，孟尝君顺利地逃回了齐国。

乐毅伐齐

周赧王三十年（公元前285年），齐湣王派兵攻打宋国，很快宋国就被齐国消灭了。得到甜头的齐湣王越来越骄横，根本不把其他诸侯国放在眼里。他派兵四处征伐，甚至还想消灭周朝，自己称天子。齐王的行为激起了众怒，所有的诸侯国都对他十分不满。

谋划报仇很长时间的燕昭王认为时机已经成熟了，就找乐毅一起商量讨伐齐国的事情。乐毅思量了一会儿，说道："大王，齐国虽然已经得罪了所有的诸侯，但是它的势力还是不可轻视的。当初的齐桓公也曾称霸，为齐国后代的君主打下了大片的江山和财富。如今想单靠我们自己恐怕打不赢他，依我之见不如联合赵国、魏国和韩国，同时再想办法拉拢秦国。只有这样，我们才有打赢的希望。"

燕昭王同意了乐毅的建议，马上派乐毅出使赵国，然后另派使者前往楚国和魏国。这一招果然见效，其他诸侯国一听说要攻打齐国，一个个兴奋得不行，就连秦国也受赵国的影响同意出兵。

周赧王三十一年（公元前284年），讨伐齐国的战争开始了。燕昭王发动了燕国所有的兵力，并且任命乐毅为上将军，由他一人指挥。同时，赵王也拜乐毅做了赵国的相国。就这样，燕国、秦国、赵国、韩国、魏国这五国的军队在乐毅一个人的带领下，浩浩荡荡地杀向了齐国。

齐湣王得知消息后不敢怠慢，马上也组织了全国的兵力抵抗五国联军。可是，就算齐国再强大，也难以抵挡得住这五国的军队。齐军和联军在济西（今山东阳信）展开会战。结果，由于主将指挥不力，齐军被杀得大败。

乐毅见胜负已定，就让秦国和韩国的军队先回去，说是以后会重重答谢他们。因为这两个国家与齐国没有什么仇恨，所以也就没有必要再打下去了。接着，乐毅又让魏国的军队去攻打齐国刚刚夺取的原宋国地盘，让赵国去收复他们自己失去的河间地区。魏、赵两国见有大便宜可捡，自然是乐呵呵地听从乐毅的安排。

其实，乐毅心里早有了自己的打算。等联军解散以后，他带着燕国的军队继续追击齐国的败军，大有直捣齐国心脏的势头。这时，乐毅身旁的谋士剧辛觉得有些不妥，就对乐毅说："上将军，咱们的部队这是要干什么啊？"

冠 礼

冠是古代男子成人的标志。几乎每一个民族都有自己的成年礼。古代汉族男子到了20岁就必须按照"始加，再加，三加"的程序行"加冠礼"，再取一个名之外的"字"，以此来宣告自己已经成人。女子年满15岁便算成人，可以许嫁，谓之及笄。如果没有许嫁，到20岁时也要举行笄礼，由一个妇人给及龄女子梳一个发髻，插上一支笄，礼后再取下。在西南的一些少数民族中，男女成年有"穿裤""染牙"和"盘发髻"等仪式。在春秋战国时期，冠不仅是成年男子和"童子"的区别，它还是君子的象征。冠不只是头上之物，还是"礼"与"非礼"的界限，是文明与蛮夷的区别。其实，包括冠礼在内的礼仪，是典型的儒家思想的产物。春秋战国时期的"冠礼"虽只是一个成年的仪式，但是成年的意识却是通过"冠"这个特定的载体传达给社会的。所以，对于一个人来说，"冠"在礼当中的意义完全超过了它在服饰中实用的功能。因此，"行冠礼"也就自然成了人生当中的头等大礼。

剧辛的话倒是把乐毅搞糊涂了，乐毅疑惑地问道："干什么？这不是正在攻打齐国吗？你怎么问这么奇怪的问题？"

　　剧辛回答说："我知道您在说什么，可是您不知道我在说什么！我们为什么攻打齐国？还不是为了替先王报仇，同时也借此机会壮大我们的势力。您应该知道，我们燕国与齐国比起来，势力还是要小得多啊！今天我们之所以能打赢齐国，那全是因为联合了其他诸侯国的缘故。一旦这些诸侯国不再和我们联合攻齐，那么我们再想打败齐国可就难了。现在最主要的是趁这个机会占领边界上的城镇，以此来扩大我们燕国的疆土。只有这样做，才是最正确的，才是具有深谋远虑的。"

　　乐毅笑了笑，说："你说得也有几分道理，不过你觉得我现在做得不对吗？"

　　剧辛更加着急了，说道："上将军，您自己看看都干了些什么，您带着军队从那些边境城镇过，可是并不去占领。反而……反而打着旗号，说什么要深入齐地。您难道不明白，这么做对齐国来说没有一点损失，对我们燕国来说也没有一点好处啊！"

　　乐毅看了看剧辛，说道："你虽然聪明，但是眼光未免太短浅了。齐湣王自从登上王位以后，对百姓横征暴敛，对诸侯骄纵蛮横。同时，他任用那些阿谀奉承，只会溜须拍马的小人，疏远那些正直忠诚，有真才实学的贤人。这样的君王能够受到百姓的爱戴吗？

　　"如今齐国吃了败仗，只要我们乘胜追击，齐国必定大乱。到时候，我们趁着齐国国内乱成一锅粥的机会，轻轻松松地就把齐国拿下了，这难道不比那几座城池有价值吗？如果我们没有抓住现在的机会，齐湣王一旦发现了自己的错误，痛改前非，任用贤才，体恤民情，到那时候我们还有机会吗？那几座吃进去的城镇还能再保得住吗？"

　　剧辛一听恍然大悟，心中暗暗佩服乐毅的才识。就这样，燕国军队一直攻进了齐国。果然，齐国国内听说前线打败，马上就乱了起来。齐湣王见大势已去，就仓皇出逃。乐毅率领大军杀进齐国的国都临淄（今山东淄博一带）。紧接着，就像当年齐国抢劫燕国一样，燕国军队也把齐国的金银财宝、贵重器皿等全部运回了燕国。

燕昭王得知消息后高兴得不得了，亲自赶往济上犒劳军士。当然，这场胜仗最大的功臣是乐毅，于是燕昭王就把乐毅封为了昌国君。

燕国这边是大肆庆贺，一片喜庆的气氛，而那位倒霉的齐湣王，则四处奔逃。当他逃到鼓里时，碰到了楚国的大将淖齿。淖齿本来是被派来救齐国的，可是却一心想和燕国平分齐国的地盘。于是，他慷慨激昂地痛陈了齐湣王的罪过，然后就把他杀了。

完璧归赵

周赧王三十二年（公元前283年），赵王得到了楚国的和氏璧，那是一块闻名天下的宝玉。秦昭王得知这个消息后，十分想得到它，就派人对赵王说，秦国愿意拿15座城池来交换那块和氏璧。

赵王知道，秦昭王是个反复无常的人，根本不会用15座城池来交换和氏璧的。他之所以那么说，无非是给自己抢夺和氏璧找个借口罢了。但是赵王也考虑到，如果不答应秦昭王的要求，那么秦昭王一定会生气，说不定还会引发一场战争。秦国的力量那么强大，赵国一定会吃亏的。

赵王对这件事非常头疼，于是就和大臣们商量，但是讨论了半天，也没有人想出一个两全其美的办法。这时，有一个大臣向赵王推荐了蔺相如，说他是个很有才能的人。于是，赵王马上把蔺相如召进宫中，请教他该怎么办。

蔺相如想了想，对赵王说："大王，这件事真的很为难，给和不给对我们赵国来说都没有好处！"

赵王回答说："是啊！我也是考虑到这点啊！要不就不会问你该怎么办了！"

图绘蔺相如见秦王并无诚意以城换璧，于是抱璧欲往柱上撞，秦王急忙展开地图请蔺相如观看。

蔺相如接着说："秦王提出愿意拿15座城池交换和氏璧，老实说他给的条件是非常优厚的。如果大王不答应他的要求，那么我们就会理亏，因为别人会觉得我们贪得无厌，还想让秦国拿出更多的城池来；如果我们答应他的要求，而秦国没有给我们15座城池的话，那么就是秦国理亏，因为别人会知道他是不守信用的。将这两方面进行比较，我认为宁可让秦国站在理亏的位置上，也不让天下人耻笑我们。"

赵王听后，觉得蔺相如的话很有道理，但是又爱惜和氏璧，舍不得白白送给秦国，所以没有说话。

这时，蔺相如又说："如果大王信得过我，那么就请让我做使者，拿着这块和氏璧前往秦国。您放心，如果秦国给我们那15座城池，我就用和氏璧交换；如果秦国不给我们那15座城池，我会想尽一切办法，把和氏璧完完整整地带回来。"

赵王同意让蔺相如带着和氏璧前往秦国。当蔺相如来到秦国，把和氏璧交给秦昭王后，担心的事果然发生了。秦昭王根本没有想过要用15座城池交换和氏璧，他虽然喜欢这块玉，但是它的价值还没有高到要用

15座城池来交换的地步。因此，秦王接过和氏璧后，反复地端详，摆出一副爱不释手的样子。不光这样，秦昭王自己看完了玉，还把它传给嫔妃们看。嫔妃们看完了玉，又传给大臣们看。和氏璧传来传去，秦昭王就是不提那15座城池的事。

蔺相如知道秦昭王想赖账，就对他说："大王，有件事我必须对您说清楚。虽然这块和氏璧是天下闻名的宝玉，但是它上面也有一处细微的瑕疵。请您把它交给我，让我指给您看。"

秦昭王一听说和氏璧上有瑕疵，也没顾得上考虑是真是假，就把玉交给了蔺相如。蔺相如接过和氏璧，后退了几步，把身子靠到了宫殿中的一根大柱子上，对秦昭王说："秦国是一个大国，说话是要讲信用的。大王您派人到我们赵国，说是愿意用15座城池交换和氏璧，赵王听后马上让我带着它来到了秦国，可见赵王是十分有诚意的。但是我刚才看您的行为，根本没有交换的意思。没办法，我只好选择这种做法。和氏璧现在在我手上，如果您要是逼我的话，我就会把和氏璧连同我的脑袋一起砸向柱子。"说完，蔺相如做出一副要砸璧的样子。

秦昭王一看就着了急，生怕蔺相如真的把和氏璧砸碎，赶忙说："先生何必如此心急呢？我们秦国向来是说话算数的，请先生冷静一下。"说完，秦昭王命人拿来了秦国的地图，在上面画出了15座城池，说是划给赵国。

蔺相如已经看清了秦昭王的真面目，知道他又在欺骗自己。于是，他对秦昭王说："大王！在我出发以前，我们的赵王可是斋戒了五天，并举行了一个盛大的仪式后才把和氏璧交给我的。我认为，作为礼貌，您也应该斋戒五天，然后再举行一个隆重的交接仪式，那样我才能把和氏璧交给您！"

秦昭王听后没办法，只好按照蔺相如说的去办，答应他5天之后再接受和氏璧。蔺相如回到住处后，马上让随从装扮成商人的样子，带着和氏璧，偷偷地逃回了赵国。

5天以后，秦昭王按照蔺相如的要求，在大殿上举行了隆重的交接仪式。秦昭王对蔺相如说："你看，我已经按照你的意思做了，现在可以把和氏璧交给我了吧！"

蔺相如笑了笑说："和氏璧早就已经被我送回赵国了，因为秦国的历代大王没有一个是讲信义的，您也包括在内！现在就请您处罚我吧！"

秦昭王听后非常生气，吼道："你老是说我们秦国没有信用，可是你们赵国呢？你所要求的我都办到了，可是你却把和氏璧送回了赵国，这难道就是讲信用吗？"

蔺相如镇静地说："我这么做也是没办法。秦国要比赵国强大得多，如果大王真的给了我们15座城池，赵国是不敢不给大王和氏璧的。"

秦昭王虽然没有得到和氏璧，但是他非常钦佩蔺相如的才华，所以不但没有杀他，反而好好地款待了他一番。蔺相如回到赵国后，赵王大大地赞扬了他，而且还把他封为上大夫。

将相和

秦昭王因为没有得到和氏璧，所以怀恨在心。在接下来的3年中，对赵国发动了许多次的战争。由于秦国军事力量比较强大，所以赵国每次都被秦国打败，而且还丢了几座城池。

周赧王三十六年（公元前279年），秦王突然派使者来到赵国，对赵王说秦国不想再与赵国打仗了，想与赵国和好。秦昭王邀请赵王到黄河边上的渑池聚会。赵王听后不想去，因为他知道秦王肯定没安好心，说不定自己还会被他杀害。

这时，赵国的老将军廉颇和上大夫蔺相如对赵王说："大王，我们也知道这次聚会一定很危险！但是您要知道，您是赵国的大王，代表着一个国家的脸面。如果您不去的话，那么秦国和其他诸侯国一定会认为我们赵国胆小懦弱的。"

赵王听后觉得确实很有道理，于是就咬了咬牙，决定去赴会，并且还带上了蔺相如。廉颇和朝中的大臣一起送赵王和蔺相如出境。当送到赵国边境时，廉颇对赵王说："大王，我有件事情想要和您说，请您不要见怪。"

赵王知道廉老将军是个忠臣，他说的话一定有道理，就问："不知道廉老将军有什么事情？"

廉颇一脸严肃地说："大王，您这次前去一定是凶多吉少，因此必须做出最坏的打算。我估算了一下，您往返的时间再加上会议的时间大概是三十天。如果您三十天之后还没有回来的话，那么我们就会一起立太子为大王。请您不要生气，这完全是为了您和赵国考虑，这样秦王就不会有把您扣为人质的想法了。"

赵王听后，马上同意了廉颇的意见，和蔺相如一起赶往秦国。

渑池聚会开始了，秦王表面上对赵王很恭敬，实际上心里一直在打他的主意，如果不是蔺相如离赵王那么近，并且赵国的军队已经在外边准备好，说不定赵王早就遭了毒手。在酒喝到一半的时候，秦王突然提出让赵王鼓瑟，说是为了助酒兴。赵王当然不愿意，可是听到秦王的话语中分明带有威胁的语气，所以只好为秦王鼓了一曲。秦王见自己侮辱了赵王，得意地哈哈大笑。

这时，站在一旁的蔺相如看不过去了，于是就走到秦王面前，要求他为赵王击缶。秦王知道，蔺相如这么做，其实是想给赵王找回面子，所以秦王一口回绝了蔺相如的请求，说什么也不击缶。蔺相如见秦王不肯，就厉声说道："大王您看清楚了，我和您的距离不过才有五步啊！我相信，如果我采取行动的话，一定可以血溅大王。"

秦王领教过蔺相如的厉害，知道他说得出，做得到，于是示意身边的侍卫，让他们杀死蔺相如。可是侍卫们一个个不敢上前，因为蔺相如和秦王离得太近，说不定还没等杀死蔺相如，秦王就上西天了。蔺相如更加厉害，他不但不害怕，反而狠狠地瞪着侍卫，吓得侍卫们一个个都退了回去。秦王没办法，只好也为赵王击缶。

之后，秦王虽然也想过再找机会刁难赵王，但是在蔺相如的帮助下，始终没有能够得逞。同时，赵国的军队也早就在外面准备好了，所以秦王无奈之下也不太敢轻举妄动。最后，赵王在蔺相如的保护下，平平安安地回到了赵国。

回国后，赵王大大赞扬了蔺相如，并且封他为上卿，地位已经超过了老将军廉颇。廉颇知道这件事以后，非常生气，就对别人说："蔺相如这个家伙太无耻了，他凭什么本事比我的官大！我廉颇是赵国的大将军，每次攻城打仗都要靠我。那个蔺相如以前只不过是个普通的老百姓，凭借花言巧语就在我之上。哼！这口气说什么我也咽不下去，我感觉这是我最大的耻辱。"

之后，廉颇又对外宣称："如果让我看到那个蔺相如，我一定给他点颜色看看，要好好地羞辱他一番，让他知道什么叫天高地厚。"

蔺相如听说后，并没有反过来辱骂廉颇。相反，他开始故意地避开廉颇。为了不和他相遇，蔺相如甚至经常称病不去上朝。有一次，蔺相如外出，看到廉颇的车马时，赶紧避让，他的宾客们有意见了，对他说："您是上卿，是朝中最大的官员！那个廉颇只不过是一介武夫，而且地位比您还要低！您为什么那么怕他呢？为什么表现得那么懦弱呢？"

蔺相如并没有直接反驳宾客们的提问，而是反问道："你们说我怕廉颇是吗？你们认为我是因为懦弱才不敢和廉颇相遇吗？那我问你们，廉颇老将军与秦王比起来，哪个更加厉害，更加有威严？"

宾客们都回答说："那当然是秦王厉害了，廉颇怎么能和秦王相比呢？"

蔺相如回答说："这就对了！你们想想，连秦王那么有威严的人我都不怕，难道我会怕廉颇老将军吗？我虽然没什么本事，但是还不至于这么胆小吧！我这么做是因为我考虑到秦国现在之所以不敢大举进攻我们赵国，就是因为有我和廉老将军在。如果我们不和，那么一定会削弱赵国的力量，使秦国有机可乘。正所谓'二虎相争，必有一伤'，我是为了整个赵国考虑。"

这件事很快就被廉颇知道了，他觉得非常惭愧。于是，就脱光了上衣，背着荆条来到蔺相如府上，请求他原谅自己。从那以后，蔺相如和廉颇成了最要好的朋友。

田单复国

周赧王三十六年（公元前279年），燕昭王去世，太子即位，即燕惠王。燕惠王早在做太子的时候就和乐毅有矛盾，这次做了燕王，自然对乐毅不好。

齐国的田单听到这个消息后很高兴，打算用反间计来离间他们的关系。于是，他派人到燕国散布谣言说："齐王已经死了，但仍然有两座城池没被燕国攻占。乐毅一直都跟新立的国君有矛盾，害怕被杀所以不敢回国。如今，他正打着攻打齐国的名义屯兵在外，实际上是想着在齐国的地盘上称王啊！只不过，现在齐人还没有归附他。因此，乐毅就故意放慢了攻打即墨（今山东平度市东部）的进程，等待时机的变化。如今的齐国人最害怕的就是燕国派其他的将领替代乐毅。如果真是那样的话，即墨恐怕就支撑不了几天了。"

其实，乐毅之所以没有攻打即墨，完全是出于战略角度考虑，根本不是什么想称王。可是，燕惠王并不像燕昭王那样信任乐毅，当他听到谣言后，觉得自己当初的怀疑是有道理的。为了阻止乐毅，他马上派大将骑劫赶到前线把乐毅换了。乐毅见自己无故被撤，心中十分不满，就逃到了赵国。同时，燕国的将士们也都对燕惠王的做法不满，军心开始涣散。

田单见自己的第一步计划已经实现，马上着手实施第二步计划。他命令城中的百姓每次吃饭前都要在庭院中摆设饭菜祭祀祖先，说是只有这样做才能表达对祖先的敬意。于是，每到吃饭的时间，即墨城上空都会有很多飞鸟盘旋。城外的燕国士兵看了以后非常奇怪，不知道这是怎么回事。

接着，田单又让人四处散播谣言说："看啊！这是天上的神仙要来帮助齐军了啊！"燕军听后全都半信半疑。为了让百姓们对自己的话深信不疑，田单特意从城中挑选出了一个精明强干的士兵，让他装扮成神仙，对他十分尊重，而且每次发号施令的时候都会说这是神的旨意。就这样，即墨城中士兵和百姓的士气渐渐高涨。

这天，田单派人到燕军中散布消息，说是齐国最怕燕军割掉俘虏的鼻子，把他们放在队伍前面示众。因为如果那么做了，神仙就不会帮助齐国人了。骑劫听到以后，认为这是一个好办法，马上按照谣言上面说的去做。结果，齐国士兵见燕军如此侮辱俘虏，一个个气得火冒三丈，

犒军图

都怕自己被燕军抓去，决心誓死保卫城池。

田单见燕军轻易就相信了自己的话，马上又派人去燕军中散布谣言说："齐军在神仙的帮助下，一定可以把即墨城守住的。不过，神仙曾经说过，城外齐人祖先的坟墓是非常重要的，如果被人挖掘了，齐国人就会心寒了。"

骑劫听后，马上命人去挖齐人的祖坟，而且还焚烧死尸。这下可把齐国人全都激怒了，他们抱在一起失声痛哭，并且发誓一定要和燕人死战到底。

此时的田单心里清楚，时机已经差不多成熟了，如果这时候让士兵们出战，他们肯定会奋勇杀敌，一定可以取得大的胜利。于是，他亲自拿着锹镐与官兵们一起加固城墙，还把家里好吃好喝的东西全部拿出来犒劳守城的士兵。

齐军上下一心，同仇敌忾。这时，田单命令把精锐士卒隐藏起来，而让老弱妇孺登上城头防守，还派使者到燕军那里请降。燕军士兵因为胜利马上就要到了，所以都高呼万岁，完全放松了警惕。

接着，田单又从老百姓那里收来很多黄金，让城中的一个富豪交给骑劫。富豪对骑劫说："即墨城里的齐军马上就要投降了，请你们入城后不要掳掠我的族人。"

骑劫听后喜出望外，便答应了他的请求，接受了礼物。就这样，燕军的防备越来越松懈。

田单见时机成熟，就收集城中1000多头牛，并给它们披上画满五彩龙纹的红绸子，在牛犄角上绑上尖刀，在牛尾巴上拴一束灌注油脂的芦苇。当天夜里，他命令士兵将城墙凿出数十个洞，把牛放在洞口，点燃牛尾。牛的尾巴被烧得疼痛难忍，从洞中冲出，直奔燕军的营地，5000名精锐齐军一起紧随其后。

燕军从睡梦中惊醒，见眼前满是五彩花纹的怪兽狂冲乱撞，被撞倒的士兵非死即伤。这时，后面的5000名齐军冲过来，即墨城中的齐国军民也都呐喊助威，声势震天动地。燕军士兵不知齐军有多少，以为大势已去，四处奔逃。

混战之中，齐军杀死了骑劫，而后继续追歼燕军残余。燕军先前占领的齐国城邑纷纷换上了齐国的旗号。田单率领得胜的齐军一直追杀燕军到黄河岸边，收复了被燕军占领的70多座城池。随后，他把齐襄王从莒城接到临淄。

为了表彰田单的功绩，齐襄王封他做了安平君。

范雎睚眦必报

范雎是魏国人，曾经在魏国中大夫须贾手下做一名门客。有一次，范雎跟随须贾出使齐国，齐国的齐襄王早就听说他能言善辩，非常有才华，所以就暗地里送给他很多金银财宝，美酒佳肴。后来，这件事让须贾知道了。不明真相的须贾误以为范雎暗通敌国，把魏国的秘密出卖给了齐国。因此，须贾回国之后，就在魏国丞相魏齐那里告了范雎一状。

魏齐听说这件事以后勃然大怒，马上命人把范雎抓起来审问。可是，范雎并没有做什么对不起魏国的事，当然不会承认了。于是，魏齐恼羞成怒，命令手下鞭打范雎。可怜的范雎被打得死去活来，肋骨被打断了，牙齿也被打掉了。为了能够留下自己的这条性命，范雎只好装死，希望能够瞒过魏齐的眼睛。

别看范雎"死了"，可魏齐觉得还不解恨。他下令把范雎的"尸体"用竹席卷起来，然后扔进厕所里。不光这样，魏齐还让那些喝醉了酒的门客往范雎身上撒尿，目的是警示后人，以后不要胡言乱语。四下无人时，范雎对看守说："我刚才是在装死，你帮帮忙，放我出去，以后我一定会重重答谢你的！"

守卫听了以后，就去向魏齐禀报，说竹席中的死人太晦气，不如把

赴秦出任相国的各国客卿

秦国一向广纳天下贤才，为己所用，客卿中拜相者亦不乏其人，这就为秦统一天下奠定了基础。

他扔掉算了。这时魏齐正喝到兴头上，也没考虑太多，就答应了守卫的请求。就这样，范雎保住了一条性命，得以脱身。

后来，范雎在魏国人郑安平的帮助下，隐姓埋名，改称为张禄。他在魏国等待着洗刷掉他所受的所有屈辱的机会。

过了一段时间，秦国派使者王稽出使魏国。范雎觉得这是个机会，就深夜前去拜访。通过一番谈话，王稽觉得范雎是个难得的人才，于是就偷偷把他放在自己的车上，带回了秦国，引荐给了秦王。秦王听后当即决定在宫中召见范雎。

秦王见到范雎以后，大有相见恨晚的意思，范雎更是尽心竭力地为秦王服务。他先是为秦国提出了"远交近攻"的外交手段，接着又建议秦王废除掉王太后和穰侯魏冉等人的大权。秦王认为范雎说得非常有道理，就一一采纳了他的建议，任命他做了秦国的丞相，还封他做了应侯。

得到秦王信任的范雎开始了自己的报复计划，他让秦王派兵攻打魏国，结果魏国实在忍受不了，只好派须贾出使秦国。范雎一听是昔日的仇人来了，心中暗喜。他脱去了丞相的衣服，换上了一件又脏又破的烂衣服，然后徒步去见须贾。

须贾看到范雎后非常惊讶，说道："范雎，你……你不是死了吗？原来……原来你活得很好啊！"说到这，须贾上下打量了范雎一番，摇摇头说："唉！虽然你还活着，可是你的生活却……算了！你还是留在这吃饭吧！"

就这样，在须贾的"盛情邀请"下，范雎留了下来。吃饭的时候，须贾看到范雎身上的衣服太单薄了，就命人拿出了一件丝绵袍给他。范雎也不说谢，伸手就接了过来。紧接着，须贾就和范雎打听秦国新任丞相的事："我听说这个丞相张禄是咱们魏国人？我不明白他为什么还要建议秦王攻打魏国呢？我这次来就是想见见他，让他劝说秦王，不要再攻打咱们魏国了。"

范雎回答说："我就是丞相府中的门客，可以替你引见一下。"须贾听后非常高兴，马上让范雎带自己前去。于是，范雎坐在马车上，亲自为须贾驾车，两人一会儿的工夫就来到了丞相府。范雎从车上走了下来，对须贾说："你先在这里等一下，我去里面通报一声！"

须贾点了点头，就在外面等候丞相的传唤。可是，左等范雎不出来，右等范雎也不出来，须贾觉得很奇怪，不知道这是什么原因。又过了很长时间，须贾实在忍不住了，就问丞相府的守门人："麻烦你进去看一下，刚才那个范雎怎么还没有出来啊？"

须贾的话把守门人给问糊涂了，说道："范雎？什么范雎？我们丞相府没有这个人啊！"

须贾着急地说："刚才那个进去的不就是范雎吗？"

守门人说道："什么啊？那是我家丞相张先生，哪是什么范雎啊！"

须贾这才知道自己掉进了范雎的圈套，只好跪在地上，用两只膝盖支撑着走进丞相府谢罪。这时的范雎早已经换上了丞相的衣服。他坐在上面大声斥责说："须贾，我之所以不杀你，并不代表原谅了你！只是因为你还知道送给我一件丝袍，说明你还念一点故人的旧情。既然你刚才请我吃了顿饭，这个人情我还是要还给你的。"

就这样，范雎在自己的府上大摆宴席，招待各国的宾客。可是，须贾并没有被奉为上宾，而是被安排在堂下。不光这样，范雎让人给他送上了一盘黑豆和碎草之类的给马吃的饲料，并且对他说："回去告诉你们魏王，让他们赶紧把魏齐的人头砍下来送给我。要不然，我就会血洗大梁城。"

须贾回国之后把这件事告诉了魏齐。魏齐没办法，只好逃到了赵国，躲在了平原君赵胜的家里。

触龙说赵太后

周赧王五十年（公元前265年），秦国派兵攻打赵国，很快就占领了赵国的三座城池。这时，赵国的惠文王刚刚去世，继承王位的孝成王年纪又小，不懂事，所以一切政务都交给了他的母亲赵太后处理。

当时的形势对赵国非常不利，于是赵太后就派使者向齐国求救。齐国回复说："齐国很愿意帮助赵国，不过赵国必须让孝成王的弟弟长安君到齐国做人质。只有这样齐国才敢相信赵国的诚意，发兵救援赵国。"

可是，这个长安君是太后的小儿子，平日里最受太后的宠爱。如今，齐国想让他做人质，赵太后哪里肯答应啊！就这样齐国迟迟不肯发兵。

赵国的王公大臣一个个都沉不住气了，纷纷劝说赵太后以国家利益为重，忍痛割爱，答应齐国的要求。赵太后听后非常生气，明确地说："我说过的话是算数的，说不行就是不行！谁要是再来劝我，看我这老婆子不吐他一脸口水。"大臣们一看太后真的发火了，一个个都不敢说话了。

这时，赵国的老臣左师公触龙请求面见太后。赵太后知道他也是来做说客的，憋了一肚子火，打算让他下不了台，以堵住众人之口。触龙进门见太后满脸不高兴，心里明白了许多，暗暗告诉自己："先不着急，看准了机会再说正事。"

于是，触龙一路小跑着走近太后，寒暄着说道："太后恕罪，老朽腿脚不行了，活动起来很不方便，因此才这么长时间没来看望太后，希望太后能够体谅。最近是因为听说太后的身体也不是很好，所以特地来探望一下。"

太后心想："这触龙葫芦里究竟卖的是什么药啊？"于是就随口说道："我比你强不了多少，平时都是坐车进出，身体还算过得去。"

朝聘之礼

朝聘之礼原指古代诸侯派使者或亲自定期觐见天子的礼仪，后来也指藩属国使节前来觐见中国皇帝的礼仪，属于"五礼"中的宾礼。具体而言，聘，是指诸侯派使者觐见天子；朝，则是诸侯亲自觐见天子。《礼记·王制》规定，诸侯每年都要派大夫前往王都拜见天子，称作"小聘"；诸侯每三年要派卿前去拜见天子，称作"大聘"；诸侯每五年需亲自前往王都拜见天子，称作"朝"。诸侯及卿大夫朝聘天子时，要携带当年该向天子交纳的贡赋，还要奉行严格的礼仪，以示对天子的敬重和臣服。其礼仪大致分为五个程序，分别是："效劳"（天子派人迎接并慰问来宾）、"赐舍"（安排来宾下榻）、"朝觐"（来宾正式拜见天子并献礼）、"请罪"（来宾向天子表示自己做得不好，求天子宽恕，是一种谦虚说法）、"赐礼"（天子赏赐来宾一些礼物）。朝聘之礼本来只有天子才有资格享受，但东周时，周王室衰微，各诸侯国也纷纷采用了朝聘之礼。秦统一中国后，中国在2000多年的时间里称雄于东方，期间各国派使节前来时，中国基本上都以朝聘仪式接待，因此"四夷来朝"的说法一直不绝于书。直到鸦片战争后，国势衰微，清王朝才废弃了朝聘之礼，而以现代外交礼仪与各国打交道。

触龙接着："那太后的饮食怎么样呢？"

太后回答说："吃不进什么东西，每天只是喝点粥而已。"说到这里，赵太后的神情稍微舒缓了一些。

触龙见状，把话锋一转，说："老朽膝下有一个小儿子，名字叫舒祺，不成什么气候，可我却过分地疼爱他。如今，我想让他在宫里当一名卫士，不知道这件事太后能不能答应？"

赵太后听后，点了点头说："这不是什么难事！你的小儿子多大了？"

触龙回答说："今年已经十五岁了，年岁是小了一点。其实，我主要是想在有生之年把他托付给太后您，这样我死也瞑目了。"

赵太后顿了一下，接着说："真看不出来，男子汉大丈夫也偏爱小儿子吗？"

触龙回答说："瞧太后说的，我不止偏爱，而且比妇女偏爱得还厉害呢。"

赵太后听了笑了笑，说："又在这里胡说八道，你怎么能比得上妇女偏爱小儿子呢？"

触龙见时机已经成熟，马上说道："不是吧，老臣觉得太后对燕后就要比长安君爱得更深。"

太后听了，摇摇头说："这你就错了，我疼爱长安君可要远远胜过燕后呀！"

触龙却说："父母疼爱自己的子女，要为他们的将来打算。当年燕后出嫁的时候，太后您送她，依依不舍，一直把她送上车，还抱着她的脚流泪不已。她嫁得太远了，您舍不得她呀！她走了之后，您还常常念叨她。可是，您每次在做祈祷的时候，却在暗中祷告说：希望她永远不要回来（按照当时的风俗，嫁出去的姑娘只有在被休、丈夫去世或国破家亡时才回娘家）。您之所以要这样，是为她的将来考虑呀，是希望她的子孙后代能当上燕国的君主呀。"

触龙一番话说到了赵太后的心坎儿上，不断地点头，说："还是你了解我啊！是呀，做父母的哪个不希望自己的儿女有个好的前程呀！"

见赵太后已经落入了自己设计好的"圈套"，触龙把话头引入正题："就拿赵国的国君来说吧，除去最近三代不提，以前赵王的子孙后代中有谁把爵禄继承到今天？"

太后思考了一下，说："这……好像还没有。"

触龙接着又说："为什么呢？赵王的这些后代一旦遇到大的变故，近不能保全自身，远不能佑护子孙后代，难道是他们都不孝吗？显然不是。问题的关键在于：他们从前辈那里继承了很高的爵位，而自己没有一点功劳；得到的俸禄很丰厚，自己却对国家没有什么贡献。这还不算，他们还要身居要职，掌握国家大权。如今，太后您让长安君身居高位，把他封在富饶肥美的土地上，让他掌握重要的权力，却不让他趁着年轻为国家建功立业。将来有一天，他失去了靠山，如何能在赵国立足呢？"

听完触龙这番话，赵太后如梦方醒，说道："对呀，你说得太对了。那我就把长安君交给你，让他听从你的安排。"

触龙欣然领命，告别赵太后，着手布置长安君到齐国的事宜。他为长安君准备了100多辆装饰豪华的车子，派人护送他入齐国为质。齐国国君见赵国已送长安君前来，便出兵援助赵国。秦国闻讯，主动撤走了军队。

长平之战

周赧王五十三年（公元前262年），秦国派兵攻打韩国。很快，秦国军队就包围了韩国的上党郡。上党郡的太守心中清楚，上党郡迟早会被秦国攻破，不如赶紧给自己找一条后路。于是，太守召集百姓，和他们商议道："大家都看到了，秦国的军队就在城外，上党郡随时都有被攻破的可能。如今，我们通往韩国国都的道路已经被阻断了，就别指望韩国能派兵来救我们了。"

百姓们也同意他的说法，问道："不知道太守您有什么想法呢？"

太守说："我们现在不如去投奔临近的赵国。想一想，赵国接受了我们，秦国一定会发兵攻打赵国。到那时，赵国为了自己着想，肯定会与韩国联合，一同抵抗秦国。这样一来，我们全郡百姓的性命也就能保住了。"

百姓们听后都表示赞同。就这样，太守亲自前往赵国，表示愿意把上党郡送给赵王。赵王一听，心想："这真是天上掉下来的大便宜啊！"于是，赵王答应了太守的请求。正所谓"贪小便宜吃大亏"，赵国是得了一个郡，可是赵王不知道，他将会为这个"小便宜"付出惨重的代价。

周赧王五十五年（公元前260年），秦军攻破了上党郡，上党郡的百姓全都逃到了赵国。为了保护"自己的子民"，赵国任命廉颇为大将军，在长平（今山西高平市）布下重兵，抵御秦国军队。秦昭王听说这件事以后火冒三丈，马上让秦军调转矛头，杀向赵国。

廉颇是一个非常懂得用兵打仗的老将军。他知道秦国军队的实力非常强，赵国军队已经屡次被秦兵打败，如果现在和他们硬拼，恐怕抵挡不住。因此，廉颇就在长平排开阵势，坚守不出。不管秦军怎么挑战，赵国就是不派一兵一卒应敌。秦军主将干着急也没办法。

转眼间四个月过去了，秦国攻打长平的战势还是没有一丝进展。这时，远在国都的秦国相国范雎看到秦国军队久攻不下的状况，十分着急，于是就想了一条狠毒的反间计。他派人带着很多黄金前往赵国，然后在那里散布谣言说："赵王真是老糊涂了，怎么会用廉颇做主将呢？他大概不知道，秦国的军队最害怕的其实是赵括将军啊！至于廉颇嘛，他是个很容易对付的人，如今他早就已经投靠秦国了。"

在此之前，赵王就已经对廉颇坚守不出的战术很不满意了，认为他损兵折将后，被秦国吓破了胆，不敢应敌。当谣言传到赵王耳朵时，他更坚信自己的想法，于是罢免了廉颇，任命赵括为大将军。

赵括是赵奢的儿子。赵括从小就学习兵法，谈论军事，以为天下没人能抵得过自己。他曾经和父亲赵奢一起谈论用兵之道，赵奢虽然难不倒他，可是却不称赞他。赵括的母亲感到很奇怪，就问为什么。赵奢长长地叹了一口气，对妻子说："用兵打仗是一件关乎将士和

赵括像

百姓们生死的大事，但是他却把这样的大事说得那么容易。赵国不用他为将军也就算了，要是让他为将，那么等待赵国军队的就一定会是失败啊！"

赵括的母亲。听到赵王任命赵括为将军，她感到非常不安。于是在赵括将要起程去军营的时候，她上书给赵王说："大王，千万不可以让赵括做将军。"赵王很诧异，心想："别人的母亲都盼望着自己的儿子能够建功立业，怎么她却不想让儿子当将军呢？"于是就问原因。

赵括的母亲回答说："大王，当初他父亲赵奢担任将军的时候，亲自捧着饮食侍候士兵们吃喝，还把士兵们当成自己的朋友。大王赏赐的东西，他全都分给士兵，一点儿也不留给自己。现在赵括刚刚做了将军，他手下的军官没有一个敢抬头看他。大王赏赐的金帛，他都带回家藏起来，还到处寻找便宜合适的田地房产，全部买下来。大王您说，他哪里像他父亲？又怎么能够让他做赵国的将军呢？希望大王您仔细考虑，不要派他领兵。"赵王闻言，非常恼火，就说："这件事情我已经决定了，别再说了。"赵括的母亲见赵王不听，只能摇摇头，然后对赵王说："大王您要是一定要派他担任将军的话，那我有一个请求。"赵王强自按住心里的怒火，道："你说吧。"赵括的母亲说："如果赵括有什么不称职的情况，大王您能答应我不受他的株连吗？"赵王虽然怒

长平之战示意图

火中烧，但还是答应了她。

就这样，赵国在还不清楚对方主将是谁的情况下，就准备与敌人决一死战。赵括一到长平，马上改变了老将军廉颇坚守不出的战斗策略。他带上赵国所有的军队，杀向秦军。白起早就听说赵括是个只会"纸上谈兵"的废物，所以他命令士兵不要和赵国的军队苦战，一定要假装战败逃跑。赵括以为秦国士兵是害怕自己，于是带领着赵军乘胜追击，一直追杀到秦国军队的大本营。

直到这个时候，赵括才发现自己上当了。秦国的大本营防守牢固，一时间根本就攻不下来。更可怕的是，赵国军队的后路这时也被秦军的25000人截断。同时早已埋伏好的两支部队也从两边杀出，把赵国的军队一分为二，而且还切断了赵国输送粮草的必经道路。这下可苦了赵军，往前走走不了，往后退更是不可能。没办法，赵括只好让士兵就地安营，等待援兵。

到了九月，赵国军队已经断粮40多天了。尽管在这期间赵国军队曾经请求齐国发送粮食给他们，可是怕惹火上身的齐王并没有答应。赵国军队已经快熬不住了，士兵之间甚至发生了人吃人的事情。赵括此时也没有了往日的威风，知道这样下去就是等死。于是，他把军队分为四部分，命令他们一起攻打秦军的大本营，希望能够突围出去。可是，已经饿了40多天的赵国军队怎么打得过精力充沛的秦国军队呢？赵括的军队接连攻了四五次，也没能杀出去。最后，赵括在乱战中被秦国军队射死。

赵括一死，赵国军队更没有了斗志，40多万人全部向秦军投降。

白起起初接受了他们的投降，但是转念一想："我们秦国攻打上党郡的时候，郡中的百姓不愿意归顺秦国，反倒全都投奔赵国。看来，赵国的名声要比我们好得多。现在，投降的士兵足足有40多万，他们很可能会勾结起来，一起叛乱。最好的办法就是把他们全部杀死。"

就这样，白起设下了一个圈套，把40多万投降的士兵全部活埋，只将240个未成年的孩子送回赵国。

鲁仲连一言退万兵

鲁仲连是齐国人，长于谋略和辩论，却不肯做官。

秦国将军白起率领部队在长平大败赵军，第二年，秦军又向东挺进，包围邯郸。邯郸危在旦夕，但没有一个国家敢来援助。魏王派新垣衍对平原君说："秦军之所以围攻赵国，是因为想要称帝。赵国如果能尊秦昭王为帝，秦昭王一定很高兴，就会撤兵离去。"平原君犹豫不决。

正在赵国游历的鲁仲连听说了这件事情，就去见平原君，问他说："大人您打算怎么办呢？"平原君叹了口气，无精打采地说："我哪里有什么办法啊！秦军前不久在长平大败我军，还杀了我们40多万将士。

现在他们又围攻邯郸。魏国派新垣衍来赵国，劝说赵王尊秦王为帝。我不知道该怎么办才好。"鲁仲连叹了口气，说："以前我认为您是天下贤明的公子，今天才知道我想错了。您告诉我新垣衍在哪儿？我替您去责问他，让他回魏国去。"平原君连忙点头说："那就拜托先生您了！我马上去告诉他。"平原君找到新垣衍，对他说："我想向您介绍一位客人，他叫鲁仲连，现在在赵国。"新垣衍拒绝说："我听说鲁仲连先生道德高尚，很早就想见他。但我现在有要事在身，实在没时间。"平原君为难地说："我已经告诉他您在我这了，您要是不见的话，我不好交代。"新垣衍无奈，只能答应。

鲁仲连见到新垣衍后，一句话也不说。新垣衍感到很奇怪，想："他不是来游说我的吗？为什么现在一句话都不说呢？"就先开口对鲁仲连说："先生，现在邯郸危急，人们都逃到其他地方，先生您怎么还在这呢？"鲁仲连说："秦国是个只崇尚战功的国家，用权诈之术对待士卒，像对待奴隶一样役使百姓。怎么能够让秦王称帝统治天下呢？我就算是跳进东海，也不愿意做秦国的顺民。我今天来见将军您，是为了帮助赵国。"

新垣衍好奇地问："您要怎么样来帮助赵国呢？"鲁仲连说道："我要请魏国和燕国帮助赵国，而且齐国和楚国也正在帮助赵国。"新垣衍觉得鲁仲连说得很荒谬，就质疑说："先生您说的燕国，我相信会听从您的。但是我就是魏国人，您怎么能说服魏国来帮助赵国呢？"鲁仲连笑了笑，说："现在魏国之所以想让赵王尊秦王为帝，那是因为魏国没发现秦国称帝带来的祸患。如果让魏国看清了秦国称帝的危害，魏国就一定会帮助赵国。"

新垣衍问："那么依先生您的看法，秦国称帝，会有什么危害？"鲁仲连没有直接回答，却说出以下的话来："先前，周朝贫困弱小，诸侯们没有人去朝拜，只有齐威王奉行仁义，率领天下诸侯朝拜周天子。一年多以后，周烈王去世，齐王奔丧去迟了，新继位的周显王很生气，责备齐威王说："天子逝世，就好像天崩地裂一样，连我都要守丧，但你的使者居然敢迟到，当斩。"齐威王勃然大怒，破口大骂："呸！您母亲原先还是个婢女呢！"周显王最终被天下人耻笑。齐威王之所以生气，实在是忍受不了周显王的苛求。本来就那样，这么做不奇怪吧？"

新垣衍反驳说："先生您难道没有见过奴仆吗？十个奴仆侍奉一个主人，不是因为力气和智力赶不上他，而是害怕他啊。"鲁仲连反问道："那么魏王难道是秦王的奴仆吗？"新垣衍说："是。"鲁仲连说："我能够让秦王烹了魏王，把魏王剁成肉酱。"新垣衍很不高兴，脸色一沉，说："先生您实在太过分了！您又怎么能够让秦王烹了魏王，把魏王剁成肉酱呢？"鲁仲连说："当然能。从前，九侯、鄂侯、文王是纣王的三个诸侯。九侯把自己漂亮的女儿献给纣王，可是纣王却认为她很丑，就把九侯剁成了肉酱。鄂侯刚正不阿，指出纣王的错误，纣王就把鄂侯杀死做成肉干。文王听说了这件事，只是叹了一口气，就被纣王关在牢里。为什么他们三个人最终落到被剁成肉酱、做成肉干、囚禁起来的地步呢？齐王前往鲁国，夷维子替他赶车。夷维子问鲁国官员：'你们是按照什么礼仪接待我们国君？我们国君是天子啊。天子到各国巡察，诸侯应该迁出正宫，移居别处，交出钥匙，撩起衣襟，安排桌椅，站在堂下伺候天子吃饭。天子吃完后，诸侯才可以退回朝堂听政理事。'鲁国官员非常生气，干脆不让齐王入境。齐王只得借道邹国前往薛地。这时，邹国国君去世，齐王想去吊丧，夷维子对邹国新即位的国君说：'天子吊丧，丧主一定要把灵柩转换方向，使灵位朝北，然后天子好面朝南吊丧。'邹国的大臣们说：'我们宁愿自杀，也不会这样。'所以齐王不敢进入邹国。现在秦国和魏国都是万乘大国，也都各自称王，但是魏国只看到秦国打了一场胜仗，就要尊秦王为帝，赵、魏两国的大臣连小小邹国、鲁国的臣民都比不上啊！秦王称帝以后，要是还贪心不足，就会更换诸侯的大臣，还要把秦国的女子嫁给诸侯，让她们住在魏国的宫廷里，到时候，魏王还会感到安全吗？而将军您还能像原来一样得到魏王的宠信吗？"

听完这些话，新垣衍恭恭敬敬地向鲁仲连拜了两拜，说："原来我以为您是个普通人，现在我才知道自己错了。我马上回魏国，不再要赵王尊秦王为帝了。"秦军听到这个消息，后撤了50里。不久，魏国信陵君夺了晋鄙的军权，率军赶来援救，秦军撤离邯郸。

平原君要封赏鲁仲连，鲁仲连再三推辞。平原君又设宴招待他，喝到痛快时，平原君站了起来，拿出一千镒黄金，要给鲁仲连。鲁仲连笑着说："杰出的人之所以被人们尊敬，是因为他们替人消灾解难，而不取报酬。如果收了，那就成了生意人了。我鲁仲连决不会那样做。"于是告别平原君，终生不再和他相见。

毛遂自荐

周赧王五十六年（公元前259年），秦国派兵攻打赵国国都邯郸。第二年，也就是公元前258年，赵王派平原君赵胜作为使者前往楚国，和楚王商议联合抵抗秦国的事。平原君答应赵王后，不敢怠慢，马上召集了门下所有的宾客，打算从中选出20个文武双全的人，和自己一同前往楚国。

经过一番挑选，只有19个人符合平原君的要求，剩下的都是些不起眼的人。正当平原君发愁的时候，突然有一个人站了起来，大声对平原君说："您就挑我吧！我毛遂将会是您的最佳人选。"

平原君一听，一脸的不高兴，回答他说："毛先生请不要说笑话好吗？现在的事关系到赵国的生死存亡，你怎么还有心思胡闹呢？"

毛遂满脸疑惑地对平原君说道："我并没有胡闹啊？我也想为您和赵国贡献自己的力量啊！"

平原君更加生气，说道："你还说没有胡闹，你怎么可以说你是我的最佳人选呢？你看看，我挑选出来的人都是十分有才能的，他们在每个国家都很有名气。他们的才气就像是锥子的尖，如果把锥子放在布袋里的话，那么它马上就会露出来。可是先生你呢？如果我没记错的话，你来我这里已经有三年了吧！在这三年里，你没有给我献一计，也没有让我看到你有什么长处，更没有听到有谁称赞你。出使楚国可是很重要的事，怎么可以派你去呢？"

毛遂听后不以为然，对平原君说："我没有给您献计，没有向您展现我的才华，这些完全是因为我始终没有一个很好的机会。实际上，我也是有尖的锥子，只不过一直没有遇到那个布袋而已。这次的任务就是布袋，我相信我会让您看到我的尖的。"

平原君听后半信半疑，但回过头来一想，反正也找不到更合适的人选了，不如就带他去吧！就这样，平原君带领着自己的20个食客，一同前往楚国。一路上，那19个人经常嘲笑毛遂。可毛遂就当没听见，根本不理会他们。

到了楚国之后，平原君马上带着这20个人来觐见楚王。平原君见到楚王后，想尽一切办法，说尽所有好话，摆事实，讲道理，告诉楚王联合抗秦的好处，给楚王分析不和赵国联合的坏处，从早晨一直说到中午。可是，尽管平原君说得口干舌燥，楚王还是犹豫不决，拿不定主意。

这时，站在一旁的毛遂看不下去了。他用手按住剑柄，直接跑上台阶，对着平原君说："何必这么婆婆妈妈的呢？所有人都知道联合抗秦对赵国和楚国都是有好处的。本来两句话就能说明白的事情，您何必费那么大劲，从早上一直说到中午，这到底是怎么回事？"

毛遂的举动把楚王吓了一跳，生气地说："哪里来的野汉子？来人啊！把他给我推出去。"

平原君赶紧解释说："大王息怒，这是我的食客毛遂。"

楚王听后摆了摆手，对毛遂说："你也太没礼貌了！没看到我正在和你的主人说话吗？我们正在商量国家大事，你怎么能如此胡闹呢？还不快给我下去！"

　　楚王本想吓唬吓唬毛遂，没想到毛遂不但没走下台阶，反而离楚王更近了。他手中握着宝剑，对楚王说："大王，您之所以敢如此大声地斥责我，主要是因为这是在楚国，您仰仗的是人多势众。不过您看清楚了，我现在和您的距离不过十步而已。就算您有再多的人，恐怕先死的也是您吧！也就是说，您的性命如今在我的手上，您有什么资格斥责我呢？"

　　楚王不知道毛遂葫芦里卖的什么药，问道：

毛遂自荐图

"你想做什么？难道你真的敢刺杀本王吗？"

　　毛遂笑了笑，说："我其实没有那个意思，不过如果您做得很过分，说不定我就会有那个意思了。我想问您，您认为赵国派使者来和您商量联合抗秦的事，到底为了我们赵国好，还是为了你们楚国好？"

　　楚王更加不明白毛遂说的是什么意思，便回答说："这个……那自然是为了你们赵国好了。"

　　毛遂大笑起来，回答说："大王您错了，我们其实是为了楚国好。我听说商朝开国大王汤和我周朝开国大王文王，在最初的时候，不过拥有那么一百里土地罢了，但是他们却最终都统一了天下。这难道是凭借人多势众吗？还有，楚国如今有五千里的土地，百万名士兵，应该是诸侯国中的强国。可是一个小小的白起，带领着那区区几万人，就能夺走楚国的两座城池，而且还火烧夷陵。您看看，楚国列祖列宗的牌位已经被他烧毁了，楚国的祖先已经被他侮辱了，您难道不觉得羞耻吗？现在您说说，这联合抗秦到底是为了谁好呢？"

楚王听后，觉得毛遂的话很有道理，就对他说："先生说得很有道理，我同意和你们联合抗秦。我会派春申君带兵前往帮助你们的。"

毛遂接着说："那就请与我们一起歃血为盟吧，您第一个滴血，我的主人平原君第二个滴，我毛遂最后一个滴！还有底下那19个跟着来却没有发挥作用的人，你们也过来滴血吧！"

楚王见毛遂还用手握着宝剑，没办法，只好按照他说的去做。就这样，楚国和赵国确立了合作关系。

回到赵国后，平原君对别人说："这件事让我太惭愧了，我以后再也不会夸口说，我能够识别天下人才了！"从此就把毛遂当成上宾。

屈原自沉汨罗江

屈原是楚国贵族，担任左徒一职。他博学多才，懂得很多知识，又善于和人交流，在朝内能参与国事，在朝外又能和各国搞好关系，楚怀王很信任他。

上官大夫很妒忌屈原的才华。楚怀王让屈原起草新法令，屈原打好了草稿，还没有最后定稿。上官大夫想把稿子据为己有，但屈原不给，上官大夫就对楚怀王说："是大王让屈原制定法令，但大家都不知道。每次颁布新法令，屈原都把它看成自己的功劳，说没有他就不行。"楚怀王很生气，从此就疏远了屈原。

秦国想讨伐齐国，但齐国和楚国又是姻亲，秦王就让张仪出使楚国，想拆散两国的关系。张仪对楚怀王说："秦国很讨厌齐国，楚国如果能和齐国断交，秦国愿意献上六百里土地。"楚怀王一时贪心，就答应了，派人和齐国绝了交，并让人去秦国接收土地。张仪见目的已经达到，就对使者说："我和楚王说的是六里地，不是六百里啊。"楚国使者大怒而归，告诉了楚怀王。楚怀王生气了，发兵攻打秦国。可是又不是秦国的对手，死伤8万人不说，连汉中也被秦国抢走了。楚怀王还不服气，征发全国士兵再次对秦国发动进攻，在蓝田展开大战。魏国听说后就派兵攻打楚国，想占点便宜，楚国军队只好回国两线作战。而齐国正在生楚国的气，根本不肯发兵援救，楚国陷入了前所未有的巨大危机之中。

第二年，秦国愿意把强占来的土地归还一部分给楚国，楚怀王说："我不想要土地，只要能得到张仪就行了。"张仪对秦王说："张仪一个人就能代替汉中全部土地，这是好事，我要去楚国。"不久他就来到了楚国，他事先送给奸臣靳尚很多礼物，并威逼利诱楚怀王的宠妃郑袖，让他们为自己求情。楚怀王受了他们蒙蔽，就把张仪放走了。这个时候屈原正在齐国出使，回来后问楚怀王为何不杀张仪，楚怀王才后悔了，不过张仪早就逃走了。

不久秦王请楚怀王去秦国聚会，楚怀王打算去，屈原劝谏道："秦国是虎狼之国，从来不讲信义，所以请您不要去。"公子子兰却说："不要拒绝秦国的好意。"楚怀王就去了，结果被秦国扣留了下来，最后死在秦国。太子即位，就是楚顷襄王，公子子兰为令尹。

屈原对国家的衰败感到万分痛心，他的心始终停留在楚国上。他是多么希望国王能够醒悟过来，带领楚国人民奋发图强，洗雪国耻啊！他写了很多爱国诗篇抒发自己的感情，但终究得不到统治者的肯定，不能引起他们的重视。他觉得，历代君王不管是否贤明，都希望能够得到忠诚而能干的大臣辅佐。但不是每个人都能分清楚谁忠谁不忠，楚怀王就是不知道如何分辨，所以被郑袖等人欺骗，最后竟然客死异乡。当君王的如果不能明辨是非的话，灾祸可就大了。

饮酒读《离骚》图　明　陈洪绶
《离骚》历来为忧愤之士所爱，图为一位
士人坐于兽皮褥上正饮酒读《离骚》，一
副激愤而又无可奈何之状，大有击碎唾
壶一展悲吟之意。

公子子兰听到这种言论后大怒，于是让上官大夫在楚顷襄王面前说屈原坏话，最后把他流放了。

屈原已经对这个国家完全失望了，他到了汨罗江边，披着头发边走边吟诗，抒发心里的郁闷和悲愤。一个渔夫看见他这样，就问他："你不是三闾大夫吗？怎么到这里来了？"屈原说："全世界的人都混浊了，而我还是清澈的；所有人都喝醉了，只有我还保持清醒，所以我就被流放到这里了。"渔夫说："所谓圣人，就是能不拘泥于事物而随着世道的变化而变化的人。既然全世界都污浊了，那为什么不能随着它变化呢？大家都喝醉了，为何不跟着他们一起喝酒吃肉呢？为什么非要坚守自己的操守而被流放呢？"屈原说："我听说刚洗了头的人在戴帽子的时候一定会先把上面的灰尘弄干净，而刚洗了澡的人在穿衣服的时候也会把衣服抖几下，谁又能让自己洁净的身体去接触那些脏东西呢？我宁可投身到这滔滔江水中葬身鱼腹，也不愿让我的高洁品行受世俗的玷污。"

不久楚国的郢都被秦攻占，屈原写了一篇《怀沙》，然后抱着一块大石头跳进汨罗江自杀身亡。

秦 纪

　　秦朝是由战国时代后期的秦国发展起来的统一王朝，是中国历史上第一个多民族统一的中央集权国家。秦始皇完成了统一六大诸侯国的事业，实现了从分封制到郡县制的转变。他所建立的中央集权制度及其所采取的一系列措施，为后世帝王所采用。

　　秦始皇及二世胡亥施行暴政，导致了秦朝的灭亡。秦朝末年，陈胜、吴广在大泽乡揭竿而起，是中国历史上的第一次农民起义，其意义十分深远。在接踵而来的争夺统治权的斗争中，刘邦和项羽的楚汉之争（公元前207～前202年）最为激烈，最后汉胜楚败，分裂形势得以控制，建立了统一的国家。

廉颇难任

长平一战，秦将白起坑杀赵国40万人，震惊了整个赵国。这场战争使赵国元气大伤，也使得赵国国君赵孝成王认识到自己没有听从廉颇的意见是错误的。

秦王政二年（公元前245年），赵孝成王任命廉颇做了赵国的代理相国，由他掌管国家大事。不久，赵孝成王命令廉颇带领大军攻打魏国。这时的廉颇虽然已经70多岁了，但是打起仗来还是那么勇猛。时间不长，赵国军队就攻下了魏国的繁阳（今河南内黄西北）。

如果这个时候赵国没有发生变故，说不定廉颇就可以继续担任代理相国；如果廉颇继续担任赵国的代理相国，说不定就可以使赵国强大起来；如果赵国变得强大起来，说不定就不会那么快被秦国消灭掉。可是，这一切的说法都是如果，现实却并不是这样。

就在同一年，赵国的国君赵孝成王在邯郸病逝，他的儿子赵偃继承了王位，即赵悼襄王。可能这个赵悼襄王很早以前就与廉颇有怨恨，也可能赵悼襄王认为廉颇的年纪太大了，总之他刚继位不久，就下令把廉颇召回赵国，让武襄君乐乘取代了廉颇的位置。

很快，廉颇就知道了自己被免职的消息。老将军气得肺都要炸了，他不明白为什么新任的国君要把自己换下来，他更不明白自己忠心耿耿，有什么地方对不起赵国。可是，不管怎么不满意，大王的命令已经下了，是不能收回的。廉颇心中十分恼怒，但又没有办法向赵悼襄王发火。于是，老将军将所有的怒气全都发在了武襄君乐乘一个人身上。

乐乘哪里是廉颇的对手啊，他见廉颇怒气冲冲地奔自己来了，知道自己肯定会吃苦头的。乐乘还算是个聪明人，打得过就打，打不过就跑。还没等廉颇把他怎么样，这个刚刚上任的赵国代理相国就逃走了。

廉颇知道自己闯了祸，赵王是不会轻易放过自己的，所以廉颇把心一横，逃到了魏国。

廉颇在魏国待了很长时间，也许是因为他是赵国人，也许是因为他刚刚带兵攻打了繁阳城，总之，廉颇并没有得到魏国人的信任，也更谈不上什么重用了。就在廉颇在魏国郁郁寡欢的时候，赵国也发生了翻天覆地的变化。

原来，秦王听说赵国的老将军廉颇被赵王赶走了，十分高兴。为什么？用"将相和"中蔺相如的话解释，那就是秦国之所以不敢攻打赵国，是因为"武有廉颇"。现在，这个最会打仗的人走了，还有谁能保得住赵国呢？

廉颇像

因此，秦王派出大批军队攻打赵国，没有了老将军的指挥，赵国简直不堪一击，多次被秦国的军队围困。赵悼襄王这时才想起了廉颇，知道赵国没有他是不行的。可是，赵悼襄王又怕廉颇年岁太大了，不能再去打仗，所以就决定先派使者去魏国打探一番，看看廉颇这老头儿还中用不中用。

就在这时，廉颇以前的仇人郭开知道了这个消息。为了让廉颇永远不能返回赵国，他带着很多的金银财宝找到了使者，希望他能够帮助自己达成心愿。就这样，使者带着赵王的诏令，也带着郭开的密令，来到了魏国。

廉颇一听说赵王派使者来看他，自然是非常高兴，马上准备酒席招待使者。他怕使者认为自己老了，不中用了，故意一顿饭吃下去一斗米，十斤肉。吃完饭以后，廉颇还特意穿上盔甲，骑上战马，意思是说："你看，我廉颇一顿饭能吃那么多东西，而且我骑在马上还那么精神。虽然我年岁大了，但是冲锋打仗是一点问题都没有的。"

使者看了看廉颇，什么也没说，几天后就赶回了赵国。赵悼襄王问使者："怎么样？廉颇现在还行吗？他还能为赵国冲锋陷阵吗？"

使者回答说："启禀大王，臣见到了廉老将军。老将军饭量不小啊，一顿饭就吃下了一斗米和十斤肉。看来老将军虽然年岁大了，身体还是不错的啊！可是……"

赵王非常着急地问道："可是什么？快说啊！"

使者好像很难为情地说："可是我陪老将军才坐了一会儿，他就跑了三次厕所啊！"

赵王听后非常失望，摇了摇头说："唉！看来廉颇真的是老了，不中用了啊！"就这样，赵王打消了召廉颇回国的念头，把他一个人留在魏国。

廉颇知道消息后非常伤心，他心里清楚，自己再也没有机会驰骋沙场了，再也没有机会指挥赵国的军队了。正在这时，又有一个使者求见。廉颇听后非常开心，马上把使者迎进了府中。可是，当得知使者的来意后，廉颇又失望了。

原来，这个使者不是赵国的，而是楚国的。楚王得知这件事后，非常想得到廉颇，就派人悄悄来请他。最后，廉颇觉得自己在魏国也没有什么作为，就跟随使者来到了楚国。

虽然廉颇来到了楚国，也成了楚国的将领，可是他并没有为楚国立过战功，因为他心里面想的还是赵国。廉颇曾经感叹道："唉！什么时候我才能回国啊？我真想在战场上指挥赵国的军队啊！"可是，廉颇的这个想法直到他在楚国的寿春病死也没有能够实现。

李牧破匈奴

战国末年，北方匈奴的力量越来越强大，经常侵扰中原的各个国家。当时，赵国与匈奴离得很近，所以受到的危害也最深。为了抵抗匈奴的屡次进攻，赵王任命李牧为大将军，带领重兵驻守在雁门郡（今山西西北部）。

李牧是赵国有名的大将，非常懂得用兵打仗。他到了雁门郡之后，并没有马上带领部队和匈奴作战，而是先对当地情况进行了考察。然后，李牧根据实际需要设立了各种官吏，同时还把从当地征收上来的税钱全部作为军费。为了让士兵有充沛的体力，李牧每天都让人宰杀很多头牛分给士兵吃。同时，李牧还加强对士兵们骑马、射箭等作战技能的训练，派人小心监视烽火台，并派出很多侦察人员，打探匈奴方面的情况。

战士们对李牧所做的一切都非常理解，也非常拥护，因为他们知道这都是为了打败匈奴。可是紧接着，李牧却下了一个让人无法理解的命令。他对将士们说："我们现在离匈奴很近，他们随时都有可能进攻我们。一旦匈奴侵入我们赵国的边境，所有人都必须团结起来，把我们的军用物资运送回营地。我们的任务是守住这些东西，并不是去和匈奴拼命。如果有谁不听命令，擅自和匈奴交战，一定军法处置。"

就这样，每当匈奴入侵边境的时候，赵国军队总是坚守不出，所以几年下来赵国军队没有死伤一兵一卒，匈奴也总是白费力气，没得到什么好处。匈奴人以为李牧是个胆小鬼不敢和他们作战。因此，有时候匈奴见赵军不出营，就在外面骂李牧是个胆小鬼，缩头乌龟。赵国的士兵听后非常气愤，要求李牧允许他们出去和匈奴大战。但是李牧就像没听见一样，依然不允许赵军迎战。就这样，赵国士兵也渐渐认为，他们的主将李牧是个胆小如鼠的人。

战国末期的兵器发展

战国时期是一个争霸图强的时代，兵器的重要性尤其突出，决定着军队的战斗力。当时主要的兵器有青铜兵器和新兴的铁兵器。燕赵是铁兵器的最先使用者，韩国铁剑更是"当敌即斩"，此后铁兵器铸造技术相继为各国掌握。但当时铁兵器主要是刀、剑为主的短兵器。而当时的主流兵器矛、戟、戈等长兵器还多为青铜铸造。同时还出现许多新式的城防攻守用具。青铜长兵器用于较远距离的勾刺，是配合战车使用的最佳兵器。

消息很快就传到了邯郸，赵王听后对李牧非常不满，于是就派人告诉李牧，让他带领军队与匈奴决战。可谁承想，李牧根本不管你是不是大王，坚决奉行"将在外君令有所不受"的原则，就是不出兵。赵王这次真的火了，虽然不懂得用兵打仗，可是他毕竟是赵国的国君。赵王马上从朝中选出了一位"勇敢"的将军，前往雁门郡接替李牧。

这位将军确实非常"勇敢"，一到雁门郡就马上取消了李牧的坚守策略。他才不管什么匈奴不匈奴呢，打仗就要硬拼，打赢了匈奴就可以回国领赏。于是，赵国军队在这位"勇敢"的将军的带领下，冲出了营寨，与匈奴交起手来。

打仗并不是靠"勇敢"就能取胜的，虽然赵国军队经过李牧的训练，骑马和射箭的技能已经有了很大提高，但是和那些以游牧为生的匈奴比起来，还是差很多。几场战争下来，赵国军队被匈奴打得溃不成军，死伤惨重，大量的军用物资也被匈奴抢走。匈奴一见赵国军队这么不堪一击，更是来了精神，三番五次地派兵侵扰。李牧原来精心布置下的阵营已经没有了，边境的军民们也不能安心地耕种了。

赵国军队被匈奴打败的消息很快就传到了赵王的耳朵里，他这才明白李牧的策略是正确的，而自己是个不懂军事的人。于是，赵王又派人去找李牧，希望他能够再次前往雁门郡。李牧早就料到会有今天，为了能够实现自己的计划，他并没有接受赵王的请求，而是推托说自己有病，坚决不出大门。

这时候的赵王急得像热锅上的蚂蚁，知道李牧是在"耍性子"。没办法，赵王拿起"架子"，命令李牧必须答应。李牧见时机成熟

身穿胡服、头戴胡帽的匈奴骑士

了，就对赵王说："我其实是不想去的，可是大王却一定要我去不可。好吧！我可以答应大王的条件，不过我要先说明白，我到了雁门郡之后，对付匈奴的策略还是老一套。如果您能够接受的话，就派我去；如果不能接受，您就另请高明吧！"赵王哪管得了那么多，马上同意了李牧的要求。

李牧第二次来到了雁门郡，一切又和原来一样，不管匈奴怎么进攻，赵国的军队就是不出战。同时，李牧为了鼓舞军队的士气，加大了对士兵们的赏赐。赵国的军士看到每天都从国家那里获得很高的赏赐却不能为国家杀敌效力，心中十分着急，希望有一天能与匈奴大战一场。

赵国这边是斗志昂扬，匈奴兵见赵国军队又把李牧换了回来，而且李牧实施的又是那一套坚守不出的策略，坚定地认为李牧就是个胆小鬼。因此，匈奴开始轻视赵国的军队，渐渐地放松了警惕。

时机终于到了，李牧决定与匈奴展开最后的决战。他准备了1300辆战车，13000匹战马，又从军队中挑选出50000名敢死队员和10000名作战勇士，让他们日夜操练。紧接着，李牧又发动当地的百姓，让他们赶着大批的牛羊在野外放牧，吸引匈奴。

匈奴果然上当，先派出一小股部队追击赵军。赵军按照李牧的指示，

假装败走。单于心中大喜，马上带领大队人马杀了过来。李牧看准时机，将部队分成两部分，给匈奴来了个左右夹击。这下匈奴可吃了亏，10多万骑兵被赵军消灭。李牧乘胜追击，又接连消灭很多匈奴小国。

这场战争使匈奴受到了沉重的打击，大单于也被打得落荒而逃。在以后的十几年里，匈奴再不敢去侵扰赵国的边境。

春申君之死

楚国的春申君黄歇是战国四公子之一，年轻的时候他礼贤下士，慷慨仁义，很多人都投奔到他的门下。可是到了晚年，春申君变得越来越昏庸，而且对权势的贪恋也越来越重。

楚考烈王一直没有儿子。为了让楚国后继有人，春申君在民间选了很多妇女进献给楚王，希望她们能给楚国王室留下后代。可惜楚王不争气，那些进宫的妇女始终没有生下儿子。

这时，赵国有一个名叫李园的人听说了这件事，就想把自己的妹妹进献给楚王。这个李园可不是什么好东西，他才不担心楚王有没有儿子呢，他关心的是能不能通过这次婚姻，使自己变成有权势的人。

李园非常狡猾，他认为直接把妹妹进献给楚王并不是最好的办法，因为如果妹妹没有给楚王生下儿子，恐怕就会失宠，那么自己也就跟着遭殃。他想了想，决定先把妹妹献给春申君。见了春申君后，李园向他请假，说是回赵国探亲。

谁知李园这一去竟没有了消息，到他回来的时候，已经超过期限好几天了。春申君问李园为什么这么晚回来，李园回答说："您不知道，齐王派人来到我家，说是要娶我的妹妹。我在家多陪了使者几天，所以就回来晚了。"

春申君心想，连齐王都想娶他的妹妹，那这个女人一定挺漂亮的，就问李园："那么齐王的使者这次有没有给你带来聘礼呢？"

李园摇了摇头，说："聘礼倒是没带来，不过他们说很快就会送来的。"

春申君听后赶忙说道："既然是这样，那么就把你的妹妹许给我吧，况且你在这之前就已经答应我了。"

李园听后，装作很为难的样子答应了春申君。就这样，李园的妹妹成了春申君的小妾。没过多久，李园的妹妹就怀上了春申君的孩子。这时，李园找到妹妹，对她说出了自己的

将相分权制

战国时期，各诸侯国鉴于春秋时期卿大夫出将入相，大权在握，导致君权旁落的教训，也为了适应军队扩大、战争发展、指挥复杂的客观现实，普遍实行将相分权的制度。

齐、赵、魏、韩等国把统领军队的军官称为将、将军、上将军、大将军等。秦惠王从秦国将相合一的大良造中分离出来的相邦，后又被秦武王进一步分为左右二相。大良造在相权分出后，成为秦国武官之长。后撤销大良造，国尉升为武官之长。楚国武官之长称柱国、上柱国。

战国时期将以下的武官设置也比较完备了，赵国设左司马、都尉，齐国设司马。秦、齐、赵、楚设郎中，郎中是国君的侍卫。各诸侯国都普遍设都尉，负责卫戍之职。秦国除了设立都尉外，又有中尉一职，负责警卫国都。秦王嬴政时设立卫尉，负责警卫宫廷。

计划。李园的妹妹听后，也认为哥哥说得很有道理，于是就花言巧语地劝说春申君，说如果将来楚王的兄弟做了大王的话，那么春申君就会失去现在的权势，不如先下手为强，把自己进献给楚王，让春申君的儿子成为太子，那样的话他就可以保持现在的地位了。

春申君听后认为她说得很有道理，就把她献给了楚王。不久之后，李园的妹妹就为楚王生下了一个儿子，当然这个儿子其实是春申君的。楚王非常高兴，就把这个孩子立为太子。

一切都按照李园的计划顺利地进行着，李园的妹妹做了王后，李园也跟着显贵起来，在朝中的权力越来越大。开始的时候他还算老实，可是时间一长，他小人得志的嘴脸就表现出来了。他心里清楚，太子是春申君的儿子这件事绝对不能泄露出去。妹妹和自己都不会说出去，唯一一个祸根就是春申君。于是，李园暗地里收养了很多的死士，准备找个机会杀掉春申君灭口。正所谓"没有不透风的墙"，渐渐地，楚国有很多人都知道了李园想要杀害春申君。

　　后来，楚王得了病，卧床不起。春申君的门客硃英就对他说："在这个世上有很多是人无法预料到的福气，也有很多是人无法预料到的灾祸。您现在正处在一个无法预料的社会中，同时又在辅佐一个喜怒无常让人无法预料的君王，您怎么能没有一个无法预料却忽然出现的帮手呢？"

　　硃英这几个"无法预料"把春申君搞糊涂了，他疑惑地问道："先生说的我不太明白，请问什么是人无法预料到的福气？"

　　硃英回答说："您在楚国担任相国已经有二十多年了，可以说是劳苦功高。在楚国，虽然您名义上是相国，可实际上您就是楚国的大王。现在楚王病重，说不定哪一天就咽气。楚王死后，您可以辅佐幼主，等到他成年后再把国家交给他。当然，您也可以来个'一不做二不休'，直接自己当上楚国的大王。这就是我说的人无法预料到的福气。"

　　春申君听后，摇了摇头说："我还没有做叛逆的想法，那么您刚才说的人无法预料到的灾祸又是什么呢？"

　　硃英回答说："现在朝中最有权力的除了您之外，就是那个李园了。他是个十足的小人，虽然他没有直接管理国家大事，但却是您最大的敌人。我听说他暗地里收养了很多死士，一旦楚王死了，李园一定会夺取朝中大权的。那时候，他第一个要杀的，恐怕就是春申君您了。这就是我说的人无法预料到的灾祸。"

　　春申君似乎听出了什么，接着问："那么谁又是无法预料却忽然出现的帮手呢？"

砆英以为春申君相信了自己，就对他说："那就是我！您可以让我做郎中（官职），一旦李园要夺权，我就先替您杀了他。"

春申君心想："到现在我才听明白，原来你是为了给自己谋个官啊！"想到这，他对砆英说："这件事就不用先生操心了！李园这个人我很了解，他那么软弱无能，怎么会杀我呢？先生想多了。"

砆英见春申君不听劝告，害怕自己将来被李园杀害，就逃出了楚国。17天以后，楚王驾崩。果然不出砆英所料，李园派死士埋伏在宫门里，等春申君进宫的时候砍下了他的脑袋。赫赫有名的战国四公子之一的春申君就这样被一个无名小卒杀死了。

清除权臣

秦始皇是秦国庄襄王的儿子。庄襄王在赵国当人质的时候，遇见了吕不韦的妾姬，很是喜欢，后来就娶了她，生下了始皇帝，取名叫政，姓赵（归国后恢复嬴姓）。

嬴政13岁的时候，父亲秦庄襄王去世，他就接替王位。那时秦国的地域广阔，已经兼并了巴、蜀、汉中，越过了宛地而占有了楚国的都城郢，并在那里设置了南郡；在北方占领了河东、太原和上党；在东面占领荥阳，消灭了东周、西周两个封国，设置了三川郡。由于秦王年少，又刚刚登上王位，所以国家大事都由大臣们处理。吕不韦担任丞相，被封食邑十万户，又封为文信侯；李斯担任舍人；蒙骜等人担任将军。吕不韦的野心很大，四处招揽门客，想依靠他们的力量吞并天下。

秦王政即位以后，奉赵姬为王太后。太后长期与丞相吕不韦保持暧昧关系，随着秦王政年龄渐长，吕不韦害怕这种不正当的关系暴露，继而引来杀身之祸，便秘密推荐嫪毐去做太后的情夫，自己则从中抽身。太后见了嫪毐后，果然很喜欢。因为受到太后宠爱，嫪毐逐渐获得一些权力和封地。秦王政八年（公元前239年），秦国发生了一些不平常的事情，先是将军蒙骜去世，接着，秦王的弟弟长安君企图谋反，被处死在屯留城。这时，黄河水泛滥成灾，河里的鱼大量涌上岸边，众多百姓因为水灾被迫向东逃荒，另求生计。这一年，嫪毐被封为长信侯，并被赐予山阳一带的土地。所有的宫室、车马、服装、庭院、猎场等准许随意使用。国中无论大事小事都由他处理决定。嫪毐十分得意，甚至把河西太原郡改为以自己的名字命名的国。

秦王政九年（公元前238年）四月，秦王来到雍城并在这里住下。己酉日，群臣为秦王政举行隆重的成年加冠庆典，从此嬴政就可以佩戴长剑了。据说，嫪毐与太后当时也居住在这里，二人私通并生下两个儿子。当年，嫪毐是以阉人的身份入宫侍候太后的，秦王的到来使这件丑事再也隐瞒不下去了。嫪毐担心丑事暴露后被杀，干脆起兵谋反。嫪毐盗用秦王的玉玺和太后玺印，调动县城里的官兵和士卒，准备攻进秦王政居住的蕲年宫。秦王得到报告后，立即命令相国吕不韦、昌平君、昌文君等人调集人马前来平叛。保卫秦王的军队与嫪毐的叛军在咸阳激烈交战，斩杀叛军几百名。后来，参加平叛的大臣和立了功的人都得到了封赏，连参加的宦官也不例外。嫪毐战败逃跑，秦王在全国下通缉令：活捉长信侯者，赏钱

一字千金

战国末期，养门客之风很盛，吕不韦养了三千门客，作为智囊团，替他想出各种各样的办法来巩固政权。这些门客，三教九流的人应有尽有。他们把自己的见解和心得，都提出来写在书面上，汇集起来，编成了一部20余万言的巨著——《吕氏春秋》。吕不韦就把这部书作为秦国统一天下的法典。当时吕不韦把这书在秦国首都咸阳公布，并声称如果有人能在书中增加一字或减一字者，就赏赐千金（相当于现在的500克黄金）。

后来人们根据这个故事，引申出"一字千金"这个成语，用来形容一篇文章的每一个字和句的价值都很高，不可多得。

一百万；杀死长信侯者，赏钱五十万。结果嫪毐及其同党全被捕获，无一漏网。嫪毐被五马分尸，他家族里的人也全部被杀；追随嫪毐叛乱的卫尉竭、内史肆、佐戈竭、中大夫令齐等20多人被判杀头，斩下的头颅还要挂在木杆上示众；嫪毐的门客，罪轻的就被罚服劳役三年。此外，因牵连此事被剥夺爵位的还有4000多家，他们全被流放到四川，在房陵居住。在审查此案的过程中，相国吕不韦的所作所为暴露出来。秦王十分生气，便于秦王政十年（公元前237年）免除吕不韦的丞相职位。太后因为与此事有关联，也被嬴政流放到雍城，送进冷宫。

这年，齐国和赵国都派使臣前来，秦王设下酒宴款待他们。齐人茅焦对秦王说："秦国正处于建立天下大业的时候，您却把太后流放，恐怕对您的名声影响不好吧！各国诸侯要是知道有这样的事情，谁还会信服您呢？"秦王觉得有道理，就把太后从雍城接回咸阳，让她居住在甘泉宫中。

有人告诉秦王，秦国之所以会出现这样的大乱，都是别国来的客卿（不是秦国人，但在秦国做官）捣乱的结果，要想避免这些事，干脆把这些客卿都赶走。秦王采纳了这个建议，命人在全国上下做彻底的清查，赶走那些在秦国任职的客卿。楚国人李斯也在被逐之列，他认为秦国的这项政策不合理，便向秦王上书，陈说利弊。秦王读罢李斯的上书，立即宣布废除逐客令。李斯受到秦王的重用，便向秦王献计说："您应该立刻攻打韩国，来震慑其他诸侯国，让他们都知道您的厉害！"秦王觉得很对，于是派李斯等人去攻打韩国。韩王非常担心，找来韩非商量，筹划削弱秦国的办法。

秦王政十二年（公元前235年），吕不韦死去，他生前的门客偷偷把他安葬在洛阳的北芒山。秦王闻讯大怒，传下命令：凡是哭吊吕不韦的，三晋地区的人驱逐出境；俸禄六百石以上的秦国人剥夺爵位，迁到房陵；俸禄五百石以下的秦国人不剥夺爵位，也迁到房陵。从此，秦王政彻底清除了吕不韦、嫪毐等人对朝政的影响。

兼并六国

大梁人尉缭来到秦国，对秦王说："秦国真的是非常强大，与您相比，其他诸侯国的君王就像您下面郡的首长一样。可是就怕他们联合起来，出其不意地进攻。以前智伯、吴王夫差和齐王他们就是这样失败的。所以我建议您不要吝啬，要舍得用财物去贿赂各国中有权势的人，让他们从中捣乱，破坏东方六国联合的计划。这样，您只不过拿出区区三十万两黄金，就能吞并东方所有的诸侯国，还不值得吗？"秦王高兴地采纳了他的建议。为了表示对尉缭的尊重，秦王以平等的礼节接待他，就连饮食和服装也和自己同等。

尉缭见过秦王后，对人说："秦王相貌不善，高高的鼻子，又细又长的眼睛，胸脯像鸷鸟，说话的声音又像豺狼一样，这种人具有虎狼心肠。他不得志的时候，会对人表现得谦卑，一旦得志，就不会把别人看在眼里，甚至会残害他人。我不过是个普普通通的平民百姓，他却对我如此恭敬，我要是真帮他得到天下，那么全天下的人还不都成了他的俘虏？这种人是不能够长久共事的。"于是尉缭就想逃走，结果被秦王觉察。秦王执意挽留他，任命他为国尉，并且采用他的计策和治国之道。

秦王政十三年（公元前234年），秦国派兵攻打赵国平阳，杀死赵国的将领扈辄，并斩杀赵国士卒10万人。这年，韩非奉韩王之命出使秦国，李斯建议秦王扣留他。后来，韩非就死在秦国的云阳。韩国无奈，归顺了秦，韩王丁是成为秦国的藩臣。魏国迫于秦军强大的威力，主动向秦国奉献土地。

秦王政十七年（公元前230年），秦国派内史腾出兵攻打韩国，俘虏了韩王安，吞并了韩国的领土，在这里设置了颍川郡。当年，这些地区发生了强烈的地震，百姓们闹饥荒，生活异常艰难。

秦王政十八年（公元前229年），秦军大举进攻赵国，王翦率军攻占赵国军事要地井陉。杨端和率领河内的军队攻打赵国，包围了邯郸城。又过一年，王翦等人又夺取了赵国的大片土地，占领东阳城，俘获了赵王。紧接着王翦又率兵准备攻打燕国，在中山地区屯兵。赵国灭亡后，秦王政来到邯郸城，下令活埋了那些曾经和

秦统一六国示意图

他的母亲结下仇怨的人，然后返回秦国。赵国的公子嘉率领宗族几百人逃往代地，自称代王。公子嘉联络东方的燕国，双方组成联军，驻扎在上谷，与秦军对抗。

秦王政二十年（公元前227年），燕国的太子丹唯恐秦军进攻边境，十分害怕，就派遣荆轲去刺杀秦王，不想计划被秦王觉察。秦王大怒，肢解了荆轲的身体，然后派遣王翦、辛胜率兵进攻燕国。燕、代两国的军队奋勇反击，最后敌不过强大的秦军，在易水的西边被击败。一年后，秦王增调了更多的士兵增援王翦，彻底打垮了燕国的军队，攻下了燕国国都蓟城。秦王杀了太子丹。燕王向东逃去，到达辽东一带，在那里称王。王翦借口年老多病，辞去官职，回了老家。

秦王政二十二年（公元前225年），秦王派王贲攻打魏国，挖开堤

封建中央集权制

秦始皇顺应国家政治制度从君主制向专制集权制演变的趋势，首先树立了绝对的皇权。他为了避免列国纷争历史的重演，适应专制皇权和统一国家的需要，采纳廷尉李斯的建议，彻底废除分封诸侯的制度，全面推行郡县制，把全国分为36郡，均为中央政府下辖的地方行政单位。他又以秦国原有官制为基础，对官制进行了调整和扩充。建立了一整套从中央到地方的新的政府机构：在中央设有三公（丞相、太尉、御史大夫）和九卿（郎中令、卫尉、太仆、廷尉、治粟内史、少府、典客、宗正、奉常），可以对国家大政进行廷议，最后由皇帝裁决；地方行政机构分为郡、县两级，郡设守、尉、监，县设令或长。并有相应的官吏考核制度。为维护这种集权制度，秦始皇还颁布了严苛的封建法律，在全国统一施行。

坝，把黄河水引来，淹没了魏国的都城大梁，大梁城墙被冲毁。魏王请求投降，于是秦国占领了魏国的全部土地，魏国灭亡。

秦王政二十三年（公元前224年），秦王再次征召王翦，强行任命他为将军，命他率大军去攻打楚国。王翦攻占了楚国陈县以南平舆以北的大片土地，并俘获了楚王。楚国的大将项燕扶立昌平君为楚王，在淮南一带发起反攻。一年过后，楚军大败，昌平君战死，项燕自杀，楚国灭亡。

秦王政二十五年（公元前222年），秦王发动大批军队，派王贲统领，前往辽东地区攻打燕国残余势力，俘虏了燕王喜。回师途中，王贲又打下代国，俘获了代王嘉，燕、赵两国最终灭亡。这年，王翦所率大军平定了楚国的江南地区，降服了越君，在越地设立了会稽郡。同年五月，秦王命全天下的人都摆席设宴，举杯庆贺。

秦王政二十六年（公元前221年），齐王派兵保卫齐国的西部边界，与秦国断绝来往。秦国派兵攻打齐国，俘虏了齐王田建，齐国灭亡。

至此，秦王吞并了赵、韩、燕、魏、楚、齐六国，统一了天下。

韩非之死

秦王政十四年（公元前233年），韩国抵挡不住秦国进攻，决定向秦国投降，把土地、玉玺都献给秦国，自己则甘愿做秦国的属国。韩王叫来了非常有才能的韩非，让他担任使者出使秦国。

韩非听后心中十分不高兴，暗骂道："想不到我们韩国居然断送在你这个昏庸的大王手上。我韩非是韩国的公子，虽然没有什么才能，但是却有一颗爱国之心。以前我向你多次进谏，让你选择那些有才能的人治理国家。可是你呢？完全不理会，选用的全是一群只会吃喝玩乐的蛀虫。没事的时候就宠爱那些蛀虫们，等到有事的时候才想起我们这些有才能的人和那些为国家拼命的武将。保你这样的大王有什么用？我不如去投靠秦王。"

想到这，韩非爽快地答应了韩王的要求。韩王听后非常高兴，给了他地图和玉玺，让他马上前往秦国。

当初，韩非看到韩王荒淫无道，几次劝谏韩王，让他励精图治，结果都没有成功。韩非觉得自己满肚子的才华没地方使，一气之下就躲在家中，闭门著书，写出了著名的法家代表作《韩非子》。这部书很快就传到了秦国，秦王政看到后，非常赞同书中的观点，就对大臣们说："这部《韩非子》写得太好了，如果有机会的话，我将来一定要见见韩非这个人。"

这一次，韩国的使者正巧就是韩非，所以秦王政非常高兴，打算见见他。还没等秦王召见，韩非就已经等不及了，主动向秦王政上书，说道："如今的秦国已经是非常强大了。大王可以想一想，秦国现在拥有数千里的土地，百万名士兵，而且秦国的军队军纪森严，赏罚分明，现在所有的诸侯国都比不上秦国。我是韩国人，但是如今我却要向您献计，这是要冒多大的危险啊！我请求您见我一面，如果我的计谋不能使您破了六国的连横，不能使六国全部臣服于秦国的话，就请您杀了我。"

秦王政看完韩非的书信后，十分高兴，心想："看来这个韩非真有两下子，居然敢拿自己的脑袋做担保，说不定秦国的千秋霸业就真的要靠这个人，一定要大大地重用他。"可是秦王政转念一想："现在我们秦国和韩国正在打仗，韩非是作为使者来到秦国的。虽然他嘴上说愿意给我出谋划策，可谁知他心里怎么想呢？别是韩王故意搞的鬼，让他到这里来游说我吧？"想到这，秦王政觉得暂时不见韩非，先观察他几天，看看他到底是不是真心归顺秦国。

这时，秦国的另一位重臣却在盘算着如何除掉韩非，这个人就是李斯。李斯和韩非本来是师兄弟，一起在荀子门下学习治国方法。当时荀子非常看重他和韩非，认为他们将来一定会把自己的学说发扬光大。不过，李斯心里清楚，虽然老师看中的是他们两个，但是自己比韩非要差一点。如今韩非来投奔秦国，恐怕自己很快就会被他取代，所以一定要想办法除掉这个眼中钉。

这天，李斯对秦王政说："大王，臣有件事不知道该说不该说？"

秦王政看了看李斯，说道："你有什么事就直说吧，不用这么吞吞吐吐的。"

李斯回答说："是，大王！想必大王知道，我和韩非是同门师兄弟，曾经一起在荀子门下学习。应该说，我比您更加了解韩非这个人。"

秦王政点了点头，说："你说得很对，那么你对韩非是怎么看的呢？"

李斯说："如果论才学，韩非的确是有，而且还在我之上。不过大王不要忘了，韩非可是韩国人啊！他怎么会背叛韩国呢？"

秦王政听后不以为然，笑了笑说："你考虑得过多了！你自己也不是秦国人，如今你怎么又说韩非不会对我们秦国忠心呢？"

李斯想了想，回答说："大王，我和韩非是不一样的。韩非是韩国的贵族，又是韩国公子。如今您想吞并六国，然后统一天下，您认为韩非会帮您吗？要知道，他所做的一切其实都是为韩国的利益着想啊！"

说到这，李斯偷偷看了秦王政一眼，发现他已经被自己说得有些动心。于是，李斯加强攻势，继续对秦王说："大王您可要想清楚了啊！您即使不重用他，把他长期留在秦国，然后再放回去，那也是后患无穷啊！为了整个秦国着想，我劝你还是把他抓起来，暗地里除掉他算了！"

秦王政被李斯的一番"忠言"搞得迷迷糊糊，马上下令将韩非抓了起来，关进大牢。李斯见自己的计划已经成功，非常兴奋。为了斩草除根，他让人偷偷地给韩非送去了毒药，让他尽早自杀。

荆轲刺秦王

燕国的太子丹曾经在赵国做人质，并且和嬴政成了朋友。后来嬴政做了秦国的大王，太子丹又来到了秦国做人质。没想到，嬴政当了大王之后，丝毫不顾和太子丹以前的友情，对他非常不好。太子丹一气之下，偷偷地逃回了燕国。

回国后的太子丹十分怨恨秦王，一心想报复他。他认为联合其他国家一同攻打秦国的计划太慢，不如直接找人刺杀秦王来得快，于是他拿出自己的全部家产，寻找能够刺杀秦王的人。

很快，太子丹打听到有一个名叫荆轲的卫国人非常有本事，于是他放下太子的架子，带着丰厚的礼品来到了荆轲的住处。太子丹心想："如果我对荆轲说让他刺杀秦王是为了报我的私恨，他一定不会答应。"于是就对荆轲说："当今天下的局势想必您也知道，秦国的野心越来越大。韩国已经向他们称臣，楚国和赵国也离灭亡不远了。如果赵国被秦国打败的话，下一个就会轮到我们燕国了。现在的诸侯国一个个怕得要死，都不敢联合起来抵抗秦国。"

荆轲看了一眼太子丹，没有说话。太子丹接着说："我身为燕国的太子，实在不忍心看到燕国的百姓遭受苦难啊！"

荆轲皱了皱眉，回答说："太子心地善良，是燕国百姓的福气。可是我不知道您找我有什么事？"

太子丹赶忙回答说："壮士！我有一计，一定可以拯救燕国。我打算找一个武艺高强的勇士，让他做使者前往秦国，然后找机会挟持秦王，让他把侵吞的土地归还给各国。如果他答应，那最好；如果他不答应，就一刀杀了他。"

听到这，荆轲明白了太子丹的用意，就对他说："太子所说的事关系到天下百姓的幸福，我荆轲虽然不才，但是却有几分胆色，愿意为太子出一份力。不过，现在时机还没有成熟，先等等再说吧！"

太子丹没办法，只好答应荆轲。他把荆轲接到自己的府上，每天好酒好菜地给荆轲送，凡是荆轲提出的要求他都尽量满足。不久后，秦国的军队就攻灭了赵国，太子丹再也沉不住气了，就找到荆轲，让他尽快前往秦国。

荆轲对太子丹说："太子你太心急了，就算我现在去了秦国，也很难接近秦王，根本没有机会下手。如今，要想接近他必须先要取得他的信任，要想取得他的信任就必须有两样东西。"

太子丹听后，赶忙追问道："是哪两样东西？只要我能给的，一定给您？"

荆轲回答说："这第一件东西，就是燕国督亢（今河北涿州一带）的地图，那是燕国最肥沃的土地。"

太子丹笑了笑，回答说："壮士您为了天下连性命都可以不要，我怎么会吝啬那么点儿土地呢？我答应您的要求，那么您要的第二件东西又是什么呢？"

荆轲顿了顿，说道："听说前段时间，秦国的大将樊於期因罪逃到了燕国，投奔了太子。现在秦王最恨的就是他，如果能得到他的脑袋，那么秦王一定会相信我的。"

太子丹一听，摇头说："您这是什么话啊？樊将军有了难来投奔我，我怎么能杀害他呢？壮士还是想想别的办法吧，我不能答应您的请求。"

看着太子丹离去的身影，荆轲心想："为了天下的百姓，必须有人做出牺牲。"于是，荆轲来到了樊於期的府上，对他说："将军，秦王对您如何您心里最清楚了，您的父母宗族都被秦王杀害了，如今又悬赏重金来要您的人头。这个仇无论如何是要报的啊！"

易水送别图　清　吴历

荆轲是战国时燕国太子丹手下的勇士。秦灭韩、赵之后，又向燕国进军，荆轲便携樊於期人头及地图前去刺杀秦王，后终因寡不敌众而惨死。荆轲去秦国之前，便抱着必死的决心，此图即绘荆轲上车离去的情景。

荆轲的话刺痛了樊於期的心，他痛哭流涕，说道："难道我不想报仇吗？可是凭我一个人的力量怎么能杀得了他呢？"

荆轲说："我已经和太子商量好了，愿意前往秦国去刺杀秦王。现在计划已经布置得很周详了，唯独缺的就是将军的人头。只要我把将军的人头献给秦王，那么他就一定会信任我，到时候我就可以替将军和天下百姓报仇了。"

樊於期听后仰天长啸，喊道："这正是我日夜在想却做不到的事啊！"说完他就自刎而死。这样，荆轲所需要的两样东西就齐全了。接着，太子丹又拿出一把十分锋利的匕首，并让工匠在上面涂上剧毒的毒

荆轲刺秦王石像图

药，然后又挑选了一位名叫秦舞阳的勇士做荆轲的助手。几天后，荆轲和秦舞阳一同前往秦国。

到了秦国国都咸阳之后，荆轲用重金贿赂了秦王的宠臣蒙嘉，通过他见到了秦王。秦王听说荆轲带着燕国督亢的地图和樊於期的首级前来，非常高兴，就以隆重的仪式欢迎荆轲。荆轲把地图送到秦王面前，一边展开地图一边为秦王讲解。当地图完全展开时，那把涂有毒药的匕首也就显露出来，荆轲一把抓住秦王的袖子，拿起匕首刺他。

秦王被吓坏了，赶忙扯断了袖子。荆轲冲了过去，追得秦王绕着柱子跑。这时，秦国的大臣也非常着急，赶紧冲上前去用双手和荆轲搏斗（秦国的法律规定，臣子不能带兵器上朝），并且喊道："大王，您背着剑呢！"

群臣的话提醒了秦王，他拔出宝剑，砍下了荆轲的左腿。荆轲见自己已经残废了，就奋力将匕首扔向秦王。谁承想，匕首却一下子刺到了柱子上。荆轲摇了摇头，大骂道："这件事没有成功，完全是因为我想要秦王亲口答应把土地归还给各国啊！我辜负了太子对我的厚爱。"结果，荆轲被分尸示众。

王翦破楚

秦王政二十一年（公元前226年），秦王政任命王贲为大将军，攻打楚国。很快，王贲的军队就攻下了楚国十几座城池。秦王尝到了甜头，就想一举消灭楚国，于是就问李信将军："秦国军队所向披靡，楚国军队不堪一击。如今我想一举消灭楚国，李将军认为需要派多少兵呢？"

李信是个年轻的将领，十分气盛，夸口说："大王，攻打楚国这样的国家不需要费多大的力气，依我看，二十万兵就已经是绰绰有余了！"

秦王听后非常高兴，说道："好！李将军果然智勇双全。不过，我还应该听一听老将军王翦的意见。"于是，秦王又问了王翦同样的问题。

王翦是个久经沙场的老将，性格沉稳。他想了想，对秦王说："大王，楚国是六国中实力比较强的国家，我们千万不能因为得了几座城池就骄傲自大起来。依我看，要想把楚国消灭，至少也要六十万兵。"

秦王一听，非常不满，心中暗想："人家李信只和我要二十万，你却和我要六十万，真是老糊涂了。"想到这，秦王就说："唉！看来王翦将军是老了！明明二十万人就能办的事，却偏偏要用六十万人。这次攻打楚国的事情，我看你就不用去了，交给李信将军吧！"

王翦知道秦王在挖苦自己，也不多说话，眼看着李信和蒙恬带领着二十万大军前去攻打楚国，他干脆以有病为理由向秦王提出辞职，回家乡养病。秦王觉得现在有李信一个人就足够了，也就没阻拦他。

第二年，李信和蒙恬带领秦国军队开始进攻楚国。由于兵力不足，很快秦国军队就有些支撑不住。后来，李信和蒙恬又中了楚国的计谋，结果秦国不但没有消灭楚国，自己反而吃了不小的败仗。

秦王听到这个消息后，气得暴跳如雷，这时才想起当初是错怪了王翦。为了表示自己的诚意，秦王亲自来到王翦的家乡，向王翦道歉。秦王笑呵呵地对王翦说："老将军在家养病已经有很长时间了，病也养得差不多了吧！唉！都怪我一时糊涂，没有听从老将军的计谋。现在李信被楚国打败，让我们秦国军队的威名受到了玷污。"

说到这，秦王装出一副可怜的样子，对王翦说："老将军虽然有病在身，可现在正是关键时刻，您总不会忍心把我一个人丢下吧！秦国的军队还需要您指挥呢！"

王翦听后心中暗笑，不过并没有表现出来，而是很为难地说："大王，不是我王翦不愿意为大王出力，实在是疾病缠身，没法带兵啊！"

秦王知道王翦还在埋怨自己，就对他说："老将军一向气度非凡，过去的事就让它过去吧，何必那么耿耿于怀呢？"

王翦见时机成熟，就对秦王提出了要求："大王想让我带兵也不难，不过必须给我六十万人马，否则我是不会答应的。"

秦王见王翦答应带兵，马上说道："老将军说得是，老将军说得是！只要老将军肯带兵出战，什么事都听您一个人的。"

就这样，王翦带领着六十万大军，准备出发。临行前，秦王亲自送王翦到了灞上（今西安东南）。王翦回过头说："大王放心，臣一定会完成您交代的任务。不过请您先赐给我大片的肥沃土地和田宅吧！"

秦王推笑说："老将军真是会开玩笑！您如今带领我们秦国的士兵攻打楚国，如果凯旋的话那将会是大功一件，难道还怕以后没有好日子过？"

王翦却一本正经，很严肃地对秦王说："给大王当将军，即使立了再大的功劳也封不了侯爵。如今，大王正信任我，我只好趁机和您要点东西，好为我的子孙后代留下点产业。"

秦王听后愣了一下，然后哈哈大笑，目送王翦离去。

这个王翦还真是个"执着"的人，在前往楚国的路上，他先后五次派使者给秦王送书信，向他讨要田宅。这时，王翦的部将对他说："将军，您是不是有些太贪了，怎么可以这样呢？"

王翦笑了笑，回答说："你当我真是看上那点田宅啊！咱们的大王是个多疑的人，今天他把全国的兵力都给了我，心中难免会对我有所猜忌。如今，我派人去和他要田宅，那是表示我对秦国是忠心的，没有别的想法。"部将听后，心中也暗暗佩服王翦做事周全。

秦王政二十三年（公元前224年），王翦带领秦军攻取了楚国陈以南直到平舆一带的地方。楚国一听说这次带兵的将军是王翦，而且还带来了足足六十万人马，吓得赶紧把全国的兵力集中在一起，拼死抵抗王翦带来的队伍。

王翦一看两军僵持下来了，也不着急。他命令秦国部队与楚国部队对峙，但就是不出兵应敌。这下可难坏了楚国，他们接二连三地派人挑战，可王翦理都不理他们。王翦非但不派兵出战，反而好吃好喝招地待自己的士兵，没事就让他们洗洗澡，和自己说说话。时间一长，秦国的士兵也就放松了。

这天，王翦问部将："现在我们军队的士兵都在做什么呢？"

部将回答说："他们整天没什么事可做，现在正玩投石和跳远的游戏呢！"

王翦一听，笑了笑说："好！时机已到，可以出兵了！"

再说说这时的楚国军队，他们见找不到战机，已经开始向东转移。当王翦带领着秦军追击楚军时，楚国军队根本没来得及防备。结果，楚国军队全线溃败，连将军项燕也被秦军杀死。王翦大获全胜，趁机占领了很多城池。

统一天下

秦王政刚刚兼并六国，统一天下，就召见丞相和御史，对他们说："前一段时间，韩王既献土地又献玉玺，主动要求做我的藩臣。可是没过几天他就变卦了，联合赵国、魏国反叛我。所以我派兵攻打韩国，俘虏了韩王。之后，赵王派丞相李牧来订立盟约，我放了他们的人质。可是没多久，赵国也背弃盟约，在太原反叛我，所以我兴兵讨伐他们，抓获了赵王。后来，赵国公子自立为王，我又消灭了他。魏国起初与我订立了盟约，表示归顺我秦国。然而不久他又与韩、赵合谋，袭击秦国。我们的将士齐心协力，打垮了他们。楚王答应把青阳以西的土地割让给我，可是不但不履行承诺，还派兵攻打我国的南部。于是我出兵攻占了楚国的土地，俘获了楚王。燕王的太子丹更是胆大包天，竟然派荆轲来刺杀我。于是我出兵讨伐，消灭了燕国。齐王采纳后胜的奸计，和秦国断交，想要作乱，我派兵去讨伐，平定了齐地，俘获了齐王。就这样，寡人我兴兵征战于天下，六国诸侯全都认罪称臣，如今天下总算安定下来。现在，我不能再称王称帝了，那样的话，我的功业就不能扬名天下，流芳百世。我想找你们来商量一下，把帝王名号改成什么好呢？"

丞相王绾、御史大夫冯劫、廷尉李斯仔细商量过后，对秦王政说："从前五帝的领土幅员辽阔，纵横千里。侯服、夷服的诸侯们，有的来朝贡天子，有的不来，天子无法完全控制。如今您率领一支勇猛无比的军队，消灭叛逆之臣，平定了天下，在国内设立郡县，由中央统一发布指令，这是以前从未有过的。就连五

始皇诏版　秦

这块青铜的诏版，原置于宫廷重要的器具之上，文为"廿六年，皇帝尽并兼天下诸侯，黔首大安，立号为皇帝，乃诏丞相状、绾，法度量则不壹，歉疑者，皆明壹之"。

帝也没建立过如此的功业啊！我们已经认真地与博士们讨论了，一致认为：'古代有天皇、地皇、泰皇，泰皇最尊贵。'臣等冒死呈上尊号，称您为'泰皇'，把天子之命称为'制'，天子之令称为'诏'，天子的自称为'朕'。您看怎么样？"秦王说："要不这样，除去这个'泰'字，只留'皇'字，再加上原来的称呼'帝'

字，尊号为'皇帝'，这就行了，其他的就按照你们说的办。"于是追加庄襄王为太上皇，又下达制书说："朕听说，太古的时候，有号没有谥，中古的时候有号，帝王死后，后任帝王和大臣又根据他生前的行为，给他定个谥号，这不就是儿子在评论父亲，大臣在评论君主吗？朕觉得这样做不太合适，从今天开始，废除谥法。朕为始皇帝，后世按照数字顺序排列，称二世、三世直到万世，就这样一代一代地传承下去，无穷无尽。"

　　始皇帝根据金、木、水、火、土五德始终循环相生相克的道理，认为周得到火德，秦朝取代了周朝，就像水克制了火。所以秦朝开始就是水德的开始，改十月为新年的第一个月，十月初一为新年的开始；皇帝使用的服装、旌旗的颜色都以黑色为主；国家的兵符、印信都做成六寸高；马车的宽度定为六尺，每六尺为一步；每乘车的拉车马数定为六匹。另外秦始皇不主张讲仁义道德，认为那样不符合水德，主张以苛刻的手段管理民众，所有事情都依照法律办理，实行残酷的刑罚（古人相信水和数字六、黑色、严厉有对应关系）。

丞相王绾等人启奏始皇帝说："皇上，各诸侯国刚刚平定下来，燕、齐、楚等地的偏远地区恐怕很难镇守，应该在那些地方设置王国，封立各位皇子为王。"皇上让群臣讨论，一致认为这样做便于治理国家。可廷尉李斯却不赞成，他对皇上说："周朝的文王、武王都分封了很多的同姓子弟和诸侯，后来亲属的关系逐渐疏远，甚至发展到互相仇视，互相攻击，周天子也制止不了。现在不同了，在陛下领导下，天下完全统一，并且各地都设立了郡县，利用税收重赏那些王子和大臣们，让他们有很高的收入。这样一来，局面就好控制了。天下人都忠心耿耿地对待您，这才是国家和社会的安定所在啊！所以我认为，设立诸侯不便于治理国家。"皇帝很赞同，说："是这个道理！多少年了，天下无休无止的战争，老百姓饱经苦难，祸根就是那些诸侯。如今，刚刚平定了天下，又要设立诸侯，不是重蹈覆辙吗？那样的话，想要社会安宁就不容易了，我赞同李斯的意见。"

始皇把全国分成36个郡县，每个郡都设立郡守、郡尉、监御史，把百姓改名为"黔首"；他又派人搜集天下所有的兵器，运到咸阳，熔化后铸造成大钟和12个铜人，放置在宫廷中。秦始皇还统一度量衡，统一车辆的规格，统一文字。至此，秦朝的地域东到大海、辽东，西到临洮、羌中，南到北向户，北部以黄河为关塞，连接阴山山脉，直到辽东。秦始皇又清查全国，命12万富豪之家迁居咸阳，把各代的陵庙、章台宫和上林苑都设立在渭水南岸。秦国每消灭一个诸侯国，都要人仿照它原来的宫室画出图形，然后派人在咸阳的北坂地区仿建。他还让人在泾水、渭水的相接处建造天桥，在殿屋之间建造优美的环形长廊。并且把从各个诸侯国得到的美女、钟鼓等都安置在建成的宫殿中。秦始皇的治国大业就这样开始了。

蒙恬兄弟遇害

蒙恬和蒙毅两兄弟是秦国有名的大将，同时也是秦始皇最宠信的两个人。秦始皇在位时，蒙恬驻守边疆，抵御匈奴；蒙毅则在朝中做官，掌管国家大事。那个时候，秦国的上上下下，包括诸侯百官在内，没有一个人敢小看蒙氏兄弟的。

可是这两个为秦国立下汗马功劳的忠臣猛将，却在秦始皇死后不久就接连被杀，而害死这两个人的居然是一个宦官。那么害死蒙氏兄弟的宦官是谁？蒙氏兄弟又是怎么得罪这个人的呢？

原来，这个害死蒙氏兄弟的宦官就是秦朝最有名的奸臣赵高。赵高这个人虽然是个太监，却天生神力，而且还很好学，十分精通秦朝的律法。秦始皇听说后，就喜欢上了赵高，而且还赏给他个中车府令做。后来，秦始皇觉得赵高十分"可靠"，又让他教自己的儿子胡亥学习秦国的律法。这个赵高还真是八面玲珑，不出几天就把胡亥搞得晕头转向，让胡亥越来越宠信他。由于觉得自己有皇上和胡亥撑腰，赵高有些张狂起来。

有一次，赵高犯了法，秦始皇把他交给蒙毅处置。也许是蒙毅早就看不惯赵高的所作所为，所以马上判了赵高死刑。秦始皇知道后，并没有同意蒙毅的判决，反而放了赵高，并且还让他官复原职。原来，秦始皇这么做是有私心的，他认为赵高非常聪明，做事也很机警，所以舍不得杀他。赵高捡回了一条命，心里自然高兴。不过从那时起，他也开始怨恨蒙氏兄弟，总想找机会报复，只是蒙氏兄弟势力很大，又深得秦始皇宠信，所以一直没有机会下手。

始皇帝三十七年（公元前210年），秦始皇出外巡游，没想到在半路上病倒了。因为秦始皇很忌讳谈论死，所以直到病危的时候才让赵高给公子扶苏写诏书，让他回来治丧，然后做自己的接班人。为了让自己能够永远地享受荣华富贵，赵高没有把诏书给扶苏送去，而是悄悄地藏了起来。

同年七月，秦始皇在沙丘平台（今河北广宗县西北）驾崩。为了防止天下大乱，丞相李斯秘不发丧，而是将秦始皇的尸体装进车里，偷偷地运回咸阳。路上，赵高突然来找李斯，说是有大事和他商量。李斯不知道赵高葫芦里卖的什么药，就忙问是什么事。

赵高看了看左右没人，就悄悄地说："如今皇上已经驾崩，他留给扶苏的诏书和符玺又都在胡亥手上。您想想，立谁为太子，还不是你我说了算？"

李斯听后大惊，说道："你……你怎么可以这么想呢？那可是会使天下大乱的啊！你身为臣子，怎么可以说出这种话来？"

赵高也不着急，笑了笑说："丞相先别着急，听我把话说完。我问您，您和蒙恬比起来谁更受扶苏宠信？您和蒙恬比起来谁更有才能？您和蒙恬比起来谁又更有谋略、功劳更大而且还任劳任怨呢？请您照实回答我。"

秦始皇陵陵园

李斯想了想，说："这……这我自然比不上蒙恬将军，可是……"

还没等李斯把话说完，赵高就说道："就是啊！您想，将来一旦扶苏做了皇上，那么丞相这个位置恐怕就不是您的了吧！我看您啊，终究还是不能怀揣着列侯的印玺风风光光地回归故里啊！"

说到这，赵高偷偷看了李斯一眼，发现他的脸色已经变得很难看。于是，他接着说："不过，胡亥一向忠厚仁慈，如果他做了皇上，一定会让天下太平。同时，您也会受到重用。怎么样？您还是好好考虑考虑吧！"

李斯听后，想了想，认为赵高说得有道理，于是就更改了诏书，改立胡亥为太子。同时，他们又伪造了一封假的诏书给扶苏，说他不思进取，没有能力，只会天天在那里想着做太子。另外，大将蒙恬也没有好好监督太子，反而参加谋反，所以让他们两个自杀谢罪。

扶苏接到诏书后，放声大哭，进了内室就想自杀。蒙恬却十分清醒，对扶苏说："先别着急，您想想，陛下一直在外巡游，从来没听说过立太

中国的县制起源

中国的县制最早可追溯到春秋时期，广泛应用于战国时期，至秦始皇时作为定制全面推行。春秋初期，秦、晋、楚等国已开始在边地设县，后逐渐在内地推行，其长官可以世袭，这有别于以后的县制。春秋中期以后，设县的国家增多，有的在内地也设置了县，县开始成为地方行政组织。春秋末期，有的国家又在边远地区设置了郡。这时的郡，虽然面积比县大，但是由于偏僻荒凉、地广人稀，行政建制却比县低。战国时，郡所辖的地区逐渐繁荣，人口增多，于是在郡的下面分设了县，逐渐形成了郡统辖县的两级地方行政组织。至此，郡县制开始形成。秦统一六国后，把全国分为三十六郡，郡下辖若干县，县分大小，万户以上的县长官称县令，不满万户的县长官称县长。郡县由于直属中央，因而避免了春秋以来诸侯纷争的局面，有效抑制了地方割据，为以后历代沿用。

子的事情。如今我驻守边境，您在旁监督，这是多大的责任啊？怎么会说赐死就赐死呢？我看这一定是个阴谋。不如这样，我们给皇上写一封信，请求他收回圣旨。如果那时皇上还是坚持，我们再死也不迟。"

扶苏这时已经完全失去了理智，听不进任何劝告，哭着说："父亲让儿子去死，那是天经地义的，我还有什么好请求的啊？"说完，扶苏就自杀了。

这时，站在一旁的使者又催促蒙恬自杀，可是蒙恬就是不肯。没办法，使者只好缴了蒙恬的兵权，等待胡亥的新指示。胡亥听说扶苏已经死了，就想放了蒙恬。正巧，这时蒙毅也从外边出游回来。赵高趁机对胡亥说："有件事您不知道，其实您父亲早就想立您为太子。可是那个蒙毅老是劝谏，说您根本不是当太子的料。如今他回来了，不如斩草除根，把他杀了。"于是，胡亥就把蒙毅囚禁起来。

秦始皇安葬以后，胡亥打算杀掉蒙毅。他的侄子子婴劝他不要杀害功臣。可是，胡亥这时只听得进赵高的话，就先把蒙毅杀害了。蒙恬听到消息后，也服毒自杀了。

陈胜吴广起义

秦二世元年（公元前209年），秦国从阳城（今河南登封东南）征发900名百姓前往渔阳（今北京市密云西南）驻守，阳城人陈胜和阳夏（今河南太康县）人吴广被选为这些人的队长。

当时正好是七月，这900人走到大泽乡的时候（今安徽宿州东南），正好赶上天降暴雨，道路被雨水冲刷得不能前行，没办法他们只好在当地停留，等待雨停。

可是老天似乎在捉弄他们，暴雨一连下了几天，丝毫没有要停下来的意思。照这种情形下去，肯定是不可能按照规定的时间到达渔阳了。秦朝的法律是非常严格的，不管什么原因，只要延误了期限，一律斩首。

900名百姓心中清楚，不管怎么样，都是必死无疑了。因此，他们更加怨恨起秦朝的暴虐。这时，陈胜和吴广两个人趁机杀掉了押送他们的两个将尉，然后把那900人召集到一起，对他们说："相信大家都知道，我们如今已经延误了期限，按照秦朝的法律，我们都会掉脑袋的。退一步讲，就算朝廷这次发了善心，老天爷保佑了我们，我们赶到渔阳的时候没有被杀头，可那又怎么样呢？结果还不是一样要死，有几个驻守边疆的人能活着回来呢？"

那些被征发的人听完他们的话后，也都表示赞同。陈胜见他的话起了作用，接着说："我们都是热血男儿，大丈夫不应该怕死，就算死也要死得有价值，也要为我们崇高的目标而死。大家想想，我们因为没有生在那些有权有势的人家，所以才会遭受这样的苦难。难道那些所谓王侯将相，他们生下来就已经注定了吗？我们一样可以通过自己的努力，变得和他们一样。"

陈胜、吴广起义示意图

陈胜的一番话说得那些百姓们热血沸腾，他们纷纷表示，愿意和陈胜吴广一起起义，推翻秦朝的统治。于是，陈胜和吴广就假借公子扶苏和楚国的大将军项燕的名号，自己号称"大楚"。同时，陈胜还把自己立为将军，把吴广封为都尉，就这样，中国历史上第一次农民起义开始了。

很快，大泽乡就被起义军攻克，更多人加入了起义军。然后，陈胜带领起义军又杀向蕲县，结果蕲县也很快就被起义军攻占。紧接着，陈胜命令葛婴带领一部分人马，沿着蕲县以东，接连攻下了铚、酂、苦、柘、谯等城池。在起义军的号召下，很多人归附了起义军。当起义军杀到陈县（今安徽淮阳）时，已经拥有战车六七百辆，战马1000多匹，士兵几万余人了。

在攻打陈县的时候，起义军并没有费多大力，因为陈县的郡守和郡尉都不在，只有郡丞带着人在谯门苦苦地死守。区区一个郡丞，怎么能抵挡住越战越勇的起义军呢？很快，陈胜就带人攻下了陈县，并把那里作为根据地。

这时，有两个人来拜见陈胜，一个叫张耳，一个叫陈馀。陈胜询问他们的来历，二人回答说，他们原来是魏国国都大梁人，两个人因为脾气相投，所以结成了生死之交。秦国灭了魏国以后，曾花重金聘请他们，为了躲避秦朝的骚扰，张耳和陈馀两个人就隐姓埋名，来到了陈县，甘心在这里做一个守城门的小官。

陈胜听完两个人的叙述后，十分高兴，就把他们收留下来。几天后，陈县的百姓们向陈胜联名上书，表示愿意拥护陈胜自立为楚王。陈胜拿不定主意，就征询张耳和陈馀的意见。

两个人想了想，回答说："我们认为这件事不能答应。那秦国专横无道，依靠消灭其他国家来强大自己，而且对自己的百姓又十分残暴，搞得天下大乱，人心惶惶。如今您为了让天下百姓过上幸福的生活，脱离秦国的暴政，不惜冒着死亡的威胁，带领百姓起义，反抗秦国的统治，天下人是会万分感谢您的。可是，您还没有推翻秦国，却自己在陈县称王，天下人岂不是会认为您起义只是为了一己私利吗？"

陈胜听后很不高兴，不过他也没有说什么，而是继续听两个人说。张耳和陈馀见陈胜没反对，还以为同意了他们两个的说法，就接着说道："现在您应该做的不是称王，而是赶紧带领部队向西进攻。同时，为了瓦解秦国，给我们的队伍增添几分力量，您应该派人去找六国的那些后人，让他们和您一道反抗秦国的统治。您想，如果多一个人帮助您，那么秦国就多一个敌人；秦国多一个敌人，那么我们就多一个朋友。到了那时候，您就可以很轻松地推翻秦国了，等到占领咸阳以后，您再号召那些诸侯一起帮助您复国。诸侯们一个个感激您的恩情，还会不听从您的安排吗？"本来，张耳和陈馀的这一番话都是为了陈胜好，可是陈胜就是听不进去。相反，他答应陈县百姓的要求，自立为王，号称"张楚"。

刘邦起兵

秦朝末年，百姓们因为忍受不了秦朝的暴政，所以纷纷起来反抗。一时间，各地出现了很多起义军。这些起义军的首领有的是以前六国的贵族，有的是普通的平民百姓，总之是什么样的人都有。其中，有一个姓刘的"市井无赖"也趁机在沛县（今江苏省沛县）起兵，他就是后来的汉高祖刘邦。

小时候的刘邦非常懒，不愿意和父母兄弟一起下地干活，经常说自己胸怀大志，是不能干那些养家糊口的粗活的。不过刘邦这个人也有优点，别看他是个无赖，但是对人却很好，做起什么事来也不那么死板、严苛。虽然他家里没什么钱，但是却喜好施舍财物，而且心胸宽阔，做事不拘小节，因此很招人喜欢。

刘邦长大以后，在泗水（沛县境内的一条河）谋了个亭长的差事，平日里没什么事可干。有一个单父（今山东单县南）人名叫吕公，非常会给人相面。他见到刘邦以后，觉得这个人长相太奇特了，将来一定会大富大贵，所以就把女儿嫁给了他。

有一次，身为亭长的刘邦按照上级的指示押送沛县的一些刑徒赶往骊山（今陕西临潼区东南骊山）。没想到，很多刑徒在半路上都逃走了。刘邦心里想："这可怎么办才好啊？已经跑了这么多人了，恐怕到了骊山以后，就剩不了几个人了。唉！反正怎么着都是一死，还不如在死前快活一番呢！"

就这样，刘邦带领着剩下的刑徒在丰地（今陕西沣水西岸）西面一个沼泽中的亭子停了下来喝酒。这酒一直喝到晚上，刘邦越喝越生气，越喝越失落，心想："这叫什么世道啊！老子带人去骊山，没到呢人就走光了。这样的话，即使交了差事，恐怕我的小命也保不住了，还不如做个顺水人情。"

想到这，刘邦把剩下的刑徒全部放了，并且对他们说："快走吧，你们都走吧！别去骊山那个地方送死了，赶快自己逃命去吧！你们走后，我也要开始逃亡的生活了。"

刑徒们一听非常

泗水亭
此亭在今江苏省沛县，据《沛县志》记载，汉高祖刘邦曾做过泗水亭长。

惊讶，有些人想都没想就赶紧逃走了。可是，在这些刑徒中，也有十几个年轻人不愿意扔下刘邦一个人，不愿意离开刘邦，发誓要跟随他。刘邦点了点头，说："好兄弟，我们以后就同甘共苦了！现在天色也不早了，赶紧逃命吧！"

刘邦借着酒劲，想要在晚上穿过沼泽。突然，前面几个人惊慌失措地跑了回来，说是有一条大蛇挡在路中央。刘邦生气地说："亏你们还自称是英雄好汉，大丈夫连死都不怕，难道还怕一条蛇吗？"说完之后他提着剑就把蛇砍死了，带着手下人继续赶路。

于是，刘邦就带领着手下人在芒砀山隐藏起来，秘密起义，他的队伍也逐渐壮大了。

后来，陈胜吴广在大泽乡起义，全国很多地方都想归顺，沛县的县令也想以沛县为根据地，响应陈胜。而县掾萧何和主吏曹参对县令说："这件事还是从长计议，您身为秦国的官吏，如今想要带领百姓背叛秦朝，恐怕理由站不住脚，得不到人们的响应！"

县令点了点头说："你们二人说得很有道理，那你们就出个主意吧！"

萧何和曹参又说："不如这样，您征召那些在外逃亡的人，我们估计最少也能得到几百人吧！之后，用这些人胁迫沛县的百姓，让他们跟着您一起造反，到时候他们就不敢不听了！"

县令说："就照你们的主意去办。"接着，县令把樊哙找来，让他去找刘邦。

很快，刘邦就来到了沛县。这时的刘邦已经不是以前的"穷酸相"了，手下已经有几百人了。县令一看刘邦手下的人个个都跟凶神恶煞似的，害怕他会杀了自己，所以就把城门关了起来，想杀了萧何、曹参。萧何、曹参知道后非常害怕，就连夜跳出城墙，投奔了刘邦。刘邦接受萧何、曹参的建议，给沛县的百姓写了一封信，然后射到城内。信中陈述了各种利害关系，最后沛县百姓们一起杀掉了县令，迎接刘邦入城，并立他做了沛公。就这样，刘邦在沛县正式起义，人马也壮大到了3000多人。

巨鹿之战

秦二世二年（公元前208年），秦国派出大批人马攻打各地的起义军。秦国大将王离带领大军包围了赵王和张耳驻守的巨鹿（河北平乡西南之平乡镇）。第二年，秦国的援兵赶到，秦国大将章邯把军用的通道一直修到了黄河，这下王离部队的军粮可就充足了。王离非常高兴，下令加紧攻打巨鹿。

王离的士兵是吃饱了，巨鹿城内的士兵们可就惨了。秦军已经包围巨鹿城几个月了，打也打不退，逃也逃不了。现在，粮食已经吃得差不多了，再加上连续作战，城内的士兵人数也已经不足了。张耳实在坚持不住了，就派人去陈馀那里搬救兵。可是，陈馀认为，自己的兵力也不是很充足，就算赶过去也救不了巨鹿，所以尽管张耳多次派人求救，他就是一兵不发。

几个月过去了，张耳再也受不了了，就派张黡、陈泽前往陈馀那里兴师问罪。张黡、陈泽见了陈馀后，对他说："我们将军说，你和他是生死之交，难道就一点儿也不顾旧情吗？现在赵王和将军随时都有可能丢掉性命，你手中掌管着几万大军，为什么不肯出兵救援呢？当初那些同生共死的誓言到哪里去了？不管能不能

秦代军队的平时编制

步兵的编制分为六级，即：五人为伍，二伍为什，五什为屯，二屯为百，五百人，一千人。前五级分设一人为长，第六级设"二五百主"也称"千人"，已属中级军官。骑兵的编制，很可能是四骑一组，三组一列，九列一百零八骑为一队，并能属战车六乘。车兵的编制，没有步兵配合时，每八乘为一偏（即一行），二偏为一组，四组为一队；有步兵配属时，则以兵车一乘、甲士三人、步卒八人为一个基本单位，六乘为一组，十八乘加指挥车一乘为一队。

打败秦军，你都应该发兵。即使全部战死又怎么样呢？那也是遵守了当初的誓言。更何况未必一定会输给秦国。"

陈馀听后，摇了摇头，说道："你们将军错怪我了，我不会忘记当初的誓言。据我估计，即使我把所有的士兵都带上，也一样救不了巨鹿的赵军。既然这样，何必让那些士兵白白送死呢？我之所以不发兵，是想留着我这条命，将来好为你们将军和赵王报仇。真不明白，他怎么能说出这样的话。你们想想，我带兵去和他同生共死，那不等于是把肉往老虎的嘴里送吗？"

其实，陈馀说得也是有一定道理的，可是张黡、陈泽这时根本就听不进去，非逼着他发兵不可。没办法，陈馀只好给了他们5000人，让他们试着和秦军拼一下。果然不出陈馀所料，这5000人是"肉包子打狗"，还没怎么样呢，就被秦军全部消灭了。

正在这危急的时刻，齐国和燕国也接到张耳的求救信，带领援兵赶到了巨鹿。此外，张耳的儿子张敖也带领一万多士兵赶来营救父亲。可

巨鹿之战示意图

是，当他们到达离巨鹿不远的地方时，一下子就被秦军庞大的阵势吓坏了。那些带兵的将领，也包括张耳的儿子张敖，你看看我，我看看你，谁也不敢出兵攻打秦军。碍于情面，这些人只好装装样子，把军营扎在巨鹿附近，全都等着别人先出兵。

这时，楚国也接到了张耳的求救信。不过，楚国的上将军宋义怕惹火上身，说什么也不出兵。楚国的另一位将军项羽知道后，一怒之下就杀了宋义，请求楚怀王让自己前去救赵国。楚怀王答应了他的请求，并且任命他为上将军。项羽的这一壮举传遍了楚国，楚国上上下下都在称赞项羽。

项羽首先挑选了两万精兵，让当阳君和薄将军带领他们作为先锋，先渡过黄河去解救赵国，自己则带领大队人马随后赶到。当阳君和薄将军到达巨鹿之后，马上和秦军展开了较量。虽然楚军只有二万人，可还是给秦军来了个不小的打击。章邯当初辛辛苦苦修建的运粮通道，如今也被楚军切断。这样一来，王离的部队就和其他国家的部队一样缺吃短粮。

几天后，项羽的大部队也渡过了黄河。项羽想："虽然我的部队不少，可是和秦国的军队相比还是差很多。更何况，其他国家的将领一个个都贪生怕死，他们肯定不愿意和我一起攻打秦国军队。现在想战胜秦

118

军只有一个办法，那就是让我的士兵抱着必死的决心，以一当十。"

想到这，项羽下达命令，让士兵们把所有的船全部凿沉。士兵们一个个都傻了眼，不知道项将军要干什么。让人惊讶的还在后面呢，船全被凿沉后，项羽又命令士兵们把随身携带的锅全部砸烂，把营房全部烧毁，而且每个人只能带够三天吃的干粮。然后，项羽带着楚国的敢死队与秦军展开了战斗。

试想一下，楚国的军队如今已经是没有退路了，士兵们如果在三天之内攻不破秦军，那么他们不战死也要饿死。因此，楚国的军队斗志昂扬，士气大振，一下子就把秦国军队打败了。结果，秦国的将军苏角被杀，主将王离也成了楚国的俘虏。只有一个叫涉间的人，死活不肯投降，最后自焚而死。

这一战不仅重创了秦军，同时也使其他诸侯国受到了震撼。当项羽带兵攻打秦军时，其他国家的将领都在旁边观战。他们看见楚国士兵个个以一当十，喊杀声震撼天地，早就吓得心凉了半截。打败秦军之后，项羽在巨鹿召见其他诸侯国的将领。这帮人一个个提心吊胆，心中害怕，在穿过辕门的时候，全都跪下前进，没有一个敢抬头的。

巨鹿之战后，项羽不仅是楚国的上将军，而且也成了诸侯国的上将军，各地的诸侯全都听从他的指挥。

秦二世之死

赵高害死李斯后，自己做了中丞相，朝中大权渐渐全都落入他手中。当时，各地都爆发了农民起义，很多人都起来反抗秦朝的暴政。本来这正是关系国家生死存亡的时候，可是赵高却对秦二世说："那些反贼不过是乌合之众罢了，成不了什么气候。"

秦二世三年（公元前207年），刘邦率领几万大军攻破了武关（今陕西商洛市商州区）。消息传到咸阳后，秦二世大发雷霆。赵高也知道这次自己闯了大祸，生怕皇上一怒之下结果了自己的小命，于是就推托说自己身染重病，不去上朝。

这天晚上，秦二世梦见自己坐着马车出外巡游。突然，不知从哪里窜出一只白色的猛虎，张着血盆大口，把自己座车左边的马给咬死了。第二天早晨，秦二世找来了会占梦的人，让他给自己卜了一卦。

占梦人摇头晃脑地嘟囔了半天，然后对他说："皇上，这梦可是凶兆啊！从梦境中推断，应该是泾水在作怪。"

二世听完赶忙在望夷宫举行了一场斋戒仪式，同时把四匹白马投入了泾水中，希望通过祭奠来讨好泾水的神灵。同时，二世还认为，这次泾水神灵发怒，一定和赵高隐瞒叛贼的情况有关系，于是他又让人到赵高的府上传令，说是要处罚他。

赵高认为与其等死，不如先下手为强。于是，他找来了自己的弟弟赵成和女婿咸阳令阎乐，一起商量如何应对这场灾祸。

赵高对两个人说："皇上真是个忘恩负义的人，他也不想想，没有我他怎么能有今天。以前我就劝过他，说是现在全国很多地方都有反贼，让他别再吃喝玩乐，关心一下国家大事。可是他呢？根本就不听我的。现在战事紧迫了，他自己知道没法开脱，就想拿我开刀，把罪名全都加在我一个人身上。你们说是不是太可恶了？"

赵成和阎乐知道赵高是在给自己找理由，也不敢笑，只是一个劲地说对。赵高接着说："你们都看见了，子婴这个人是很有才能的，而且他平日比较节俭，百姓们也都爱戴他。我想不如把秦二世废掉，立子婴为皇上。你们觉得如何啊？"

赵成和阎乐听后，都表示赞同赵高的说法。就这样，一场新的宫廷政变拉开了序幕。

首先，赵高他们找到了郎中令（官职），让他在宫廷里做内应。郎中令按照赵高的吩咐，在宫中散布谣言，说是有一些很厉害的反贼

宇宙锋　年画

赵高欲害大臣匡洪，他得知二世赐予匡洪一口"宇宙锋"宝剑，便将女儿赵艳容嫁给匡洪之子匡扶以图盗剑刺杀二世，再嫁祸于匡洪。一天，胡亥夜幸赵府，见赵女貌美，想纳为妃子，赵女扯破衣衫，披发装疯，上殿大骂胡亥，二世无奈只得回宫。由此不难看出二世贪淫之性情。

混入到了宫中，然后命令阎乐召集百官，带领士兵进宫追捕，也好"勤王护驾"。

接着，赵高又派人把阎乐的母亲劫持到自己的府上，然后命令阎乐带兵杀进望夷宫。这下阎乐是没有了退路，自己的母亲在人家手上，怎么敢不听人家的安排呢？于是，阎乐带着1000多士兵，杀气腾腾地来到了望夷宫门口。

还没等守门的卫士明白过来，阎乐就下令把他们全部捆绑起来，并对他们说："现在有反贼潜入了望夷宫，你们这些废物为什么不阻止呢？"

卫士长十分委屈，辩解道："您说的是什么话？这望夷宫到处都设有哨卡，怎么会有反贼呢？"

谁管你真的有没有反贼啊？阎乐那么说只不过是找个借口罢了。阎乐二话不说，一刀就把卫士长杀死，然后带领士兵冲进了望夷宫。宫中的郎官和宦官们不知道发生了什么事，一个个都吓得惊慌失措。阎乐也不管那么多，一边冲一边朝那些郎官和宦官射箭，射死了几十人。最后，阎乐和郎中令冲进了寝宫，命人用箭射秦二世睡觉的帷帐。

此时的秦二世早已吓破了胆，大声命令身边的侍卫保护自己。可是侍卫们一个个也都很害怕，没有一个上前动手的。秦二世跑进内殿的时候，身边就只剩下一个宦官了。二世对他说："都是你们害了朕，怎么不早点告诉我呢？"

宦官回答说："正是因为我没说才能保住这条小命啊！"

这时，阎乐走到二世的面前，对他说："你残暴不仁，滥杀无辜，如今天下人都起来反对你，你还是等死吧！"

秦二世请求见赵高一面，可是阎乐没有答应他的请求。为了活命，二世对阎乐说，自己甘愿做一个郡王、诸侯乃至草民。可是阎乐哪管这么多，根本不听。没办法，二世只好自杀。

政变成功了，赵高召集了百官，先是痛陈秦二世的罪过，然后又宣布由子婴接替胡亥。不过因为这时秦朝已经分裂，所以子婴只能是秦王，不能是皇帝。至于那个胡亥，赵高则将其以庶民的身份草草地埋葬了。

常言说"善恶有报"，就在同年的九月，子婴设计杀了赵高，连他的三族都没能幸免，这就是奸臣的下场。

你一定要知道的资治通鉴故事

汪阳 编

②

（全4册）

中国华侨出版社

·北京·

目 录

汉 纪

汉朝是中国历史上继短暂的秦朝之后出现的朝代，分为西汉（公元前206～公元8年）与东汉（公元25～220年）两个历史时期。

西汉为汉高祖刘邦所建立，建都长安；东汉为汉光武帝刘秀所建立，建都洛阳。其间曾有王莽篡汉自立的短暂新朝（公元9～23年）和更始帝刘玄的玄汉（公元23～25年）。

高祖至文景时期，汉朝的经济实力不断上升，到了汉武帝时期，汉朝已经成为当时世界上最强大的帝国。张骞出使西域开辟了著名的"丝绸之路"，开通了东西方贸易的通道，中国从此成为世界贸易体系的中心。武帝时期设置太学，是中国古代第一所大学。东汉时期，为纠正察举荐人之滥，开始注重考试。汉朝也是宗教蓬勃发展的时期，佛教在东汉明帝时期传入中国，道教也是在东汉时期形成的。

鸿门宴

当初，楚怀王答应项羽和刘邦，谁先占领关中，谁就可以在关中称王。刘邦抢先一步进入了关中，自然想要在关中称王。可是项羽也不是省油的灯，约定归约定，归根结底还是实力决定一切。当项羽从刘邦军中的叛徒左司马曹无伤那里得知这个消息之后，气得火冒三丈，马上准备攻打刘邦。

当时的情况对刘邦来说是很不利的，因为项羽当时拥有的兵力是40万，而刘邦仅有10万。如果项羽真的发兵的话，恐怕刘邦就只有等死的份儿了。项羽身边的谋士范增对他说："想当初刘邦在崤山以东的时候，既贪财又好色，可自从他入关之后，金银财宝没动，歌姬美女没要，我看他一定是图谋不轨。将军，如果不趁他还没强大的时候消灭他，恐怕以后会生出祸端啊！"

项羽听后觉得有理，更加坚定了攻打刘邦的决心。不过，刘邦军中出了叛徒，项羽的军队也不干净，而且项羽军中的叛徒不是别人，正是他的亲叔叔项伯。原来，这个项伯曾经杀过人，是张良救了他。如今张良跟随了刘邦，那么一旦项羽攻打刘邦，张良也难逃一死。为了报恩，项伯连夜赶到了刘邦的大营，把这个消息告诉了张良。

张良听后，没有答应和他一起逃走，而是把项伯引荐给了刘邦。刘邦听说以后，魂儿都吓没了，赶忙讨好项伯，又是敬酒，又是要和他结成亲家。项伯被刘邦恭维得不知道如何是好，自然答应帮助刘邦脱离难关。

项伯回到军营后，对项羽说："是谁说过刘邦想要在关中称王了？简直是造谣。刘邦之所以把军队驻扎在灞上，实际上一直是在等你来啊。你想想，如果他不先把关中打下来，你能这么容易地进来吗？他是个有功的人，你怎么能杀他呢？咱们可不能做那种不仁不义的事啊！"

项羽听后，也觉得有道理，就答应了项伯的请求。

第二天一大早，按照前一天晚上的约定，刘邦带着张良、樊哙和100多名士兵来到鸿门（今陕西临潼东），拜见项羽。刘邦一见项羽，马上装出一副可怜巴巴的样子，说道："项将军真是误会我了！我们一起攻打秦国，您在黄河以北作战，我在黄河以南作战，说实话我从来没想到自己会首先攻入关中。我希望您不要生气，不要误听了小人的谗言啊！"

项羽听后点了点头，对刘邦说："这件事也不能怪我，都是你的左

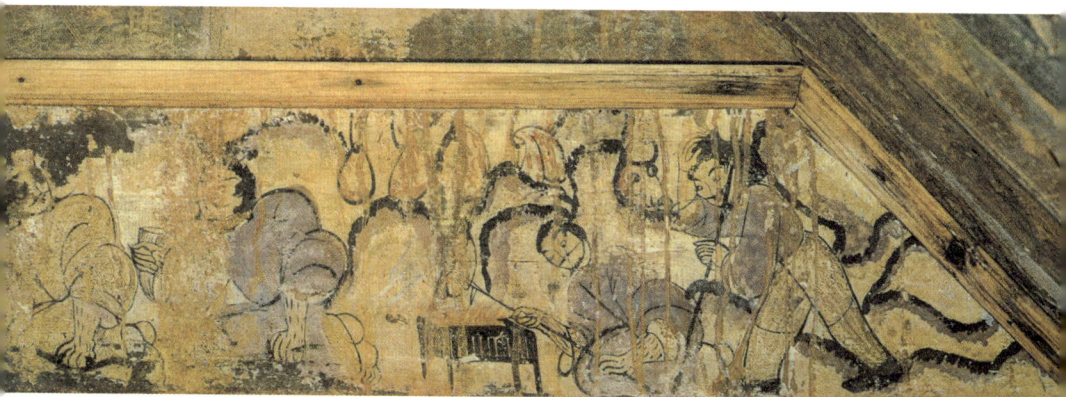

鸿门宴壁画　汉

003

司马曹无伤向我告的密！你想，如果不是你的人告诉我，说你想称王，我又怎么会知道呢？好了，事情已经过去了！来，我们一起喝几杯。"刘邦连忙点头称是，心中却在大骂曹无伤。

酒席宴间，范增几次给项羽使眼色，后来干脆三次拿起自己身上带的玉佩给项羽看，希望项羽明白自己的意思，赶紧把刘邦杀了。可是项羽就像没看见一样，根本不理范增。没办法，范增走出营帐，找来了将军项庄，对他说："项王太心慈手软了，不忍心杀掉刘邦。这样，你现在进去，先给刘邦敬酒，再提出舞剑助兴。之后，找机会一剑杀了刘邦。"项庄点了点头，走进了帐内。

项庄按照范增的吩咐，在酒宴上舞起了剑。项伯一见事情不妙，就赶忙也站起来舞剑，用身体护住了刘邦。这时，张良悄悄走了出去，对守在帐外的樊哙说："项庄这小子没安好心，虽然他在那里舞剑，可是我看得出来，他的心思全在沛公身上。"

樊哙一听就急了，说道："什么？就是说沛公现在有生命危险了？不行！我一定要进去和项庄拼命。"说完，樊哙一手拿着剑，一手举着盾，直接就往大帐里闯。这时，守卫见一个壮汉不分青红皂白，直接就想往里闯，马上就想拦住他。樊哙不管那么多，把盾牌一侧，直接就把守卫撞倒在地。

项羽见突然闯进一个壮汉，而且还杀气腾腾地看着自己，警惕地握着剑柄问："你是谁？想干什么？"

张良赶紧说："这个人是沛公的参乘樊哙。"

项羽点了点头，说道："真是一个壮士啊！来人，赐给他一杯酒。"

樊哙接过酒后，一口就喝了下去。

项羽又说："来人啊！赐给他一个猪腿。"

樊哙把猪腿放在盾牌上，拔出剑来切下肉吃了。

项羽又问："壮士还能再喝酒吗？"

樊哙笑了笑，说："大丈夫死都不怕，难道还怕喝酒？"接着，樊哙就说项羽听信谗言，不但不奖励有功的刘邦，反而要杀他。项羽被问得没话说，只好让樊哙坐了下来。

一会儿，刘邦假装起身上厕所，对樊哙说："我现在想逃跑，可是又没有告辞，这可怎么办？"

樊哙对刘邦说："沛公真是糊涂，现在人家是快刀和案板，我们就是鱼肉。命都要没了，还告什么辞啊？"

刘邦听后连忙点头，自己骑着一匹马，带着樊哙等四个人抄小道回到了灞上。这时，张良估计刘邦已经回营了，就走进营帐对项羽说："实在抱歉，沛公因为怕您责备他，所以就先走一步了！"说完，张良把白璧送给了项羽，把大玉杯送给了范增。

项羽没多想，接过了张良的白璧。范增则一剑把玉杯击碎，说道："项羽不是个成大事的人，将来夺取天下的一定是刘邦。"

刘邦起用韩信

韩信是刘邦手下最有名的大将，不过在最初，他却是一个生活在淮阴（今江苏淮阴西南）地区跟着别人吃闲饭的人。韩信家境贫寒，又没有好的口碑，所以一直也没有人举荐他做官，那个时候的他走到哪里都惹人讨厌。

有一次，韩信在城墙底下钓鱼，有一个在水边洗衣服的妇人见他饿得不行了，就给了他口饭吃。韩信非常感激妇人，对她说："大嫂，如果我以后发达了，一定会好好报答你的。"

这妇人听完后反而非常生气，说道："我是可怜你才帮你的，身为大丈夫你连自己都养活不了，还说什么报答我？"

当时，在淮阴地区有一个屠夫，很瞧不起韩信。有一次，屠夫对韩信说："别看你长得人高马大，其实是个胆小鬼。如果你真的不怕死，就用你的剑刺死我；要是怕死的话，就从我的胯下钻过去。"韩信看了看，一句话也没有说，乖乖地从屠夫的胯下钻了过去。

就是这样一个懦弱贫贱的人，却为刘邦打下了整个天下。不过，最初的时候韩信并没有去投奔刘邦，而是去投奔了项羽。虽然他多次给项羽献策，可是项羽并没有采纳。韩信心想："看来项羽是个刚愎自用的人，将来天下肯定会被刘邦夺走，我不如去投奔刘邦。"就这样，当刘邦的部队开进汉中时，韩信就投靠了刘邦。

在他投靠刘邦初期，并没有得到刘邦的赏识。后来，虽然他的才华被滕公夏侯婴发现，并特意举荐给刘邦，可是刘邦依然没有重用他，只给了他个治粟都尉的小官做。韩信当时虽然很失望，但还是忍气吞声地接受了。这时，一个对韩信命运产生很大影响的人出现了，他就是萧何。

萧何早就开始注意韩信了，也和他谈过几次话。通过谈话，萧何认为韩信绝对是大将之才，是一般人所不能比的。刘邦的军队到达南郑时，军队中有很多人因为想家而逃走。韩信见到这种情况，觉得自己再留在这里也不会受到重用，所以就跟着其他人逃走了。萧何听说韩信逃走之后，也顾不上请示刘邦，马上出营追赶韩信。

韩信铜像

这时，有人把萧何"逃跑"的事情告诉了刘邦。刘邦听后雷霆大怒，大骂萧何无情无义，是个小人。然而刘邦没有想到，"逃走"的萧何过了几天后又回来了，而且还带回来一个自己没什么印象的小官韩信。

刘邦见萧何回来了，心里自然是非常高兴，可是表面上却装出一副很生气的样子，说道："萧丞相，我一向对你非常好，也很相信你。可你怎么也和其他人一样逃走了呢？"

萧何也不着急，回答说："汉王您说错了，我怎么会逃走呢？我怎么敢逃走呢？我之所以离开军营，是为了追赶那个逃走的人啊。"

刘邦听后非常好奇，问道："哦？是什么人值得萧丞相你亲自追赶呢？"

萧何说道："就是一个年轻人，他叫韩信。"

刘邦听后马上骂道："胡说八道，我们军中逃跑的将领有几十个，你为什么偏偏去追这个没用的人呢？"

萧何听后笑了笑，说："我知道我们已经有很多将领逃跑了，不过那些人都是无用的人。韩信非常懂得用兵打仗，这样的人才是独一无二的。如果您只是想在汉中称王的话，那么我现在就赶走韩信，然后把那些逃走的将领给您追回来。可是如果您想要得到天下的话，恐怕除了韩信，就没有别人能帮您了！"

刘邦听后半信半疑，说道："现在我们就面临很大的问题，我想要向东行进，待在这里总不是办法。"

萧何说道："好的，您现在马上起用韩信，一切问题就都解决了。可是如果您不重用他，他还是会逃走的。"

刘邦想了想，说："好，就相信他一次，封他为将军。"

萧何摇了摇头，说："不行，这不能满足他，他迟早还会逃走。"

刘邦咬了咬牙说："好！那就封他为大将军。"

萧何高兴地说："太好了，汉王您终于想通了。"

刘邦就想派人把韩信召来,好赐给他官职。可是萧何又说:"您如果想要得到天下,想要得到韩信这个人才,就不能像以前那样。您对别人一向没有礼貌,如今任命的是我们军队的大将军,怎么可以像小孩过家家那样呢?"

刘邦有点不耐烦地说:"那你说应该怎么办?"

萧何也不管他,继续说:"您必须先选吉日,然后以隆重的仪式接待他。只有这样,才能让韩信为您效劳。"

刘邦想了想,答应了萧何。就这样,韩信终于实现了自己的抱负,成了刘邦军队的大将军。刘邦通过和韩信的对话发现,这个人果然不同凡响。他不仅懂得用兵打仗,而且对天下的局势也有很独到的见解。刘邦非常高兴,后悔自己没有早用韩信。

井陉之战

汉高祖三年(公元前204年),刘邦派韩信和张耳率领几万士兵向东攻打当时的赵国。赵王知道消息后慌了神,马上召见成安君陈馀商量对策。最后,赵王派出很多人马驻扎在井陉(今河北井陉东)。为了给自己壮胆,吓唬韩信和张耳,赵国自称拥有20万大军。

战斗还没开始前,双方都在商议对策。赵王的广武君李左车给成安君献策说:"韩信和张耳都是有名的将领,非常懂得用兵打仗。这次他们又是乘胜追击(韩信和张耳刚刚领兵打败了魏国),恐怕他们军队的士气正是高涨的时候啊!"

陈馀听后点了点头,说:"那么你看我应该怎么办呢?"

李左车回答说:"我听说打仗的时候如果从千里之外给部队运送粮草,那么士兵就会经常挨饿;如果临时捡柴烧火做饭,那么士兵们就会吃不饱。如今,韩信和张耳远道而来,而且我们驻守的井陉的道路又十分狭窄，车辆和马匹无法通过，所以我敢断定，韩信部队的粮草一定是在大后方。"

陈馀认为李左车说得有理，对他说："你分析得很对，那么我们该怎么办呢？"

李左车说："请您给我三万士兵，让我从小路包抄，切断他们输送粮食的通道，然后您不和他们作战，坚守不出。我想，不出十天，我一定可以把韩信的人头献到您的面前。可是如果我们不这么做，恐怕都会成为韩信的俘虏啊！"

韩信像

韩信，淮阴人，我国历史上著名的军事家。在整个楚汉战争中韩信发挥了卓越的军事才能，为汉王朝的建立作出了重要贡献，他的用兵之道也为后世兵家所推崇。

没想到，陈馀听完后大发雷霆："就算是死，我也不会用这样卑鄙的诡计。我们是义兵，怎么可以这样呢？韩信远道赶来，肯定是人马疲惫，我们怎么可以坚守不出呢？诸侯们一定会说我们赵国是懦夫的。"

李左车见陈馀决心已定，也就不好再说什么。当这个消息传到韩信耳朵里时，可把韩信高兴坏了。他马上命令大军全速前进，一直走到距离井陉三十多里的地方才停了下来。

半夜的时候，韩信从军队中挑选出了2000名精锐的骑兵，给他们每人发了一面代表汉军的红旗，对他们说："你们不要和大军一起前进，而是单独从小路包抄上去，然后隐蔽起来观察赵军的动静。注意，当我们和赵军交战的时候，他们肯定会派出全部的人马。到那时，你们就趁机冲进去，然后把我们的红旗插满赵军的营地。"

接着，韩信又让人给士兵们发了食物，对他们说："大家吃完后马上出发，明天就是我们打败赵军的时候。等打完仗，我一定好好犒劳大家。"

将士们听后嘴上虽然说好，可心里却想："什么啊？好像一定能赢似的，人家可是有20万啊！"

韩信装作没察觉，继续说道："如今赵军抢先占领了有利地形，他们看不见我的旗鼓是不会出动全部的兵力进攻我们先行部队的。因为我是主将，他们的目标就是我。"说完后，韩信挑选了一万人，带着他们来到一条大河旁，背对着大河布下了作战的阵型。

赵国的军队知道后，一个个笑得前仰后合，陈馀更是大笑说："都说韩信用兵如神，我看也不过如此。他居然背水扎营，如果我们进攻他们，汉军还有退路吗？"李左车听到后，苦笑了几声，摇了摇头，什么也没说。

天刚蒙蒙亮，韩信的大营中就传来了一片喊杀声。韩信打着大旗，带领着人马，杀向了赵军。赵军一看韩信自己"找死"，马上派兵迎战。双方激战了很久，韩信命令部队假装战败，丢盔卸甲地往河边的军营逃。赵军一看汉军这么"不堪一击"，马上派出全部的军队追击汉军。

不过，那些原本"无能"的汉军却一下子变得非常勇猛，拼死抵抗赵军的进攻。结果，赵军打了半天也没有攻下来。双方陷入了僵局。

这时，另外2000名士兵看准时机，待赵国军队全部出营后，马上冲进他们的营寨，拔掉了赵国的旗帜，换上了汉军的旗帜。而赵军见打了半天也没能攻下来，就想先回营。可还没到营地，就看见自己大营中到处都是汉军的旗帜。这下赵军可乱了套，他们以为自己的将军已经被汉军俘虏了，一时间乱成一团，毫无士气，东奔西蹿。陈馀大怒，下令说："跑什么跑？我还没死呢。传令下去，有谁再敢逃跑一律杀头。"

可是失去了斗志的赵国士兵依然是四散奔逃。最后，汉军彻底地打败了赵军，而且还杀了陈馀，活捉了赵王。

该到庆功的时候了，将士们非常高兴，对韩信说："大将军，我们真没想到这次战斗可以打赢。我们不明白，兵书上不是说，大营的右边和背后应该靠着山，左边和前边可以靠着水，可是您却让我们背着水扎营，而且在战斗前您就非常有自信一定能打赢这场仗。开始的时候我们都不相信，可是现在居然真的打赢了，您快告诉我们这是怎么回事啊？"

韩信笑了笑说："其实这一招兵书上也写过，只不过你们读书的时候没注意罢了，不是有'置之死地而后生'这句话吗？我们的部队，都是没有经过严格训练的士兵，要想让他们发挥自己的极限，就必须把他们逼上绝路，那样的话他们就会拼死作战了。如果给他们一线生机，他们还会那么卖命作战吗？"

众将听后都点了点头，心里十分佩服韩信。

楚河汉界

汉高祖四年（公元前203年），项羽带领大军攻打彭城（今江苏徐州），留下大将曹咎驻守成皋（今河南荥阳西北汜水镇）。临行前，项羽千叮咛万嘱咐，让曹咎不要与刘邦的军队作战。项羽走后，刘邦用计引诱曹咎出战，结果很快就占领了成皋。

项羽听说成皋被刘邦攻破，赶忙回来救援。随后，楚军与汉军在广武（今河南荥阳东北广武镇）对峙。几个月后，楚军的粮草越来越少，项羽怕支撑不住，就用刘邦的父亲刘太公威胁他。项羽对刘邦说："你这个无耻小人，赶快投降，不然我就要烹杀了刘太公。"

刘邦冷笑了一声，说："项王何必动那么大的肝火？想当初我和你一起在楚怀王那里做事，曾经结拜为兄弟，我的父亲也就是你的父亲。如果今天你非要烹杀父亲的话，请看在兄弟的分儿上，别忘了分给我一杯羹。"

项羽听后气得牙根痒痒，马上就想命人烹杀了刘太公。这时，项伯突然走了出来，对项羽说："项王且慢，现在天下大事还没有定数，您怎么能随便就杀了刘太公呢？况且刘邦是一个为了天下而舍弃家人的人，就算您杀了他父亲，对您也没有什么好处啊！"

项羽听后，对刘邦说："我暂时不杀你的父亲。现在天下所有人中，只有你和我才是真正的对手，那就让我们一决雌雄。这样的话，也可以让天下百姓免受战乱的痛苦了。"

刘邦听后笑道："项王，别白费心思了！我宁愿和你斗智，也不愿意和你比武。"

刘邦一席话气得项羽火冒三丈，从军中找出三个壮士在阵前叫骂。刘邦一看，就找来汉军中箭法最好的楼烦，一一解决掉了那三人。项羽一看急了眼，自己穿上盔甲，拿着兵器走到阵前挑战。楼烦赶忙拿起箭，想要射项羽。可是当他看到项羽生气的样子时，吓得又把手缩了回去，然后逃回了队伍不敢再出来。

刘邦不知道楼烦怎么了，就派人去打探。探子回报说，阵前的那个人是项羽。刘邦大惊，赶忙走到了阵前。项羽见刘邦出来了，就拿言语讥讽刘邦，想让他与自己决斗。刘邦眼睛一转，走到阵前，大声说：

楚汉相争示意图

"项羽，你说我刘邦是小人，我看你才是真正的小人。你不守当初的诺言，仅仅把我封在蜀汉地区做王，这是你的第一桩罪；巨鹿之战前，你假托怀王的命令，杀了主将宋义，这是你的第二桩罪；你虽然解救了赵国，但是却不向怀王禀报，反而趁机挟持各路诸侯入关，这是你的第三桩罪；你火烧秦朝皇宫，挖掘秦始皇的坟墓，然后把里面的金银财宝全部装进自己的腰包，这是你的第四桩罪；你杀了已经投降的子婴，这是你的第五桩罪；你残暴不仁，坑杀秦国降兵二十万，这是你的第六桩罪；你把好的地方封给自己的将领，把原来的诸侯赶走，这是你的第七桩罪；你背叛故主，把义帝（即楚怀王）赶出彭城，自己在那里建立国都，而且还夺了韩王、梁王的地盘，这是你的第八桩罪；你偷偷派人把义帝杀死在江南，这是你的第九桩罪；你对人不公平，做事不守信用，天下人是不会接受你的，你是个大逆不道的乱臣贼子，这是你的第十桩罪。项羽，你有这十桩罪，天下人都可以讨伐你。今天我刘邦带领仁义的军队，和诸侯们一起诛杀你这个小人败类、乱臣贼子。只要杀了你，就可以天下太平。"

项羽早就忍不住了，偷偷抽出一支箭来，直射刘邦。刘邦没留神，一下就被射中了胸口。刘邦心想："如果项羽知道射中了我的胸口，肯定会派兵打过来的。"于是，刘邦捂着脚说："这该死的项羽，射中我的脚指头了。"

就这样，刘邦强忍着疼痛回到了军营。这时，张良走过来说："汉王，还请您到军营中走一圈吧，就是再疼，也要忍耐啊！不然我们军队的士气就会低落，楚军就会趁机得胜啊！"刘邦明白张良的意思，只好装作没事的样子，在军营中巡视了一圈。

就在这时，传来战报，说是韩信已经顺利地攻下齐国。不光这样，韩信还用水淹的计谋打败了项羽派去援救齐国的龙且。

当时的楚军已经陷入孤立的局面，而且粮食也要吃完了。同时，韩信又带兵攻打楚军，项羽的处境越来越艰难。

这时，刘邦突然派使者来，说是请项羽放了刘太公。项羽趁机和刘邦讲和，把天下一分为二。其中，鸿沟以西的地方归刘邦所有，鸿沟以东的地方归项羽所有。就这样，楚汉对峙的局面形成了。

垓下之围

汉高祖五年（公元前202年）十二月，刘邦联合各个诸侯国一起攻打楚国。楚国的军队被汉军打败，项羽带领着很少的士兵来到了垓下。这时，项羽几乎成了"孤家寡人"，不仅身边的人马不多，而且粮食也马上就要吃完了。

这时，汉军和其他诸侯国的军队也把项羽包围起来。没办法，项羽只好命令士兵坚守不出。到了晚上，熟睡中的项羽突然听到外面有动静。他仔细一听，原来围在四面的汉军阵营里居然都唱起了楚国的歌。项羽大惊失色，道："怎么？难道说汉军已经把整个楚国全占领了？要不怎么会有这么多楚人在唱歌呢？我的霸业，我的复国梦想，全都破灭了。"

想到这，项羽从床上坐了起来，在大帐中喝起了酒。喝着喝着，项羽就哭了。主将一哭，旁边的侍从也跟着哭起来。项羽对他们说："现在楚国已经亡了，我们这些人不能坐以待毙。"于是，他带领着手下800多名英勇的骑兵，决定趁夜突围。

项羽成功了，他冲出了汉军的包围。天亮的时候，汉军发现项羽逃跑了，马上让灌婴带领5000名骑兵在后面追赶。项羽被追得走投无路，只好渡过淮河，而这时，留在项羽身边的士兵仅剩下了100多人。项羽到了阴陵（今安徽凤阳周圩西南）后，因为不熟悉地形，所以迷了路。项羽发现前面有个农夫，就向他问路，结果被刘邦手下大将假扮的农夫骗了，陷入了沼泽之中，所以汉军很快就追上了他。

没办法，项羽只好带着士兵再次向东突围，当冲到东城的时候，

张良吹箫破楚兵 年画

这是杨柳青年画中关于楚汉战争的描绘，生动再现了楚霸王兵败乌江的悲怆。

项羽的身边仅仅剩下28名士兵了。项羽向后看了看，发现追赶过来的汉军足有几千人，他仰天长啸说："自从我起兵到现在，已经有八年了。我带领着你们经历了70多次战斗，没有一次战败的，因此才能够称霸天下。可是今天我却被困在这里，这不是我的错啊，这是老天要亡我啊！"

说到这，项羽突然恶狠狠地说："我要带领你们冲出去，和他们痛痛快快地打一场。我要让你们知道，是老天要亡我，并不是我项羽无能，不会领兵打仗。"

说完后，项羽就把那28名骑兵分成了四队，让他们朝东南西北四个方向突围。这时，汉军渐渐逼近了，已经把他们包围了起来。项羽对骑兵们说："将士们，你们是我身边的勇士。我知道你们现在一定有些胆怯，那就让我来斩杀一名将领给你们壮胆。"

项羽命令骑兵开始突围，并和他们约定在山的东面会合。这时，项羽突然大吼一声，催动乌骓马，直冲向汉军。虽然项羽如今已经战败，但他毕竟是西楚霸王，汉军被这位勇猛的英雄冲散了，一名将领也被项羽杀死。

汉军的中郎骑杨喜见项羽冲了出去，就带领着部队追赶。就在马上要追上的时候，项羽突然回过头，睁大眼睛瞪着他，然后大声地斥责杨喜。结果，杨喜和他的人马都吃了一惊，被项羽吓得退避了好几里地。

项羽又一次逃过了劫难，那28名骑兵也都冲出了汉军的包围。于是，项羽和他手下的骑兵们在山的东面又一次会合了。这时，汉军不知道项羽的去向，就把部队分成三路，一点点地搜索。结果，刚刚脱离危险的项羽，又被汉军包围起来。

项羽带领着手下的骑兵，又一次冲进了汉军的包围圈。结果，汉军被杀死几十人，一名都尉也被杀死。项羽又把他的手下集合起来，发现这次突围仅仅死了两个人。

这时，乌江亭长已把船停在岸边等待项羽，因为项羽说要渡过乌江。亭长说："项王，快上船吧！江东的地方虽小，可是也有几千里土地、几十万百姓啊！您在那里照样可以做您的大王，照样可以复国啊！"

项羽摇了摇头，笑着说："这是老天要亡我，就算我过了江又有什么用呢？当年，我带领着江东八千名勇士渡江西征，如今却没有一个能够活下来的。就算我到了江东，父老乡亲们可怜我，依然让我做大王，可是我有什么脸面去见他们呢？就算他们嘴上不说，可我的心里觉得有愧啊！"

说到这，项羽命令所有人都下马，并把乌骓马送给了亭长，自己则手拿短兵器，和骑兵们一起冲向汉军。结果，项羽一人就杀掉了几十名汉军，可是他自己也身负重伤。

这时，汉军越来越多，逐渐把项羽包围起来。项羽看了看，汉军中有一个自己的老朋友，那就是骑司马吕马童。项羽笑了笑，对他说："我当是谁啊，原来是我的老朋友吕马童！"

吕马童低下了头，对旁边的中郎骑王翳说："这……这就是项王。"

项羽苦笑了一声，说道："我听说刘邦为了买我的人头，甘愿出千金而且还封万户侯。好，现在我就便宜你这个老朋友吧！"说完后，项羽就自刎而死。

田横自杀

韩信带领大军进攻齐国，刘邦的谋士郦食其就赶来游说齐王田广，让他放弃抵抗，投降刘邦。齐王觉得郦食其说得有理，就同意了他的意见，撤下了抵抗的兵力。

可是韩信却听从手下谋士蒯通的计谋，带兵攻打齐国，而且一直打到齐国的国都临淄（山东淄博东北）附近。这下可气坏了田广，他认为郦食其欺骗了自己，就命人把他烹杀了。

后来，刘邦打败了项羽，当初称王的各个诸侯也都纷纷向刘邦投降，这里面也包括彭越（田广被杀后，田横当了齐王，后来他又投奔了彭越）。曾经帮助过刘邦的魏国相国彭越被封为了梁王，可是田横想到齐国以前曾经烹杀过刘邦宠信的谋士，害怕被杀，所以就带着500多人渡过大海，隐居在一座小岛上。

刘邦得知这件事后，对其他人说："这个田横其实很不简单啊！你们想想，当初田氏兄弟带兵平定了齐国的地盘，并且在那里做了很长时间的齐王。也就是说，田横在齐地应该很有威望，齐地的人才和百姓基本上都归顺了他。现在，这个田横虽然逃到了海外，可是他在齐地人的心中还是很有地位的。如果我们现在不对他进行招抚，恐怕以后会生出乱子来啊！"

其他人也都同意刘邦的说法。于是，刘邦派使者渡海，来到田横居住的小岛上，告诉他说，刘邦可以不计前嫌，愿意封他做王。田横跪在地上，豆大的汗珠从脸上流下来。田横对使者说："请您回禀陛下（即刘邦，当时已经成了皇帝），罪人田横实在不敢回去啊！"

使者皱了皱眉，说道："那您让我怎么和皇上说呢？"

田横说道："想当初田广一时糊涂，烹杀了陛下的使臣郦食其，这是多大的罪过啊！况且，我听人说郦食其的弟弟郦商就在朝中做大将军，所以我非常害怕。因为我知道，只要我回去，郦商肯定要找我报仇的。我不想回去，也不想做什么列侯。我只求陛下能让我做一个平民百姓，世世代代生活在这小岛上。"

没办法，使者只好回去，把田横的意思转达给刘邦。刘邦听后，马上找来了卫尉郦商，对他说："传朕的旨意，齐王田横很快就会从小岛上回来了。他回来以后，如果有谁敢向他报复，敢伤害他和他的随从，我一定会严厉地制裁他，诛灭他的全族。"

说完后，刘邦让人把他的话写成诏令，然后派使者给田横送去，并对田横说："皇上有旨，凡是跟随田横归顺我大汉的，一律可以得到封赏。以前职位高的人可以封王，现在职位低的人也可以封侯。不过，如果还是顽固不化，坚持不肯归顺，那么就只好派兵讨伐了。"

田横一听没办法，只好带上自己最信任的两个宾客，和使者一起赶往汉朝的国都洛阳。当距离洛阳还有三十里的时候，田横和宾客停了下来。田横对使者说："我想在这里休息一晚上，明天一早再赶路。"

田横五百壮士　油画　徐悲鸿
齐王田横兵败后带 500 人逃至海岛，汉高祖招降，田横不从而自杀，岛上 500 壮士闻田横死皆自杀。

使者听后很不高兴地说："现在天色还早，为什么那么着急休息？只要我们再抓紧点，一定可以赶到咸阳。"

田横笑了笑说："你误会了！你想想，以前的汉王已经变成了如今的天子，而我这个齐王也已经变成了臣子。臣子晋见天子的时候，怎么可以不进行沐浴更衣呢？"

使者听后觉得有道理，就让他们住了下来。田横趁使者不在，就对两个宾客说："想当初我和汉王一样，都是诸侯国的大王。如今人家已经成为天子，而我却变成了臣子，要按照君臣之礼对待他。这对我来说是多么大的耻辱啊！"

宾客听后也非常伤心，不知道应该怎么安慰田横。田横又说："我们当初烹杀了郦食其，如今却要和他弟弟在一起共事，你们觉得他会高兴吗？就算是他不敢违抗天子的旨意，但是我的心里就好受吗？还有，其实陛下想见我的原因很简单，就是想知道我这个曾经和他平起平坐的齐王长的什么样子。如果现在砍下我的头颅，火速送到洛阳的话，还是能够看清容貌的。"

两个宾客觉得不对，马上想要阻止田横。可是已经晚了，田横已经拔剑自刎了。两个宾客流着泪，带着田横的头颅，来见刘邦。

刘邦愣愣地看了田横的头颅半天，然后叹息说："这又是何必呢？想当初田氏兄弟白手起家，打下了一片疆土，而且兄弟三人相继成为齐王。这难道不是一个非常贤能的人吗？"说到这，刘邦居然还掉了几滴眼泪。

为了表示对田横的尊敬，刘邦封那两个宾客做了都尉，并且派出200名士兵，让他们用王侯的礼仪埋葬田横。田横刚刚下葬，那两个宾客就在田横的墓边挖了两个坑，然后自刎而死了。刘邦得知后非常吃惊，心想田横真是个贤能的人啊。

之后，刘邦又派出使者前往小岛，希望把剩下的500多宾客召回洛阳。可是当那些宾客听说田横死了，也都自杀身亡，追随田横而去。

定都的争论

经过垓下一战，刘邦彻底打败了自己最强大的对手项羽，终于可以称帝建国了。在称帝建国之前，有一件事必须解决，那就是商量把新国家的都城建在哪里。刘邦考虑后，决定把都城定在洛阳（今河南洛阳一带）。

这天，齐地人娄敬坐着马车前往陇西（今甘肃一带）驻守。在经过洛阳的时候，他听说刘邦打算把都城建到这里，马上让人把车赶到了自己的老乡齐人虞将军那里，请他禀报刘邦，说自己想要朝见。虞将军上下打量了娄敬一番，说道："你我虽然是同乡，可是有些事我还是要说，就你这样的怎么能见皇上呢？"

娄敬一听糊涂了，问道："怎么？我怎么了？我有什么不能见皇上的？"

虞将军脸上露出很为难的样子，说道："不是我说您，您好歹也是朝廷的官吏。看看你这身打扮，脸没洗干净，头没梳好，再看看您这件羊皮袄，都成什么样子了？赶紧脱下来，换上好衣服，省得让陛下看见了生气。"

娄敬一听，非常不满地说："我的衣服怎么了？我是去陇西上任的路上朝见陛下的。我现在穿的就是这破羊皮袄，怎么了？我就要这样去见陛下。我是去为朝廷办事的，而且我也是陛下的臣子，怎么能随随便便地换衣服呢？那样的话会乱了身份的。"

不管虞将军怎么劝说，娄敬就是不听。当刘邦召见他的时候，依然是穿着那件破羊皮袄。行过礼以后，娄敬对刘邦说："陛下，臣听人说，您打算将都城定在洛阳？"

刘邦点了点头说："是啊，是有这么回事，怎么了？"

娄敬笑了笑说："陛下之所以把都城建在洛阳，是不是为了和周王朝比一比谁更兴盛啊？"

刘邦听后大笑，说道："你果然聪明，朕正有此意。"

娄敬听后摇了摇头说："陛下，这件事万万不可以啊！您想，我大汉建国的途径和周朝建国的途径完全不一样啊！那周朝的祖先，早在后稷的时候就已经被封地称王了。以后，周王室十几代人代代相传，一直积累着德政和善行啊！等到了文王、武王的时候，商纣无道，各路诸侯和天下百姓都起兵反抗。这时候，周王室凭着积累的德行和感召力才使得天下人都甘心归顺于他，最后才一举灭了商朝。"

娄敬的一番话使得刘邦有些糊涂，他问道："你说什么呢？什么德政？什么善行？这和我定都洛阳有什么关系？"

娄敬继续说道："陛下不要着急，自从周朝建立，直到周成王即位，有了周公辅佐之后，才把洛阳定为天下的中心，才开始在那里建造都城。实际上，洛阳并不是个安全的地方。周朝前期的君主很贤明，所以那些诸侯一个个都愿意纳贡，愿意交赋税。可是等到周朝后期，那些君主很昏庸，结果怎么样？还不是失去了江山，失去了对天下的控制权。其实，周朝灭亡的原因也不仅仅是因为它的德行渐渐微薄，更主要的是形势在衰退啊！"

刘邦这时还是没听明白娄敬想说什么，就问："你就不要兜圈子了，有什么话直说好不好？"

娄敬顿了顿，说道："陛下，您夺得天下靠的是什么？是武力。您从沛县起兵至今，先是对抗秦国，之后又和项羽争夺天下。这些年中，您大仗打了有70多次，小仗打了也有40多次，这要死多少人啊！您应该清楚，如今大汉王朝是建立在百姓和士兵们的尸首上的啊！试问，我们靠武力夺得天下，怎么能和以德行治天下的周王朝相比呢？"

刘邦终于听明白了，就对娄敬说："你说得也有道理，那你觉得我应该怎么做？"

布衣将相

西汉开国诸臣授官将相的，绝大多数"起自布衣"，称之为"布衣将相"。"布衣"原指穿麻布衣服的人，后来成为一般平民的代称，其中包括农民、手工业者及没有官爵的地主。汉初将相有出身白徒（一般农民）、屠夫、丧事吹鼓手、小商贩、戍卒、小吏等。除娄敬外，大都是跟随刘邦打天下的功臣。他们在反秦起义及同项羽的斗争中，逐渐壮大起来。西汉建立后，形成了布衣将相之局。布衣将相的出身和经历，对他们的政治决策产生了重大影响，给"文景之治"打下了基础。布衣将相之局还影响统治集团的内部关系，使其保持某种布衣的朴素作风。表现在汉初君臣之间的等级关系还不那么森严，注意选拔人才，也较注意节俭。这种作风，是汉初布衣政治的一个重要方面。它保证了汉初各项政策、措施的贯彻实施，是汉初治天下的一条成功经验。随着社会地位的变化，布衣将相逐渐变成新的封建贵族，其腐朽倾向不可避免地日益增长起来。武帝时发生的统治政策和指导思想的变化，是布衣将相贵族化的产物，它标志着汉初布衣政治的终结。

娄敬回答说："把都城定在秦地（陕西一带）。那里依靠着华山，又紧挨着黄河，四面都是关隘，那可是天然的屏障，就算突然发生什么变故，陛下也可以立即调动好军队。同时，秦地土地肥沃，如果您在函谷关那里建都，就算是崤山以东发生叛乱，您也可以一直占据着秦地。相信陛下一定知道，和一个人打架，如果不按住他的后背，把他的喉咙卡住，是不能算大获全胜的。如今秦地就是人的咽喉，只要占据了它，就相当于赢得了天下。"

刘邦认为娄敬说得有些道理，就把文武百官召集起来商议。没承想这下可捅了马蜂窝了，原来，刘邦手下的大臣很多都是崤山以东的人，谁也不愿意背井离乡，都不支持在秦地建都。

刘邦有些急了，就问张良的意思。张良想了想，回答说："陛下，臣比较同意娄敬的说法，我认为他分析得很有道理。"接着，张良又把定都秦地的好处说了一遍。刘邦听后仔细想了想，最后决定定都秦地。

刘邦的办事效率还是很快的，当天就向西出发，把汉朝的国都定在了长安。作为奖赏，刘邦封娄敬为中郎（官职），而且还赐他姓刘，号"奉春君"。

封侯风波

刘邦在手下的谋士和大将的帮助下，终于夺得了天下。刘邦当上皇帝不久，就开始论功行赏。当然，首先要封的就是那些功劳最大的人，所以刘邦一次就封赏了20多人。可是，那些剩下的大将们却不安分起来，都说自己的功劳大。

这天，刘邦和留侯张良（张良这时被封为了留侯）在洛阳的南宫中谈话，突然看见远处有很多将领。只见他们三五成群地聚在一起，好像在争吵。

刘邦就问张良："那些人在干什么呢，鬼鬼祟祟的？"

张良想了想，说道："陛下难道您不知道吗？这帮人聚集在一起，实际上是在商量如何谋反呢！"

刘邦听后大惊，说道："天下刚刚平定，他们为什么要谋反啊？"

张良用手指了指远处的那些将领，说："这些人正在统计自己的功绩，算一算自己该得到多少封赏。可是，世上只有一个天下，这么多有功的人又怎么能封得过来呢？他们心中一方面害怕自己得不到应有的封赏，另一方面又害怕陛下您记恨他们过去的错失而杀了他们，所以臣才说他们是在谋反啊！"

刘邦听后忧心忡忡地问道："事情已经这样了，有什么办法解决呢？"

张良笑着说道："陛下别急，我问您，如今您最痛恨的，而且大臣

争功图　汉

此图描绘汉初天下始定，各位将领争功的场面，最后叔孙通奏议立礼仪规范，使高祖体会到做皇帝的高贵。

们都知道的人是谁？"

刘邦想了想，说："这个嘛……应该是雍齿了。"

张良马上说："好！陛下，那就先封雍齿！"

刘邦明白了张良的意思，会意地点了点头。于是，刘邦设下酒席，并封雍齿做了什邡侯，同时还命令丞相和御史加快封赏的进程。张良这一招果然奏效，那些将领们纷纷表示了安心。

一场风波总算平息了，刘邦暗暗松了一口气。可惜好景不长，没过多久，那些将领之间又开始了争吵，这次是为了功臣的排列位次。将领们一起对刘邦说："陛下，我们一致认为在所有人当中，功劳最大的应该是平阳侯曹参。想当初他攻城略地，斩敌杀将，身上负有70多处伤，所以应该排在第一位。"

刘邦听后没有说话，而是等待其他人的意见。这时，关内侯鄂千秋站了出来，说道："陛下，臣认为我朝功劳最大的并不是曹参。"

刘邦一听眼睛一亮，马上说道："哦？那你的意思是……"

鄂千秋回答说："陛下，臣也承认，曹参在战场上的确立了不少功，而且也确实为我大汉的建立出了不少力。可是，他的这些功劳只不过是一时的功劳，而真正为我大汉建立作出最大贡献的其实是萧何啊！"

话音刚落，那些将领们马上起来反对。刘邦脸色一沉，说道："吵什么？这是朝廷，你们让他说下去。"

汉初分封图

　　鄂千秋继续说："想当初，我们与项羽对抗五年。皇上您的部队开始很弱，屡次被项羽打败，那时候很多人都背叛了您。可是萧何呢？陛下虽然失去了山东，但是他却一直给您输送粮食，而且还替您保住了关中这个大后方。这些事，恐怕一百个曹参也做不到吧！我相信，如果单单依靠那些猛将的话，陛下是得不到这天下的。因此，我坚持认为，应该立萧何为第一位，曹参为第二位。"

　　鄂千秋的一番话说得刘邦心花怒放，其实他心里也想把萧何列为第一。可是由于萧何一直是在后方为汉军补给，没有特别明显的、惹眼的功绩，所以刘邦也就没说出口。眼下，既然有人提出这样的意见，刘邦自然是马上同意了。

　　于是，刘邦就把萧何列为第一，而且特别批准他可以佩剑、穿鞋在大殿上行走。至于鄂千秋，刘邦也不忘封赏，说道："我早就听人说过，举荐贤者的人也应该得到很高的赏赐。萧何虽然功劳很高，可是如果没有你的推荐，恐怕就不会那么明确吧！"

　　就这样，鄂千秋因为推荐萧何，被封为了安平侯。

冒顿兴匈奴

秦朝灭亡后，匈奴出现了一位杰出的首领，那就是冒顿单于。

冒顿是匈奴头曼单于的儿子，也是当时的太子。不过，由于头曼宠爱一个新的阏氏，而且这个阏氏又为他生了一个小儿子，所以头曼就想废掉冒顿，立小儿子为太子。后来，头曼想出了一条毒计，决定把冒顿派到月氏国做人质。

就这样，可怜的冒顿背井离乡，来到了月氏。本来，让一个孩子在外国做人质就够残忍的，可是更加可恨的是，在冒顿到达月氏后不久，头曼居然派兵攻打月氏。于是，月氏人把仇恨转嫁到冒顿身上，打算杀了他出口恶气。

幸好小冒顿聪明机智，偷偷地找来一匹马，逃回了匈奴。头曼见儿子居然能活着回来非常吃惊，就觉得这个孩子还是有一定本事的，所以就给了他一万骑兵。不过，此时的冒顿已经对他父亲没有爱了，心中所剩的只有恨，他要报仇，要做单于。就这样，一场可怕的复仇夺权行动开始了。

冒顿为自己做了很多响箭，然后带领着手下的骑兵一起去打猎。冒顿对手下人说："你们听好了，我是你们的首领，你们必须对我的命令服从！看到没有，这就是我的响箭。以后，不管我把箭射到什

匈奴的饰品

匈奴人很注重装饰，车有装饰，马也有装饰，而且匈奴人一身从上到下，都有一系列的装饰品。其中最重要的要数带饰了。在匈奴人中，腰带及带饰是身份、地位的象征。腰带称为"具带"，带上饰物有饰板、连珠状或兽头形饰物等。其他装饰品类目繁多，如项链、冠饰、项圈、耳坠等，不胜枚举。

么地方，你们都要跟着我射！如果有谁不听从命令的话，定斩不饶！"

说完，冒顿抽出一支响箭，射向一匹自己平时喜爱的宝马。手下人一看冒顿射了，也就跟着射了！冒顿点了点头，又拿出一支响箭，这次竟然射向自己喜爱的妻子。手下人全都傻了眼，心想冒顿是不是疯了，所以有几个人并没有跟着射。冒顿一瞪眼睛，说道："好大的胆子，敢不听我的命令，来人！把他们杀了。"

就这样，那些骑兵再也不敢违抗冒顿的命令了。有一次，冒顿带着手下人去打猎，他放出一支响箭，直接射向了头曼的一匹马，结果所有人也都跟着射了。冒顿心中暗想："好了！是时候了！我等待的时机终于来了。"

过了几天，冒顿带着手下的骑兵跟随头曼出去打猎。突然，冒顿拿出一支响箭，射向了头曼。手下人早就习惯听从冒顿的命令，也跟着射向头曼。可怜的头曼变成了刺猬，也许他到死都不明白，为什么所有的人都要射自己。

冒顿成功了，他杀死了那个并不爱他的父亲，也杀了后母、弟弟和那些不服的大臣，成为匈奴人新的首领。

冒顿杀父夺权的事情很快就被东胡知道了，他们马上派使者表示"祝贺"。使者对冒顿说："冒顿单于，我们东胡的首领想要得到当年头曼单于骑过的一匹宝马，不知道您能不能……"

冒顿看了看使者，没有回答，而是问大臣们的意思。匈奴的大臣一个个气得脸都绿了，叫喊着说："单于，不能答应他！他们欺人太甚，那可是我们匈奴的宝马啊！怎么能随便给了他们呢？"

没想到，冒顿却哈哈大笑，说："你看你们，也太小气了吧！人家东胡怎么说也是我们的邻居，难道我们连一匹马都舍不得吗？我同意他们的要求了。"

于是，使者带着宝马回到了东胡。东胡王一见冒顿这么干脆地答应了自己的条件，就以为他是个窝囊废。过了几天，东胡的使者又一次到

"单于天降"瓦当　西汉
"单于"意为"天子"，是匈奴最高首领；"天降"意为天之骄子，表达了树立单于绝对权威的心愿。

达了匈奴，傲慢地对冒顿单于说："单于，我们大王听说您的老婆非常漂亮，他也十分喜欢。我这次来是想请您给我们一个女人！"

大臣们一听都气得跳了起来："单于，这东胡简直太欺负人了，不能答应他啊！我们应该派兵攻打他们。"

冒顿看了看大臣，说道："好了！又不是要你们的老婆，你们激动什么！不就一个女人吗，我给了。"于是，冒顿又在自己的阏氏中挑选了一个最美丽的送给了东胡。大臣们看到冒顿这么"懦弱"，一个个都很伤心。

其实，冒顿并不是懦弱，他之所以答应东胡的无理要求，主要是因为现在匈奴的实力还不够强大，还没有必胜的把握。

一段时间后，东胡王又派来了使者。使者撇着嘴对冒顿说："冒顿，我们东胡王说了，那块没人居住的土地归我们了！你们就别再打它的主意了。"

冒顿冷冷地盯着使者，说道："诸位大臣有什么意见？"

大臣们都以为冒顿肯定会答应他，就说："单于，那是一块没人住的荒地，留着也是浪费，不如做个人情，送给他们吧！"

"胡说八道！"冒顿一拍桌子，怒吼道，"宝马、女人我都舍得，但就是不能舍这块地！土地是一个国家的根本，怎么能随便给别人呢？"

冒顿带领着所有的骑兵先后消灭了东胡、月氏、楼烦、白羊等地方，并且还侵占了中原很多地方。

韩信被贬

汉高祖六年（公元前201年），有人向刘邦告发，说是楚王韩信有谋反的嫌疑。刘邦知道后非常着急，马上召集文武大臣商量对策。那些武将们一听，马上对刘邦说："陛下，韩信这小子早就该死！您还等什么，还不赶快发兵。等抓住这小子之后，非把他活埋了不可。"

刘邦听后没有说话，过了一会儿，他就对自己最信任的陈平说："你是比较有谋略的，依你看这件事应该怎么办呢？"

陈平想了想，对刘邦说："请问陛下，有人告发说韩信谋反，这件事韩信知不知道？"

刘邦摇了摇头说："这么机密的大事怎么会让他知道呢？如果他知道了，恐怕局势也不是现在这个样子了！这件事只有朕和你们知道，韩信并不知道。"

陈平笑了笑说："那么我请问陛下，您把您最精锐的部队拿出来和韩信所带的部队相比，谁的战斗力更强一些呢？"

刘邦回答说："韩信治军相当有办法，朕的部队与他的比起来，要差很多！"

陈平又说："那好，我再问陛下，这满朝的武将，有谁在用兵打仗上能够胜得过韩信？"

刘邦回答说："这……韩信用兵如神，而且非常懂得兵法，朕的所有将领恐怕都比不上他！你问这个做什么？难道是要长韩信的士气吗？"

陈平摇了摇头，说："陛下误会了。臣的意思是，既然您的兵打不过韩信，将也打不过韩信，那么有什么必要攻打他呢？我认为，如果您真的派兵了，那韩信就算本来没有谋反的意思，让您这么一逼，也会起兵反抗的啊！我其实是在为陛下的安危担心啊！"

刘邦惊出一身冷汗，连声说："是是是！你说得太对了，是朕没有想到这一点。那么你认为我们应该怎么应对呢？"

陈平神秘地说："我有一个办法，既可以抓住韩信，解除掉您的忧虑，又可避免大动干戈，而且还让韩信毫无察觉。"

刘邦一听，着急地说道："你就别卖关子了，快点说吧！"

陈平回答说："古代的那些天子们，有时会去诸侯镇守的地方巡视，并且在那里会见诸侯。这次，陛下不妨效仿古人，假装要出京游玩，到各地去巡视一番。当您到达陈县的时候，您就停在那里，并发出诏令，说是要在那里接见四周的诸侯。您想，陈县就在楚地的边界，韩信听说您到那里游玩，肯定会认为您对他没有丝毫的戒心，您对天下的形势非常放心。这样一来，楚王韩信就会放松警惕，一定会一个人赶到陈县来拜见您。到时候，您只需要偷偷地埋伏下一名力士，只要韩信一磕头，就马上把他抓住。这不是非常容易的事吗？"

刘邦听后哈哈大笑，说道："好好！你说得太好了，一切就按照你的意思去办。"紧接着，刘邦派出使者到各地通知诸侯，说是自己要出京南游，并且会在陈县接见诸侯。

当韩信接到消息后，心里也开始犯了嘀咕，就对手下的谋士说："我听说有人在皇上面前告我谋反，他理应派兵讨伐我啊？可是我不明白，为什么皇上好像什么事都没有发生过一样，而且还有心情南游呢？这里面不会有什么阴谋吧？"

这时，有人对韩信说："大王您不要害怕，我觉得皇上也不会轻易地相信那些人的话。其实您现在最大的错误就是收留了皇上痛恨的楚将钟离眛，如果您把他杀了，将他的头献给皇上，皇上一定会高兴的。到那时，您就不必担心皇上会杀您了！"

韩信听后点了点头，决定采用这个人的建议。

是年十二月，刘邦到达了陈县，各地诸侯接到了消息，都赶来拜见，韩信也提着钟离眛的人头前来拜见。可是，韩信这次的算盘打错了，刘邦这时对什么钟离眛的人头根本不感兴趣，他关心的是这个"趁火打劫"（韩信曾要挟刘邦让自己做齐国的代理王）的楚王。还没等韩信明白是怎么回事，刘邦就下令手下的武士将他捆绑起来。

这时的韩信才明白刘邦"南游"的真正目的，他愤怒地说道："这一切果然和平时人们所说的一样啊！国家建立了，所有的敌人都消灭了，那么我们这些谋臣也就没有活着的意义了！"

刘邦大声斥责道："住口，死到临头你还敢狡辩！实话告诉你，已经有人告发你谋反！"

韩信还想为自己辩解，可是刘邦已经不给他这个机会了，马上让人给韩信戴上手铐脚镣，拘押着韩信返回了国都。

当刘邦到达洛阳时，他下令大赦天下，赦免了韩信的"罪行"。不过，韩信的楚王是做不成了，被贬为"淮阴侯"。

贯高舍身救赵王

白登山之战结束后，刘邦带领人马返回国都。途中经过赵国，赵王张敖是张耳的儿子，也是刘邦的女婿，因此非常谦恭地照顾刘邦的生活起居。刘邦非但不领情，反而经常辱骂张耳。赵国的相国贯高、赵午等人看不过去，就劝说张敖杀了刘邦。可是张敖胆小，没有答应他们。最后，贯高和赵午暗中商量刺杀刘邦，并约定好谁也不供出张敖。

汉高祖八年（公元前199年），刘邦在东垣（今河北石家庄市东北）追剿韩王信的残兵，途中经过柏人（在今河北内丘县东北）。贯高等人就偷偷在厕所里埋伏下刺客，想要杀死刘邦。到了晚上，刘邦刚要睡觉，突然觉得一阵心慌，于是就问左右："这个县叫什么名字？"

侍者回答说："回禀陛下，此县名叫柏人。"

刘邦若有所思地说："柏人……那不就是迫害人的意思！不行，此地不能久留，还是早走为妙。"就这样，刘邦逃过了一劫。

第二年，贯高的一个仇家知道了他们的计划，就向刘邦告发。刘邦知道后勃然大怒，马上命人去逮捕张敖、贯高和赵午等参与谋反的人。这下赵国可乱成了一锅粥，赵午等十几个人吓得不知所措，都打算一死了之，省得受拷打。

看见那几个人都吓得半死，贯高非常生气，大骂道："你们干什么？吓破了胆？是谁叫你们自杀的？你们也不想想，如今大王受到我们的牵连也被逮捕了，你们一死倒是痛快了，可谁来证明大王的清白呢？"于是，贯高等就都把头发剃光了，然后戴上枷锁跟着赵王一同来到了长安（这时汉朝的国都已经迁到了长安）。

残酷的审讯开始了，负责审问贯高的官吏让他如实招认赵王是怎么谋反的。贯高对官吏说："你别浪费时间了，所有的事都是我一个人做的，和赵王一点儿关系都没有。"

官吏恶狠狠地说："你自己做的？你当我是三岁小孩子啊？看来不给你点颜色看看，你是不会说实话的。"于是，官吏命人用皮鞭抽打贯高，又用烧红的铁条烙他。可是，贯高直到浑身没有一处可以施刑的地方也始终不说一句话。

后来，吕后知道了这件事，就对刘邦说："陛下，张敖是我们的女婿，怎么会谋反呢？肯定是有人诬陷。"

刘邦听后大怒，骂道："胡说，等到张敖夺得天下以后，难道他身边还会缺少女人吗？我看这个张敖就是个反贼。你以后少在朕面前替他说情，朕这次是非要治治他不可。"

几天后，廷尉来向刘邦汇报审问的情况，并把贯高的事情告诉了刘邦。刘邦听后点了点头说："唉！没想到这个贯高还是条汉子，果然是个壮士啊！不能再对他用刑了，就算打死他也不会说的。"说到这，刘邦对大臣们说："你们谁和这个贯高有交情啊？咱们硬的不行，就来软的。在私底下问问他，一定可以把事情查清楚。"

这时，中大夫泄公站出来说："陛下，臣和贯高是同乡，非常了解他。这个人在赵国的时候就非常有名气，而且为人忠义、一言九鼎。如果我去问他，说不定能得到什么消息。"

刘邦点了点头，就让泄公去"私审"贯高。泄公到了牢房之后，先是一阵安慰，然后又和他聊了很多家乡的事。等两个人之间没什么距离的时候，泄公问贯高："贯高，为主人效忠是大丈夫应该有的气节，可是如果不分青红皂白，一味地袒护主人，那就变成愚忠了。现在没有别人在场，你告诉我赵王张敖到底有没有参与谋反啊？"

这时的贯高已经对泄公没有了戒心，就对他说："你说的这些我都明白，也都懂。试问有谁不爱自己的父母，有谁不爱自己的妻子呢？如今我的三族马上就要被皇上处死了，我还会傻乎乎地效忠什么赵王吗？你觉得赵王比我的亲人还亲吗？"

泄公一听有门，马上追问道："那你为什么还要替赵王顶罪？"

贯高叹了口气说："不是我想顶罪，这件事赵王确实不知道，完全是我一个人做的啊！我总不能为了自己活命而去冤枉赵王吧！"接着，贯高就把这件事原原本本地告诉了泄公。

泄公听后，觉得贯高说的都是实话，就一五一十地禀报给刘邦。就这样，刘邦赦免了赵王，把他贬为宣平侯。此外，刘邦觉得贯高这个人非常贤能，就派泄公告诉他赵王被释放的消息，也好让他放心。贯高听说赵王已经被释放了，高兴地说："真的吗？太好了，这我就放心了。"

泄公点了点头，说："皇上非常欣赏你，所以也把你的罪给赦免了！"

贯高苦笑着摇了摇头说："算了，我以前之所以不自杀，是想要留着这条命替赵王申冤。如今，赵王已经释放了，我死也瞑目了。况且做臣子的有刺杀皇上的心思，还有什么面目再为天子做事呢？就算皇上仁慈，不杀我这个罪人，难道我心里就不愧疚吗？算了吧，我还是做我应该做的事吧！"说完之后，贯高就刎颈自杀了。

韩信之死

　　韩信自从被贬之后，一直闷闷不乐。因为他觉得凭借自己的本事和立下的功绩，理应是一人之下，万人之上的封地大王。可如今，自己被贬为淮阴侯，与樊哙、灌婴等人处在同一层次，实在是不甘心啊！韩信心中非常清楚，刘邦对自己的才能是既害怕又厌恶。为了向刘邦表示抗议，韩信干脆称病请假，不去参加朝见和出行。其实，刘邦心里也十分清楚韩信为什么生病，只不过现在时机还没有成熟，"消灭"韩信还不是时候。

　　汉高祖十一年（公元前196年），刘邦亲自带兵攻打谋反的陈豨。本来，这领兵打仗的事应该交给韩信的，可是韩信因为心里还记恨着刘邦，所以就称自己有病，故意推辞不起。

　　可是刘邦不知道，此时的韩信真的被他逼得开始策划谋反了。刘邦走以后，韩信派人偷偷地赶到陈豨的部队，和他一起商量如何发动政变的事情。经过一番精密的部署，韩信已经有了一套非常完整的计划。他准备带着他的家臣们，在夜间假传诏书，然后赦免所有在官府做苦工的奴隶和罪人，这样一来他们就达到了收买人心的目的。

　　紧接着，韩信准备利用这帮人对朝廷的怨恨，发动他们"暴乱"，然后直接杀进皇宫，把吕后和太子全部杀掉。这样一来，远在前线的刘邦听说自己的"老巢"发生了变故，一定没有心情再打仗了，而陈豨也可以趁机打败汉军。一切部署得当，就等待陈豨的消息，好开始实施计划。可是，韩信没有想到，自己在背叛刘邦的同时，有一个人也背叛了他。

　　韩信的门下有一个舍人犯了错，韩信一怒之下把他囚禁起来，而且还准备把他杀死。舍人知道以后，心里十分怨恨韩信，就把韩信打算发动政变的消息告诉给了自己的弟弟。舍人的弟弟又把这个消息告诉给了吕后。

吕后听后，不知道该怎么办。她想把韩信召进宫来，然后再把他杀死，可是又怕韩信不服，自己反遭毒手。想来想去，吕后还是找来了相国萧何，和他商量怎么应对。当初，正是萧何的举荐才使得韩信能够建功立业，如今得知韩信要谋反，萧何心里自然不是滋味。可是，国家大事是第一位的，其他事情都不重

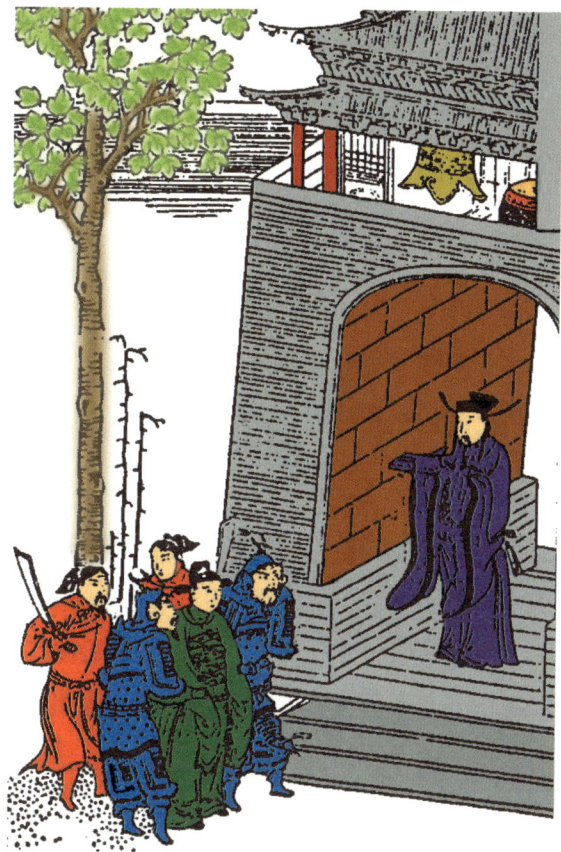

斩韩信

要，所以萧何想到了一条妙计，悄悄地来到了韩信的府上。

韩信一见是自己的恩公来了，戒心自然小了不少。萧何对韩信说道："我今天来也没有什么大事，只是想告诉你皇上已经从前线回来了，而且还打了胜仗，那个陈豨已经被皇上抓住了，现在已经变成刀下之鬼了！"

说到这，萧何停了一下，偷偷地看了一眼韩信。只见韩信脸上闪过一丝惊讶的表情，马上问道："哦？这是真的吗？"

萧何笑了笑说："我骗你干什么啊，如今为了庆祝皇上凯旋，各地的诸侯和大臣们都要来朝中庆贺呢。你是淮阴侯，也是皇上最

汉代铁兵器

西汉末期之前，兵器以青铜为主。由于冶铁技术和锻钢工艺的进步，钢铁兵器逐步增多，到西汉末基本取代青铜兵器。格斗兵器主要有长柄的戟、铍、矛和短柄的刀、剑。东汉时期铁制兵器占据了军事舞台，骑兵以弓剑为主，使用臂张弩。步兵使用蹶张弩，缚以弓剑。步骑兵的格斗兵器以矛、戟、刀、剑为主，常与盾配合使用。

宠爱和信任的人，一定要去啊！"

韩信这个时候哪还有心情去做什么朝贺啊！他只是不明白，为什么陈豨那么不堪一击，还没等自己开始实施计划，就被人家打败了呢？想到这，韩信于是对萧何说："你也看到了，我现在是个有病的人，已经很长时间没有去上朝了。我看这次朝贺也就免了吧！"

萧何听后摇了摇头说："这怎么行呢？平时可以不去上朝，这次是庆祝皇上打了胜仗，怎么能不去呢？我知道你有病在身，可是就算强挺着，也要前去祝贺。"

没办法，韩信只好来到了朝廷。可是，当他走进朝廷的时候，没有看到刘邦，也没有看到那些朝贺的群臣和诸侯，迎接他的只有面带冷笑的吕后和凶神恶煞般的武士。而吕后和武士们用来招待他的东西，就是一把明晃晃的刀。

韩信知道自己这次是难逃一死了，绝望地说："太可悲了，我真后悔没有采用蒯通的计谋（刘邦和项羽对峙时，蒯通曾经劝韩信自立为王）。我韩信一世英名，如今竟然死在一个女人和小孩的手上，真是可悲啊！天意，这就是天意啊！"

吕后在长乐宫挂钟的房间砍下了韩信的脑袋。为了斩草除根，吕后又派人去抄韩信的家，一下就把他的三族全灭了。当刘邦回到洛阳时，韩信和他的家人已经从世界上消失了。刘邦听说消息后，真是又高兴又可惜：高兴的是自己的心腹大患终于被铲除了；可惜的是一个人才、一个功臣却落个这样的下场。

刘邦问吕后："韩信临死前，有没有什么遗言啊？"

吕后回答说："有，韩信说他非常后悔当初没有听从蒯通的计划！"

刘邦听后索然大怒，说道："可恶，这一定是那个自称能言善辩的齐国人蒯通，不杀他我出不了这口气。"说完后，他就派人抓来了蒯通。本来，刘邦是想杀死蒯通的，可是蒯通却说："当初我劝韩信谋反，并不是因为您无道，而是因为当时我只知道有韩信，而不知道有您，您杀我是没有道理的。"刘邦听后觉得有道理，就放了他。

刘邦亲征黥布

韩信因为"谋反"被吕后设计杀死了，紧接着梁王彭越也因为"谋反"被刘邦处死。这还没算完，为了"杀鸡给猴看"，刘邦让人把彭越剁成肉酱，然后分发给各地的诸侯。淮南王黥布看到肉酱后，非常害怕。他心里清楚，自己迟早也会和他们一样，与其坐以待毙，不如主动出击，于是黥布暗地里开始筹划造反的事情。

不过，在黥布做好准备之前，却因为一个女人坏了大事。原来，黥布有一个宠姬，生了病去看大夫。正巧这个给黥布宠姬看病的大夫是中大夫贲赫的邻居。为了巴结黥布，贲赫偷偷地给宠姬送去了很多礼物，而且还在大夫的家中陪她饮酒。可是贲赫"偷鸡不成蚀把米"，黥布知道这件事后非但没有感谢他，反而打翻了醋坛子，扬言要抓住贲赫。贲赫知道后非常害怕，就跑到长安，向刘邦举报黥布谋反。

听完贲赫的话后，刘邦没有说话。过了一会儿，他对萧何说："现在有人举报黥布谋反，你看应该怎么办？"

萧何想了想说："陛下，依臣看来，淮南王不一定真的谋反，因为他一直都是一个忠臣。我看，这次很可能是有人故意陷害他，好报一己

刘邦气黥布

私仇。"说到这，萧何狠狠地瞪了贲赫一眼，然后接着说："不如这样，我们先把贲赫押起来，然后再派人暗中调查！"

刘邦点了点头，同意了萧何的意见。本来，这件事可以就这么过去了。但是黥布得知贲赫逃到了长安，早就怀疑他可能会告发自己。等刘邦派来使者以后，又查出了很多谋反的证据。这下可是没有回头路了，不反也得反了。汉高祖十一年（公元前196年），黥布杀光贲赫全家，起兵造反。消息传到长安以后，刘邦马上组织军队讨伐，并且赦免了贲赫，还封他做了将军。

为了做到万无一失，刘邦叫来了手下的大臣，和他们一起商量对策。最先开口的还是那些武官，他们叫嚷着说："陛下，有什么可担心的，派兵攻打他不就行了，一个小小的黥布还能成什么大气候！"

刘邦听后没有说话，因为他觉得没那么简单，还想听听别人的意见。汝阴侯滕公知道这件事以后，就找来以前楚国的令尹薛公问话。薛公回答说："黥布造反是必然的，没有什么可惊奇的！"

滕公听后非常惊讶，对他说："可是皇上给了他土地，又让他做了淮南王，他还有什么不满足的？"

薛公回答说："您想，皇上先是杀了韩信，紧接着又处死了彭越，这就是黥布的榜样啊！况且他们三个人都是战功赫赫的功臣，是拴在一条绳上的蚂蚱。如今死了两个，黥布心里自然害怕，所以要谋反了。"

滕公听后觉得很有道理，就把薛公引荐给了刘邦。薛公见到刘邦以后，分析了黥布的为人和当前的局势。刘邦非常认同他的说法，就重重地赏赐了薛公。接下来的事就是派兵攻打黥布了，可是这时的刘邦有病在身，所以打算让太子代表自己前去攻打黥布。

这位太子没继承刘邦的优点，反倒继承了他"胆小怕事"的性格。在手下谋士的怂恿下，太子找到自己的母亲吕后，求她到刘邦面前为自己求情。果然，母亲还是疼爱儿子，吕后找了一大堆理由为太子开脱。刘邦叹了口气说："我早就应该想到，这小子是没有这个胆量的，还是我自己去吧！"

就这样，刘邦亲自带领大军向东出发，留下那些大臣们镇守朝廷。临行前，文武百官都来到灞上送刘邦。这时身染重病的张良也赶来送行，对刘邦说："陛下，臣本该跟随您出征的，可是这身体……黥布的手下都是楚人，个个骁勇善战，陛下一定要小心啊！"

刘邦摇了摇头说："你虽然生病，但是朝廷离不开你啊！不管怎么样，你都要辅佐太子啊！"

就这样，刘邦带领大军前去讨伐黥布，张良和其他大臣则率领亲兵卫队在灞上保护太子。黥布并没有想到刘邦会亲自带兵前来，他曾对手下人说："皇上已经老了，而且身体还不太好！他打了一辈子仗，现在已厌倦了！因此，我敢肯定，这次他一定不会亲自前来的！这样的话，他就必须派其他将领前来。可是我最害怕的韩信和彭越都已经被处死了，所以我们也可以高枕无忧了。"

黥布说的也并不

歌风台

汉高祖平定了黥布叛乱后，于归途中经故乡沛县，酒酣之时，有感于昔日亡秦灭楚的戎马生涯，欣喜于既成帝业，即兴击筑而歌："大风起兮云飞扬，威加海内兮归故乡，安得猛士兮守四方。"后沛人于鸣唱处筑"歌风台"以纪念。

全是大话，因为他的确非常勇猛，而且很会领兵打仗。当刘邦与黥布的军队遭遇时，汉朝很多地方已经被黥布攻破了。正所谓"仇人见面，分外眼红"，两军阵前刘邦破口大骂道："我给你地，封你王，为什么还要造反呢？"

为了气刘邦，黥布特意摆出当年项羽所用的阵形。只见黥布在队伍中笑呵呵地说："没什么，当王当得不过瘾，想尝尝当皇帝的滋味！"

刘邦听后大怒，马上命军队与黥布开战。结果，黥布的军队被打得落花流水，黥布也因为长沙王吴臣的出卖而被人杀死。

缇萦救父

在汉文帝以前，汉朝的法律基本沿袭了秦朝的法律，实施起来非常严酷。如果是犯了谋反的罪名，那么要死的不只是谋反的那个人，就连他的全家以及和他有亲戚关系的所有人都要死，这就是平常所说的"灭三族"；如果是犯了杀人罪，那么就要被判处死刑，包括车裂、斩首和腰斩等；如果犯的是一些像偷盗、伤人等罪行，则会被判处在脸上刺字的墨刑，或者是挖去鼻子，或者是割掉耳朵，或是砍去手脚等。也就是说，在那个时候，如果谁犯了法，不管是有意还是无意的，都要受到很严厉的惩罚。即使犯了法的人知道错了，想要悔改，也会留下终身残废。

汉文帝十三年（公元前167年），缇萦的父亲淳于意因为犯了罪被拉去见官（据其他史书记载，淳于意是因为给别人看病，失手把人治死，才被人家告的）。审判淳于意的官吏在查清案件的来龙去脉以后，决定判处淳于意"肉刑"（挖去鼻子、割掉耳朵或是砍去手脚等刑罚），并且命令狱官押着他赶往西汉国都长安，在那里监押候审。

缇萦是淳于意的小女儿，知道这个消息之后，非常伤心，她不想看到自己的父亲变成残废。于是，缇萦为了救父亲，就给汉文帝写了一封信，内容是：

我的父亲淳于意本来是齐国的太仓令。做官的时候，他清正廉明、爱民如子，齐地所有的人都称赞他。这样的好官真是很难得！可是，他因为一次小小的失误被人家告了，而且还被判处了肉刑，这是多么残酷的事啊！

我知道，犯了法的人应该受到惩罚，本来我没有什么可伤心的。但是，如果人死了，就不可能再活过来，而那些受了肉刑的人也不会再长出鼻子、耳朵或是手脚。这样一来，虽然犯法的人得到了应有的惩罚，可是如果他们从心里知道错了，想要改正错误也没有机会了。他们是没法回头、无路可走了啊！

我是父亲的女儿，应该替父亲承担一些责任。如今，我心甘情愿到官府中做一名官婢，希望能够让我的父亲不受那残酷的肉刑，使他以后有机会改过自新。希望皇上能够答应我的要求。

汉文帝读完缇萦的上书以后，被这个小女子的孝心和胆气深深地感动，于是他决定以缇萦救父的事情作为引子，废除掉残酷的刑罚。就在这一年的五月，汉文帝向天下下了新的诏书，大概意思是：

朕读过《诗经》，上面曾经说过："如果一个人是平易近人、忠厚老实、为人大度的君子的话，那么百姓们就会十分喜爱他，愿意和他亲近，甚至把他当成父母一样。"现在的法律太苛刻了，如果有谁犯了错，哪怕是一点点小错，还没等对他进行教育，让他认识到错误，就马上对他实施严厉的惩罚。这样一来，有些人知道错了，想要悔过自新，可是我们没有给他机会。这种法律从秦朝就已经开始，我们大汉还在沿袭，说实话，我对这种情况真的是又痛心，又怜悯啊！

我们不说别的，单单说肉刑。只要肉刑施加在人身上，轻的在脸上和身上刺字，重的要砍掉手和脚，挖掉鼻子和耳朵，更加残酷的是有人还要忍受宫刑，从此再也不能生育。天下人都看到了，这些刑罚难道不够残酷吗？难道还有什么道德可言吗？难道这一切都符合所谓百姓父母的称呼和道义吗？

为了天下的百姓，也为了我大汉朝的江山，朕决定从今以后废除肉刑。凡是犯了罪的人，以前应该实施肉刑的，从现在起都要用其他的刑罚来代替。凡是那些被判了肉刑的，也可以享受废除以后的待遇。也就是说，那些被判了肉刑的人不用被砍去手脚，只要我们依据罪名的轻重让他们好好服刑就可以了。

此外，再提一点，如果这个犯人在服刑期间没有逃逸，只要服刑了一年，就可以免罪释放了。以后，我们大汉的法律应该废除掉所有苛刻的刑罚，具体制定一些新的法律条文！

之后，丞相张苍和御史大夫冯敬制定出很多新的刑罚条律，比如以前应该刺字的犯人改判他们去做苦力，以前应该被挖鼻子的犯人改判他们受三百竹鞭，以前该砍下左脚的人鞭打五百下，该砍右脚以及那些杀人后自首的、贪赃枉法的人改判在大街上受鞭打。就这样，缇萦以自己的孝心感动了汉文帝，而汉文帝也借此机会废除了残酷的刑罚。

文帝与冯唐

汉文帝十四年（公元前166年），匈奴单于率兵攻打中原，杀死了汉朝北地（今甘肃庆阳西北）的都尉，掠走了很多百姓和牛羊。汉文帝非常着急，想要亲自带兵去攻打匈奴。由于群臣和太后极力劝阻，文帝才没有去。

这天，汉文帝坐着车经过郎署，就问郎署长冯唐："你一把年纪了还在这里做郎署长，老家是哪里的啊？"

冯唐回答说："回禀陛下，臣的先祖是以前的赵国人，臣的父亲后来迁到了代国（今山西一带）。因此，臣应该算是代国人。"

文帝点了点头，继续说道："老家是赵国的，现在是代国人。朕没做天子之前，曾经是代国的大王。那时，朕的尚食监高祛曾经很多次和朕谈到以前赵国的大将李齐，说这个人很有才能。当时高祛给我讲了李齐在巨鹿之战中的出色表现，到现在朕每到吃饭的时候，心中还总会想起那个李齐啊！老人家你听说过这个人吗？"

冯唐点头说："是的，陛下，臣也听说过这个人。不过，李齐虽有才能，但是比起赵国的廉颇和李牧来，恐怕还要差很多啊！"

也许是冯唐的话触到了文帝的伤心之处，文帝摇了摇头，感慨地说："唉！为什么朕就没能得到李牧和廉颇这样的将领呢？如果真的让朕得到了，那朕还害怕什么匈奴？"

其实，文帝只不过是发发感慨而已，冯唐却较起了真："陛下，您的话有些不妥啊！臣认为，即使是廉颇和李牧在世，恐怕也得不到您的重用啊！"

冯唐一番话气得文帝脸都变了色，一甩袖子回宫去了。过了很长时间，文帝把冯唐召进宫中，对他说："为什么在那么多人面前羞辱我？"

汉文帝霸陵
位于西安市东郊渭水南岸的白鹿原上。霸陵是依山开掘墓室，平地无冢。这是我国历史上第一个依山开凿墓穴的帝王陵，对以后各朝特别是唐朝依山为陵的影响极大。

　　冯唐一听，赶紧跪下来道歉，说道："请陛下宽恕臣吧！臣实在是个粗人，不知道什么叫作礼仪，什么叫作面子，还请陛下不要再生气了！"

　　听到冯唐的道歉后，文帝憋在心里的气总算顺了。其实，文帝这次召冯唐进宫，并不是要听他道歉，而是想和他商议一下如何对付匈奴。文帝想了想说："好了，过去的事就让它过去。不过，朕想知道，你为什么说朕即使得到了廉颇和李牧也不会重用他们呢？"

　　冯唐回答说："陛下，臣听说上古时代的帝王在派遣大将的时候，都是亲自跪下来为他们推车的！临行之前，帝王还会对大将说：'你就放心地出征吧，凡是国内的事，都由我来管理。凡是国外有关打仗的事，都由你来管理！'这样一来，士兵在外打仗，如果涉及什么军功、赏赐等问题的时候，大将根本不用禀报大王。"

　　文帝点了点头说："说得有道理，可这和朕有什么关系呢？"

　　冯唐继续说："臣的先祖曾经说过，当初李牧做赵国将军时，部队驻扎在边疆，军队在当地收上来的租子全部用来犒劳士兵。同时，赏赐士兵的事李牧一个人就可以说了算，从来不需向中央汇报。这样一来，才使得赵国越来越强大，打败了匈奴，还险些成为霸主。"

文帝赶忙问道："那为什么后来又失败了呢？"

冯唐回答说："这是昏庸的赵迁，听信小人郭开的谗言，杀害了李牧，并让颜聚代替了他，结果才被秦朝所灭。"

汉文帝听到这里点了点头说："你说得很有道理，那么你的意思是……"

冯唐继续说道："臣已经听说了，我大汉有一个叫魏尚的人在做云中郡守。如今，他把军队收上来的租子全部赏给士兵，甚至不惜把自己的俸禄都拿出来。此外，魏尚每隔五天就会杀一次牛，来犒劳那些宾客和军官。正因为这样，才使得匈奴不敢侵犯我汉朝边境，不敢接近云中郡一步啊。陛下您要知道，那些当兵的都是庄稼人出身，有几个知道什么叫文书？他们只知道为国家流血牺牲。再看那些文官，报上军功以后，他们不奖赏；只要有一点点小错，他们却说什么按照法律惩罚。臣认为，您的封赏太轻，惩罚太重了。魏尚只不过多报了六个敌人的首级，那些文官就罢免了他的爵位，还把他关了起来。"

汉文帝听后沉思了半天，然后回答说："你的一番话确实击中了要害，朕这么做真是有点糊涂了。"

过了几天，汉文帝作了两个决定：第一个就是让冯唐拿着符节去见魏尚，说朝廷已经赦免了他的罪行；第二个就是好好感谢冯唐，把他封为车骑都尉。

大将军周亚夫

周亚夫是西汉时期的名将，他治军严明，而且战功赫赫，汉文帝曾经称他为"真将军"。

汉文帝二十二年（公元前158年），匈奴聚集了大批人马，准备对汉朝发动进攻。为了鼓舞军队的士气，汉文帝亲自来到军队驻扎的地方犒劳军士。

汉文帝首先来到了灞上和棘门（今陕西咸阳东北）的军营，驻守在那里的将领一听说皇上来了，自然是不会放弃这个拍马屁的机会，一个个都骑着马大老远地出营迎接。汉文帝和将领们寒暄了几句，象征性地问了问，然后就赶往了周亚夫驻守的细柳（今陕西咸阳西南）军营。

当文帝的车马来到细柳军营时，只见这里的士兵一个个都身披铠甲，手拿利刃，十分威武。文帝看在眼里，暗想："这个周亚夫真是名不虚传啊！"这时，被派去通知周亚夫的先头队伍也来到了细柳军营前，使者对守营的卫兵说："赶快打开营门，我们是天子的使者，找你家将军有事。"

谁知守营的卫兵不买账，根本不让他进。使者急了，说道："等一会儿皇上就要来了，你们再不开城门，小心你们的脑袋。"

使者本以为这么一说，守营的卫兵肯定会害怕。没想到卫兵翻了翻白眼，说道："少拿皇上吓唬我，周将军有令，这是军营，只认得谁是将军，不认识谁是天子！"

过了一会儿，汉文帝也赶来了，使者以为这下肯定可以进去了，可卫兵还是说什么也不让他们进去。没办法，文帝只好让使者带着军队的符节去禀报周亚夫，就说天子驾临了，是来这里犒劳军队的。这样，周亚夫才命令卫兵打开了营门。

平定七国之乱示意图

文帝带着手下人刚想骑马进去，守营的军官又说："启禀陛下，我家将军有令，任何人在军中都不得骑马奔驰。"

文帝听后心中暗笑："这个周亚夫，管人都管到朕的头上来了。好，朕就看看你能玩出什么花样来！"于是，文帝和随从都下了马，拉着缰绳缓缓地走进了军营。

等到了军营，周亚夫已经带着随从在大帐外等候了。不过，周亚夫和别人不一样，他没有脱去铠甲，而且还带着兵器。只见周亚夫手握兵器，对文帝作了个揖，说道："陛下，请恕臣不能行跪拜的礼节，因为穿着盔甲的士兵是不能够下拜的。陛下如今来到了军营，那就请您允许我用军礼来参拜吧！"

文帝被周亚夫的行为感动了。他收起了犒劳其他军营时闲散的态度，神情变得非常庄重。接着，文帝派人对周亚夫说："皇上对将军的行为非常满意，马上可以开始犒劳军队的仪式。"就这样，汉文帝在细柳军营中待了很长时间，直到劳军仪式结束后才离开。

出了军营以后，跟随文帝出来的大臣们都非常惊讶，不知道文帝为什么不怪罪周亚夫。文帝说道："你们懂什么啊，周亚夫这样的人才是真正的将军啊！灞上和棘门的守将虽然对朕很恭敬，但是他们却像是在闹着玩一样。如果真的有敌人来攻打他们，恐怕那些人一个个都会变成俘虏。至于周亚夫，试问有谁敢侵犯他呢？"

从那以后，汉文帝越来越器重周亚夫。

到了汉景帝时期，周亚夫先后担任过太尉、丞相，而且还帮助景帝平定了七国之乱。但是，"狡兔死，走狗烹；敌国灭，谋臣亡"，周亚夫因为反对汉景帝废太子而得罪了他，最终招来了杀身之祸。

周亚夫像

汉景帝后元元年（公元前143年），周亚夫的儿子从工官（管理官府手工业的官署）那里为父亲买来了500件专门给皇室制造的木盾，这些木盾是可以用来陪葬的。可是周亚夫的儿子很小气，雇了很多劳力给他搬运却不给人家工钱。因此，那些劳工忌恨周亚夫的儿子，就上书给景帝，告他谋反。

儿子要谋反，当爹的自然也逃不了干系，于是汉景帝下令将周亚夫抓了起来，送交给掌管司法的官吏处理。官吏得到了皇上的"暗示"，就按照检举信上的情节，一条条地询问周亚夫。可是周亚夫觉得自己没犯错，始终不屈服。汉景帝知道后非常生气，大骂说："好你个周亚夫，别以为不开口就可以蒙混过关！朕不需要你的什么供词，一样可以杀了你。"说完后，景帝就下令让周亚夫去廷尉那里接受审判。

审判过程中，廷尉问周亚夫："皇上待你不薄，你为什么要谋反啊？"

周亚夫冷笑了几声，说道："谋反？笑话！我买的那些木盾，是用来陪葬的，怎么能说是谋反呢？"

廷尉看了看周亚夫，然后阴险地说："就算你活着的时候不想谋反，可是你死了之后，在地下还是一样会谋反的啊！"

周亚夫这才知道，皇上要杀自己，根本不需要什么理由。为了让周亚夫招认，廷尉使出的手段越来越残酷，但周亚夫就是不"认罪"。后来，周亚夫一连绝食五天，吐血而死。

汉武帝招选文士

汉武帝是我国古代一个比较有作为的皇帝，为了巩固汉朝的统治，他从即位开始，就在全国各地挑选那些有文才、有智慧的人，把他们招进朝廷破格录用。

当时还没有所谓"科举制度"，能够在朝廷上当官的人全是凭仗自己的士族关系，普通百姓即使有再高的学问也是不能做官的。这样一来，汉武帝施行的这种"破格录用"自然受到庶族的欢迎。一时间，全国上下很多有才学的人都向朝廷上书，谈论国家各种政事的得失。

在这些人里，有的自我夸耀，有的自我标榜，也有的自我推荐，总之所有人都使出浑身解数，希望能够凭借自己的上书博得汉武帝的好感，入朝为官。汉武帝看到这种情形非常高兴，就从这些上书的人中，挑选

汉武帝刘彻像

了那些特别杰出的人，封他们做了大官。

汉武帝之所以这样做，主要是想为以后推行儒学，广招贤才打下基础，这些被召来的文人主要是帮助他对付那些"老顽固"。汉武帝经常在上朝的时候，让这些文人和朝廷上的大臣们进行辩论，主要是有关国家政事的得失。这些文人难得有入朝"参政"的机会，辩论起来自然非常卖力。每次辩论的时候，文人们总会有理有据，用义理言辞把那些大臣们驳得哑口无言。汉武帝看到这种情形，心里十分得意。

不过，这些文人也并不是完美的，每个人也都有缺点。比如说，司马相如这个人虽然文采飞扬，辞藻华丽，可是在政治领域却没什么成就，所以汉武帝喜欢的只是他的辞赋；东方朔和枚皋倒是两方面都不错，可是这两个人的观点经常变化，而且说起话来喜欢讽刺挖苦，所以汉武帝更多的是把他们当作"小丑"留在身边。这些人虽然时不时地能从汉武帝那里获得一些赏赐，但是始终没能够参与朝政的处理。只有东方朔对武帝察言观色，偶尔直言进谏一回，对朝廷政令的制定起到了一些补充作用。

虽然汉武帝在天下广招贤才、文士，但是他并不爱惜人才。汉武帝性情非常刻薄，做起事来也非常严厉。别看那些在他身边受宠信的人平时很风光，其实一个个都过着提心吊胆的日子。不管多受宠信，或者有多高的文采，只要犯了错误，哪怕是一点点小错误，或是有什么欺骗隐瞒的行为，汉武帝二话不说，马上就处以极刑，根本没有商量的余地。

汲黯对汉武帝这种做法十分不满，就劝说道："陛下，您在天下广招贤才，可以说求贤求得非常辛苦。可是，有些人往往还没有等到发挥他的才干的时候，就已经被您处死了。您不觉得可惜吗？天下那些真正有文才、有学识的人的数量是有限的，您再这样杀下去，就不怕杀光了吗？那样的话还有谁能够帮助您治理天下呢？"

汉武帝听后笑了笑，说道："汲黯，你这个人就是太迂腐了，天下的人才怎么会没有了呢？你记住，天下在什么时候都会有人才的，只不

五常

"五常"，指仁、义、礼、智、信这五种精神信念与行为规范，是儒家伦理思想的核心。"五常"的定称，出于董仲舒《天人三策》："仁、义、礼、智、信五常之道，王者所当修饬也。"之所以将仁、义、礼、智、信称作"五常之道"，是因为"常"表达的是永恒不变之义。后来，"五常"与"三纲"常常并称，成为中国传统社会的最高伦理准则，但是实际上"五常"的观念比"三纲"早很多，在孔子之前就已经是社会上广为认同的德行规范，孔子继承了华夏文化的优秀传统，并将之发扬光大，泽被后世。可以说，"五常"作为一种思想理念，有着比"三纲"更为广泛的适用范围，当今虽不再有"五常"的提法，但是仁、义、礼、智、信这些基本理念仍在相当程度上影响着中国人的思想和行为。

过是有些还没有被发现罢了！只要朕不糊涂，善于发现人才，就根本不必担心没有人才，没有人替朕管理国家！"

"可是皇上……"汲黯还想说什么，却被汉武帝打断了。武帝白了他一眼，继续说道："所谓'人才'是什么？打个比方说，人才就像是我们平日里看到的那些器物。你想，如果器物摆在那里却不使用，你能说这个器物有用吗？人才也是一样，别老是夸口说自己有文才、有学识，如果你的文才学识不能充分发挥出来的话，那和没有有什么区别？这样的废物不杀了他，留着有什么用？"

汲黯知道汉武帝的为人，他决定的事是改变不了的。没办法，汲黯只好摇了摇头说："陛下，臣虽然没有办法说服您，但是希望您能反思一下。臣觉得您这件事做得实在是不对。臣不敢有别的想法，只是希望您能够从现在起改变一下自己，纠正自己的错误。"

飞将军李广

李广是西汉时期抗击匈奴的著名将领。他擅长射箭，可以说是百发百中。同时，李广还非常懂得用兵打仗，对手下的士兵也非常好，所以很受士兵们的拥护。

汉武帝元光六年（公元前129年），担任骁骑将军的李广带着人马从雁门关出发，与匈奴军队展开了激战。由于对形势估计错误，李广的部队中了匈奴的埋伏，李广也因为受伤被匈奴活捉。匈奴人终于捉到了这个"可怕"的李广，自然是高兴得不得了。于是，他们在两匹马中间用绳子制成了一个网，然后把李广放在里面。李广知道这时不能轻举妄动，所以就将计就计，躺在里面装死。

就这样，匈奴人赶着两匹马，拉着李广走了几十里路。突然，匈奴队伍中的一个骑兵发出了一声惨叫。原来，李广趁匈奴不备，猛地从网里跳了起来，一下就跳到了一个匈奴骑兵的马背上。那个可怜的骑兵还没明白怎么回事，就被李广夺走了弓箭，从马背上掉了下来。

有了弓箭和战马的李广犹如天神下凡一般，他骑着马飞快地跑回了汉军的营地。汉军的士兵见自己的将军居然活着回来了，自然是惊讶不已。后来，有些人在传这件事的时候，又添油加醋地加了很多神奇的事情，于是李广的威名开始传播。从那以后，李广就有了"飞将军"的称号。

李广这个人治军比较"随便"，他的军队没有固定的编制，也不讲究什么队列阵形。每当找到一块草肥水美的地方，李广就马上下令部队驻扎。在李广的部队中，军士们不需要每天接受严格的训练，夜里也不需要派人去巡逻。

李广的这种治军方法也是有道理的。他手下的士兵一个个过得比较"悠闲自在"，肯定会对他十分感激，所以打起仗来非常卖命。此外，虽然李广夜晚不派人巡逻，但是他平时从来没有放松过对匈奴军队的侦察，所以他的部队也从没受到过偷袭。

李广一生与匈奴人打了大大小小70多场仗，很多次都取得了胜利。李广在与匈奴人作战的时候有一个特点，那就是"心理战"使得非常好，常常让敌人摸不清他要干什么。

有一次，李广带领着手下的100名骑兵出外巡查，走到半路的时候碰见了三名匈奴人。李广二话不说，放箭就射死了两个，又活捉了

李广射石图　清　任颐

唐代诗人卢纶诗："林暗草惊风，将军夜引弓。平明寻白羽，没在石棱中。"即讲李广射石这件事，极力称赞李将军的高超箭术和神勇。

一个。正在他们高兴的时候，突然看见远处黑压压地上来一片，足足有几千人。

这时，李广手下的骑兵一个个都慌了神，对他说："太守（当时李广担任上郡太守），这可怎么办？敌人那么多，我们对付不了啊！"

李广想了想说："别慌，沉住气，先看看动静再说！"

再来看匈奴这边，别看他们有几千人，可是一样十分小心。他们见李广的部队不过100人，马上就起了疑心，怀疑李广是汉军派出来引他们上当的诱饵。因此，匈奴虽然人多，但也没敢轻举妄动，而是跑到山

太 学

公元前124年，汉武帝创建了太学，标志着中国封建官立大学制度的确立。汉朝掌管文化教育的官员为太常，总负责太学的管理。皇帝也亲自到太学视察。太学的教授称博士，主要职责是教授学生。太学的学生称博士弟子，东汉时简称"太学生"，通常是太学直接挑选，各地方官员也可以选送条件优秀的人才。从西汉一直到清朝，太学（有时叫国子学）一直都是国家的最高学府。

坡下摆好了阵形，观察李广的动静。

李广一眼就看穿了匈奴人的心思，对手下的骑兵说："大家都不要慌，我们千万不可以着急！你们想想，我们现在离军营还有几十里的距离。如果这样不顾一切地往回跑，匈奴骑兵一定知道我们人少，不敢和他们作战。那样的话，匈奴的骑兵就会追赶我们，我们这一百多人还有命在吗？如果我们留在这里，不表现出慌张害怕的样子，那么匈奴人一定会以为我们是引诱他们上当的部队，肯定不敢贸然地攻击我们。"

骑兵们也觉得李广说得很有道理，可是有人又说："太守，您说得很对！可是我们老在这里待着也不是办法啊，敌人迟早会明白的！"

李广想了想说："听我的命令，全体前进。"

"啊？"骑兵们震惊不已，心想，"前进？这不是送死吗？太守是不是吓糊涂了？"可是，长官的命令谁敢不听呢？所以，这一百多骑兵硬着头皮跟在李广的后面，向匈奴走去。

当部队离匈奴还有二里的时候，李广下令停住。之后，李广说："全体听好，全都给我下马，并且把马鞍解下来。"

这下骑兵们更是惊奇了，心想："这不是等死吗？"有一个胆大的人说："太守，您这是干什么啊？我们现在离敌人那么近，万一有什么紧急情况，您让我们怎么跑啊？您这么做，不是让我们等死吗？"

李广笑了笑说："你们想想，敌人看我们这么点人，以为我们一定会逃跑的。可如今，我们不但不跑，反而解下马鞍，那么他们会怎么认为？他们一定会更加坚信，我们就是引诱他们的部队，你想他们还会攻击我们吗？"

果然，匈奴人见李广的部队这么悠闲，真的没敢进攻。后来，匈奴中有一位骑白马的将领忍不住了，冲了出来。李广一看，转身上马，带着十几个骑兵跟了过去，一箭射死了那个将领。紧接着，李广又回到原地，解下马鞍，而且还躺在地上休息起来。

这个时候已经是黄昏了，匈奴人越来越觉得这是"奸计"，为了防止汉军的偷袭，匈奴军队在半夜悄悄地离开了，而李广的部队则在黎明的时候回到了营地。

李广之死

汉武帝元狩四年（公元前119年），汉武帝任命卫青为大将军，率大批人马攻打匈奴。

李广听说这件事以后，非常想参加战斗，于是就请求汉武帝答应自己出征。开始的时候，武帝觉得李广年纪已经很大了，所以就没答应。可是李广一再坚持，最后只好封他做了大军的前将军。

不过，在大军临行前，汉武帝偷偷把卫青叫到身边，对他说："这次大军出征不比往常，我们不仅要打败匈奴，而且还要活捉单于。如今，李广的年龄已经很大了，而且总是没有好的运气，所以这次不能让他和单于的部队发生正面交锋，不然的话，我们就有可能丧失捉住单于的好机会。"

卫青听后点了点头，装着皇上的"密旨"，带领大军出了塞。汉军出塞不久，很快就有人捉到了一个匈奴俘虏。卫青从俘虏口中得知了单于军队驻扎的地方，于是亲自带领精锐部队前去攻击，让李广和赵食其的部队合在一起，从东面攻击匈奴。

西汉十三州刺史部和西域都护府示意图

李广得知消息后非常生气，因为如果从东路攻击匈奴，不仅路途遥远，而且水草也非常少。李广心里明白，卫青这么做无非是想支开自己，说白了就是不想让自己打仗。因此，李广怒气冲冲地来到卫青面前，恳求道："大将军，我李广虽然老了，但是还能打仗。这次出征，皇上任命我做前将军，那我的使命就是打头阵，做先锋。可是大将军您却让我从东路进军，我实在接受不了！想我李广，从年轻的时候就开始和匈奴作战，这么多年过去了，直到今天才有机会和单于正面干一场。李广没有别的要求，只希望大将军能让我做部队的先锋，让我去和单于决一死战。"

卫青也不是不想答应李广的要求，但是有两个条件却让他不能答应：第一个就是汉武帝临行前的嘱咐；第二个就是卫青的好友公孙敖前不久刚失去爵位，卫青想趁这个机会让他立下战功，也好重新获得爵位。因此，在这两个条件的驱使下，卫青没有答应李广的要求。

李广见卫青不答应，心里更加生气，于是他都没有和卫青辞行，就带着大军出发了。李广和赵食其带领着大军向东艰难地行进着，这时他们遇到了最可怕的问题——方向。

要想在沙漠中找到正确的道路，必须有一个非常熟悉地形的向导。可是，李广他们的部队是"受轻视部队"，同时李广临行前又没有向卫青辞行，所以根本没有向导。李广的大军在沙漠中迷了路，所以虽然他们先一步出发，但还是落到了卫青部队的后面。当他们在沙漠南部遇见大部队时，卫青已经把匈奴打得落花流水，正班师回朝。

卫青得知李广和赵

西域都护

汉武帝太初元年（公元前104年），李广利出征大宛并将其击败，西域的交通更加顺畅。西汉又在楼兰、轮台等地设校尉管理屯田，这是汉在西域最早设置的军事和行政机构，为后来设西域都护创造了条件。公元前68年，汉宣帝派侍郎郑吉屯田渠黎，和匈奴争夺车师，以护卫鄯善以西"南道"诸国的安全。公元前60年，匈奴日逐王归降汉朝，匈奴设置在西域的都尉从此撤销，匈奴对西域的控制也越来越弱。西汉王朝在西域设置西域都护府，并任命郑吉为首任都护，其官职相当于内地的郡守，下设副校尉、丞、司马等属吏。西域都护的设置，标志着西域正式归属中央政权，汉对西域有权册封国王，颁赐官吏印信，调军征粮；同时，西域都护的设置也保证了"丝绸之路"的畅通，加强了各民族间的团结和经济文化交流。

食其的部队因为在沙漠中迷路而没能参加战斗的时候，非常生气，就派军中的长史去责问李广和赵食其迷路的原因。同时，卫青还派人把李广的幕僚找来，让他来自己这里听候审问。

这时的李广已经心灰意冷了。部队迷了路，自己没有赶上和单于的一战，这对这位老将军来说已经是很大的打击了。现在大将军又派人来责问他，李广能不心寒吗？李广看了看长史，说道："劳烦长史回去禀报大将军，就说我李广一人做事一人当，不会让我的部下去替我顶罪的。这次在沙漠中迷路，完全是我李广不听从大将军的安排导致的，和我的部下没有一点关系，责任全在我一个人身上。长史可以先回去，等一会儿我自己会去大将军那里请罪的！"

长史点了点头，转身走了。李广看着远去的长史，对手下的人说："我李广戎马一生，到现在已经和匈奴打过大大小小七十多次战斗了。"

过了一会儿，李广接着说："这次皇上派大军出征，意思就是直接攻打单于。我一生就盼着这次能够和大将军一起，与单于展开较量。那样的话，即使我战死沙场，也没有什么遗憾了。可是，人算不如天算，大将军却偏偏派我去什么东路。东路的路途遥远，而且我们又迷了路，看来我李广是不能实现心中的理想啊，这一切都是天意啊！如今我已经六十多岁了，难道还要面对那些刀笔小吏，让他们对我说三道四吗？"

于是，李广拔出宝剑自刎而死。

李广生前十分清廉，自己得到的赏赐全部都分给部下，而且平时和士兵们吃在一起，睡在一起。行军打仗的时候，当部队的给养遇到困难时，如果发现了水源，李广总是在军士们喝过后才喝；如果粮食不充足，李广总是在军士们吃饱后才吃，所以深受军士们的爱戴。李广一死，所有跟随他的军士都失声痛哭，就连百姓们也都为他流下了眼泪。

汉大将军卫青

卫青是汉朝抗击匈奴的战争中有名的将领之一，他带领汉军数次大破匈奴，为汉朝疆土的稳固立下了汗马功劳。可是这位战功赫赫的大英雄却有着极"不光彩"的出身。

卫青和汉武帝的宠姬卫子夫是同母异父的姐弟。卫青的父亲名叫郑季，是平阳县（今山西临汾西南）的一个小官吏。由于工作需要，郑季经常出入平阳侯府。一来二去，他就和卫子夫的母亲卫媪产生了感情，结果就生下了一个男孩，并让他冒姓卫，这就是卫青。

卫青长大了，在平阳侯家里做了一名骑奴。有一次，大长公主把卫青抓了起来，想要杀死他。最后，在好友骑郎公孙敖的帮助下，卫青才没有被大长公主杀死。汉武帝知道这件事以后，就封他做了建章宫的宫监，还赏赐给

他很多金银。过了一段时间，汉武帝册立卫子夫做了夫人，所以卫青也跟着显贵起来，做了太中大夫。

汉武帝元朔五年（公元前124年），匈奴的右贤王多次带兵侵扰朔方郡（今内蒙古杭锦旗北），使得汉武帝十分头疼。为了打掉匈奴的嚣张气焰，汉武帝任命卫青为车骑将军，统率十几万大军攻打右贤王。

匈奴右贤王得知消息的时候正在喝酒，只见他举起酒杯喝下了一大口，然后轻蔑地说："不就是一点汉军吗？放心，他们离这里还远呢，根本不需要着急。这个时候我们不如抓紧时间享受一下，等和他们打仗的时候好有精神。来，接着喝！"

就这样，匈奴右贤王整日喝得酩酊大醉，丝毫没有戒备。他哪里知道，这次统兵的不是一个普通的将领，而是那个后来让匈奴人闻风丧胆的卫青。卫青出关以后，并没有一点点地逼近匈奴，而是命令军队日夜赶路，很快就赶到了右贤王的营地。

当汉军包围匈奴的营地时，右贤王正抱着美姬睡得香甜呢。直到喊杀声震天时，他才从睡梦中醒来。右贤王推开美姬，掀开帐门向外看。天哪！哪里来的这么多汉军啊？不是说他们还在几百里以外吗？怎么突然间杀过来了？难道是从天而降？右贤王来不及多想，赶忙骑上战马，

带领着手下的几百名精壮士兵冲出了汉军的包围圈，向北方逃去。

这场战争汉军大获全胜，一共俘虏了右贤王手下首领十几个人、男女部众15000人，缴获牛羊牲畜近百万头。汉军一个个兴高采烈，带着丰盛的战果班师回朝。

汉武帝得知卫青大获全胜，高兴地从龙椅上跳了起来，并派出使者到关塞接应卫青。

卫青到达关塞的时候，使者已经在那里等候了。使者拿出了汉武帝赏赐的大将军印，就在军中拜卫青做了大将军，其他将领全部听从卫青的指挥。从那以后，卫青在汉武帝心中的地位越来越高。

就在这一年的四月，为了表示嘉奖，汉武帝又加封卫青做了8700户侯，并且还把卫青的三个儿子都封为了列侯。卫青却对汉武帝说："陛下，您给臣的赏赐，臣不能要。"

汉武帝觉得很奇怪，问道："怎么？难道说将军嫌朕给你的赏赐太少？"

卫青赶忙摇头，说道："不是的，是您给臣的赏赐太多了。臣这次是取得了不小的胜利，但这并不是臣一个人的功劳啊。如果没有皇上的

漠北之战　绘画
公元前119年，武帝命卫青、霍去病各统兵5万，深入漠北，寻歼匈奴主力。漠北之战重创了匈奴势力，危害汉朝百余年的边患基本解决。

英明决策，如果没有众将士的拼死厮杀，臣怎么能顺利地攻破匈奴呢？因此，这场胜利的功劳应该是那些校尉的，而并不是臣自己的。"

汉武帝笑了笑说："这还不都是一样的。"

卫青说道："不，您已经给我很多赏赐了，我的那三个孩子没有一点功绩，如今却被您封为列侯，这并不是我带兵打仗，犒劳军士的本意，请陛下收回成命！"

汉武帝点了点头说："大将军真是我汉朝的栋梁啊！朕并没有忘记诸位校尉的功劳。"就这样，跟随卫青打败匈奴的那些将领们也都得到封赏。至于卫青，虽然他没有接受皇上的赏赐，可是他却征服了汉武帝的心，越来越受宠。当时，满朝文武大臣中，已经没有一个人可以与他相比了。

官做大了，身旁自然少不了拍马屁的人。卫青成了汉武帝面前的红人，有谁不想巴结他？于是，上到三公九卿，下到普通官吏，没有一个不对卫青点头哈腰、毕恭毕敬的。可是有一个人却不这么做，依然以平等的礼节对待卫青，这个人就是汲黯。

朝中很多人劝汲黯，说："你怎么这么笨啊？现在皇上想让所有的大臣都居在大将军之下。如今，大将军的地位太尊贵了，你是不能不下拜的。"

汲黯笑了笑，说道："难不成因为我不向大将军行长揖的礼节，就会使他不尊贵了吗？"

卫青知道这件事后，非但没有生气，反而越来越尊敬汲黯，经常向他请教一些国家大事。

张骞通西域

曾经有一个投降汉朝的匈奴人对汉武帝说："月氏国以前居住在敦

煌和祁连山之间，也算得上是一个强国吧！后来，匈奴的冒顿单于带兵打败了他，老上单于又把月氏国的国王杀死，还把他的头骨做成了喝酒用的器皿。其他的月氏人知道事情不妙，就全都逃到很远的地方。可是他们对匈奴的仇恨却一点都没有减弱，如今陛下想要打败匈奴，最好的办法就是与月氏国联合起来。"

张骞像
张骞字子文，汉武帝时，以军功受封为博望侯，后又拜为中郎将。

汉武帝听后点了点头，认为这个办法可行，于是就开始招募能够出使月氏的人。

汉武帝元朔三年（公元前126年），汉中（今陕西汉中市）人张骞接受了汉武帝委派的任务，带领着一百多名随从从陇西郡出发，踏上了出使月氏国的路程。这次任务是相当危险的，因为要想到达月氏国，就必须经过匈奴的腹地。匈奴人见到有这么多汉人从自己的领地经过怎能不起疑心？

果然，张骞的队伍刚刚踏入匈奴的地盘，就被他们抓住了。这次匈奴的单于没有杀了张骞，只是把他关了起来，一关就是10多年。虽然保住了一条性命，可是张骞心里十分着急，因为他还没有完成皇上交给的任务。

终于有一天，张骞找了个机会逃了出去，一直奔向月氏国所在的西方国土。几十天过去了，张骞首先来到了大宛国。大宛国的国王一听说是汉朝来的使者，马上热情款待，而且还给张骞配备了向导和翻译。原来，这大宛国早就听说汉朝十分富有，想和汉朝结好，可是一直没有机会。如今汉朝先派使者来到了大宛，这个机会自然不能放过。

就这样，在大宛向导和翻译的帮助下，张骞先是到达康居国，然后又到达了大月氏国。这时，大月氏国以前的太子已经成了国王。他们攻打大夏国后，侵占了很多肥沃的土地。在这里，月氏国的人虽然背井离乡，是他们也不再有敌人的侵扰，所以时间一长，一个个都忘记了所谓"国仇家恨"。

张骞在大月氏逗留了一年多，虽然每天好吃好喝，可是始终没有从大月氏国王那里得到消息。张骞想到离开国家已经10多年了，是时候回去复命了。

就这样，张骞带着没有完成的使命，踏上了回国的路程。动身前，张骞就想好了回去的路线。

按原路返回肯定是不可能的了，那样的话还不如直接找到匈奴，让他们把自己抓起来呢。最好的办法，就是沿着南山走，然后从羌人居住的地方返回汉朝。

还没等他回到汉朝，就又被匈奴人抓了起来。就这样，张骞又在匈奴那里待了一年多。后来，匈奴国内发生了内乱，张骞趁机和堂邑氏的奴隶甘父一起逃回了汉朝。

汉武帝见张骞回来了，非常高兴，虽然他没有"完成"任务，但是

丝绸之路

西汉初年，河西走廊先后被西域的乌孙、月氏、匈奴所占据，汉与西方的交通受到了阻隔。张骞通西域以后，汉朝在从敦煌至盐泽的通道上修筑了很多的烽火亭障，以防止匈奴南侵。从此，汉朝的使节和商人源源不断地向西行进，大量的丝绸锦绣输入了西方；西域各国的奇珍异宝也向东输入中国。这条路被后世称为"丝绸之路"。两汉时期的丝绸之路东起长安，经过河西走廊，到了敦煌后分为南北两道：南道向西南出阳关至楼兰，然后沿塔克拉玛干沙漠的南缘西行，经鄯善、且末、于阗、莎车，越葱岭过大月氏、身毒、安息、条支，最后抵达大秦帝国（东罗马帝国）；北道向西北出玉门关，经楼兰沿孔雀河经渠犁、乌垒、轮台、龟兹、姑墨、疏勒，越葱岭过大宛、康居至安息（今伊朗），再西至大秦。丝绸之路的开辟，对加强东西方文化交流起了巨大的作用。

张骞出使西域图

此为敦煌壁画，表现的是汉武帝率群臣到长安城外，为出使西域的张骞送行的情景。

他已经尽了最大的努力了。因此，汉武帝任命张骞为太中大夫，又把甘父任命为奉使君。的确，张骞得到这些赏赐是应该的，一个太中大夫的官职，与张骞受的那些苦相比简直太渺小了，当初张骞带着100多人出使月氏，可是只有他和甘父两个人活着回来。

汉武帝元鼎二年（公元前115年），为了彻底打通汉朝与西域交往的道路，在张骞的建议下，汉武帝任命他为中郎将，带领着300人和许多牛羊马匹、金银财宝以及绫罗绸缎出使乌孙国。同时，汉武帝又找了很多人做张骞的副使，每到一个国家，就派出一个人。

就这样，张骞到达了乌孙国。这个乌孙国一直以来是匈奴的属国，而且与匈奴距离很近。由于消息闭塞，所以并不知道汉朝是一个什么样的国家，是不是比匈奴强大，是不是比匈奴富有。因此，乌孙国王昆莫在接见张骞时态度十分恶劣，傲慢无礼。

张骞也不去理会国王的态度，而是直接转达汉武帝的旨意："我朝皇上有旨，如果乌孙国能够向东进发，回到自己以前居住的地方，那么我大汉朝愿意与你们世代结好。为了表示我们的诚意，如果你能答应我们的要求，我汉朝就会将一个公主许配给你做夫人。这样一来，我们两国就成了兄弟国了，有福同享，有难同当。如果匈奴敢侵犯，我们就联手打败他。"

乌孙国王没有回答。其实，乌孙国王也有自己的小算盘，他知道大臣们都很害怕匈奴，都不愿意东迁，所以也就没有答应张骞。张骞在乌孙待了很长时间，见一直得不到满意的答复，就开始联络大宛、康居、大月氏、大夏、安息、身毒、于阗等国家。乌孙国王见其他国都愿意和汉朝交往，所以也派出了使者、翻译和向导跟随张骞来到了长安。这么做一方面是"答谢"汉朝，另一方面也是打探一下汉朝的情况。

一年多以后，出使其他国家的使者也都回来了，而且还都带来了那些国家的使者。就这样，西域的各个国家和汉朝联系的通道终于打开了。

苏武牧羊

汉武帝天汉元年（公元前100年），汉武帝派中郎将苏武、副中郎将张胜以及临时使团官吏常惠等人带着丰厚的礼品出使匈奴。当苏武到达匈奴时，正赶上匈奴的会缑王和长水（今河南洛宁西南）人虞常以及当初卫律（卫律本是汉朝官吏，后投降匈奴，得到重用）手下的汉朝官兵商量一起劫持单于母亲归降汉朝的事情。

虞常和张胜关系非常好，为了能够回到汉朝，虞常就找张胜商量，说他们愿意杀掉卫律，替汉朝报仇，希望张胜能够在汉武帝面前多说好话，也好保住自己的家人。张胜想了想，就答应了虞常的请求，还送给他很多钱财。

一个月后，虞常等人想趁单于外出打猎的机会杀掉卫律，劫持单于的母亲。可是还没等行动开始，就因为内奸的告发而被匈奴袭击。在这场战斗中，匈奴的会缑王战死沙场，虞常等人也被活捉。

张胜很快就得知了这件事，他害怕受到牵连，就去找苏武商量如何应对。苏武不愿意背叛汉朝，也不想受到匈奴人的侮辱，所以几次都想自杀。幸亏张胜和常惠极力劝阻，苏武才活了下来，但也受了重伤。本来，单于派卫律办理这件案子，本意是想杀掉汉朝的使者。后来在大臣

苏武牧羊图　清　任颐

的劝说下，单于决定招降汉使。当他听说苏武的行为时，认为他非常有气节，于是每天都派人来慰问他。

过了几天，苏武的伤已经好得差不多了。这时，卫律突然押着虞常来见苏武。卫律提着宝剑，冷冰冰地看着苏武，然后当着他的面一剑砍下了虞常的脑袋。之后，卫律对苏武说："汉朝的使者张胜意图谋杀匈奴的大臣，按照匈奴的法律理当处斩。不过，单于看你们是人才，不忍心杀了你们。只要你们投降，一切都可以既往不咎。"

卫律的话刚说完，张胜就跪倒在地，表示愿意投降。卫律看了看张胜，轻蔑地笑了几声，然后又对苏武说："怎么？先生难道还执迷不悟？副使参与了谋反计划，你这个做正使的恐怕也脱不了干系吧？"

苏武狠狠瞪了张胜一眼，然后大义凛然地对卫律说："真是笑话，我本来就没参与他们这次谋划，我和张胜又非亲非故，关我什么事？想杀我就直说，没必要拐弯抹角的。"

"你……"卫律气得脸色发青，举起剑做出一副要杀人的模样。苏武连看都不看他一眼，站在那里纹丝不动。卫律一见硬的不行，就又来软的，对苏武说："苏先生，你这又是何苦呢？想当初我投降匈奴，承蒙单于器重，做了匈奴的丁灵王，掌管几万军队，拥有数不尽的金银财宝、牛羊马匹，这是多么风光的事情啊！凭你的才干，我敢保证，你今天投降，明天就可以和我一样享受荣华富贵，何苦在这里白白等死呢？"

苏武看了看卫律，没有说话。卫律以为打动了苏武，就接着说："这件事你一定要考虑清楚啊！如果你现在听我的，归顺了匈奴，那么从明天起我们就是兄弟；如果你不听我的，恐怕我们就没机会再见面了，我看你……"

"呸！无耻！"还没等卫律把话说完，苏武就破口大骂，"你居然还有脸在我面前卖弄。身为汉朝的臣子，却不要恩德信义，背叛自己的君主，抛弃自己的亲人，心甘情愿地给蛮夷做走狗，你有什么资格在我面前说三道四？"

卫律被苏武骂得无话可说，只好呆呆地立在那里。这时，苏武又说："放下你和我大汉的事不说，就说你和匈奴的事！单于交给你裁决别人生死的权力，这是多大的信任。可你呢？不但不公正地处理问题，反而在这里挑拨两国君主之间相互争斗，自己却在一旁坐山观虎斗，你居心何在啊？当初，南越国杀死我大汉使者，结果被我大汉消灭；大宛国王杀死我大汉使者，结果被我们砍下来脑袋；高句丽杀死我们的使者，结果招来了灭国的灾难，如今就只剩下匈奴还没有干过这种事。你明知道我是绝对不会投降的，却想要借这个机会杀死我，然后挑起汉朝和匈奴之间的战争。恐怕匈奴的灾难就要来临了，而这场灾难也是从我开始的啊！"

卫律摇了摇头，他心中清楚，不管怎么劝说，苏武始终是不会投降的。没办法，卫律只好把这件事禀报给单于。单于听后更加欣赏苏武，非要把他招降。于是，单于命人把苏武关进了一个地窖里，不给他供应水和食物。这时正赶上天降大雪，苏武就靠啃雪和毡子上的毛团维持了好几天。匈奴人看几天下来苏武居然没有饿死，就认为有神灵在保护他。

最后，单于把苏武流放到北海没有人烟的地方，让他在那里放牧一群公羊，并对他说："苏先生是可以回国的，不过必须等到公羊能够生出小羊才行。"

在这期间，匈奴曾经两次派李陵来劝说苏武，但都被苏武拒绝。直到19年后，苏武才回到汉朝。当初苏武出使匈奴的时候还是壮年，可回国的时候，胡子和头发却全白了。

李陵降匈奴

李陵是飞将军李广的孙子，曾经担任侍中。他不仅善于骑马射箭，而且对待手下的士兵也非常好，所以军士们非常拥护他。汉武帝认为他有老将军李广的风范，就任命他做了骑都尉，让他带领丹阳（今江苏省丹阳）和楚地的5000人马驻守在酒泉和张掖一带，防备匈奴的进攻。

汉武帝天汉二年（公元前99年），贰师将军李广利带领三万大军攻打匈奴。这时，汉武帝下令让李陵为李广利押送辎重粮草。可是李陵不愿意做李广利的部下，就向汉武帝请命，说自己愿意带领5000名步兵去攻打匈奴。汉武帝被李陵的胆魄和豪气感动，就答应了他的请求。

当李陵的部队来到浚稽山（约今蒙古图音河南）的时候，正好碰见匈奴单于带领三万骑兵前来迎战。李陵见匈奴的人马多出自己好几倍，而且已经将自己的部队包围，就下令在两山之间安营扎寨，并在营寨的周围布满大车。李陵让前排的士兵手里拿着戟和盾，后排的士兵拿着弓和箭，自己则亲自带领军士拒敌。

匈奴兵一见汉军人少，以为有大便宜可捡，就直接攻打汉军的营地。李陵见匈奴攻了过来，就带领着手下的士兵与匈奴展开了战斗。其实李陵在出战前就已经布置好了，他自己在前面与敌人进行肉搏战，后面的士兵则不停地向匈奴放箭，只见匈奴骑兵一个接一个地从马上掉了下来。这下匈奴人可乱了阵脚，慌忙向后逃窜。李陵乘胜追击，一下子就歼灭匈奴几千人。

匈奴的首领单于吓坏了，不知道为什么看起来数量那么少的汉军怎么就杀死了自己几千

苏李泣别图轴　明　陈洪绶　绢本
此图源自汉史中苏武与李陵的故事。苏武出使匈奴后，匈奴王令降将李陵前去劝降，但遭苏武拒绝，李陵只得与其洒泪而别。画面中苏武持节斜视李陵，虽衣衫褴褛，但仍不失汉官气节。李陵身着胡服，佩胡刀，掩面而泣。

名勇士。为了对付李陵，单于居然又从其他地方调来五万骑兵，然后合兵一处，从左右两侧包抄汉军。李陵见匈奴的骑兵实在太多，只好边打边退，最后撤到了南方的一个山谷中。

这时的汉军损伤也很严重，很多士兵都身负箭伤，但是依然拼死作战。李陵动员全体士兵，连那些文员都参加了战斗，一口气歼灭了匈奴3000多人。之后，李陵又带着剩下的士兵从龙城旧道撤退，一直向东南

方而去。单于气得哇哇乱叫，下令骑兵继续追赶。

几天后，李陵的部队退到了一个芦苇丛中。匈奴马上在上风的地方放火，想要烧死汉军。李陵识破了敌人的奸计，马上命令自己手下的士兵先把自己周围的芦苇点着。匈奴见火攻没有奏效，就继续堵截汉军，结果又被汉军杀死了几千人。

这天，汉军捉到了一个匈奴俘虏。李陵从俘虏口中得知，单于认为他们是汉朝的精兵，是汉武帝派来引诱匈奴进入边塞的诱饵，所以想要退兵。手下的大臣怕这样做会让别人耻笑，所以单于决定再进攻山谷一次，如果还不能取胜就退兵。

李陵得知消息后非常高兴，就告诉士兵们再坚持几天就可以脱离危险了。可是，就在匈奴打算撤兵的时候，李陵的部队中却出现了一个叫管敢的"叛徒"。他因为受到都尉的欺辱，就跑去报告单于说："李陵的部队现在是死撑，他们武器不多了，弓箭也用完了，更不会有什么援军。"

单于听后大喜，马上命令所有骑兵一起进攻，并且大喊："李陵、韩延年赶快投降吧！"接着又派出很多骑兵截断了汉军的退路。李陵没办法，只好带领部下拼死抵抗，边打边往南面撤退。这场战争打得非常惨烈，李陵只剩下3000多士兵了，而且50万支箭已经射没了，用于搏斗的武器也都打丢了。没办法，李陵只好丢下辎重粮草，让士兵拿车上的辐条做武器与敌人作战。

最后，由于匈奴军队的攻势太猛，李陵只好带领手下退到了一个峡谷中。这下可犯了兵家大忌，为了彻底打垮汉军，单于亲自带领骑兵堵截住汉军的退路，并让其他人在峡谷上方往下扔巨石。汉军在峡谷里根本没有回旋的余地，所以死伤惨重。

到了晚上，李陵穿着便衣走出了大营，对侍从说："你们谁也不许跟着我，我要一人前往匈奴的营地，非要把单于活捉回来不可。"很长时间过去了，李陵垂头丧气地回到了军营，对其他人说："形势已经不可能发生改变了，如今我们已经彻底失败了，恐怕都要死在这个地方。"

手下人听到李陵这么说，也都非常伤心。李陵擦了擦眼泪说："大丈夫生于天地之间，怎么能就这样白白送掉性命呢？我们把所有的旗子全部砍倒，然后把财宝全部埋入地下，不给匈奴人留下一点东西。"

士兵们听后也都停止了哭泣，赶忙照着李陵的吩咐去做。接着，李陵又说："如果再有几十支箭的话，我们就一定能够逃脱了。可是如今我们已经没有了武器，等到天亮的时候大家都是死路一条，还不如分头行动，说不定有谁能逃回长安，向皇上禀报一切！"

就这样，李陵发给每一位士兵一些干粮和一片冰，并和他们约定好在遮虏障（今内蒙古额济纳旗境）会合。可是还没等他们出发，匈奴就开始了进攻，结果大多数人都被匈奴杀死，李陵无奈之下投降了匈奴。

当时，李陵手下有400多人逃回了长安，向汉武帝禀报了李陵投降的事情。汉武帝非常生气，并在第二年诛杀了李陵全家。就这样，李陵再也不能回到汉朝，再也不能回到家乡了。

李广利之死

汉武帝征和三年（公元前90年），匈奴大举侵犯汉朝边境。于是，汉武帝派李广利带领七万大军攻打匈奴，保卫汉朝的领土。

大军出征之前，丞相刘屈氂亲自给他送行，并为他祭拜路神。走到渭桥的时候，李广利对刘屈氂说："我这次恐怕要离开一段时间，希望您能尽早奏请皇上册立昌邑王为太子。只要昌邑王将来即位做了皇上，对你对我都有好处。那样的话，我们以后就没什么可忧虑的了。"

刘屈氂点点头，说："将军放心，我自己心中有数，这件事我一定会抓紧办的。"

昌邑王刘贺是贰师将军李广利的妹妹李夫人所生，李广利当然希望自己的亲外甥能够被册封为太子。那么这件事又和刘屈氂有什么关系呢？原来，这李广利的女儿是刘屈氂的儿媳妇，也就是说他们两个人是亲家。因此，不管是李广利还是刘屈氂，都希望昌邑王能够做太子，当皇上。

可是天下没有不透风的墙，当官的有几个在朝廷上没有敌人呢？内者令郭穰知道这件事以后，就向汉武帝告发，说："陛下，丞相刘屈氂的夫人在暗地里诅咒皇上，希望皇上早日归天。同时丞相和贰师将军还在一起祭拜神灵，想让昌邑王做皇上。"

汉武帝听后勃然大怒，马上命人进行调查。负责调查这件事的人回来禀报说一切属实，结果汉武帝就给他们定了个大逆不道的罪过。就在同年六月，汉武帝下令抓捕丞相刘屈氂，并把他装进囚车里游街示众，最后在长安的东市腰斩（古代死刑，把犯人从腰部斩断）。紧接着，刘屈氂的妻子和孩子也都在华阳街被斩首，他们的脑袋还被挂起来示众。李广利一家也好不到哪儿去，汉武帝命人把李广利的妻子和孩子也都抓了起来，不过并没有杀了他们。

远在前线的李广利听到消息后非常害怕，不知道该怎么办。这时，

刺史制度

西汉中期，中央统辖的郡国数量越来越多。为了加强中央对地方的管理，汉武帝在元封五年（公元前106年）把全国除了三辅（京兆、冯翊、扶风）、三河（河南、河内、河东）和弘农以外的地区分成了13个州部：冀州、青州、兖州、徐州、扬州、荆州、豫州、益州、凉州、幽州、并州、交趾、朔方。中央在每个州设立刺史一名，专职监察地方。刺史没有固定的治所，每年八月巡视所辖区域，考察吏治，奖惩官吏，决断冤狱。刺史当时在国家的官制中地位并不高，但是在地方时代表中央，可以监察二千石高官及王朝国相，也可以监督诸侯王；刺史权责虽重，但并不直接处理地方行政事务。刺史制度的确立，加强了中央对地方的管控。

他身边一个因为犯了法而从军避祸的幕僚胡亚夫说道："将军，现在的形势您难道还不清楚吗？如今，您的妻子和孩子都被抓进监狱，您可千万不能轻易地回去啊！"

李广利伤心地说："不回去？不回去我妻子和孩子全没命了！"

胡亚夫回答说："将军糊涂啊！你想，如果你现在贸然地回去，哪怕有一点不合皇上的心意，也会招来杀身之祸啊！这不是自投罗网吗？那样的话您觉得还能够活着到达郅居水（今蒙古色楞格河）以北吗？那个时候，恐怕就是您想归降匈奴都是不可能的了。"

李广利虽然觉得胡亚夫的话有些道理，不过依然不想投降匈奴。他更加希望自己能够直接插入匈奴的腹地，然后漂漂亮亮地打一场胜仗，也许能使汉武帝回心转意。于是，李广利带领大军继续北进，直接来到了郅居水畔。

当到达那里的时候，匈奴军队已经撤离了。没办法，李广利只好命令护军将领带领两万骑兵渡过郅居水，并与匈奴的左贤王和左大将率领的两万骑兵展开了战斗。这场战斗整整打了一天，双方互有损伤。匈奴死伤的人数更多些，而且左大将也在战斗中被汉军杀死。不过，汉军的损失也不小，也有很多人丢掉了性命。

这时，汉军中的长史和决眭都尉煇渠侯密谋说："这样下去可不行啊，要是再往里面走，我们都可能死无葬身之地啊！现在的贰师将军已经怀有叛逆之心了，他是想带领所有的士兵深入到最危险的地方，然后给自己捞上一笔功绩啊！我们必须想个办法，把他抓起来，也好保住所有人的命。"

不过，还没等他们行动，李广利就得知了消息。李广利知道后非常生气，马上命人把他们两个抓了起来，并且还把长史杀死。接着，李广利带领手下士兵退到了燕然山（今蒙古杭爱山）。这时，匈奴单于也得知汉军已经疲惫不堪的消息，就想一举打垮汉军。于是，单于亲自带领骑兵五万攻击汉军，结果双方都损失惨重。

到了晚上，单于悄悄命人在汉军前进的道路上挖了一个很深很深的壕沟，接着又对汉军发起了猛烈的进攻。汉军由于准备不足，一下子就乱了阵脚，拼命逃跑。可跑到一半才发现，自己的退路早就被人家堵死了，现在只有两条路可选：一是战死沙场，二是投降敌人。最后，李广利选择了第二条，向匈奴投降。

单于得到李广利后非常高兴，因为他早就听说李广利是个非常有本事的人。为了让李广利死心塌地地待在匈奴，单于还特意将自己的女儿许配给他，并且给他加官晋爵，官做得比卫律还高。

因为单于的过分宠爱，所以招来了卫律的嫉妒。有一次，单于的母亲生了病，卫律就趁机买通了巫医，让他陷害李广利。巫医对单于说："我们的老单于在天上发怒了，他说为什么要如此重用这个屡次攻打我们的汉人呢？必须用他来祭祀我，我的怒火才会平息。"

就这样，单于听信了巫医的话，把李广利作为祭品捆在了柱子上。李广利这时才明白自己当初的选择是错误的。

巫蛊之祸

汉武帝一直喜欢神仙方术。到了晚年，由于他体弱多病，变得更加疑神疑鬼。

汉武帝征和元年（公元前92年），有人告发丞相公孙贺的儿子公孙敬和阳石公主私通，并在暗地里诅咒汉武帝。汉武帝知道后非常生气，下令把所有涉案人员都抓了起来。第二年，公孙贺父子、诸邑公主、阳石公主以及卫青的儿子卫伉全都因为巫蛊案被处死。

当时，汉朝的国都已经被那些方士、巫师搞得乌烟瘴气，他们整天用一些左道旁门的邪术迷惑人们做出一些扰乱社会安定的事情。甚至一些女巫还趁机钻进汉朝的后宫，教那些后宫的夫人、美人等如何获得汉武帝的宠幸，如何躲避灾祸惩罚。

汉武帝实在忍不下去了，就下令把这些人全部处死，当时涉及巫蛊案的巫师、后宫妃嫔、宫女以及大臣共有数百人。

一天，汉武帝在宫中午休，梦见有几千个木头人手中拿着棍棒想要打他。汉武帝从梦中惊醒，觉得身体很不舒服，精神也很恍惚。这时，与卫太子刘据有仇的小人江充对汉武帝说："陛下，臣认为这些事情都是巫蛊作祟。如果陛下想身体健康、长命百岁的话，就必须彻底消灭巫蛊。"

汉武帝同意了江充的建议，任命他为使者，全权负责调查巫蛊一案。他带领着胡人巫师到处挖掘埋在地下的木头人，还把那些用巫术害人的巫师全部抓了起来。为了做到"人赃俱获"，江充事先命人在地上洒上血，并且说这就是那些巫师害人的地方。如果那些巫师还是嘴硬不肯招认，那么就严加拷打，强迫他们承认。

从客观上讲，江充的做法也确实是起到了一定作用，除掉了很多害人的巫师。可是由于他为了完成使命不择手段，导致当时全国因为巫蛊案而死的人有数万。

江充知道汉武帝现在的疑心是越来越重，就叫胡人巫师对汉武帝说："陛下，虽然现在其他地方的巫蛊已经被清除得差不多了，可是您身边还是有的啊！后宫中的巫蛊可以说对您的危害最大，您不把这些消灭掉的话，恐怕您的病永远都不会痊愈。"

汉武帝认为胡人巫师说得有道理，就派江充去后宫搜捕，还给他派了韩说、苏文等几名爪牙。江充心花怒放，知道自己的计划正在一步步地顺利进行。他先是装模作样地搜索其他人的房间，最后才来到了他的目的地——皇后和太子的房间。

经过一番"严查"以后，江充在皇后和太子的房间狂妄地说："真是想不到，后宫中木头人最多的地方居然是太子府，真是让人不能相信啊！还有，这些丝帛上都写满了字，都是一些大逆不道的内容。虽然是太子，但是我身负皇上的使命，也是不能纵容的。我一定要把这件事原

马王堆汉墓出土的帛画（局部） 西汉
此图描绘了汉人心目中的神仙世界，体现了较为浓厚的天人合一观念。

原本本地禀报皇上。"

太子知道后非常害怕，就去找自己的老师石德商量。石德对太子说："现在你就要大祸临头了！你没看见以前的公孙贺父子和两位公主的下场吗？不管怎么说，江充确实是从你的府中搜出了很多证据，虽然不知道这些东西是不是真的是巫师放的，可是却足以要了你的命啊！"

太子着急地说："那……那您说怎么办？"

石德想了想说："现在唯一的办法就是太子假传皇上圣旨，然后把江充等人除掉。"

太子摇了摇头说："我还是太子，怎么能够随便诛杀朝廷的大臣呢？不能这么做。"本来，太子想去甘泉宫向汉武帝请罪，可是江充却不同意，非要整死他。没办法，太子只好遵从石德的意见，把江充等人全抓了起来。太子对江充说："你这个无耻小人，当初你害死赵国的国王父子，如今又到这里来害我们父子，不杀你不能平民愤。"于是，太子下令把江充杀死，并把那个胡人巫师烧死在上林苑。

为了彻底平息巫蛊之祸，太子决定调集皇家军队。可是，长安的官员和百姓不知道实情，纷纷传言说太子造反。这时，苏文也逃到汉武帝那里，告发太子谋反。起初，汉武帝并不相信，就派使者前去询问。可是这个使者胆小如鼠，没到长安就回来了，还说太子想杀他。结果汉武帝大怒，马上派丞相刘屈氂迎战太子。

刘屈氂的部队和太子的部队在长乐宫西门外相遇，双方激战了五天五夜，死伤共有数万人。当时，鲜血像水一样流进了街边的河沟，场景十分悲惨。由于兵力不足，太子很快就被刘屈氂打败了。最后，太子在湖县（在今河南灵宝市西）的一间茅屋内上吊自杀。

后来，汉武帝逐渐知道了事情的真相，非常后悔。于是，他把江充一家灭了族，还在宫中建了一座思子宫，以寄托自己对儿子的思念。

霍光专权

汉武帝后元二年（公元前87年），汉武帝在五柞宫驾崩。临终前，汉武帝把太子刘弗陵托付给霍光、金日磾和上官桀，让他们三个负责帮助新国君处理国家大事。汉武帝死后不久，金日磾也病死了。就这样，朝中的大权逐渐落在了霍光和上官桀的手上。

本来，霍光和上官桀的关系非常密切，他们两个还是儿女亲家，所以处理起朝廷大事来自然是同心协力。可是，由于汉武帝临终前把霍光立为首辅大臣，所以时间一长，霍光在朝廷中的权势渐渐地超过了上官桀。

为了在朝廷中安排自己的势力，上官桀父子几次向霍光推荐亲信入朝为官，但都没有得到允许。因此，上官桀父子开始怨恨霍光，并和他争权。此外，还有三个人非常怨恨霍光，那就是盖长公主、燕王刘旦以及御史大夫桑弘羊。就这样，这五个人合起伙来，串通一气，密谋除掉霍光。

首先行动的是燕王刘旦，他因为自己没能继承皇位而心中怨恨，就派孙纵之带着大量的金银珠宝来到长安，拉拢上官桀等人。于是，上官桀与孙纵之商量了一下，想出了一条"妙计"——他们伪造燕王的上书，打算在汉昭帝面前弹劾霍光。

这天，霍光有事不在朝中，上官桀等人见时机已到，马上给汉昭帝呈上了弹劾书，上面写着："霍光仗着先帝赐给他的权力，做起事来目中无人。更加可恨的

霍光像

是，他出外校阅郎官和羽林军的时候，排场根本不像是一个臣子应该有的。霍光命人清道，驱赶道上的行人，而且还派太官预先为他准备好饮食。这一切简直就和皇帝一样啊！"

汉昭帝抬眼看了看上官桀等人，上官桀等人也偷眼看了一下汉昭帝，觉得他的脸色不太好，于是他们心中暗自偷笑，认为自己的计划快要成功了。汉昭帝没有说话，接着看那封弹劾书，上面又说："霍光为人做事不公正，起用的人都是自己的亲信。当初，苏武出使匈奴，被扣押了十九年都没有投降，这是我大汉朝的忠臣啊！可等到苏武回朝后，霍光仅仅封他做了个典属国；而那个大将军长史杨敞，既没有多少功劳，也没有过人的本领，反而被任命为搜粟都尉，这简直太不公平了。"

汉昭帝看到这里，有些沉不出气了，就问上官桀他们："这是燕王写的？"上官桀他们连忙说是。汉昭帝没再说什么，而是继续往下看："霍光越来越不把皇上放在眼里，他擅自增选大将军府的校尉。这一切都表明霍光已经独揽了朝廷的大权，现在可以说是为所欲为。臣真担心，他以后会不会做出什么不利于朝廷的事！臣愿意交出燕王的印玺，

然后来到您的身边，监督那些奸臣的行动，也好保我大汉江山永固。"

汉昭帝实在看不下去了，把弹劾书合上，什么也没说，就让上官桀等人回去了。上官桀心中没底，不知道汉昭帝是怎么想的。本来，他打算把这件事交给其他官员去处理，然后和其他人一起把霍光抓起来，撤掉他所有的职位。可如今汉昭帝看完后却没有什么表示，所以也就不好再说什么。

第二天清晨，霍光赶来上朝，听说这件事以后非常害怕，不敢贸然地进殿，而是在画室中停留。这时，汉昭帝就问大臣："今天大将军怎么还没有来啊？他在什么地方？"

上官桀以为机会来了，就对汉昭帝说："回禀陛下，因为燕王刘旦控告大将军有罪，所以他不敢贸然进殿！"

汉昭帝听后说："胡说八道，让大将军进来！"

霍光听到皇上的召见以后，颤巍巍地来到殿前，然后脱下官帽，跪下来磕头请罪。汉昭帝看了看霍光，说道："大将军不必这样，快快请起，把帽子戴上。朕知道，这弹劾奏章上写的所有内容都是假的，大将军并没有罪。"

霍光回答说："多谢陛下对臣的信任，可是陛下您是怎么知道的？"

上林苑斗兽图
上林苑为皇家园林，是娱乐休闲场地。此图反映皇室的游乐活动。

征辟制，即二千石以上的高官，可以直接征召一些人才到自己的官衙里做属僚。察举制，是由地方州郡以"贤良""孝廉""秀才"等名目，选拔德才兼备者举荐给朝廷，经国家考核合格后，授予官职。征辟、察举制，对世家大族集团的形成起到了重要作用，后来被九品中正制取代。

汉昭帝笑了笑说："朕又不是小孩子，有自己的判断能力！大将军去广明校阅郎官是最近才发生的事，选调校尉也不过才十天。在这短短的时间里，燕王是怎么知道的呢？这一定是有人暗中捣鬼，想要害大将军。况且，就算大将军要谋反，也不需要选调什么校尉吧！"

满朝文武听后全都震惊了，因为这些话完全不像是从一个14岁的小孩子口中说出来的。后来，汉昭帝命人调查这件事，发现当初呈递奏章的人果然全都跑了，于是汉昭帝下令抓紧追捕这些人，并且表示一定要严惩。

后来，上官桀又指示同党弹劾霍光，结果汉昭帝非常生气地说："胡说八道，大将军是我汉朝的忠臣，怎么会做出大逆不道的事情呢？先帝当初把我托付给他，是对他的信任。今后谁再诬蔑大将军，朕一定重重惩治他！"

从那以后，上官桀等人再也不敢攻击霍光。

霍氏灭门

霍光专权以后，霍氏家族很多人也都跟着沾了光，开始掌握朝廷大权。到了后来，由于霍光的权势越来越大，霍氏家族的成员也变得越来越骄横跋扈，以至于霍光的妻子霍显为了让自己的女儿做皇后，把已经怀孕的许皇后给毒死了。霍光知道这件事以后非常害怕，想要向皇帝自首，但又下不了狠心。最后，这件毒杀许皇后的案子，也就不了了之。

汉宣帝地节二年（公元前68年），霍光病死在自己的府上。为了答谢霍光拥立自己做皇帝的大恩，汉宣帝册封霍山做了乐平侯，霍氏家族的其他成员也都跟着显贵。霍氏子孙越来越目中无人，在朝中的势力也越来越大。他们不把任何大臣放在眼里，甚至不把皇帝放在眼里。霍氏子孙的行为终于触怒了汉宣帝。

汉宣帝地节三年（公元前67年），魏相做了汉朝的丞相，于是汉宣帝开始了大刀阔斧的"改革"。汉宣帝把霍光的女婿度辽将军、未央卫尉、平陵侯范明友调任为光禄勋，接着又把霍光的二女婿中郎将、羽林监任胜调出长安，让他做了安定（今甘肃镇原东南）太守。

几个月后，汉宣帝把霍光的姐夫给事中、光禄大夫张朔调任为蜀郡太守，又把霍光的孙女婿中郎将王汉调任为武威（今甘肃武威）太守。几天以后，汉宣帝又把霍光的大女婿长乐卫尉邓广汉调任为少府。这还不算完，汉宣帝紧接着又任命张安世做了卫将军，并且把两宫卫尉、城门以及北军的兵力全部调派给他。

三堂会审

中国文学作品中经常会出现"三堂会审"这一名词，以形容事态的严重性。其实，三堂会审又称三司会审，是中国古代三法司（三个司法有关单位）共同审理重大案件的制度。《商君书·定分》中载"天子置三法官，殿中置一法官，御史置一法官及吏，丞相置一法官"。后世的"三法司"之称即源于此。汉代以廷尉、御史中丞和司隶校尉为三法司。唐代以刑部、大理寺和御史台为三法司。明、清两代以刑部、大理寺和都察院为三法司。遇有重大疑难案件，由三法司会同审理，以避免决策失误，也是古代法制"公平"的一种体现。

为了显示自己的做法是"公平"的，汉宣帝任命霍禹做了大司马。可是霍禹这个大司马做得却没有一点意思。原来，汉宣帝虽然给了他官职，但却并没有给他实权。汉宣帝不仅不让他戴大官帽，而且还不颁给他印信、绶带。之后，汉宣帝又剥夺了其他霍氏子孙的兵权。

当时，霍氏子孙也感觉到事情不妙，他们看到自己的权势日益被削弱，心中十分不满。这天，霍显、霍禹、霍山和霍云在一起谈话，当说到霍家当前的状况时，几个人抱头痛哭，纷纷表示悲伤。哭过以后，霍山先说了话："情况是越来越不容乐观了啊！如今朝廷中的大权已经全都掌握在丞相手里，当初大将军制定的法律已经全都废除，而且还经常宣扬大将军在世时的过失。"

其他人听到这也非常着急，纷纷表示不满。霍山又说："不光这样，现在皇上还经常和那些穷酸的臭儒生们一起谈论国家大事，这些都是以前大将军所不齿的啊！这些儒生多次给皇上上书，指责我们霍家，还有人上书说我们兄弟骄横跋扈，而且言辞十分激烈。"

这时有人说："那怎么办？皇上怎么说？"

霍山说："那封上书被我压下了，可是后来上书的人变得越来越狡猾，都改成秘密奏章。现在皇上也越来越不信任我，所有奏章都是让中书令取走，根本不通过我这个尚书。其实，这都不是主要原因。最近我听民间传闻，说是我们霍氏毒死了许皇后，难道真有这回事？"

霍显听到这吓出了一身冷汗，赶忙把事情的真相都说了出来。霍家人听完后大吃一惊，说道："原来这件事是真的啊！你太糊涂了，怎么不早点告诉我们呢？现在我们终于明白，皇上将霍家的女婿全都调离京师就是因为这件事。这可不是闹着玩的，一旦事情败露，一定会遭到严惩的，现在该怎么办？"

俗话说"狗急跳墙"，已经被逼上绝路的霍家子孙忘记了祖先的训示，开始策划谋反的事情。后来，一个叫张赦的人给霍云的舅舅李竟献计，说不如让霍太夫人向上官皇后进言，先除掉掌握大权的魏相和许广汉，然后再把汉宣帝废了，另立一个新君。

可是，还没等开始行动，汉宣帝就知道了这件事。于是，他下令把张赦交给廷尉处理，但并没有说要抓捕霍家的人。霍山知道这件事以后更加害怕，就对其他人说："这并不是什么好事，皇上之所以不抓我们，完全是看在太后的面子上。现在已经出现了不好的苗头，恐怕时间一长就会爆发。到时候，我们霍氏一族恐怕都要被灭门啊！与其坐以待毙，不如先下手为强，我们应该马上采取行动。"

这天，霍山对家人说："最近丞相擅自把祭祀宗庙用的羊羔、兔子和青蛙等东西减少，我们完全可以以此向他问罪。"

霍家人听后纷纷表示同意。接着，霍山等人又准备让上官太后设宴款待王媪、丞相、许广汉以及他们的亲信，然后假传太后的旨意杀掉他们。之后，他们再趁机废掉汉宣帝，立霍禹做皇帝。虽然他们的计划布置得很周详，但是还没有实施就被发现了。

汉宣帝地节四年（公元前66年）七月，霍云、霍山和范明友畏罪自杀，霍禹以及邓广汉等人被捕。最后，霍禹被判腰斩，霍显以及霍氏其他成员全被处死。此外，汉宣帝还把与霍氏联系密切的人全部诛杀。

班婕妤

婕妤，并不是一个人的名字，而是汉朝对皇帝妃子的一种称呼。班婕妤是西汉后期汉成帝的一位妃子。

汉成帝是有名的好色皇帝。开始，他十分宠爱许皇后。可是随着年龄的增长，许皇后对他的吸引力越来越小，于是汉成帝就开始宠爱班婕妤。不过，班婕妤是个非常通情达理，而且没有野心的女人，虽然得到了汉成帝的宠爱，但是她一点也不骄傲。

有一次，汉成帝到后宫的庭院中游玩。汉成帝提出要和班婕妤同

班婕妤辞辇图　南北朝　佚名

乘一辆车，说那样才显得两个人关系亲密，才更能体会到游玩的乐趣。班婕妤听后摇了摇头说："陛下，这件事万万不可！"

汉成帝很奇怪，就问班婕妤："怎么？你觉得朕对你不够好？"

班婕妤摇了摇头说："不是的，陛下！我虽然没怎么读过书，但是也看到过很多古代的图画。在那些画里，凡是陪伴在圣贤的君主身旁的，都是些有本事的、忠君爱国的大臣，哪有什么宠妃啊？只有那些昏庸的君主才会这么做。我不懂什么国家大事，但我觉得您让我和您乘坐一辆车，就是和那些昏庸的君主一样，所以……"

汉成帝点了点头，称赞道："好，说得好！班婕妤说得太好了！朕就听你的了！"于是，汉成帝没有再提乘车的事。

过了不久，这件事传到了太后的耳朵里，太后高兴地说："这个班婕妤还真是不错，有她在皇上身边我就放心多了。古代虽然有樊姬，但今天我们汉朝也有班婕妤啊！"

班婕妤贤惠，通情达理，为了让汉成帝满意，班婕妤还特意把自己身边的侍从李平进献给了汉成帝。

不过，即使班婕妤做得很大度，但是汉成帝的好色程度却一点没有减轻。有一次，汉成帝微服出行，正好经过了阳阿公主的府邸，于是就进去坐了一会。这一坐可不要紧，把汉成帝的魂都丢在了阳阿公主家。

原来，阳阿公主家有一个舞女名叫赵飞燕，生得真可谓是国色天香。汉成帝见到她以后，简直是茶不思饭不想，最后实在受不了了，就让人传旨召赵飞燕进宫。之后，赵飞燕又向汉成帝推荐了自己的妹妹。

汉成帝二话不说，马上也把她召进了宫。从这以后，赵飞燕姐妹开始把持后宫。

其实，早在赵飞燕姐妹刚入宫的时候就有人劝过汉成帝。当时，赵飞燕姐妹来见汉成帝，侍从们都被她俩的美貌吸引，赞不绝口。可是，站立在汉成帝身后的披香博士淖方成却说："这哪是什么美女，这分明就是祸水啊！这两股祸水将来毕竟会灭掉我大汉朝的火啊（古人相信五行相克的说法，汉朝自认为属火）！"

当时汉成帝并没有相信淖方成的话，因为他已经完全被赵飞燕姐妹迷住了。可是，后来的事情却证明了淖方成的话是正确的。

赵飞燕姐妹虽然生得美若天仙，可是心肠却十分狠毒。她们得宠后，许皇后和班婕妤相继失宠。为了巩固自己的地位，赵飞燕姐妹开始了"夺权"斗争。她们向汉成帝进谗言，说许皇后和班婕妤因为失宠而产生怨恨，暗地里用各种妖术诅咒后宫的嫔妃，蛊惑皇帝。

鬼迷心窍的汉成帝相信了赵飞燕姐妹的话，废了许皇后，还把她赶出了后宫。许皇后被赶走了，下一个就轮到班婕妤了。在审问班婕妤的时候，班婕妤义正词严地回答说："别拿死吓唬我，我从来就没有怕过。虽然我读书不多，但常听人说：'生死有命，富贵在天。'按照常理正道进行修行的人都还没有得到上天的赐福，那些妄想运用邪恶手段、妖术邪道来满足自己要求的人又怎么会有什么希望呢？我不知道世界上是不是真的有鬼神，即使有我也不知道他们怎么想的。如果那些鬼神明白事理，他们是绝对不会听从那些用来蛊惑皇上的诅咒的；可是如果那些鬼神不明白事理，那我向他们祈祷，请求他们保佑又有什么用呢？"

审讯的官员继续说："那你为什么还要用妖术蛊惑皇上？"

班婕妤笑了笑说："我什么时候说过我懂得妖术了？我刚才已经说过了，我不会把我自己的事情寄托在鬼神身上，那些用妖术诅咒的事，我是绝对做不出来的。"

汉成帝知道这件事以后，认为班婕妤说得有道理，就下令赦免了她，而且还赐给了一百斤黄金。不过，通过这件事，班婕妤也看清了赵飞燕姐妹的嘴脸。她害怕如果在宫中住的时间过长，会被她们害死，就请求到长信宫去侍奉太后。汉成帝同意了她的请求。

王莽专权

元寿二年（公元前1年），汉哀帝驾崩，汉平帝即位，王太后开始临朝听政。这时，王太后招来了外戚新都侯王莽，让他帮助大司马董贤料理汉哀帝的丧事。

王莽是个城府非常深的人，野心也非常大。这次太后召他入宫办事，王莽觉得自己入朝主政的时机已经到了。就这样，王莽打着太后的旗号，和尚书串通一气，弹劾大司马董贤。结果，太皇太后（这时的王太后已经成为太皇太后）马上罢免了董贤大司马的官位。董贤知道王莽不会轻易放过自己，只好自杀。

王莽见第一块绊脚石已经被除掉，非常高兴。这时，太皇太后又让公卿们推荐大司马的人选。王莽此时已经是胸有成竹，因为他以前当过大司马，而且自己是太皇太后的亲戚，这次又为皇家办事，所以大司马的人选应该是非他莫属。

果然，满朝文武都极力推荐王莽，只有前将军何武和左将军公孙禄除外。何武和公孙禄的头脑是比较清醒的，他们知道，如果让王莽做大司马，很可能会出现外戚专权的现象，那样的话对整个国家

王莽像

都是很有危害的。因此，两个人商议了一下，就互相推举对方做大司马。

可是，什么人做大司马是太皇太后说了算。于是，太皇太后没有理他们两个，亲自任命王莽做了大司马。王莽如愿以偿地登上了大司马的位置后，开始了他的下一步计划。

王莽首先要做的就是排除异己，在朝廷内安排自己的亲信。王莽"上奏"说，大司徒孔光是当时有名的儒家学者，而且还辅佐过三代君王，所以让他来处理国家大事最合适不过。接着，为了拉拢孔光，王莽又推荐孔光的女婿甄邯做了侍中和奉车都尉。

王莽又是怎么对待他的那些政敌呢？因为王莽这个人城府非常深，当他想要处置一个人的时候，往往并不是自己出面。他总是先给这个人罗织一系列罪名，不管是真是假全都算上，然后写好一份弹劾的草稿交给甄邯。接着，甄邯再把草稿交给孔光。同时，王莽总是会拿太皇太后的意思来要挟孔光。

这个孔光虽然学问很高，但做起事来却是胆小。他一直都非常惧怕王莽，所以对于王莽交代的事不敢不办。接下来，王莽再去找太皇太后，把自己的意思说清楚。这时的太皇太后对王莽已经是深信不疑了，所以全部准奏。第一个倒霉的当然是何武和公孙禄。王莽弹劾他们两个人串通一气，互相保举对方做大司马。结果，两人全部被免去了官职，何武还被送回了封国。

就这样，朝廷中那些依附归顺王莽的、给他拍马屁的人都得到了升迁，而那些耿直的、看不惯王莽做法的人全都被赶出了朝廷。王莽的势力越来越大。到了后来，王莽想要做什么事根本不需要说，只要稍微暗示一下，他的党羽们就会向朝廷上奏。这时，王莽则会假惺惺地跪在地上，说自己如何如何无能，实在不能担当重任。太皇太后看了以后，认为王莽实在谦让，于是就"逼"着他接受。结果，王莽一方面达到了自己的心愿，另一方面又迷惑了太皇太后，也在下层人士当中获得了很好的口碑。

王莽杀子求名

王莽辞官在家时，他的小儿子意外杀死了一个奴婢。当时这在贵族之家当然算不了什么，但王莽却对他儿子说："我一生克己奉公的清誉，岂能为你这不孝子毁于一旦？你自己做个了断吧。"他儿子吓得面色如土："您就是把儿子送到官府，也不会判死刑啊，您难道真要杀子求名吗？"面对儿子的哭泣哀求，王莽没多啰嗦，只是把剑扔在儿子面前。他儿子总算明白老子意思了，大喊一声："儿成全父亲之名！"便举剑自刎了。

对此，汉平帝毫无办法，因为当时他只有9岁，太皇太后又临朝听政，所以大权渐渐地全都落到了大司马王莽的手上。当时，百官们的眼里根本没有皇上和太皇太后，只有这个外戚王莽。

随着王莽权势的日益强盛，老臣孔光越来越感到恐惧，害怕自己有一天因为依附王莽而丢掉老命，所以就请求告老还乡。王莽不是傻子，他绝不会轻易放弃这个自己好不容易扶植起来的傀儡！为了不让孔光回家，王莽对太皇太后说："陛下如今年纪还太小，极需要一位德高望重的人来教导他。既然孔光不愿意做官了，那就让他做陛下的老师吧！"太皇太后觉得王莽说得有道理，就封孔光做了太傅。就这样，孔光被王莽牢牢地拴住。

元始元年（公元1年），由于王莽"政绩突出"，太皇太后下旨，封王莽做太傅，参与辅政的事情，号称"安汉公"，并加封28000户。王莽得到消息后，表示愿意接受爵位，但是坚决不接受封赏。他装模作样地对太皇太后说："臣实在不能接受封赏啊！现在百姓们还很贫穷，我怎么忍心接受这些东西呢？还是等百姓们富了以后再说吧！"

太皇太后听了以后非常高兴，越发觉得王莽这个人是个可以完全信赖的人。后来，王莽又指使他的党羽向太皇太后进言，说太皇太后的年纪很大了，过去的规矩该改一改，像官吏的任免这种"小事"就不要亲自过问了，全都交给安汉公就可以了。太皇太后觉得有道理，就同意了他们的请求。

就这样，王莽开始把持朝政，权力已经和皇帝没什么两样了。

王莽称帝

王莽专权以后，变得越来越飞扬跋扈。开始，他还对这种状况很满意，可是时间一长，他开始觉得这种"专权"的日子远不如自己当皇帝过瘾，于是他又开始了新的计划。

元始五年（公元5年），泉陵侯刘庆在王莽的示意下上书说："当年周成王年幼，所以周公就开始行使摄政的权力。如今，我们的皇上比周成王还要年轻，所以应该让安汉公王莽代行天子的权力。"

满朝文武早就从王莽那里得到暗示，所以一个个都随声附和着说："对对对，泉陵侯说得非常对，就应该按照他说的那么办。"

这时，坐在龙椅上的汉平帝听后，心里非常不是滋味。随着年龄的增长，汉平帝也越来越懂事了。王莽为了钳制汉平帝，强行把他的母亲卫后留在中山，不让他们母子相见。汉平帝一直以来对这件事非常不满，心中开始怨恨王莽。

其实，王莽这时也察觉出汉平帝对自己的不满。为了彻底扫除这个障碍，王莽在那一年腊日这天，借着给汉平帝进献椒酒的机会，在酒里下了慢性毒药。最后，年轻的汉平帝就这样白白地送掉了性命。汉平帝死了，太皇太后马上召集文武大臣商量册立新国君的事情。为了达到自己的目的，王莽极力反对在汉宣帝的曾孙中挑选，而是非要在汉宣帝的玄孙中挑选。

正当太皇太后被册立新国君的事搞得焦头烂额的时候，谢嚣突然上奏说，武功县（今陕西武功县）有人禀报，说是当地在打井的时候挖出一块白色的石头，上面刻有"告安汉侯莽为皇帝"八个朱红的大字。

太皇太后看了谢嚣的奏折，非常生气地说："全都是一派胡言，这是欺骗天下的行为，怎么能够相信呢？"

这时，太保王舜也在旁边煽风点火，说不如就满足了王莽的条件。太皇太后虽然心里不愿意，可是这时自己已经拿王莽完全没办法，所以也就只好答应。不过，当时王莽还没有明目张胆地称帝，所以太皇太后只是下诏说让他像周公一样，代理皇帝行使摄政权。

可是，王莽哪肯善罢甘休。他示意大臣们上书，要求让自己登上皇位，穿上天子的衣服，像真正的皇帝那样行使摄政的权力。太皇太后没办法，也只好又同意了他的要求。就这样，王莽已经成了半个皇帝了。

居摄元年（公元6年），王莽册立了汉宣帝玄孙刘婴为皇太子，号称为孺子。王莽宣称，卦象上已经显示得非常清楚，这个刘婴是最适合做皇室继承人的人选。其实，哪里有什么卦象，王莽这么做完全是因为刘婴才两岁，对他来说最有利。

初始元年（公元8年），在王莽的帮助下，各地纷纷出现了"符瑞"，而且这些符瑞全都表示一个意思：那就是让王莽做皇帝。王莽对待这些符瑞的态度非常"宽容"，不管是真是假，一概接受。经过一系列的准备，王莽认为时机已经完全成熟了，自己是时候正式登基做皇上了。于是，他先是把各种符瑞交给太皇太后看，然后又派安阳侯王舜去劝说，让她把皇帝的玉玺交出来。

王舜见到太皇太后后，还没提玉玺的事，就被她狠狠骂了一顿，太皇太后说："我真是看走眼了，亏我当初还那么信任你！你们父子都是我汉家的臣子，也蒙受我汉家的恩德。如今，你们不但不为国家社稷担忧，反而帮助他人谋夺汉朝的江山。你的这种做法简直让所有人不齿，天下人都不会原谅你们的做法。"

王舜被太皇太后说得满脸羞愧，站在那里半天没说一句话。太皇太后越说越气，骂道："今天你们不就是想要册立新的皇帝吗？那么你们完全可以再刻一个玉玺，何必要这个不祥的亡国玉玺呢？我是一个老寡妇，本来就是快死的人了，现在就让我和玉玺一起下葬吧！"

太皇太后说着说着就流下了眼泪，身边的很多人也都跟着掉泪。王舜这时也觉得很悲伤，就对太皇太后说："可是王莽非要玉玺，我又能怎么办呢？"

最后，太皇太后冷静地想了想，知道现在这玉玺是交也得交，不交也得交。没办法，她只好听从了王莽的吩咐。这下可把王莽乐坏了，马上在未央宫举行了一场盛大的宴会，庆祝自己就要登上天子的位置。紧接着，王莽宣布废除汉朝，建立新的朝代，并且还废除了太皇太后的尊号，改封为"新室文母太皇太后"。

始建国元年（公元9年）正月初一，王莽正式登基，并封孺子做了安定公，允许他穿自己的衣服，使用自己的历法。册书宣读完以后，王莽拉着孺子的手说："当初周公也是摄政，可最后把政权还给了周成王。其实，我也十分想那么做啊！但是上天命令我必须代替你，我真为不能把政权交给你而伤心啊！"

就这样，王莽正式灭了刘氏的江山，建立了自己的政权。

绿林赤眉起义

王莽当上皇帝以后，推行了一系列新的法令。

新法令非常琐碎而且还很苛刻，百姓们一不小心就会触犯并受到惩罚。为了"遵守"新的法令条文，百姓们根本顾不上种地耕田，很多田地都荒芜了。此外，新法中规定的徭役也非常繁重，很多人对新法都非常不满。

在王莽推行新法的那几年，各地的蝗灾、旱灾接连发生，百姓们的生活苦不堪言。再加上地方官办事不力，各种案件都积压待审。各地的监狱中虽然关押了很多犯人，但却总是不能结案。

另一方面，各地的官吏借着推行新法的机会，采用苛刻残暴的手段

绿林、赤眉、铜马起义示意图

欺压百姓，借助新法中的相关禁令侵吞百姓的财产。在当时，即使那些有钱人都不能保证自己的财产不被剥夺，更不用说那些无权无势的穷人了。最后，百姓们终于忍受不了，纷纷起来反抗。

为了逃避官府的抓捕，"强盗们"都以高山大泽等地势险要的地方为根据地，对抗官府的军队。各地的官吏只知道欺负百姓，对那些起来反抗的强盗却没有一点办法。没办法，为了不被朝廷责罚，各地的官员只好隐瞒事实。这样一来，盗贼的数量越来越多，天下也越来越乱。

当初，临淮人瓜田仪带人攻下了会稽郡的长州（今江苏苏州西南）。后来，琅玡（今山东青岛市青岛区南琅玡台西北）人吕母又聚集了几千人，杀死了海曲县（今山东省日照市）的县宰，然后一起逃到海上做起了海盗。由于百姓生活太悲惨，所以很多人都去投奔他们，于是吕母的队伍越来越壮大，最后达到了上万人。荆州地区也不太平，当地发生了饥荒，百姓们都逃到了山野沼泽，在那里靠挖野菜为生。这些人拉帮结伙，互相攻击，都想抢夺各自的地盘。

在各地的盗贼中，有两支队伍的力量比较强大。其中一支被称为绿林军，另一支则被称为赤眉军。

王莽天凤四年（公元17年），新市人（今湖北京山东北）王匡和王凤兄弟因为处理事情非常公平，被大家推选为首领。当时，这两个人手下只有几百人。后来，很多逃亡在外的人都慕名投奔了他们。这些人聚集在一起，以绿林深山作为基地，攻打附近的村落。因此，人们把他们叫作绿林军。

王莽天凤五年（公元18年），琅玡人樊崇又在莒城（今山东莒县）聚集百姓起兵反抗，当时也只有100多人。后来，附近的盗贼都知道樊

玉虎队全出图　版画
这是一幅表现王莽年间，绿林、赤眉农民起义军传奇故事的版画。

崇很勇猛，就全部跑去归附他。后来，樊崇手下的士兵也有几万人。王莽知道这件事以后，赶忙派使者发动附近郡县和封国的队伍去剿灭他们，但是一直没能取胜。

后来，王莽又派太师王匡和更始将军廉丹带领大军攻打樊崇的军队。樊崇听说王匡和廉丹带军前来攻打，怕自己手下的士兵在和王莽军队作战的时候因混淆而伤了自己人，便想出了一个好办法。他让手下士兵把朱砂涂在眉毛上。这样一来，樊崇手下的士兵就成了红眉毛，从那以后，樊崇的士兵就被称为赤眉军。

其实，王莽早就知道这些情况。当初，为了能够消灭绿林军，王莽曾经派使者前去招安。可谁知绿林军不肯接受朝廷的招降。没办法，使者只好回去照实禀报。

这下可把王莽气坏了，他大骂绿林军不识抬举，还问使者他们为什么不肯接受招安。使者回答说："起初，他们倒是同意了。不过这些人解散之后，没过多长时间又聚集在一起了。我就去问他们为什么这么做，他们说现在的法令既繁多又严苛，小心谨慎地过日子都有可能触犯。百姓们整日里辛勤劳动，得到的那些东西还不够交赋税呢。即便不去干活，不随便出门，也说不定哪天就因为邻居犯罪而被连坐入狱。同时，官吏们趁机压榨，百姓们实在没有活路了，所以……"

还没等使者把话说完，王莽就拍案而起，大骂说："这群贱民，太不识抬举了！你没完成朕的使命，免去你一切职务。"

从那以后，一些势利小人摸透了王莽的心思，总是在他面前说一些诸如盗贼该死，盗贼是乌合之众，长久不了的话。就这样，王莽被蒙蔽了。

昆阳大捷

王莽称帝后引起天下大乱，各地纷纷起义讨伐王莽。为了平息各地的叛乱，王莽派出大批兵马四处征讨，其中大将严尤和陈茂负责消灭刘玄与刘秀兄弟建立的更始政权。

由于作战不利，严尤和陈茂被刘秀兄弟打得落花流水。王莽得到消息后，急得坐立不安，马上派遣司空王邑和司徒王寻前去助阵。王莽召集了足足有43万人，王邑和王寻带领人马，一路上大造声势，号称百万，浩浩荡荡地杀向了崤山以东的昆阳城（今河南叶县）。

此时，守卫昆阳城的汉军早就得到了消息，将领们见到王邑和王寻的兵力太多，一个个吓得全都跑回了城里，不敢出来。当时，汉更始帝刘玄正带兵攻打宛城，昆阳城内的汉军仅剩下八九千人。

刘秀见手下的将领都开始担心，而且还想分散到各个地方去，就对他们说："你们怎么可以这样呢？如今我们昆阳城内兵少，粮食也不充足，而城外的敌军力量又那么强大，你们认为逃跑是最好的选择吗？"

将领们平时就瞧不起刘秀，这时见他这么说，都顶撞道："那刘将军有什么高见呢？"

昆阳之战示意图

刘秀继续说："现在如果我们合力拼死抵抗敌军，也许还会立下功劳。可是如果全都逃跑，恐怕我们这八九千人一个也活不了。一旦昆阳城被敌人占领，我们汉军就会在一天之内被人家消灭。现在正是生死存亡的时候，你们不考虑同心协力，共举大事，反而在这里思念什么老婆孩子，成何体统？"

刘秀的话激怒了将领们，他们大声说："刘将军，你说话太难听了吧！"

刘秀看了看他们，笑着起身离去。正在这时，负责侦察的骑兵回来禀报，说："报告将军，敌人大军已经杀到城北，人数众多，看不见尽头。"

将领们一个个都非常惊慌，相互议论说："现在没别的办法了，只有再去请刘将军给咱们出主意了。"于是，刘秀就为将领们分析了当前的局势，并提出了很多好的建议。将领们这才发现，原来刘秀是个很有头脑的人，一个个连忙点头称是。最后，刘秀决定，让大部分人马留守昆阳，自己和五威将军李轶带领13名骑兵趁夜溜出昆阳城搬救兵。

在刘秀他们商量对策的时候，王莽的军队也在商量如何攻城。严尤劝王邑，让他转道攻打刘玄的部队，逼迫昆阳城的汉军投降。可是王邑好大喜功，非要直接打下昆阳城不可，没有采纳严尤的建议。

刘秀带人到达了定陵（今河南郾城西）、郾县（今河南郾城南），在那里调派各个营部的军队。可是，当地的将领们都贪恋财物，想要分出一部分士兵留守在那里。刘秀看到这种状况非常生气，对他们说："你们真是目光短浅。如果我们打败了敌人，将会得到比你们现在多出几万倍的财宝，而且还可以建功立业，成就大事。可是，如果我们被敌人打败，恐怕连命都没有了，要那些财宝还有什么用呢？"

将领们觉得刘秀说得有道理，就放弃了这个念头，带上所有的人马跟随刘秀出发。刘秀便带领步兵和骑兵1000多人做先头部队，来到距离王莽大军四五里远的地方摆开了阵势。王邑和王寻一见汉军的援兵赶到了，连忙派出几千人应战。

这时的刘秀眼睛都红了，他大吼一声，率先冲向敌人，一连砍死几十个敌人。将领们一个个惊得合不上嘴，说："真看不出来，刘将军一向胆小怕事，平时见到弱小的敌军吓得不敢出战，怎么今天看到强敌反而勇猛了呢？"

旁边一个人也说："是啊！既然这样，我们怎么能落后呢？让我们一同协助刘将军。"

就这样，刘秀带领手下的士兵向前进兵。作战就是这样，将领的士气直接关系到整个军队的士气。一会儿的工夫，王莽的军队已经被杀得七零八落，死伤足有1000多人。汉军越战越勇，没有一个不以一当十的。紧接着，刘秀又带领3000人的敢死队，直接杀向王莽大军的主力。

王邑和王寻非常轻视汉军，亲自带领一万多人迎战，并且命令其他人不得擅自行动。王邑和王寻怎么是刘秀的对手！只见汉军一个个奋勇杀敌，把敌军杀得落花流水。最后，汉军取得了重大胜利，王寻在战斗中被杀。

经过昆阳一战，刘秀兄弟的名气越来越大，很多地方的英雄好汉都起兵反抗，并且使用汉军的年号，等待刘秀兄弟的命令。

刘秀建立东汉王朝

刘秀出身于南阳豪族地主集团，是西汉长沙定王刘发的后代。刘秀鼻梁高耸，额角隆起，性格勤勉，政治资本雄厚，具有敏锐的政治才能和丰富的军事韬略。

自从王莽篡夺汉朝政权以后，刘秀兄弟时常愤愤不平，心怀光复汉朝的志向。他们没有经营家产，反而变卖家产用来结交天下的英雄豪杰。绿林、赤眉大起义爆发后，刘秀和他的兄长刘縯一起打着"复兴高

东汉募兵制

东汉时光武帝刘秀改革兵制，中央禁军多采取招募，地方郡县不设常备军，废除都试制度。遇到战事，临时招募士卒组成军队，将原来西汉时期的征兵制改为募兵制。

募兵制是当有战事时，以雇佣的形式招募士卒的一种兵役制度，最早形成于战国时代，比如魏国的"武卒"。西汉时也曾招募一些身强力壮、武艺高强的勇士组成精锐部队，但是不带有普遍性。东汉募兵的来源主要有农民、商人和少数民族。主要方法有使用钱财、免除赋役和强抓壮丁等。由于募兵是临时招募的士兵，缺乏军事训练，战斗力很差，导致"是以每战常负，王旅不振"。募兵制的盛行，加重了国家财政负担，使一批农民长期脱离土地，影响了农业生产。应募者对将领有严重的人身依附关系，逐渐演变为私人部队，造成地方势力膨胀，成为军阀割据的重要原因之一。

祖之业"的旗号，在舂陵（今湖北枣阳东）一带集结了七八千人起兵，和绿林军三路人马联合起来，接连打败了王莽的几名大将。

这时的绿林军已经发展到好几万人，但队伍没有统一的指挥。将士们认为队伍壮大了，必须有个威望高的首领来统一号令。一些贵族地主出身的将军，认为一定要找一个姓刘的人当首领才符合正统。

绿林军里有这么多姓刘的，该由谁来当首领呢？舂陵兵觉得刘縯无论是威信还是能力都是数一数二的，推选这样的人来担当首领最合适不过了。可是新市和平林兵的将领因为害怕刘縯的威武严明，担心他的势力太大，坚持要立懦弱的刘玄做皇帝。虽然各个英雄豪杰感到失望，心里很不服气，但也没办法，只好同意了。

公元23年，刘玄被推选为皇帝后，恢复了汉朝的国号，改年号为"更始"，从此绿林军又称汉军。汉军虽然表面上归刘玄统领，实际上他手下的各个将领都有各自的封号和势力，刘縯和刘秀兄弟也不例外。

后来，起义军内部发生内讧，新市兵、平林兵的旧将领因为刘縯和刘秀兄弟名声越来越大，秘密建议刘玄除掉他俩。刘玄借口刘縯违抗命令，将刘縯杀了。

刘秀听到哥哥刘縯被杀，知道刘玄必定怀疑到自己了，说不定下一个被杀的就是自己，于是立刻赶到宛城向刘玄赔罪。当别人向他表示哀悼时，他不谈论私事，只是一味地责备自己；当有人问起他昆阳大战的情形时，他也一点不居功，说全是将士们的功劳；他更不敢为哥哥披麻戴孝，照常吃饭，照常喝酒，还要有说有笑，装成高兴的样子。

刘秀忍辱负重，终于麻痹了刘玄，再次取得他的信任。刘玄不但没有杀掉刘秀，反而对刘秀感到愧疚。为了补偿杀害刘縯的过失，刘玄让刘秀担任破虏大将军，并封他为武信侯。后来，长安攻下来了，王莽也被杀了。刘玄到了洛阳又给了刘秀少数兵马，让他到河北去招抚黄河以北的各个郡县。

为了进一步壮大自己的势力，刘秀树立了复兴汉室的旗帜，取得了许多怀念西汉的仁人志士的拥护。他考察官吏政绩，根据能力的大小或任用或罢免，废除王莽时期的一些苛刻法令，释放一些囚犯。一面消灭了一些割据势力，一面镇压河北各路农民起义军。不久，差不多整个黄河以北的地区全被刘秀占领了。

更始三年（公元25年），刘秀在鄗（今河北柏乡县北）自立为皇帝，这就是汉光武帝。他改年号为建武元年，定都洛阳，史称东汉。

刘玄掌握政权后，认为自己的江山已经坐定，开始腐败起来。他整天待在皇宫里喝酒，荒废政事，还滥封官爵，引起了许多将领的强烈不满。不满更始政权的赤眉军别树一帜，与以绿林军为主体的更始政权相抗衡。赤眉军于汉光武帝建武元年（公元25年）九月攻入长安，推翻了更始政权。

赤眉军的首领樊崇一定要找个姓刘的人做皇帝，于是硬把一个15岁的放牛娃刘盆子立为皇帝，据说刘盆子跟西汉皇族的血缘最近。

赤眉军声势浩大地打进了长安，可是富商和地主趁机囤积粮食，几

光武帝涉水图（局部） 明 仇英

十万将士的口粮发生了困难。

樊崇只好带着好几十万人马离开长安向西撤退，但是到哪里都解决不了粮食供应的问题。到了天水一带，樊崇又遭到地主豪强的拦击，只好率军返回，重新控制了长安。

由于粮食问题仍然没有得到解决，赤眉军再度陷入饥饿，并被豪强武装夹击，不久又被迫放弃长安，引兵东归。

汉光武帝刘秀听说赤眉军向东转移，马上派冯异率军向西进发，追击赤眉军，同时沿路收罗了许多投降的盗贼。冯异在华阴追上赤眉军，两军对峙了60多天，交战10次均以赤眉军失败告终，赤眉军陆续有5000多人投降了冯异。

赤眉军的残余部队向东逃往宜阳，刘秀亲自率领大军严阵以待。赤眉军突然遇到威武的大军，早就吓得不知所措，纷纷束手就擒。

刘秀建立了东汉王朝，镇压了赤眉农民军后，削平各地方割据武装势力、统一全国就提到议事日程之上了。

刘秀平定陇西

在平定关东以前，光武帝刘秀采取了"联陇制蜀、西和东攻"的作战策略，确定了先攻打关东，再进攻陇蜀，由近及远、各个击破的统一全国的战略方针。在平定关东时，隗嚣一直帮助东汉，多次打败公孙述的军队，阻止了公孙述向北发展的势力，解除了西边的忧患，使刘秀能够集中力量平定关东地区。

陇西地区连接巴蜀，靠近关中，隗嚣10万多军队占据了甘肃陇西地区，对刘秀完成东汉的统一威胁极大。关东割据势力被平定之后，刘秀随即准备向西平定陇西。

汉光武帝建武六年（公元30年）四月，刘秀前往长安，派遣耿弇、盖延等七位将军从陇西进攻陇蜀，隗嚣于是起兵叛变。他命王元防守陇坻，砍伐树木，堵塞道路，阻止刘秀的大军。两军交战，东汉将领们大败，各自率兵逃下陇山。隗嚣急速追赶，幸亏东汉将军马武挑选精锐骑兵断后，杀敌数千人，各路军队才得以返回。

东汉大军败退陇山后，刘秀重整旗鼓，派冯异率军镇守洵邑。冯异还没有到达洵邑时，隗嚣乘胜派王元、行巡率领两万余人下陇山，令行巡夺取洵邑。冯异率领大军日夜赶路，趁他们没有防备抢先占据洵邑。祭遵也打败王元的军队。北地郡豪强首领也都背叛隗嚣，投降了东汉。

刘秀命令冯异继续进军义渠，平定了北地郡、上郡和安定郡。

云台二十八将图（版画）
永平中，汉明帝追感前世功臣，乃命图画二十八将于南宫云台，后来又加上王常、李通、窦融、卓茂，合为三十二人，故又有云台三十二将之说，他们都是当年追随刘秀打天下的功臣。

当时割据河西的窦融已经归附刘秀，受命进攻金城，击破隗嚣的羌族强何封等部落。这样隗嚣腹背受敌。

隗嚣手下的大将马援也在隗嚣反汉时归附汉朝。刘秀派马援前往游说隗嚣的将领高峻、任禹等人以及羌族的首领，为他们分析利害得失，以此来离间瓦解隗嚣的部属。

隗嚣见败局暂时难以挽回，于是向刘秀上书表示投降，企图以此作为缓兵之计。但刘秀已看穿他的骗术，没有接受他的投降。没办法，隗嚣又派使者向公孙述称臣。公孙述接受了隗嚣的投降，将他封为朔宁王，让他派军队作为自己的援助。隗嚣率领三万人马侵犯安定，又另派部队进攻，企图夺取关中。但是隗嚣的出兵都不能取胜，最后只好返回。

汉光武帝建武七年（公元31年）春，刘秀派来歙率领2000多人抄小路绕道偷袭略阳县，斩杀了隗嚣的守将金梁。隗嚣闻讯大惊，说："刘秀的军队怎么这么神速？"刘秀听说略阳已经被攻取了，高兴地说："略阳可是隗嚣的心脏地带，略阳攻取了，那么其他的地方就像分解肢体一样容易了。"

吴汉等将领为了邀功请赏，都争相追击隗嚣。但刘秀认为隗嚣失去了可依靠的战略要地，心里一定很害怕，势必会出动所有的军队前来进攻，企图夺回略阳。在对方士气高涨的时候交战，一定很难战胜他们。不如等敌军围攻城市疲惫困顿的时候再进军。于是，刘秀把吴汉等将领全都追回来了。

正像刘秀预料到的，隗嚣果然亲自率领几万大军重重包围了略阳，大有一口气吞下略阳的气势。为了围攻略阳，隗嚣还派几员大将分别守住各个关隘。公孙述也派出军队前来协助隗嚣。他们挖山筑堤、放水灌城，企图逼迫来歙投降。来歙和部众誓与略阳城共存亡。箭射完了，他们就拆掉房屋把里面的木头取出来作为兵器。由于来歙和将士们誓死坚守，隗嚣动用了全部的精锐部队，好几个月都没有将略阳城攻下，隗嚣的部下不免都有些气馁。

刘秀觉得征伐隗嚣的时机到了，于是决定亲自率军进攻。光禄勋汝南人郭宪劝阻说："如今东部地区才刚刚平定，陛下不能远征。"于是他拦住刘秀的战车，拔出佩刀，砍断引车前行的皮带。但刘秀执意向西进军，一直走到漆县。这时，将领们都认为皇帝的军队不宜深入险恶的地方。刘秀拿不定主意，征求马援的意见。马援认为隗嚣的军队已经快要土崩瓦解了，一旦进军，必定会击溃他们。接着，马援又用谷粒堆成各种各样的地势，分析双方的形势，清晰地展示出大军进攻的路线。刘秀惊喜地说："敌人的情况我都清楚了！"第二天一大早，刘秀就发动大军抵达高平县第一城。

这时，窦融也率领步骑兵几万人、辎重车5000多辆和刘秀的大军会合。于是，联军分成几路上陇山，牛邯投降。接着隗嚣的13位大将以及他所属的16个县、部众10余万人全部归降，略阳县解围。隗嚣率领残余部队逃奔西城，汉军占领天水郡。

次年，刘秀派遣来歙率领冯异、寇恂等人西征，消灭隗嚣的残余势力。

汉光武帝建武十年（公元34年），汉军相继攻破高平第一城、落门，王元只身逃奔公孙述，隗纯等人投降。这场战争持续了四年，陇西终于平定了。

汉明帝治国有方

汉明帝刘庄是东汉开国皇帝汉光武帝刘秀和皇后阴丽华的长子。

刘庄从小就机智聪颖，当他还是一个12岁的小孩的时候，就在历史上著名的"度田事件"中表现出过人的资质。光武帝刘秀建立东汉统一中国后，下令清查垦田亩数。地方官员派人进京汇报工作时，刘秀无意中发现陈留官吏的简牍上写着："颍川、弘农的垦田亩数可以进行参照，河南、南阳的垦田亩数不可以参照。"

刘秀看了很生气，责问陈留官吏是怎么一回事，但陈留官吏不肯承认，还抵赖说是在路上捡的。这时刘庄插话说："这是地方长官教他们丈量垦田数目的方法。"刘秀还是不明白，刘庄解释说："河南洛阳是京城，陛下的很多大臣在这里居住；而南阳是陛下的老家，住着很多皇亲国戚。他们的田地和住宅都要超过国家的规定，所以不能作为参考依据。"刘秀又问陈留官吏是不是这么一回事，那个官吏不得不承认。

经过这件事情以后，刘秀开始对刘庄另眼相看，并且封他为太子。为了加强对刘庄的教育，刘秀让刘庄的舅舅阴识和阴兴共同辅导他学习。后来刘秀又任命当时的儒学大师桓荣教刘庄学习儒家经典。刘庄天性聪明，加上名师教导，到后来即皇位时已是饱读诗书、满腹经纶。

汉明帝刘庄即位后，他便实施一系列的治国方略。首先他举荐贤才，严格选用官吏。他任命邓禹为太傅，任命学识渊博而有谋略的刘苍为骠骑将军，并鼓励官员向朝廷举荐人才。明帝还对地方官吏进行考核，成绩最优异的和最差的都要上报朝廷。馆陶公主曾经

白马寺山门

白马寺有中国佛寺"祖庭"之称，始建于东汉永平十一年（公元 68 年），因汉明帝"感梦求法"，遣使迎天竺沙门摄摩腾与竺法兰回洛阳后，按天竺式样为两位沙门所建的精舍。"白马"之名则取自"白马驮经"的典故。

向明帝替自己的儿子谋求郎官的官职，可是明帝没有答应，只赏给了她一万钱，说："郎官是一县之长，如果用人不当，会给当地百姓带来灾难的。"

汉明帝还是中国历史上屈指可数的以文兴邦的杰出皇帝。他以文治国，一方面大力弘扬儒家文化，另一方面积极引入佛教。他身体力行，推动儒学的发展和佛教的传播，把秦汉以来的文化事业推向了高峰。

为了弘扬儒家文化，明帝开帝王尊师

谶纬之学

西汉末年，风行谶纬的思想。谶是以诡语托为天命的预言，其实质属于以阴阳五行为骨架的天人感应论的范畴。"纬"与"经"相对，是托名孔子以诡语解经的书。为了经学神学化和神化现实统治者的需要，纬书中引用和编造了大量的谶言，这种经学神学化的产物——纬书就称为"谶纬"。东汉初年，谶纬主要有87篇，有的解经，有的述史，绝大部分都是宣扬神灵怪异的荒诞言论。汉光武帝刘秀建国以后，把谶纬作为一种重要的统治工具。建初四年（公元79年），汉章帝大会群儒于白虎观讨论经义，由班固写成《白虎通德论》。与会的今文经学、古文经学和谶纬神学的代表们求同存异，在"三纲五常"的基础上实现了经学与谶纬神学的结合。

重教的先风，第一次举行养老礼。明帝当太子时，曾向桓荣学习《尚书》。等到登上帝位，他仍然以师生之礼尊奉桓荣，像当初当学生一样恭敬有礼。桓荣去世后，明帝亲自改换丧服吊唁送葬，在首山南麓赐给桓荣一块墓地，还让桓荣的儿子继承父亲的爵位。汉明帝还亲自前往鲁城，拜访孔子故居，并亲自登上讲堂，为大家阐说儒家经典。

在明帝的积极倡导下，上自太子、诸王、侯爵，下至高官的子弟、功臣的子孙，都努力学习儒家经典。明帝还为外戚樊氏、郭氏、阴氏、马氏的儿子们在南宫专门设立学校，这些学生称为"四姓小侯"。明帝给他们安排讲解儒家《五经》的老师，选拔学识渊博的老师授课。明帝时期学习儒家经典的风气盛行，即使是期门、羽林等禁卫武官，也都通晓《孝经》章句的含义。另外，匈奴也纷纷派出贵族子弟到汉朝学习。

为了加强精神统治，汉明帝有意引入佛教文化。他派使者前往西方天竺国寻求佛教道义，运回了佛经，并带着沙门（精通佛家道义的人）回到了中原，佛教从此传入中国。

在对外关系上，汉明帝一方面派兵出征匈奴，另一方面派班超出使西域，于是汉朝与西域中断了半个多世纪的联系得以重新恢复。

此外，汉明帝还吸取西汉灭亡的教训，严格限制外戚势力，规定皇后妃子的娘家人都不得封侯参与朝政。马皇后的兄弟，虎贲中郎将马廖和黄门郎马防、马光三人，在明帝当政时一直没有得到升迁。尚书阎章精通过去的典章和制度，早就应当担任要职，但明帝因他是后宫妃子的亲属，竟不录用。明帝为了表彰创立东汉中兴大业的功臣，特意在南宫云台画上了28位将领的肖像以作纪念。因马援是皇后的父亲，虽然也是一大功臣，但是却并没有列入其中。

对待外戚犯法，明帝也从不徇情枉法。明帝的姐夫梁松，同时也是功臣梁统的儿子，因怨恨朝廷、悬挂匿名书进行诽谤而被捕入狱，汉明帝毫不留情地将他处以死刑。同样，阴太后的弟弟阴丰因杀人犯法，虽然当时阴太后还健在，但明帝也不徇私情，坚持将阴丰处死。

汉明帝还十分重视农业生产。他任用王景治理黄河，直到东汉末年黄河也没有决口。另外他还免除了徭役，让农民能专心地从事农业生产，粮食连年丰收，百姓殷实富裕，牛羊遍野，天下太平。明帝当政时期，选贤任能，政治措施得当；轻徭薄赋，百姓安居乐业；民族关系缓和，国家人口增长。

马皇后

东汉明帝马皇后，是东汉名将伏波将军马援的小女儿，在光武帝时被选入太子刘庄的宫中。马氏入宫后，一心一意地侍奉阴皇后。她待人和蔼，与宫里的人都相处得十分融洽，因此深得阴皇后和太子刘庄的喜爱。汉明帝刘庄即位后，文武官员建议选立皇后，阴太后主张选马氏，明帝也欣然同意。

马氏登上皇后的位子后更加谦虚庄重。她常常穿着粗布制成的衣服，裙子边缘也不加花边修饰。每月初一、十五，嫔妃和宫女们入宫请安，远远看见她衣着简单粗糙，还以为是特制的上等丝绸，走近一看，才笑起来。马皇后说："这种料子特别适合染色，我就用了它。"

在古时候不孝有三，无后为大。没有儿子，这在古时是最大的憾事。"母以子贵"，作为皇后如果不生下太子，就难坐稳皇后这个位子。当时，马皇后的异母姐姐的女儿贾氏也被选入太子宫，生下皇子刘炟。明帝因马皇后没有儿子，便命他抱养

约束外家

此图描绘的是东汉明德马皇后训诫宗族亲戚不要骄横越礼的故事。马皇后是东汉名将马援小女，明帝皇后。她曾以西京败亡之祸为诫劝阻章帝封爵诸舅，以防止外戚专权。

刘炟,对她说:"儿子不一定非得是自己亲生的,做母亲的只怕爱心不够,抚养不周到。"于是马皇后全心全意抚育刘炟。太子刘炟生性纯朴笃厚,母慈子爱,两人始终亲密无间,毫无芥蒂。

马皇后还是一位很好的贤内助。在明帝当政时期,明帝的兄弟楚王刘英企图谋反。事情败露后,明帝认为刘英是受人指使的,所以穷究刘英的党羽,结果受到牵连的人越来越多,连续审查了好几年都没有结果。一些正直的大臣劝谏明帝,但他根本就听不进去。马皇后也知道这其中有不少冤案,心里十分忧虑。一天,明帝亲自到洛阳监狱去审问囚犯,并且当场释放了1000多人。在明帝释放囚犯后,天空立刻下起了一场及时的好雨,马皇后乘机劝说明帝不要再追究刘英的案件。明帝半夜里睡不着,反复思考马皇后的话,终于醒悟过来,案件也很快结束了。

自从那件事情以后,明帝发现马皇后很有政治才能,于是经常将一些在朝廷上无法裁决的事情拿出来,让马皇后帮着解决。马皇后为他深入地分析事情原委,并提出解决方法,弥补了许多朝政上的缺陷,明帝深为赞赏。但马皇后从来不提及自己娘家的私事,因此得到明帝的敬重。

明帝去世后,太子刘炟即位,即汉章帝,马皇后也被尊为太后。

过了一年,章帝想按照以往的制度封马太后的三个兄弟为侯爵,但马太后坚持不答应。当时朝政大权掌握在马太后手里,一些大臣误以为马太后故作谦虚。为了讨好太后,借以谋求晋升,他们便借全国发生旱灾为名,联合上书请求加封马太后的三个兄弟为侯。

马太后接到奏章,非常气愤。她说:"这些上书的人,纯粹是想讨好我,以此来谋求升官。他们讲的理由是极为荒唐。西京成帝时,王太后的家族一天之内五人同时被封侯,当天黄沙漫天,云雾四起。武帝时外戚窦婴、田蚡荣宠身贵,横行不法,倾覆之祸,千夫所指。先帝生前吸取前朝教训,限制外戚干预朝政,禁止他们担任国家重要职务。我身为太后,却穿着粗布衣服,吃的也不要求美味佳肴,随从也穿得很朴素，之所以这样做，就是要给他们做个表率。不料他们见了只是笑笑说'太后一向喜欢节俭'。前些时候我经过娘家，看见那些到我娘家拜访的人络绎不绝。了解臣子的，莫过于君王，更何况他们是我的亲人呢！我不能让他们重蹈前朝外戚灭亡的覆辙。"

章帝见太后坚决不答应，只好把封侯的事暂时搁起。

马太后为了不让自己的娘家人生活过于腐朽奢侈，还特地下诏禁止马氏家族的人因私事请求地方官府，干预地方行政。她母亲死后，她觉得坟堆太高，就下令削低。家族中如果有穿着过于华美的人，便将他们的名字从皇亲国戚的名册中删除。对于那些正直朴素的家人，马太后就会赏给他财物和官位。因此，章帝时期，外戚节俭廉洁的风气远远超过了明帝时期。

马皇后身体力行为天下做出了榜样，她一生谨慎、谦虚、朴素、知书达理，赢得后世人们的赞誉，成为历代皇后的楷模。

黄巾起义

黄巾起义是东汉灵帝中平元年（公元184年）至汉献帝初平三年（公元192年），由巨鹿人张角等领导的反抗东汉王朝的大规模农民起义。

东汉末年，朝廷上外戚与宦官争权夺利，相互倾轧，交替把持朝政。外戚与宦官专权引起了地主出身的士大夫的强烈不满，他们为了争夺政治权力，与外戚和宦官展开了激烈的斗争，引发了两次"党锢之祸"，进一步加深了统治集团的内部矛盾。地方上，豪强地主趁机大量兼并土地，使得大批农民失去了他们赖以生存的土地，过着流离失所的生活。由于政治腐败，社会黑暗，经济凋敝，农民生活在水深火热当中，苦不堪言，而东汉朝廷又不及时采取措施，缓和社会矛盾，农民只好举起起义的大旗，发动了一场声势浩大的农民起义。灵帝中平元

"苍天乃死"字砖　东汉
字砖中"苍天乃死"四字与
黄巾起义的口号不谋而合，
起义军因此广泛传布太平
道，表达民众推翻东汉王朝
的普遍心愿。

年（公元184年），张角领导的黄巾起义，是农民反抗东汉朝廷的总爆发。

巨鹿人张角信奉黄老之学，组织了大批的门徒，号称"太平道"。他们依靠咒语和符水来替人治病，在贫苦农民中宣传教义，鼓动民众暴动。

张角在宣传发动群众的同时，还把他的骨干弟子分派到全国各地，到处传播教义，发展教徒，聚集力量。仅10年的时间，张角就聚集了10万信徒，青州、徐州、幽州、冀州、荆州、扬州、兖州、豫州等八州的人，都纷纷积极响应。有的甚至卖掉了所有的家产投奔张角。一路上挤得水泄不通，仅病死在路上的就数以万计。起先各地方官员由于不了解张角的真实意图，以为他们是在教民向善，所以不仅没有反对他们的活动，反而鼓励他们，因而张角的组织越来越壮大。

渐渐地，张角的活动引起了朝中大臣的密切关注，太尉杨赐首先意识到了事态的严重性。当时他担任司徒，上奏说张角正在扩充势力，造成时局混乱，主张让各地方刺史、郡守把流民的籍贯查清楚，遣送回原籍，并诛杀他们的首领以平息一场叛乱。正当此时，杨赐被免职，他的奏章也被留在了宫中，没有引起皇帝的重视。

司徒掾刘陶再一次上奏申明杨赐的意见，主张重金悬赏捉拿黄巾军的首领张角等人。但皇帝接到奏章，并没有重视，反而下诏让刘陶整理《春秋条例》。

张角的势力发展迅速，于是将信徒按照地域组织设置了36个方，"方"，相当于将军。大方统率一万多人，小方统率六七千人，各方设立一个首领。同时，张角又提出了"苍天已死，黄天当立，岁在甲子，天下大吉"的战斗口号，并在京城洛阳各个官署以及各州、郡官府的大门都写上"甲子"二字，计划由大方马元义等人先集结荆州、扬州的党徒几万人，按期会合，在邺城起义。

起义的准备工作做好以后，张角派遣大方首领马元义多次前往京城洛阳，积极联络皇宫里的宦官信徒充当内应，约定在京城洛阳和地方各州同时发动起义。

在起义即将发动的紧急关头，黄巾军内部的唐周于中平元年（公元184年）春向朝廷告密。朝廷逮捕了马元义，并在洛阳对其施以车裂的重刑。同时下诏三公、司隶查处张角的同伙，总共杀了1000多人，接着又派兵到冀州逮捕张角等人。

张角等人得知事情已经暴露了，决定提前起义，便派人日夜兼程地赶往各地，一时间各地纷纷起兵响应。他们个个头戴黄巾，所以称为"黄巾军"。

张角自称"天公将军"，张角的弟弟张宝称为"地公将军"，另一个弟弟张梁称为"人公将军"。他们火烧官府，攻占城镇，占据各地方州郡。仅一个月的时间，天下纷纷响应，连京城洛阳也为之震动，安平人和甘陵人还生擒了安平王和甘陵王来响应黄巾军。

灵帝慌了手脚，急忙召集群臣商议对策。为了镇压起义大军，灵帝下令大赦党人，解除对党人的禁令，希望通过调整朝廷内部矛盾来笼络更多的人对付起义军，但张角并不在赦免的行列之内。在军事上，汉灵帝征调全国各地的精兵分头剿灭，派遣北中郎将卢植征讨张角，左中郎将皇甫嵩、右中郎将朱儁重点进攻在颍川地区活动的黄巾军。

朝廷进攻的矛头，首先指向直逼京师洛阳的颍川黄巾军波才指挥的农民军。左中郎将皇甫嵩统率大军对战。双方交战，皇甫嵩被波才率领的黄巾军围困在长社县城。但波才缺乏作战经验，紧靠着遍野的荒草设置营寨。恰好碰上狂风大作，皇甫嵩命令一批士兵手持成束菁草上

黄巾起义示意图

图例

- ◉ 公元184年黄巾军主要作战地区
- ◖ 黄巾军余部及其他起义军活动地区
- ⣿ 与黄巾军同年起义的其他起义军活动地区
- ✕ 战场
- --- 黄巾军宣传活动的八州范围
- ▼ 起义地点

城，命令另外一批勇士偷偷地越过包围圈，放火烧草并高声呐喊。与此同时，城上的士兵也一齐点燃火把。皇甫嵩率领军队擂鼓呐喊着冲出城去，直接攻击黄巾军的营寨。黄巾军大惊，四处逃散，溃不成军。这时恰好骑都尉曹操率军赶到，与皇甫嵩一起夹击黄巾军。五月，皇甫嵩、曹操与朱儁会师，再次出战，大败黄巾军，斩杀数万人。

朝廷将颍川、南阳两地的黄巾军镇压后，又集中兵力对付河北的黄巾军。北中郎将卢植率领军队打败张角领导的黄巾军，杀掉和俘获了一万多人。张角战败后退守广宗县城，卢植率领军队包围了广宗城。正在积极备战，眼看马上要攻下广宗城的时候，卢植却由于拒绝贿赂宦官左丰遭到诬陷，结果灵帝改派东中郎将董卓接替卢植，但却没有攻下。后来朝廷再次征调皇甫嵩为帅，进攻广宗。

当时张角已经病死，他的弟弟张梁继续带领黄巾军与朝廷对抗。皇甫嵩与张梁在广宗交战。由于张梁率领的黄巾军士气高昂，勇猛善战，所以皇甫嵩一开始并没有取胜。皇甫嵩退下来，让士兵休息，另一方面又派人密切观察黄巾军的动向。皇甫嵩发现黄巾军由于首战获胜，情绪有些松懈。于是皇甫嵩趁夜部署军队，等清晨天微亮鸡一叫的时候，迅速冲入黄巾军的营垒。黄巾军还在睡眼惺忪的时候，突然遇到敌军，只好仓促应战。这次战斗，从清晨一直打到傍晚，黄巾军损失惨重，死了共八万人。紧接着皇甫嵩又挥兵进攻张角的弟弟张宝，在曲阳将他杀掉，并杀死、俘虏黄巾军10多万人。

黄河南北的几支黄巾军主力先后被官军及地方豪强武装各个击破。但黄巾军的残余势力仍然顽强斗争，坚持了好几年时间。直到汉献帝初平三年（公元192年），曹操追击黄巾军到济北，黄巾军才全体投降。

董卓被杀

汉灵帝中平六年（公元189年），董卓废掉少帝刘辩，改立陈留王刘协为帝，即汉献帝。之后，汉献帝任命董卓做了相国。

董卓一旦控制了朝政大权，全国军队和国库里的金银财宝全部由他掌握，威震天下。但他的欲望没有止境，他常常对他的门客说："我的相貌，是尊贵无上的！"他大肆封官，将董家的人都安插在朝廷和地方的重要官职上，他的弟弟和侄子不是将军就是校尉，连还在襁褓中的婴儿也被他封侯。董卓为了恣情享乐，在离长安二百多里的地方修筑了一座城堡。这座城堡又高又厚，很难攻打进来，董卓在里面贮藏了搜刮过来的无数金银财宝，单是粮食，就足够吃30年的。城堡筑成以后，董卓得意扬扬地向别人夸耀说："如果大事成功了，天下就是我的；即使不成功，我也可以在这里面无忧无虑地安度我的晚年，谁也别想打进来。"

董卓极其暴虐无道。汉献帝初平元年（公元190年），献帝刘协迁都长安。董卓为了搜罗财物，把洛阳城里的富豪统统扣上一个罪名加以处死，死了的人不计其数。他还命人驱赶剩下的几百万居民，令他们向长安迁徙。他命步兵、骑兵在后面催促，马在人群里踩踏。长期的辛苦和饥饿，百姓们不断死去，一路上堆满了尸体。他自己带兵停留在毕圭苑里，命部下纵火焚烧掉所有的宫殿、官府和老百姓的住宅，以致洛阳城方圆二百里内，房屋都化为乌有，听不到鸡和狗的叫声。董卓又让吕布率兵挖掘历代皇帝陵墓和公卿及以下官员的墓地，搜罗珍宝。

董卓性情残忍，甚至还以杀人取乐。他曾经抓到一批山东兵，让人把这些士兵用布紧紧裹住，在布上涂满猪油，然后再点火，把这批山东兵烧得嗷嗷直叫，董卓却开心地发出阵阵奸笑。董卓随意杀人，种种罪行令人发指，即使是他的手下，如果有谁惹得他不高兴，都会被当场处死，因此他身边的人终日提心吊胆。

以司徒王允为首的朝中大臣秘密谋划除掉董卓，大家迟迟没有动手，是因为董卓身边总是跟着一个心腹——吕布。吕布是有名的勇士，他的力气特别大，而且骑马射箭样样精通，武艺十分高强。吕布原来是丁原的部下，董卓带兵进入洛阳的时候吕布杀了丁原，正式投靠了董卓。董卓很清楚自己为人残暴，不得人心，害怕有人谋害他，所以把吕布收做干儿子，叫吕布随身保护他。他走到哪里，吕布就跟到哪儿。大家因惧怕吕布的勇猛，一直不好对董卓下手。

董卓非常宠信吕布，发誓说他们情同父子。可是董卓心胸狭窄，吕布曾经因为一件很小的事情惹得他心里很不高兴，居然拔出戟就向吕布投去。幸好吕布身手矫健，躲开了，又马上装出一副低声下气的样子向董卓赔礼道歉，这才平了董卓的心头之气。自此以后，吕布一直对董卓怀恨在心。

司徒王允心里很清楚，要除掉董卓，首先必须把吕布拉拢过来。于是他有意无意地与吕布套近乎，常常把吕布请到家里来喝酒聊天。时间一长，吕布越来越信任王允，于是把自己在董卓那里受到的委屈和对董卓满肚子的怨气一股脑地向王允倾诉，还忍不住说出了自己差点被董卓杀掉的经过。王允觉得时机成熟了，于是把密谋诛杀董卓的事跟吕布说了，并要求吕布充当内应。吕布有些犹豫，说："毕竟我们是父子，哪有儿子杀掉父亲的呢？"

王允摇摇头说："哎，将军呀，您可真是糊涂呀。您怎么就想不明白呢？他姓董，您姓吕，您们没有一点血缘关系。再说了，当初他掷戟要杀您的时候，顾及过一点父子感情吗？您现在连自己的命都顾不过来了，还讲什么父子情呢？"

吕布觉得王允说得有道理，于是答应了。

连环计　年画
本图绘王允利用美貌的貂蝉来离间董卓和吕布的感情，从而达到诛杀董卓的目的。

汉献帝初平三年（公元192年），献帝生了一场病刚刚痊愈，在未央宫朝见文武百官。董卓穿着朝服乘着车子入朝。为了提防人家暗算，他在朝服里面穿上铁甲。从军营里一直到皇宫，这么长的距离，董卓部署了两列士兵密密麻麻地排成一条夹道，左边是步兵，右边是骑兵，身边还跟着吕布等人，戒备非常森严。他自以为这样就万无一失了，大摇大摆地走向皇宫。

　　可是他哪里料到，自己最信任的心腹吕布已经背叛自己和王允串通一气了。王允把预先备好的皇帝的诏书交给吕布。吕布约好了10多个心腹勇士冒充卫士，埋伏在宫门口等待董卓的到来。董卓刚一进门，就有人举起一把戟向董卓刺过去。

　　由于董卓穿了厚厚的铠甲，没有刺进去，只是伤了他的手臂。董卓掉到车下，回过头大声呼喊吕布："吕布，你在哪里？"

　　吕布跳出来，高声宣布说："我是奉诏来讨伐你这个奸贼的！"

　　董卓气得大骂："狗奴才，你竟敢……"

　　吕布没等他骂完，举起矛向董卓刺去，并催促身边的兵士赶快把他杀了。主簿田仪及董卓的奴仆扑到董卓的尸体上，吕布又把他们杀了。这时吕布从怀里掏出诏书，向官兵宣读诏令："皇帝下诏，只讨伐董卓，其余的人一律不追究。"这些官兵们听了，一动也不动，齐声呼喊万岁。

　　长安的百姓吃尽了董卓的苦头，得知董卓被诛的消息，高兴地在街上跳舞。长安城中的士人、妇女们纷纷卖掉珠宝和衣服买来酒肉共同庆祝。董卓的弟弟董璜以及在城堡中的董氏宗族的老老少少，都被他们的部下杀死了。董卓的尸体被暴露在街上示众，当时天已经开始热了，董卓身体肥硕，脂肪流得满地都是。看守尸体的人，便做了一个大灯捻，放置在他的肚子中间点燃了，从白天烧到晚上，一连烧了好几天。受过董卓迫害的袁氏家族，把董卓的尸体烧掉，并把骨灰撒在路上。

蔡邕之死

蔡邕曾因得罪宦官王甫的弟弟王吉，被指控为诽谤朝廷，流放到边疆，前后长达12年，遇到大赦才得以返回家乡。

董卓非常敬重蔡邕，便征召他做自己的僚属。蔡邕借口有病，不接受征召。董卓大怒，骂道："我董卓可以把你蔡邕全家杀得片甲不留！"蔡邕听了非常害怕，只好接受命令。他到了京城洛阳后，被董卓任命为司空祭酒。董卓非常欣赏他的才华，不断推荐他，使他在短短的三天之内连升三级，一直迁升到侍中。

董卓死的时候，蔡邕当时正在王允家中做客，听到这个消息后，忍不住惊叹。王允勃然大怒，厉声斥责他说："董卓是祸害国家的奸贼，几乎要毁灭了大汉江山。你是汉家的臣子，应该同我们一样对他怨恨，可是你却怀念他对你的恩惠，替他感到悲痛，你这不是要与他一起谋反吗？"说完就将他逮捕，送给廷尉审问。

蔡邕请求王允说："我虽不忠，但古今的一些大道理还是知道的，又怎会做出背叛国家祖护董卓的事呢？我宁愿忍受酷刑，也请饶我一命，让我把《汉书》剩下的部分写完。"

很多士大夫都同情蔡邕，想法营救他，但都没有成功。太尉马日磾劝王允说："伯喈（即蔡邕）是世上少有的奇才，对我朝的典章史事非常熟悉，应当让他写完史书，这将会是一部大作。况且他只不过犯了一个很小

蔡邕像

的罪，这样杀了他，岂不是让天下的士人很失望吗？"

王允说："当初汉武帝就是因为没有杀掉司马迁，才使得他写了一部谤书流传下来了。他要完成《汉书》，那我更不能留下他。难道也让他像司马迁一样写一部谤书，使我们蒙受后人的讥讽和耻笑吗？"马日磾退出后，对别人说："恐怕不久王允就要遭到家族灭绝的大祸了！"

蔡邕最终被王允杀害。

蔡邕死后，百姓纷纷传言王允要杀死董卓部下的所有凉州人，那些原来是董卓部下的将领都惶恐不安，全都紧紧把持住军队，以求自保。他们还相互议论："蔡邕只因受过董卓的信任和厚待，都被牵连处死了，何况我们还是董卓的部下和亲信。现在王允不但没有赦免我们，还要解散我们的军队。如果我们今天解散了军队，明天就会成为别人手里任人宰割的鱼肉了。"

正在谣言纷起的时候，吕布派李肃前往凉州陕县，宣布皇帝的诏命，诛杀董卓的部下牛辅。牛辅等人率军迎击李肃，李肃战败。牛辅见皇上下令派人前来诛杀自己，心中惶恐不安，正好遇到军营里发生了动乱，牛辅想乘机逃走，却被身边的亲信杀死。李傕等人回到军营时，牛辅已经死了。他们见失去了靠山，只好派使者去长安请求赦免。王允回答说："朝廷一年之内不能发布两次赦免的命令。"于是拒绝了他们的请求。李傕等人更加害怕了，不知道该怎么办才好。

正在犹豫不决的时候，讨虏将军贾诩说："如果你们放弃军队，单个逃命，王允只需要一个小小的亭长就可以把你们捉起来。不如大家齐心协力，向西攻打长安，为董卓报仇。如果事情成功，我们还可以拥戴皇帝来号令天下；如果失败了，到那时我们再逃走也不迟。"李傕等人同意了。于是一起宣誓结盟，率领着几千人马，日夜赶路向长安进发。

王允得知李傕率军攻来的消息，便召见在凉州很有威望的两个人——胡文才、杨整修，想让他们去向李傕当面解释，以消除误会。可是王允在召见胡文才和杨整修的时候，并没有和颜悦色，而是厉声呵斥说："这些凉州来的鼠辈，到底有什么企图？你们去把他们叫来！"

胡文才和杨整修也是凉州人，被王允这一顿臭骂，心里很不痛快。因此，胡文才和杨整修去见李傕，并没有去阻止他们的行动，反而把他们的大军引回长安。

李傕一路招兵买马，等到达长安的时候，已经是有10多万人的大军了。他们与董卓的旧部樊稠、李蒙等人会合，一起包围了长安。长安城墙高大，无法攻入，只好围守。守到第八天，吕布属下的蜀郡士兵叛变。六月，叛军把李傕的军队引入城内，李傕放纵士兵大肆抢掠。

吕布与李傕等在城中交战，吕布接连失利，便率领几百名骑兵，把董卓的头颅挂在马鞍上，突围逃走。吕布在青琐门外遇到王允，招呼他一起逃走，王允拒绝了，说："国家平安，这是我最大的愿望，如果这个愿望不能实现，那么我愿意献出我的生命。如今皇帝年幼，需要我的辅佐和保护，一旦遇到危险，我只顾自己逃命的话，于心不忍。请勉励关东的各位将领，常将皇帝安危和国家的大局放在心上。"最后王允奋战而死。

与此同时，董卓的另一个部将郭汜也打进长安。

汉献帝下诏，任命董卓的部将李傕为车骑将军，兼任司隶校尉、假节钺，任命董卓的另一部将郭汜为后将军，两人都被封为侯爵。李傕、郭汜掌管朝政。

曹操起兵

曹操是沛国谯县人，他父亲曹嵩是宦官曹腾的养子。曹操从小聪明机灵，有谋略，擅长权术，行为放荡不羁。

当时的人并不认为他有什么过人之处，只有太尉桥玄见了他大为惊奇，说："天下即将大乱，只有靠能够掌握时代命运的杰出人才来拯救。能够平息这场大乱的人，恐怕就是你吧！"随后，桥玄又让曹操去拜访善于品评人物的许劭。

许劭评价他说："你在和平时代会是一个能臣，在乱世的时候是一个奸雄（治世之能臣，乱世之奸雄）。"曹操听了，非常满意地离去。

黄巾起义爆发后，曹操被朝廷任命为骑都尉，派到颍川一带协助卢植镇压黄巾军。他打败了波才领导的黄巾军，斩杀了好几万人，被提升为济南相。

为了巩固统治，加强军事防备，汉灵帝吸取黄巾起义的教训，设置了西园校尉，曹操因家世被任命为八校尉中的典军校尉，重新回到洛阳。

后来董卓率军进驻洛阳，废掉少帝，改立献帝刘协，接着又杀掉太后和少帝，自称相国，掌握了朝政大权。为了巩固自己的势力，董卓用高官厚禄收买了不少人。他还将曹操提升为骁骑校尉，企图以此来拉拢曹操。但是曹操很有先见之明，早就料到董卓倒行逆施很不得人心，迟早会垮台，所以不愿意在他手下做事。他改名换姓，抄小路逃出京城洛阳，到陈留去投奔父亲。

曹操的父亲在陈留有点财产。回到陈留，曹操征求父亲的意见，花钱招兵买马，准备讨伐董卓，逐渐聚集了五千多人马。他一边训练军队，一边等待时机。

自黄巾起义后，各地方豪强割据一方，各自拥有自己的人马。关东各路军队趁洛阳大乱，借进京讨伐董卓的名义，纷纷起兵，其中声势最为浩大的是袁绍。

曹操和各路讨伐董卓大军一共十几万人马，在陈留附近的酸枣（今河南延津西南）集合，组成一支联军，大家推袁绍为盟主。

董卓驻守洛阳，可是袁绍领导下的联军惧怕董卓强盛的军力，没有人敢担任先锋进攻。曹操说："我们兴义兵联合起来就是要讨伐董卓、诛除暴乱的，你们还有什么疑虑的呢？如果他现在挥兵东下，将会成为我们的大患。如今董卓烧毁宫殿，强迫皇帝迁都，惨无人道，不得人心，正是上天赐给我们的好时机。"尽管曹操说得慷慨激昂，可是没人响应。

曹操终于明白各路军队是借着讨伐董卓的名义伺机发展自己的势力。曹操非常失望，决定带着五千人马向西进发，准备攻占成皋（今河南荥阳汜水镇）。张邈拨出部分军队，派部将卫兹率领，随曹操一同进军。

曹操率领军队来到荥阳汴水，遇到董卓部将徐荣的部队，结果曹军战败，曹操被乱箭射中，战马也受伤了。正在紧急关头，曹洪赶来。曹洪跳下马，要把马让给曹操，劝他赶快逃走，说道："国家可以没有我曹洪，但不能没有您！"曹操推辞不过，才骑上马连夜逃走。

曹操逃回酸枣后，见到联军10多万人，每天无所事事，早就把讨伐董卓的事抛到九霄云外，满心气愤地责备说："你们口口声声地说征讨叛逆，号称什么'义兵'，却整天待在这里迟疑不敢前进，让天下人大失所望，我真替你们感到羞耻！"

经过这次事情以后，曹操真正看清了这群乌合之众的真面目，知道他们终究难以成就

曹操讨伐黄巾军　粉彩瓶

一番事业,不愿意再跟他们搅和在一起。于是,他单独跑到扬州去招募新兵,招到了1000多人,驻扎在河内郡。

为了抑制袁绍势力的发展,曹操又率军进攻东郡,在濮阳大败白绕。朝廷任命他为东郡太守,郡府就设在东武阳。

不久董卓的余部李傕、郭汜率军攻陷长安,关中地区陷入战乱。这时候,地方长官割据一方,形成割据局面。青州的黄巾军趁势得到很大发展,接连攻破了兖州郡县。

兖州济北相鲍信迎接曹操担任兖州的长官,联合曹操进攻黄巾军。曹操追击黄巾军的残余部队,一直追到济北,黄巾军全体投降。曹操从中挑选精锐的士兵组成了一支"青州兵"。

此时曹操的部下陈宫因对曹操不满,背叛了曹操,趁曹操征讨徐州时,迎接吕布担任兖州的最高长官。曹操整顿军队攻打吕布,在巨野大败吕布的军队,把吕布赶出了兖州。

从陈留起兵到兴平二年(公元195年)将吕布、张邈赶出兖州,经过六年的经营,曹操终于有了自己的根据地。

曹操刚起兵的时候,只有几千个人,出任东郡太守前后,他才陆续将一些豪强地主的家兵收纳到自己的部下,后来又击溃了青州的黄巾军,收纳了其中精锐的士兵组成了"青州兵"。这样,曹操又有了一支战斗力强的军队,为曹操以后得以成就一番大事打下了良好的基础。

你一定要知道的

资治通鉴故事

汪阳 编

（全4册）

③

中国华侨出版社

·北京·

目 录

宋　纪

魏 纪

东汉末年，各地豪强纷纷起兵割据自立，一时间全国陷入内战的混乱之中。建安五年（公元200年），袁绍与曹操在官渡展开决战，曹操大败袁绍，成为北方最强的军事集团。建安十三年（公元208年），曹操率军南下，占荆州，与在长江中下游的孙权对垒。此时刘备也起兵欲兴汉室，率荆州的残余势力与江东的孙权联合。孙、刘、曹大军在赤壁会战。曹操大败，退回北方，刘备得以占据荆州，后入四川。从此，曹、孙、刘三大势力成鼎足之势。

建安二十五年（公元220年）曹操卒，后来曹丕称帝，国号魏。次年，刘备也在成都称帝，国号汉（一般称蜀或蜀汉）。公元229年，吴王孙权在建业称帝，国号吴。三国分立时代正式开始。

诸葛亮挥泪斩马谡

魏明帝太和元年（公元227年）三月，诸葛亮呈上《出师表》给后主刘禅，率军到达接近魏、蜀边界的汉中地区，准备北伐。他先在汉中重点训练了一年军队，然后才开始北攻魏国。

在正式北伐前，诸葛亮扬言要从斜谷道经陕西眉县（今陕西眉县北），然后直捣长安。曹魏得知消息后，一面派兵驻守眉县，一面派老将张郃率领五万精兵赶往西线，驻防陇右。

第二年春，诸葛亮正式出兵北伐。他命令赵云、邓芝假装攻打箕谷（今陕西宝鸡南），试图把魏军主力吸引过来。同时，诸葛亮亲自率领主力军北出祁山（今甘肃西和西北），以便先取陇右，最后夺取长安。

当诸葛亮率领主力部队突然抵达祁山时，汉阳、南阳、安定三郡也纷纷起兵响应诸葛亮，战局对蜀军十分有利。

但是等到在祁山发兵时却出了问题。诸葛亮没有让经验丰富的老将魏延、吴懿等人担任先锋，而是让没有实际带兵经验的马谡担任督军带兵前行，与魏国的大将张郃在街亭（今甘肃庄浪东南）交战。

马谡才华抱负远远胜过一般的人，喜欢大谈用兵谋略，深得丞相诸葛亮的器重。蜀汉国主刘备临死前曾规劝诸葛亮说："马谡的才能有些言过其实了，这个人不能委以重任，希望你慎重一些！"诸葛亮并不这样认为，他让马谡担任参军的

诸葛亮像

职位，经常召见马谡谈话，甚至通宵达旦。诸葛亮南征时，马谡曾献策不宜强攻，以攻心为上，攻城为下。诸葛亮采纳了他的计策，七次擒获孟获又七次将他放了，使得南中人诚心诚意地归附蜀国。在诸葛亮北伐曹魏之时，南中人没有反叛，消除了诸葛亮北伐的后顾之忧。

马谡在街亭一战中，违背了诸葛亮的作战安排，指挥混乱，还放弃水源上山扎营，没有在山下的城邑驻守。他的副将王平曾多次劝谏他，可是他不听。魏将张郃趁机切断了他的取水通道，然后发动进攻，把蜀军打得落花流水，四处逃散。王平仍然率领着千余人鸣鼓相聚，坚守阵地。张郃害怕有敌军埋伏，不敢前去追击，王平才得以从容收纳各个军营里残余的部队，率领将士归来。

此时诸葛亮进军祁山，失去了据点街亭，只好退回到汉中。街亭失守，使诸葛亮顿时陷入被动局面。

诸葛亮回到汉中后，便将马谡关进监狱，执行军法。尽管诸葛亮十分爱惜马谡的才华，但是为了重振蜀汉北伐取胜，兴复汉室的士气，为了严明军法，诸葛亮挥泪把他斩杀了。马谡被斩后，诸葛亮亲自来到马谡灵前祭奠，痛哭流泪，下令安抚照顾他留下的儿女。

蒋琬见诸葛亮这么伤心，对他说："从前晋国和楚国交战的时候，楚国杀了得力的大将贤臣，晋文公暗地里不知道有多么庆幸。现在天下还没有安定下来，而杀戮智谋出众的人才，你能忍心吗？"

诸葛亮流着眼泪说："孙武之所以能够战无不胜、所向披靡，其中一个很重要的原因是他执行军法极为严格。现在天下四分五裂，战争才刚刚开始，如果此时不严格执行军法，一旦坏了章法，以后还怎么能够战胜敌人呢？"

王平在街亭一战中曾经劝阻过马谡，在退兵的时候凭着智谋突出敌人的重围，在这次战役中的表现特别突出，已经显露了他出众的军事才能。因此，诸葛亮把王平提拔为参军，后来又将他升为讨寇将军，并封他为亭侯。

诸葛亮对将士们说："这次出兵失败，虽然是因马谡违反军令造成的，但我也有用人不当的过失，这次兵败我也负有不可推卸的责任。"于是他上奏后主刘禅请求降职三级。

刘禅接到奏章，不知该怎么办，去问大臣。大臣们都了解诸葛亮的个性，说："既然丞相心意已定，就依着他的意思办吧。"刘禅于是将诸葛亮贬为右将军，但仍然负责办理丞相的事务。

由于诸葛亮赏罚分明，勇于承担过错，令蜀军将士深受感动，大家的士气更加旺盛，作战也更加勇敢。

这年冬天，诸葛亮又率军杀出散关，包围陈仓（今陕西宝鸡东）。第二年春天，他又收复武都、阴平两个郡。之后，后主刘禅下诏恢复了诸葛亮的丞相职位。

曹操之死

汉献帝建安二十五年（公元220年），魏王曹操在洛阳去世。

曹操善于观察人，轻易不会被一些假象蒙蔽。他提拔人才，从不考虑他的出身，只要有才能都可以任用；他作战时与敌人对垒，看上去神态安详，不像要打仗的样子，可是一到决战的关键时刻，士气盎然，威风凛凛；他论功行赏，毫不吝啬，对没有立功的人，分毫不给；他法律严明，对违法者必定给以严惩，即使有亲信犯法，自己虽然伤心得痛哭流涕，但还是不予赦免；他生性节俭朴素，不喜欢华丽的东西。正因为如此，他才能消灭各地军阀，几乎要完成统一大业。

曹操去世的时候，世子曹丕正在邺地（今河北临漳县西南）。一时间群龙无首，军中人心骚动。大臣们想要把曹操死的消息保密，暂不对外宣布丧事。谏议大夫贾逵认为这事没法保密，决定对外公开曹操去世的消息。有人提议应该撤换各个城市的将领，把他们都换成曹操老家谯、沛两地的人担任。魏郡太守徐宣厉声叱责道："现在各地统一了，人人都怀着效命的忠心，又何必专门委任谯和沛两地的人来疏远其他各地将士！"于是，这个提议也就作罢。

鄢陵侯曹彰是曹操的儿子，听到父亲去世的消息，连忙从长安赶来，问贾逵曹操的玺绶放在哪里。贾逵严肃地说："国家早已确定了继承人，至于先王的玺绶在哪里，这不是你应该问的。"

曹操去世的噩耗传到了邺地，世子曹丕号啕大哭。中庶子司马孚劝谏说："君王去世后，天下的人都在等着您发布命令。您应当上

《短歌行》

曹操平定了北方割据势力，控制了朝政。他又亲率83万大军，直达长江北岸，准备渡江消灭孙权和刘备，进而统一全中国。建安十三年（公元208年）冬十一月十五日，天气晴朗，风平浪静，曹操下令："今晚在大船上摆酒设乐，款待众将。"到了晚上，天空的月亮非常明亮，长江宛如横飘的一条素带。再看船上众将，个个锦衣绣袄，好不威风。曹操告诉众将官："我自起兵以来，为国除害，扫平四海，使天下太平。现在只有南方我还没得到，今天请你们来，为我统一中国同心协力，日后天下太平，我们共享荣华富贵。"文武百官们都站起来道谢，曹操非常高兴，先以酒奠长江，随后满饮三大杯，并横槊告诉众将说："我拿此槊破黄巾、擒吕布、灭袁术、收袁绍，深入塞北，直达辽东，纵横天下，颇不负大丈夫之志。在这良辰美景，我作歌，你们跟着和。"接着，他唱曰："对酒当歌，人生几何……绕树三匝，何枝可依？山不厌高，海不厌深。周公吐哺，天下归心。"是为《短歌行》。

为祖宗基业着想，下为四方百姓生活考虑，怎么能够跟普通老百姓一样只是尽做儿女的孝道呢？"世子曹丕哭了很久才止住，说："你说得确实很对。"当时各位大臣们一听到曹操的死讯，哭成了一团，朝廷内

外一片混乱。司马孚在朝廷上厉声说："现在我们的魏王去世了，天下震动，我们应当及早拜见继任的新君王来稳定全国的局势，你们难道只知道哭吗？"说完之后他解散了群臣，布置了戒备森严的警卫，开始办理丧事。

有些大臣认为必须等到汉献帝的诏令下达，世子曹丕才能即魏王位。尚书陈矫驳斥道："魏王在外地去世，全国惊惶恐惧，人心不稳。世子应该节制悲痛，立即即位，以安定全国上下的人心。况且魏王钟爱的儿子曹彰正守在灵枢旁边，他若是这个时候有不仁义的举动，生出变故来，那么国家就危险了。"于是，陈矫当即召集百官，安排礼仪，一天之内，全部办理完毕。

第二天清晨，陈矫以魏王的名义，拜立世子曹丕继位做了魏王。曹丕当上魏王后，就将曾经想与自己争夺王位的鄢陵侯曹彰遣送回原来的封地。曹丕一向嫉恨才华过人的弟弟临淄侯曹植，监国谒者灌均迎合曹丕的意图，诬陷曹植说："曹植喜欢酗酒，说话轻狂傲慢，还胁迫魏王的使者。"曹丕借机将他贬为安乡侯，并将他的党羽全部处死。

不久，曹丕又逼迫汉献帝将帝王之位"禅让"给自己，即位称帝。

曹丕与曹植

曹丕和曹植是曹操的两个儿子。自从汉献帝迁都许都以来，朝廷大权和兵权全掌握在曹操手里。当年孙权占据荆州，杀了关羽之后，怕受到曹操和刘备的夹击，避免两线作战，主动上书向曹操称臣，并写信劝曹操即位称帝。曹操把孙权的信给大家看，说："这小子是要害我呀，要我现在称帝，不是等于把我放到炉火上烤吗？"曹操的属下也不理解曹操为什么不称帝，说："汉朝的统治早已经名存实亡了，您现在完全有实力称帝呀！而且大家都异口同声响应您，您还有什么可犹豫的呢？"曹操说："如果上天有意要我们曹家的人当皇帝，那我还是当个周文王吧。"因此，在曹操的有生之年，他始终没有废掉汉献帝自己称帝，只是当了个魏王，名义上还是汉王朝的臣子。但他早就在暗中物色能实现他帝王梦想的后继人选。

曹操的儿子个个出众。其中曹植从小就思维敏捷，表现出过人的才华，曹操对他尤其钟爱，一直有把他立为太子的想法。

有个叫丁仪的大臣，非常怨恨曹丕。当时曹操要把女儿嫁给丁仪的时候，曹丕认为丁仪有一只眼睛瞎了，配不上自己的妹妹，坚决阻止了这桩婚事，所以丁仪对这件事一直耿耿于怀。他和弟弟黄门侍郎丁廙以及丞相主簿杨修经常称赞曹植的才干，劝曹操立他为继承人。曹操虽然也喜欢曹植，但因他不是长子，所以一时拿不定主意。

于是，曹操用信秘密探访大家对立继承人的看法。尚书崔琰用不封口的信答复说："按照《春秋》上的道理，应该立长子为太子，而且曹丕仁厚、忠孝、聪明，应当做继承人，我的看法至死不变。"东曹掾邢颙说："长子才是正统的继承人，这是一贯的规矩，希望您仔细考虑。"

曹操又单独询问贾诩关于立太子的事，贾诩默然不答。曹操说："我与你说话，你却不回答，这是为什么？"贾诩委婉地回答说："我心里正在想事情，所以没有立即回答您。"曹操说："你在想什么？"贾诩委婉地说："我一直在琢磨着袁绍、刘表两对父子怎么会落到那样的下场啊。"

曹操见大臣们都反对自己立曹植为太子，就一直没有行动。

曹丕听说曹操在立太子的事情上犹豫不决，很担心自己的地位不稳固，于是询问贾诩，说："我应当怎样取得父亲的信任，巩固自己的地位呢？"

贾诩很了解曹丕和曹植两兄弟，知道曹丕在才华上要略逊一筹，难以超过曹植，于是给他出了一个主意，说："你只要表现出良好的道德

山东东阿曹植墓　三国
位于山东省东阿县鱼山。魏太和三年（公元229年），曹植被徙封东阿；六年，封为陈王，抑郁而逝，谥曰思，世称"陈思王"。

品质，尽量表现得孝顺恭敬，就可以了。"曹丕将贾诩的话牢记在心，暗自磨炼自己。

　　曹丕为了取得太子的地位，挖空心思讨曹操的喜欢。一次，曹操带兵出征，曹丕和曹植一起把曹操送到路旁。曹植称颂曹操的功德，出口成章。旁边的人听了，都十分赞赏，曹操听得心里美滋滋的。曹丕自愧不如，感到惆怅，若有所失，属下吴质在他耳边小声说："魏王即将上路的时候，你只要流泪哭泣装出伤心的样子就可以了。"等到辞行的时候，曹丕哭着下拜，曹操和部属们都很伤感。因此，大家都认为曹植虽然才华横溢，但孝心远远不及曹丕。曹操也认为曹丕这个儿子虽然才华不及曹植，但为人老实，很有孝心。因此，曹操对曹植越来越冷淡了。

　　丞相府主簿杨修和丁仪兄弟也在加紧策划让曹操立曹植为太子，曹丕对此很担忧。于是他想把心腹吴质找来商议。为了掩人耳目，他把吴质藏在旧竹箱中，用车接来，但是这件事还是被与曹植要好的朋友杨修发现了。杨修将这件事告诉了魏王曹操。曹操还没有来得及调查，曹丕就因为害怕把事情的原委告诉了吴质。吴质说："没有关系，你不要担心，我自有办法。"

第二天，吴质又让曹丕派人大摇大摆地抬着一个旧竹箱进入曹丕的宅邸。杨修果然中计，马上报告了曹操。曹操派人来检查，发现里面除了一些绢以外什么也没有，更没有什么杨修所说的那个人。曹操开始怀疑杨修是不是串通了曹植想陷害曹丕，于是对曹植更加疏远了。

曹植做事任性，言行不加掩饰，是一个不拘小节、率性而为的人；而曹丕很有心计，懂得在众人面前掩盖自己的缺点，又善于笼络人心。于是宫中的人和曹操部属大多为曹丕说好话，所以最终还是曹丕被立为太子。

曹操死后，世子曹丕当了魏王，仍然很忌恨曹植，并将曹植贬为安乡侯，将他的党羽全部处死。

汉献帝延康元年（公元220年），曹丕称帝，建立魏朝，改元黄初，他就是魏文帝。他追封父亲曹操为魏武帝，实现了曹操生前做周文王的心愿。

孙权假降

汉献帝建安二十四年（公元219年），孙权擒杀蜀国名将关羽，夺取了刘备所占据的荆州。魏文帝黄初二年（公元221年），刘备不顾群臣劝谏，决意伐吴，亲自统领大军沿着长江向东吴进军。

蜀国大军压境，孙权多次派人向刘备求和，结果都遭到拒绝。为了避免北边曹魏夹击，两线作战，孙权决定向曹魏称臣，以此拉拢曹魏。

刘备派吴班、冯习率领四万多人在巫县（今湖北巴东）大败孙权的

屯田制

屯田亦称屯垦，是历代封建王朝组织劳动者在官地上进行开垦耕作的农业生产组织形式。主要采取军屯和民屯两种形式。军屯即以军事组织形式由士兵及其家属进行垦种，民屯则以民户为主体进行有组织之屯垦，其中也有利用犯人者。此外，明代还有商屯。民屯、军屯均始于汉代。西汉文帝、武帝、宣帝时都组织过屯田，有民屯，也有军屯。东汉末，曹操组织的屯田为民屯，取得了显著效果。其后，历代多沿此制，唐以后又称营田，元、明、清一般仍称屯田。各代均设专门机构管理之，具体名称、制度或有不同。

将领李异、刘阿等人，继续向秭归（今湖北秭归）进军，武陵的蛮夷部队都派使者请求派兵前往协助刘备。孙权派大都督陆逊统领朱然、宋谦、韩当、徐盛等人，率领五万大军对抗蜀汉军队。

当时，魏文帝下诏令大臣们讨论刘备是否会为关羽的死讨伐孙权，大家纷纷议论说："蜀国只是一个偏远的小国，名将又只有关羽。关羽死了，军队溃败，国内担忧恐惧，没有理由再出兵了。"侍中刘晔说："蜀国虽然地方狭小而且偏远，但是刘备打算用武力壮大自己，一定会大举兴兵讨伐孙权，以显示自己还有实力。况且关羽和刘备名义上是君臣，感情却深厚如同兄弟。关羽被杀了，如果刘备不能替他报仇，那也不符合善始善终的礼义。"

魏文帝黄初二年（公元221年）八月，孙权派使者向魏国称臣，奏章言辞谦卑，并且把魏国的部将于禁也送回来了。大臣们都表示庆贺，只有刘晔说道："孙权无缘无故地来投降，必定是内部出现了什么紧急情况。孙权杀了关羽，刘备一定会出动大部队讨伐他。孙权见境外有强敌，境内人心不安，又担心我们乘机袭击他们，所以才献上土地请求投降。他们之所以这样做，有两个原因：一是避免我们出兵；二是借我们的力量作为外援，来向敌人显示他的强大。现在天下分成三个部分，我们占据了五分之四范围。吴国和蜀国各自占了一个州，靠着高山大河的阻隔，一遇到紧急的情况，就互相求救，这只是小国的做法。现在他们相互攻击，这是自取灭亡呀！我们应该趁机发动大军，直接渡过长江去袭击吴国。蜀国在外线攻击，我们直攻内线，那么吴国灭亡的时间绝不会超过半个月。吴国灭了，蜀国就孤立了。就算我们把吴国的一半土地割让给蜀国，它也不会长久地存在。况且蜀国只是得到了它边远的土地，我们却得到了吴国的中心地带！"

文帝听了后，说："吴国向我们称臣表示归附，我们却要讨伐它，这样会使天下想来归附我们的人感到怀疑，失去人心。我们不如先接受吴国的归附，然后再攻打蜀国吧。"

刘晔说："蜀国偏远，吴国离我们近。如果蜀国知道我们攻打他们，他们就会退军防守，那样我们难以攻入。现在刘备已经很愤怒，发兵攻打吴国。他知道如果我们也攻打吴国的话，吴国必定会灭亡，他们将会很高兴地进军，同我们一起争夺、分割吴国的土地，绝对不会压制内心的愤怒改变主意救援吴国。"

文帝不听取刘晔的建议，接受了吴国的称臣。

魏文帝派太常邢贞带着策命，封孙权为吴王，为表示尊重和礼遇，加赐九锡的礼遇。

邢贞到达吴国，吴国的臣子们认为孙权应当称为上将军、九州伯，而不应当接受魏帝的册封。吴王说："从古至今我还没有听说过九州伯这个称号。从前沛公刘邦也接受了项羽册封给他的汉王称号，这只是一时的权宜之计，接受了又有什么损失呢？"于是孙权接受了魏王的册封。

吴王到都城的亭子里等候邢贞，邢贞进门时也不下车。孙权的谋士张昭说："你们如此没有礼节，胆敢如此妄自尊大，难道是欺负我们吴国弱小得连一寸兵器都没有了吗？"邢贞听了赶紧下车。

中郎将徐盛抑制不住自己的愤怒，回头对他的将领说："我们不能拼出性命，为国家吞并许都、洛阳、巴蜀，却让我们的国君与邢贞结盟，这不是很耻辱的事吗？"说着伤心得痛哭流涕。

邢贞听了，对身边的随从说："吴国有如此的将相，不会甘心久居人下的。"

孙权派中大夫南阳人赵咨入朝致谢。文帝问他："你们吴王是一个什么样的人呢？"

赵咨回答说："我们吴王是一个聪明、仁慈、智慧、有雄才大略的人。"

文帝问："何以见得？"

赵咨说："从一般的老百姓中发现鲁肃，委以重任，可见他的聪明；从普通的士兵中提拔吕蒙，任以统帅，可见他的明智；俘获于禁却不伤害他，可见他的仁厚；攻取荆州而兵不血刃，可见他的智慧；占据了荆、扬、交三州的地方，准备夺取天下，可见他的雄心；暂时屈身于陛下，这是他的谋略。"

文帝又说："吴王很博学吗？"

赵咨说："吴王有战舰万艘，士兵百万，任用贤能的人，以治理天下为己任，闲暇时博览群书，阅读史籍，汲取精华，并不像一般的书生寻章摘句只会做做文章。"

文帝又问："吴国可以征服吗？"

赵咨答道："大国有征战的军队，小国有充分的防备。"

文帝问："吴国抵抗魏国有困难吗？

赵咨回答说："吴国有百万军队，还有长江和汉水作为护城河，防守魏国又有什么困难！"

文帝接着问："吴国像你这样的人才有多少？"

赵咨说："特别聪明的有八九十人，像我这样的人，多得不可胜数。"

文帝派使者向吴国索要雀头香、大贝、明珠、象牙、犀角、现滑、孔雀、翡翠、斗鸭、长鸣鸡。吴国的群臣都说："荆州、扬州，按常规向朝廷纳贡，魏国向我们索要玩物珍宝，不合礼制，我们不应该给他。"

吴王说："我们正和蜀国对峙，江南的老百姓都得依赖魏国的势力才能保全自己。魏王要的那些珍宝，对于我们来说都只是一些瓦石，更何况曹丕还在服丧期间，却向我们索要这些珍奇玩物，还怎么同他谈论礼制！"于是吴国都按照魏王的要求，如数献上。

夷陵之战

关羽被杀之后，刘备非常恼怒，打算亲自带兵攻打吴国。翊军将军赵云劝说刘备："现在国家最大的敌人是曹操，并不是孙权。我们现在应该做的是先灭掉曹魏，那样的话孙权自然也就臣服了。现在，曹操虽然已经死了，但是他的儿子曹丕却篡夺了汉家的江山。我们现在最要紧的是联合天下的兵马讨伐曹魏，而不应该和孙权开战。"朝中很多大臣也都同意赵云的说法，极力劝说刘备不要出兵，但是刘备根本听不进去。

魏文帝黄初二年（公元221年），蜀国国主刘备亲自带兵攻打吴国。刘备派将军吴班、冯习率四万余人深入夷陵地区。孙权派大都督陆逊统领五万人，对抗蜀军。

魏文帝黄初三年（公元222年），刘备率军从秭归出发，攻打吴国。这时，治中从事黄权向刘备进谏说："吴国人都非常强悍，而且善于作战。如今，我们的水军沿着长江而下，进军容易但是退军难。臣希望陛下能够让我做先锋，您自己留守后方！"

刘备听后摇了摇头，没有同意黄权的意见，反而任命他做了镇北将军，派他去统率长江以北的蜀军，监视魏军的动向。接着，刘备亲自带领将士，沿着长江南岸向吴国进发。

很快，吴国的军队就得知刘备前来的消息，将领们一个个摩拳擦掌、跃跃欲试，都请求出兵迎战。谁承想，陆逊却很平静地说："作

奉节白帝城

三国时期，刘备在湖北夷陵大败于吴国陆逊之手，狼狈逃回白帝城，忧愤交加，一病不起，一代英雄就此谢世。

战的事情先不着急。刘备大老远地率军前来，现在正是斗志旺盛的时候。更何况他们如今已经占据了十分有利的地形，我们要想打败他们非常困难。退一步讲，就算我们成功了，也不可能把他们完全击败。可是如果我们失败了，那么损失的则是我们的主力军队，那可是很大的失误啊！现在我们应该做的是奖励和激励我们的将士，然后采纳各种破敌的策略，耐心地观察形势的变化。"

吴国的将领听后都撇了撇嘴，认为陆逊这么说根本就是在找借口，实际上是他心里惧怕刘备的大军。因此，将领们虽然嘴上不说什么，但心里却都对陆逊十分不满。

蜀军按照刘备的安排在巫峡建平扎营，一直扎到夷陵附近。刘备任命冯习为总指挥，张南为前军指挥，与吴军展开对峙。从这一年的正月开始一直到六月，蜀军与吴军整整对峙了有半年时间，但始终未进行决战。刘备让吴班率领几千人在平底扎下了营寨。

吴国的将领们认为刘备是在挑衅，都请求出兵迎战。陆逊却说："不要着急，我看这里面一定有鬼，还是暂且观察一下为好！"刘备左等陆逊不出兵，右等还不出兵，知道自己的计策已经被人识破，只好带着埋伏在山谷中的8000名士兵走了出来。陆逊知道以后长出了一口气，对吴国的将领们说："我当初之所以没听你们的意见，主要是因为我知道刘备一定是有计谋。"接着，陆逊又上书给孙权说："夷陵是重要的军事基地，它的得失关系到我们的生死存亡。虽然夷陵可以很容易地得到，但是也同样很容易失去。再说，失去夷陵，虽然只是损失了一个郡罢了，但关键是如果失去了它，那么荆州就让人担心了。现在我们对夷陵的争夺，坚决不可放弃，一定要取得彻底的胜利。刘备不懂得用兵打仗，犯了兵家大忌，居然不好好守护自己的巢穴，反而自己带兵前来。臣陆逊虽然没有什么大的才能，但是凭借大王您的威名，再名正言顺地去讨伐逆贼，相信很快就会取得胜利，您大可不必担心。"

再看蜀军方面，由于陆逊坚守不出，所以蜀军上下越来越没有斗志。再加上天气炎热，蜀军部队苦不堪言。陆逊见蜀军士气衰落，作战由主动转为被动，认为战略反攻的时机到了，向吴王请求由防御转入反攻，吴王当即批准了。

在发动大规模的反攻之前，陆逊先出动少量兵力进行试探性的进

夷陵之战示意图

攻。进攻虽然失败，陆逊却从中发现了破敌的好办法。通过仔细观察，陆逊发现蜀军紧靠着树林、荒草扎营，一旦起火，就会烧成一片。吴国将士们还在因战斗失利纷纷埋怨说："白白损兵折将！"陆逊却胸有成竹地说："我已经有了破敌的好计策。"

决战开始后，陆逊命令战士每人拿一束茅草，突袭蜀军营寨，顺风放火，顿时火势猛烈，蜀军大乱。陆逊乘势向蜀军40多座营垒发动全面进攻。蜀军走投无路，只得投降。

刘备兵败后，逃往白帝城，吴将潘璋、徐盛等人都主张乘胜追击。陆逊担心曹魏南下，袭击后方，所以下令撤军，夷陵之战结束。

夷陵之战最终解决了荆州归属问题，吴国占据了荆州，蜀国元气大伤。

七擒孟获

刘备死后，刘禅即帝位，史称汉后主。可刘禅是一个只知道享乐，不思进取的昏君，于是朝廷上的事情，无论大小，都由诸葛亮来处理。刘备生前想要复兴汉室的重任就都落在诸葛亮的身上了。诸葛亮对刘备忠心耿耿，大刀阔斧地决心要把蜀国治理好，使蜀国兴盛起来。没想到这时南中地区却发生了动乱。

以前益州的地方土豪雍闿杀了太守正昂后，与吴国交趾太守士燮串通起来。后来蜀国重新派成都人张裔担任益州太守，雍闿又将新任太守张裔也抓起来，把他献给吴国表示归附。吴主任命雍闿为永昌太守，雍闿前去赴任，但永昌郡曹吕凯、府丞王伉率却封锁了城门，阻止雍闿入城。雍闿不能进城，于是鼓动同郡人孟获煽动各地的夷族纷纷起来叛乱。牂柯太守朱褒、越嶲郡的夷族酋长高定也都起兵响应雍闿。

蜀国将近一半的土地都要丢失了，这让诸葛亮心急如焚、寝食难

七擒孟获图

此壁画位于云南省曲靖市境内，传说这里曾是诸葛亮七擒孟获之处。

安。但是蜀主刘备刚刚去世，新即位的后主刘禅还年幼不懂事，人心不稳定，所以不宜在这个时候大举出兵。由于时机不成熟，诸葛亮对叛众只是进行了安抚，并没有兴兵征讨。诸葛亮积极派遣使者前往东吴，与东吴重新恢复友好关系，先稳住一头；同时他又鼓励生产，大力发展经济，储积粮食，训练军队。过了两年，等百姓生活比较安定了，粮食充足了，一切都稳定下来时，诸葛亮才正式决定平定南中。

　　魏文帝黄初六年（公元225年）三月，诸葛亮率领大军出发。参军马谡送诸葛亮出城，一直送了100多里。临别的时候，诸葛亮握着马谡的手，诚恳地望着他说："你我认识这么多年了，今天我要远征，你还有什么话要嘱咐我吗？"

　　马谡说："南中人叛乱有很多年了，他们倚仗地形险要，我们很难征服。即使我们这一次用大军把他们征服了，他们以后还是要反叛的。您不久还要发动大军北伐征讨魏国，他们如果知道了，必定会趁着我们内部兵力空虚，加快叛乱。我听说用兵的办法，攻心是主要的，攻城是次要的。丞相这次南征，一定要叫南人输得心服口服，诚心诚意地归顺我们，只有这样我们才能够一劳永逸。"

　　马谡的一番话真是说到诸葛亮的心坎里去了。他不禁连连点头说：

"你真不愧是我的参军呀，我正是这么想的，我这次出兵的目的不是要将他们斩尽杀绝，而是要他们心悦诚服地归顺我们，以后不再叛乱，为我北伐打下坚实的基础。"

就这样，诸葛亮率领大军一路南下，节节胜利。大军还在半路上，就南下越巂斩杀了叛乱首领高定和雍闿。诸葛亮乘机派大将李恢、马忠分两路进攻，不到半个月就平定了南中各郡的叛乱。

但是事情还远远没有结束。南中酋长孟获收集了雍闿的残余部队，继续反抗蜀兵。诸葛亮得知孟获不但作战骁勇，而且在南中很有威望。他想起了临别前马谡的话，一定要让孟获输得心服口服，将他争取过来。于是，诸葛亮制定了周密的作战计划。他下令任何人不得杀害孟获，只许活捉。善用计谋的诸葛亮很快就将孟获活捉了，南兵被打得四处逃散。士兵们将孟获押送过来，诸葛亮定睛一看，只见孟获双目圆睁，炯炯有神，正愤怒地直瞪着自己，果然是条硬朗的好汉，不禁对他产生了好感，微笑着走上前去。孟获心想自己已经是人家手中的俘虏

"丢落"族的习俗

　　基诺族居住的地方非常偏僻，与外界的联系很少，过去自称"丢落"，一直到20世纪70年代末到80年代初，才正式命名为"基诺"。基诺族的祖先是诸葛亮的部下公元3世纪的时候，诸葛亮带领部队南征。一天，大部队来到澜沧江边，看到天色已经晚了，于是就地安营扎寨。第二天，天还没有亮的时候，大军匆匆远行，竟然忘记叫醒睡在森林中的一队人马。等他们醒来时，诸葛亮的大军已经渡过了澜沧江，他们只好望洋兴叹了。从此以后，他们就被丢落在澜沧江的彼岸。过去基诺族的男子头顶上的头发一共有三撮。左右是怀念父母的，中间是为了纪念诸葛亮的。基诺族的男子大多穿原色、没有领的对襟小褂，后背上缝有一块六寸见方的布帕，中心彩线绣成直径大约是两寸的圆形印记，他们把这个叫作"孔明印"，也是用来纪念诸葛亮的。

了，横竖就是一死嘛，没什么大不了的。正想着，诸葛亮走到跟前，将他身上的绳索松开了。孟获正感到惊异，听见诸葛亮说："孟将军，我们一块儿出去走走吧，也让你见识一下我们的军营和阵容。"

孟获跟着诸葛亮走出来，在大营外兜了好大一圈。诸葛亮问孟获说："你看我们的军队怎么样？"

孟获冷笑着说："也不过如此嘛。我只是以前不了解你们，才中了你们的计，如果你放我回去，我们再交战，我就服了你们。"

诸葛亮哈哈大笑，说道："既然这样，那你就回去好好地准备吧！"

孟获回到自己的大营，重整旗鼓，准备再次进攻蜀军。他本来就是一个有勇无谋的武夫，哪里是诸葛亮的对手。就这样，孟获一次次被诸葛亮活捉，一次次又被他释放了，反反复复捉了又放，放了又捉，前后一共经历了七次。

到了第七次的时候，孟获终于输得心服口服了，因为他不只是佩服诸葛亮的过人智慧，也被诸葛亮那宽广的胸怀所折服。诸葛亮以为他还不心服，准备再放他走，只见他扑通跪倒在自己的跟前，流着眼泪说："丞相七擒七纵，不与我一般见识，我打心眼里敬服。从此以后，我们南中一心一意归顺朝廷，决不再造反了。"诸葛亮高兴地赶紧将他扶起来。

孟获回去以后，就劝说其他各部落都归顺蜀汉，南中地区的叛乱终于全部被平定了。

平定南中后，诸葛亮仍然沿用当地有威信的人担任地方长官，负责治理南中。有人劝诸葛亮说："我们好不容易征服他们，为什么还让他们担任长官？万一他们再从中生事怎么办？我们自己派官员来不是更好吗？"

诸葛亮解释道："如果让我们自己派官员来管理，会遇到三个难题：一是我们派兵驻守的话，由于路途遥远，粮食、物资供应会比较困难；二是他们刚刚遭受战争，不少人被我们的士兵杀死，怨气还没有消解，如果我们只派官员来治理，而不派军队来驻守的话，恐怕会有祸害；三是这些叛乱分子长期和朝廷作对，自知有罪，与我们有很深的隔阂，难以信任我们的官员，终究治理不好南中。如今我让他们自己来治理南中，既不用留下军队驻守，又省去了转运粮食的辛劳，法令制度仍然可以得到贯彻落实，夷族和汉人可以和平相处，不是更好吗？"大家听了诸葛亮这番话，不得不佩服他的远见卓识。

在诸葛亮的有生之年，这一地区再也没有反叛。诸葛亮也得以集中精力一面积蓄财富，一面训练军队，准备大举北伐。

晋 纪

晋朝分为西晋（公元265～317年）与东晋（公元317～420年）两个时期。西晋为晋武帝司马炎所建，建都洛阳；东晋为晋元帝司马睿所建，建都建康。两晋的政治体制为世族政治，政治制度由汉代的三公九卿制走向隋唐的三省六部制。司马氏原为曹魏士族，高平陵事变后掌握魏国大权。司马炎篡位后统一中国，但无法解决浮华奢侈的社会问题及贪污腐败的政治风气。由于王室享有军权，使得诸王在朝廷衰落后纷纷争权，史称"八王之乱"。西晋元气大伤后，内迁的诸民族乘机举兵，北方进入十六国时期。

这一时期的文化走向多元，是一个文化冲突又融合的时代。边疆民族与中原文化逐渐展开文化交流和民族融合。

司马炎称帝

司马炎是西晋的开国皇帝，即晋武帝。

司马懿是司马炎的祖父，他在魏明帝时，统率魏军在祁山与诸葛亮对峙，打败蜀军，终于成为魏国最有声望、手握重权的大臣。魏明帝死后，司马懿与大将军曹爽共同辅佐幼主曹芳。后来曹爽被司马懿杀死，魏国政权从此转到司马氏手里。司马懿的儿子司马师、司马昭也手握重权，相继执政。尤其是司马昭，权重一时。他杀了曹髦，立曹奂为魏帝。不久魏帝晋封司马昭为晋王。不过司马昭当皇帝的梦还没有做成，就因病去世了。司马昭当皇帝的心愿由他的长子司马炎实现了。

当上帝王的司马炎亲自指挥了消灭吴国的战役，结束了近百年的战争和分裂，统一了中国，百姓也得到了暂时的休养生息。

打江山难，守江山更难。司马炎深知创业的艰难，所以他很珍惜经过祖辈好几代人创下的基业。为了把西晋治理好，司马炎宽厚仁德，广开圣听。

一次，司马炎召见右将军皇甫陶商议事情，当时散骑常侍郑徽也在场。皇甫陶是个直性子的军人，由于意见不合，也顾不得那么多的君臣礼节，竟然与司马炎争执起来，甚至不等司马炎说完就打断他的话。这时，散骑常侍郑徽趁机向司马炎拍马屁说："皇甫陶顶撞陛下，违背了君臣礼节，应该将他治罪。"司马炎最忌讳阿谀奉承的话，非常反感，责骂郑徽说："忠诚正直的话，我生怕听不到，作为一国之君，怎么能把谏臣当作祸害呢？郑徽你逾越自己的本职，说一些作为臣子不该说的话，才是有违君臣之礼的！"于是罢免了郑徽的官职。

还有一次，司马炎在京城洛阳南郊举行祭祀活动。祭礼结束以后，司马炎远望气势磅礴的皇陵，无限感慨，问站在身旁的司隶校尉刘毅道："你认为，我可以跟汉朝的哪一位皇帝相比？"

刘毅毫不犹豫地回答道："您可以跟汉桓帝、汉灵帝相比。"

其他的官员听了都为刘毅捏了一把汗，谁都知道，汉桓帝和汉灵帝可是东汉末年最昏庸的皇帝。刘毅的胆子也真够大的，他难道就不怕司马炎龙颜大怒？司马炎也是一愣，他没有想到臣子会给自己这样一个评价，但他并没有发怒，只是笑着说："我虽然不能跟尧、舜一类的圣君相比，好歹也能够做到克勤克俭。我还灭掉吴国，完成了统一大业，怎么也比桓帝和灵帝强吧？"

刘毅不依不饶，仍旧固执地说："汉桓帝和汉灵帝卖官鬻爵所得的钱财都进了国库，而陛下卖官所得的钱财都据为己有，只怕您连他们都不如呢！"

司马炎听了没有生气，反倒哈哈大笑道："汉桓帝、汉灵帝在世时恐怕还听不到这样的话，而我有这样敢于当面指责我过错的臣子，这就说明我已经胜过他们两位了！"

然而，司马炎毕竟是一个帝王，帝王尊贵的地位足以让他比普通人有更多的权力和条件尽情享乐，以致生活日益奢侈腐化。特别是到了晚年的时候，司马炎越来越糊涂、昏庸，他的一系列弊政给晋王朝的动乱和危机埋下了伏笔。

高平陵事变

曹魏中后期，士族大地主代表人物司马懿的地位日益显要，明帝时官至太尉。明帝卒，司马懿与魏宗室、大将军曹爽共执朝政，政治矛盾日益尖锐。曹爽上表请将司马懿转为太傅闲职，剥夺兵权，又安排心腹何晏、丁谧等人执掌机要，竭力排斥司马懿在朝中的势力。司马懿装病不起，有意麻痹曹爽，暗中策划。

正始十年（公元249年）正月，司马懿乘曹爽兄弟随魏帝祭扫明帝高平陵（在洛阳南）之机，发动政变。夺取武库，派长子司马师屯兵司马门，自己和太尉蒋济出屯洛水浮桥，断绝曹爽归路。又逼迫郭太后（明帝后）下令废曹爽兄弟官职，先声夺人。派人送奏章给魏帝，要求罢免曹爽兄弟。曹爽犹豫不决，最终为求活命而同意交出大权，以候还第。数日后，司马懿以谋反罪名族诛曹爽兄弟及亲信何晏、丁谧、毕轨等人。自此以后，曹魏政权实际落入司马氏集团手中。

司马炎追逐声色犬马，不断挑选美女入宫。为此，他还专门下了一道诏书，规定凡是公卿以下家庭的女儿，一律都要送上来备选，如果隐瞒不上报，就要问罪。在备选之前，这些女子一律禁止婚嫁。司马炎看上了卞氏家族的女儿，想把她选入宫中充当宫女。杨皇后认为这样不合礼法，劝他说："卞氏家族有三代都是皇后的身份，不能屈尊后宫的卑微地位。"但司马炎见皇后阻止便发怒了，干脆自己来挑选。

第二年，司马炎又下诏命令普通家庭的5000名女子入宫备选。诏书下来，做母亲的都很不情愿地将自己的闺女送到皇宫。被选上的女子与母亲抱头痛哭，不忍离别，哭声响彻宫中。

西晋后宫的美女将近1万，这么多的美女把司马炎都看得眼花缭乱了。他别出心裁地乘着羊车在后宫游玩，任羊车停在哪里，哪里的嫔妃就受到临幸。嫔妃们为了得到皇帝的宠幸，纷纷在门前插满了竹叶，洒上了盐水，想引诱羊车停下来。

司马炎还大封藩王,倚重外戚。司马炎刚即位不久,就将皇族的27个人封为藩王。每个藩王都拥有自己的领土和武装,不受朝廷的约束,相当于一个个小朝廷,这也为后来引发"八王之乱"埋下了隐患。

司马炎非常宠幸杨皇后,并重用杨皇后的父亲杨骏和杨骏的弟弟杨珧、杨济。在立太子的问题上,司马炎明知司马衷是一个痴呆,不宜承嗣帝位,但因为宠爱杨皇后,还是让他继承了帝位。司马衷这个白痴皇帝成了别人手里的玩偶,受尽了愚弄。立一个白痴为太子,本来就是一个很大的失误了,可是在立太子妃的时候,司马炎更是错上加错,他听信杨皇后,选择了凶悍的贾南风。

另外,在对待边境问题上,司马炎没有听取大臣们的意见,没有把各州郡刺史的兵权和政权分开,反而减少朝廷驻守的军队,对边疆各投降的少数民族的骚扰也是听之任之,为以后留下了不少边患问题。司马炎死后,西晋王朝便陷入了连续不断的动乱,直至灭亡。

陆抗复西陵

晋武帝泰始八年(公元272年)八月,吴主突然要召见昭武将军、西陵督步阐。

步阐世世代代都居住在西陵,这次突然被吴主召见,还以为是因自己失职,吴主要问罪处罚。但步阐转念一想,自己并没有做错过什么事情,应该不会有什么问题。可步阐又担心是朝廷里有人向吴主进谗言陷害自己。步阐越想越害怕,在九月的时候,他占据西陵(今湖北宜昌西北),投靠了西晋。为了表示自己投降西晋的诚意,步阐还特意派了自己的两个侄子到西晋的都城洛阳充当人质。晋朝欣然接受了他的投降,为此还给他加封了许多官职,并赐给他爵位,让他负责管理西陵的事务。

步阐背叛吴国投降晋国的消息很快传到吴国，吴国大将陆抗立刻派遣将军左奕、吾彦等人去讨伐他。晋武帝派遣荆州刺史杨肇去西陵迎接步阐，车骑将军羊祜率领步兵进攻江陵，巴东监军徐胤率领水军攻击建平救援步阐。

吴国将领陆抗命令西陵各军加紧修筑牢固的围墙，从赤溪一直修到故市（今湖北宜昌）。这座围墙，内可以用来围困步阐，外可以用来抵御晋军的攻击。陆抗白天黑夜地催促修筑围墙，好像敌人已经打过来了一样，为此将士们都苦不堪言。诸位将领都说："现在我们应当趁着三军的锐气，很快攻下步阐，等到晋军救援的军队到了，一定可以马上攻克西陵，哪里还用得着修筑围墙来白白耗费士兵们的力气！"

陆抗说："西陵地势险要，城里的粮食又充足，况且所有用来防备抵御的器具都是我早先任职西陵时就已经设置好了的。现在我们反过来攻打西陵，不可能一举取胜。晋军北来，我们没有任何防备，会导致内外受到夹击，到时我们靠什么来抵御呢？"

诸位将领都想一举攻打步阐，陆抗为了让他们心服口服，就让他们去试一试，果然没能取胜。大家齐心协力刚把围墙修好，而羊祜率领五万兵马到了江陵。各位将士都认为陆抗此时不应该去西陵，陆抗解释说："江陵城坚

兵阵图 西晋

固，兵力又多，没有什么可以担忧的。即使敌人攻下了江陵，必定不能坚守，我们的损失也很小。但是如果让敌人占据了西陵，南山众多的少数民族就会趁机骚乱，那祸患就不可估量了！"于是陆抗亲自率领军队进军西陵。

以前陆抗因江陵以北地势平坦，命江陵督张威修筑了一座大坝蓄水，逐渐使平地成了水泽来抵御外敌进犯。羊祜想利用船只来运送粮食，就故意扬言要毁掉大坝来让步兵通行。陆抗听到后，马上派人把大坝全部毁掉。诸位将士都感到疑惑，不能理解陆抗的这种做法，多次劝阻，陆抗不听。等羊祜率军到了当阳的时候，得知大坝已经被毁坏了，只好改为用车子运粮，耗费了大量的时间和精力。

十一月，前来迎接步阐的杨肇率军到达西陵。陆抗派公安督孙遵沿着长江南岸阻止羊祜的军队，水军督留虑拦截徐胤的军队，自己则率领主力与杨肇对峙。

正在双方剑拔弩张的时刻，将军朱乔营中的都督俞赞逃到了杨肇那里。陆抗说："俞赞是我们军中的旧官吏，对我们的底细掌握得一清二楚。我常常担心夷兵训练不够，如果敌人来围攻，一定会从这个地方开始。"于是陆抗当即在夜里就把夷兵撤换了，全部换成训练有素的精兵把守。第二天，杨肇的阴谋没有得逞，趁夜逃走了。陆抗想要去追击，但又担心步阐蓄积兵力，窥探时机。此时的兵力不足以分开来同时抵抗两头的敌人，于是陆抗只是擂鼓引起杨肇军队的警戒，好像要追击他们。杨肇的将士们极为惊恐，解下战甲纷纷逃走，陆抗派轻兵紧随其后，把杨肇的部队打得落花流水，羊祜等人只好带着军队回去了。陆抗攻下了西陵，杀了步阐以及与步阐同谋的主要将领几十个人，并且将他们处以诛灭三族的严刑，其余好几万人就赦免了。

陆抗班师向东回到乐乡，脸上没有骄傲自负的神色，还像平时一样谦虚。吴主加封陆抗为都护，而羊祜则被晋主贬为平南将军，杨肇被削去官职贬为平民。

自从步阐事件发生以后，陆抗更加重视对西陵的军事防御，在病危前还不忘提醒吴主要特别注意西方边境的防卫。

西晋大臣羊祜

羊祜的祖上几代都是清廉的官吏。在家风的熏陶下，羊祜也继承了祖上清廉、正直、关心民间疾苦的品质。司马昭当权的时候，朝廷征召羊祜担任了中书侍郎。晋武帝即位时，羊祜被授予中军将军。

晋武帝即位后，着手消灭吴国，让羊祜担任了征南大将军，兼任荆州都督，镇守襄阳。襄阳是一块重要的军事基地，它毗邻吴国，是西晋进攻吴国的前沿阵地。

羊祜赴任后，就加强对襄阳地区的治理。羊祜只留下一半的士兵巡逻，另一半士兵除了每天必要的操练外，其余的闲暇时间都忙着垦田。在羊祜的带领和鼓励下，第一年就开垦了800顷良田，并都种上了庄稼，获得了大丰收。羊祜刚来的时候，军队储藏的粮食只够吃100多天，一年之后，军队储藏的粮食足够吃10年了。羊祜在生活十分朴素，在军营里，他很少披着铠甲，喜欢穿着轻便、宽松的衣服，身边随从的侍卫也只有10多人。

在发展生产、储备粮食的同时，羊祜也没有放松对险要关隘的防守，在那里建筑了营垒派兵驻守，还不动声色地占据了不少原来属于吴国的肥沃土地。

羊祜不轻易动用武力，即使是对吴国的官兵，通常也只是采用怀柔政策，对他们十分友好。

羊祜每次与吴军作战时，总是先与吴国约定好交战的具体时间，从来不搞什么偷袭，也不利用一些阴谋诡计。手下的将士有向他进献阴谋诡计的，羊祜总是用醇美的好酒将他灌醉，使他没法开口。

羊祜俘获吴国的士兵时，从来不开杀戒，而是将俘虏如数奉还。有一次，吴国的将领陈尚、潘景来攻打西晋时，被羊祜手下的士兵杀害，羊祜说："两军交战，都各自为自己的国家尽忠，他们也是对吴国进了忠的，应当买两口上等的棺材装殓他们，通知他们的家属来迎接。"陈尚、潘景的家属到了以后，羊祜亲切地接待了他们，并好心安慰他们不要太悲伤。

羊祜率领军队经过

九品中正制

九品中正制是魏晋南北朝时期一种重要的官吏选拔制度，又名九品官人法。公元220年，曹丕废汉称帝前夕，采纳陈群的建议设立九品官人法，在各郡县设中正，对人才进行评定，并分出九等，作为选拔官员的标准。即上上、上中、上下、中上、中中、中下、下上、下中、下下。九品中正制创立之初，评议人物的标准是家世、道德、才能三者并重，但由于中正权力被门阀士族所垄断，因而在实际执行过程中，才德标准逐渐被忽略，家世逐渐成为唯一的标准，到西晋时形成"上品无寒门，下品无士族"的局面，成为维护门阀统治的重要工具。隋唐以后，门阀制度衰落，隋文帝改革吏制，用分科考试的办法选拔官吏，九品中正制至此被废除。

吴国的边境时，如果不小心踩踏了地里的谷子，就记下谷子的数量，回去后送去绢丝作为抵偿。羊祜有时带领手下将士在长江、沔水一带打猎，只局限在晋国的领土范围内，从不越境。如果捡到被吴国人先打伤的猎物，羊祜都统统送还给吴国。羊祜的善行使吴国人深受感动，他们每次一提到羊祜，从来不直接叫他的名字，而是亲切地叫他"羊公"。在不知不觉中，羊祜把吴国的人心收买过来了。

当时与襄阳地区相邻的吴国边境，同样是由一位满腹韬略的杰出将领镇守，这个人就是陆抗。陆抗早就看穿了羊祜的怀柔政策，他常常嘱咐守边的将士说："羊祜专门讲仁德，如果我们的军队对老百姓一味粗暴的话，那么用不着他们来攻打，我们就已经失败了。现在你们只要守护好自己的疆界就行了，不要想着占他们的小便宜。"

羊祜也非常了解陆抗的为人和才干。一次，部将跑过来禀告羊祜："吴国的士兵非常懈怠，我们可以趁他们没有防备的时候发动突然袭击，一定能够很快将他们打败。"羊祜笑着说："你们太小看陆抗了！陆抗这个人足智多谋，吴国有他做守将，我们只要守住自己的疆界就行了。只有等到吴国内部有变，我们才可以发兵攻取。"

就这样，羊祜与陆抗在边境对峙了许多年，但常常互相派使者来往。陆抗一次得到了好酒，他不忘给羊祜也送去一壶。

过了一段时间，羊祜为了表示感谢，派使者去陆抗的府上问候。羊祜的使者见陆抗气色不大好，精神有些颓靡，一问才得知陆抗已经病重卧床好几天了，就回去报告给羊祜。羊祜仔细打听了病情，将现成的几服好药派人送去。陆抗得到药立刻服下，许多人都劝阻陆抗说："羊祜是我们的敌人，您就不怕他趁机下毒吗？"陆抗笑着说："下毒的话，那就不是羊祜了。"不久，陆抗的病果然痊愈了。

昏庸的吴主孙皓听说陆抗与晋国的羊祜相处得十分融洽，而且两国边境地区相安无事，很少发生冲突，就产生了疑心，对陆抗非常不放心，改派孙翼顶替了陆抗，并罢去了陆抗的兵权。

得到陆抗被撤的消息，羊祜大为欢喜，他知道灭吴的时机终于等到了，立即向晋武帝请求征伐吴国。晋武帝本来也表示赞同，但以贾充为首的一批朝臣为了贪图安逸，极力反对伐吴，于是伐吴的事情就这样被搁置下来了。羊祜心痛得连连感慨："天下不如意的事情常常十之八九，天赐的良机就这样被错过了，真是可惜呀，可惜呀！"

后来羊祜因伐吴的志向一直不能实现而忧郁病重，在疾病缠身时还不忘伐吴的事，临死前特地嘱咐晋武帝说："现在吴国的君主孙皓暴虐无道，是到了不战而败的大好时机了。如果孙皓突然死去，吴国再立一个圣明的君王，那么即使我们有百万大军，也难以逾越长江的天险。"晋武帝被说得有些动心了，问羊祜说："你可以躺着去指挥战役吗？"

羊祜无奈地摇摇头说："伐吴的事，我是无能为力了，但我可以向陛下推荐杜预来顶替我的职务！"不久，羊祜就带着遗憾去世了。

好像老天也在为这位忠臣哀鸣，羊祜去世的那天，天气奇冷。晋武帝哭得很伤心，流下的眼泪粘在胡须上立刻结成了冰。

两年后，西晋大举伐吴。在庆功的那天，晋武帝想起了羊祜，举起酒杯，流着眼泪说："消灭东吴，统一天下，羊祜应当记头等功呀！"

西晋大军灭东吴

晋武帝咸宁五年（公元279年）十一月至次年三月，晋国水军、陆军分六路齐头并进，突破了长江防线，直接攻取吴国首都建业（今江苏南京），一举灭掉吴国而实现了全国统一。

司马炎建立西晋以后，为了吞并吴国，在政治、经济和军事上采取了一系列措施。其中最重要的一条，就是编练水军。吴国皇帝孙皓暴虐无道，不修内政，政局动荡不安。而且他还自认为有长江天险，晋国难以攻破，因此放松了长江上游的防备。

晋国大将王濬认为消灭吴国的时机已经成熟，于是上书请求举兵伐吴，晋武帝欣然接受。晋武帝咸宁五年（公元279年）十一月，晋朝大举出兵讨伐吴国。

武帝司马炎发兵20多万人，分六路进攻吴国：镇军将军、琅玡王司马伷从涂中出兵，安东将军王浑从江西出兵，建威将军王戎从武昌出兵，平南将军胡奋从夏口出兵，镇南将军杜预从江陵出兵，龙骧将军王濬和巴东监军唐彬从巴蜀进军。晋武帝任命太尉贾充为大都督，冠军将军杨济为副手，率领中军向南驻扎在襄阳，负责各军队的部署、调度与节制。

为了挫败吴国的锋锐和士气，晋武帝下令首先攻打吴国重兵驻守的地区和边防的营垒。杜预先从江陵进发，王浑从横江出兵，所到之处，势如破竹。

晋武帝太康元年（公元280年）二月初一，晋将王濬、唐彬率军攻破了吴国的丹阳，擒获了丹阳监盛纪，然后顺着长江向东前进。吴国人把江边浅滩上的要害区域用铁索拦住，还打造了一丈多长的大铁锥，暗中放进江里，企图阻挡晋军的战船。有了这道屏障以后，再加上长江的天险，吴国将士想着任凭晋军怎么骁勇也不能渡过长江，除非晋军长了翅膀。王濬知道吴军的阴谋后，命人造了几十个大木筏，每一个木筏长、宽都有一百多步。又在这些大木筏上扎了许多草人，这些草人都披上了铠甲，手持兵器，远远望去跟真的士兵一样。木筏和草人都准备好了以后，王濬又精选了一些水性好的人与木筏在前面带路。这些大木筏一旦遇到水里的铁锥就被深深地扎住，所有吴军埋伏的铁锥都被大木筏带走了。第一道天险就这样顺利逾越了。

等上岸的时候，晋军又在岸边的浅滩上遇到了牢固的铁索。王濬事先早就让人造了许多大火把放在船头上，每支火把都有十几丈长，几十围粗。一遇到铁索，士兵就点燃浇上了麻油的火把。一会儿工夫，铁索就被熊熊烈火烧得熔化断开了，于是晋国的战船就可以畅通无阻地前进了。

吴军还自以为晋军无法清除这些障碍，所以也没有派任何兵把守。当王濬率领晋军清除了这些障碍，顺利地上岸时，仓皇失措的吴军被打得落花流水。仅仅两天的工夫，王濬的军队就攻克了西陵，还杀了吴国的都督留宪等人。接着，王濬一路乘胜而下，于二月初五又攻下了荆门、夷道两座城市，杀了夷道监陆晏。

与此同时，杜预派遣牙门周旨率领800名精兵，在夜里乘船渡过长江，在巴山竖起了许多旗帜，点燃火把，迷惑吴军，并在乐乡城外布下伏兵。这些伏兵等吴军都督孙歆派遣军队阻击王濬大败撤退时，悄悄尾随着吴军进入城内，擒获了孙歆。晋军占领了乐乡，杀掉了吴国水军都

晋灭吴之战示意图

督陆景。杜预攻占了江陵，杀掉了江陵的都督伍延。吴国沅江、湘江以南的交州和广州为首的各个州郡都纷纷向晋国投降了，杜预安抚了这些州郡。到这时候为止，晋军总共俘获和斩杀了吴国都督、监军14人，牙门、郡守120多人。接着胡奋又攻克了江安。

这时晋将王浑也乘势率军南下，全面进攻吴国。吴主孙皓慌忙派遣丞相张悌督率丹阳太守沈莹、护军孙震、副军师诸葛靓率领三万人渡过长江迎战。张悌等人渡过长江很快就在杨荷包围了王浑的部将张乔。张乔手下只有7000多名士兵，自知寡不敌众，难以与吴国大军相抗衡，于是请求投降，以此作为缓兵之计。诸葛靓看穿了张乔的意图，劝张悌斩杀张乔以除后患。可张悌不听，执意接受张乔的投降，还带着他们一起北上。张悌率领军队在扬州与晋国的刺史周浚相遇，两军结阵对峙。吴将沈莹率领丹阳精兵以及手持大刀、盾牌的士兵共5000人，三次向晋兵发起冲锋，但是没有成功。最后，沈莹只好率领军队撤退。士兵在撤退时开始混乱，晋国的将军薛胜、蒋班乘机反攻，吴兵接二连三地奔逃溃散。晋将张乔又背叛张悌，突然率军从背后杀过来夹击吴兵。晋军在版桥大破吴兵，斩杀了张悌、孙震、沈莹等7800人。

眼看吴国接连溃败，王濬率领军队浩浩荡荡地从武昌顺着长江直捣吴国的心脏——建业。这时候，江面上全是王濬的士兵。他们一个个身披铠甲、威风凛凛、英气逼人，船头上旌旗飘飘，气势威猛盛大，吴国人见了异常恐惧。眼看晋国大军直逼城下，自己马上要成为亡国之君，吴主孙皓派遣游击将军张象率领一万水军抵抗。但是这时吴国的军心涣散，张象的部下还没有交战，远远望见王濬的旌旗就纷纷投降了。

晋将王浑、王濬以及琅玡王司马伷都已经逼近了建业附近。吴国的司徒何植、建威将军孙晏主动向王浑投降了。吴主见大势已去，只好采用光禄勋薛莹、中书令胡冲等人的计划，分别派遣使者向王浑、王濬、司马伷请求投降。吴国的4个州、43个郡也都归入晋国的版图。

吴国灭亡，三国分裂的局面随之结束。

石崇王恺斗富

晋武帝消灭吴国后，统一中国。在建国之初，晋武帝深知打下一片江山不容易，因此为了巩固统治，他也采取了一些节俭措施，努力发展生产。但是，这种良好的开端并没有维持下去，在平定了吴国后，晋武帝认为享乐的时候到了，因此生活日益奢侈。在他的影响下，王公大臣也纷纷效仿他，以致奢侈之风盛行。西晋王朝在生活上腐化奢靡、相互炫耀的程度远远超过了历史上的任何一个朝代。

王戎生活在晋武帝时代，官至吏部尚书。晋惠帝的时候，他又担任司徒，位列三公，地位显赫。然而就是这样一个地位极为尊贵的人却是一个十足的嗜财如命、庸俗不堪的家伙。他的家产不计其数，庄园遍布全国各地，以致家里专门用来堆放钱的仓库都装不下了，许多铜钱都积压得生锈了。可是尽管如此，他还是一有时间就把自己关在账房里，亲自拿着账簿，噼噼啪啪地拨弄算盘，好像家里的钱财永远不够用一样。

他家里种了很多李树，李树的品种非常好，树上结的李子又大又好吃。王戎每到果子成熟的时候都放到市场上去卖，总是能够卖到好价钱。但是他又怕李子卖出去以后，别人会得到这个好品种，老是不放心。于是想了一个办法，在每次出售之前，他总是让人把李子的核钻一个洞。

这只不过是略举一例，西晋王公大臣贪婪、庸俗、腐化、奢靡可见一斑。不过，最有名的还是石崇与王恺斗富的故事。

石崇小的时候就很机灵，有头脑，深得父母的宠爱。他的父亲石苞临死的时候，把家里的财产都分给了他的五个哥哥，就是没有留给石崇。石崇的母亲觉得很不公平，抱怨石苞。石苞摸着石崇的脑袋说："你不要担心，别看我这个儿子现在还小，但是他将来一定能够大富大贵。"

石崇很早就出来当官了，但是他没有把聪明才智放在为老百姓办事上，而是想方设法为自己牟取私利，聚敛财富。他先后担任过修武的县令，接着升任了荆州的刺史、徐州的监军等官职。在担任荆州刺史时，他带领手下的一帮人乔装打扮，神不知鬼不觉地偷偷溜到富商巨豪的家里，连偷带抢地将巨额财物据为己有，成为暴富的富翁。就是这样一个暴徒，居然官运亨通，青云直上地一直做到九卿。

石崇暴富以后，在河阳的金谷专门修建了一座豪华的别墅用来享乐，这就是著名的金谷园。园中楼阁假山、亭台轩榭，应有尽有，装饰得十分豪华。他又花钱四处搜罗美女，不断纳妾，先后纳了100多个，一个个不仅如花似玉、国色天香，而且能歌善舞。这些小妾们一个个也是锦衣玉食，绫罗遍体。

石崇因富有无人不知。当时有一个叫王恺的贵戚，他是司马昭的小舅子，晋武帝司马炎的亲舅舅。王恺也是一个爱慕虚荣、贪鄙庸俗的小人。他对石崇的富有很不服气，非常嫉妒他，一心想要压倒石崇。石崇也看不惯王恺是皇亲贵胄，也想压一压他的气焰。于是两个人谁也不服谁，便在暗中斗富。王恺用糖水洗锅，石崇就用蜡烛烧饭；王恺用细纱制成四十里长的屏障，石崇就用绢绸制成五十里长的屏障。王恺败下阵来，更是觉得脸上无光。后来，王恺听说石崇用椒泥涂墙，他马上让人用赤石脂来粉刷墙壁，总算胜了一回石崇，稍稍挽回来一点颜面。不过总的比较起来，还是石崇略胜一筹。

王恺气不过，于是常常在晋武帝面前说石崇的坏话，向晋武帝倒苦水。晋武帝早就知道他们两人互相斗富的事情。为了让舅舅高兴起来，晋武帝笑着对王恺说："舅舅，你是不是在为斗不过石崇而不高兴呀？我送给你一株南国进贡的珊瑚树，你拿去给石崇看，一定会让他输得心服口服。"王恺接过珊瑚树一看，果然是世间少有的宝物。这株树足有两尺多高，王恺还从来没有见过这么高、这么美丽的珊瑚树，于是捧着他喜滋滋地去石崇家了。

王恺将珊瑚树放置在石桌上，只见它晶莹剔透、熠熠生辉，真是一件不可多得的宝物。王恺自己都忍不住啧啧赞叹，大家也都纷纷赞叹不已。石崇只是随意地瞥了几眼，就顺手拿起一个铁如意砸去，只听见哐啷一声，一株美丽耀眼的珊瑚树便成了一堆碎片。

王恺顿时傻了眼，这可是皇帝赏赐给自己的宝物。王恺还以为石崇是妒忌自己才砸碎的，声色俱厉地揪着他要去见晋武帝，找晋武帝评理。

可石崇不急也不气，反倒哈哈大笑起来，说："王将军也太小气了吧？这也算个宝物？我赔你就是了。"说完，令仆人拿出好几株珊瑚树来，每株高三四尺，而且一株比一株光彩夺目，把王恺都看傻了。这一次，王恺是真的无话可说了，他不得不服输了。

经过这次斗富事件以后，石崇富可敌国的威名响彻全国上下。许多人已经开始对他的财富虎视眈眈了。赵王司马伦早就对石崇的财富垂涎三尺了，在晋惠帝时的宫廷政变中，借机将他杀了，而且他的全家男女老少也都被杀。

临死的时候，石崇感叹地说："他们只不过是想侵占我的财产！"

站在旁边的一个军官说："早知道财富太多会要害人的，你为什么不早积点德，将财产都分给别人呢？"

美男子潘安

"貌似潘安"这个词用来形容美男子再合适不过的了，潘安本人确实长得很英俊，不过可惜的是他品行欠佳，喜欢谄媚权贵，最后把自己送上了死路。

潘安名岳，字安仁，后人都叫他潘安，他少年时期就以才华横溢而出名，被称为神童，说他是和贾谊一样的天才。很早就被征召到司空太尉府，举荐为秀才。

潘安的才华和名气非常出众，引起了很多人的嫉妒，他因为这个而隐居了10年。后来他出任河阳县令，仗着自己的才华，觉得这样的小官很不得志。当时的尚书仆射山涛，领吏部王济、裴楷等人都得到了皇帝的赏识，潘安在内心里对他们有非议，在尚书阁上题写了歌谣："在尚书阁的东头，有一头大牛，王济做缰绳套在牛脖子上，裴楷套在后头，和峤成天忙碌不得休。"表达了自己的不满。

后来潘安调任为怀县县令，当时许多当地人因为经商而放弃了农业，许多亡命之徒都跑到旅舍去避难，破坏法律法规。皇帝下诏取消旅舍，每十里路就设立一座官办的旅舍，让贫穷人家的老人和小孩看守，派小官主持，按照普通旅舍那样收费。潘安针对这件事上书议论，认为旅舍制度由来已久，为百姓提供了方便，所以旅舍不应该被取消。至于开办官办旅舍，他认为那些违法犯纪的事多数都发生在偏僻的地方，如果连续十里路都没有人烟的话，不法之徒就要干坏事了；如果道路相连，旅舍又多的话，不法之徒就会害怕而不敢乱来。所以旅舍也起到了维护地方治安的作用，官办旅舍密度不够，起不到这种作用。而且赶路

门阀制度

门阀士族是以家族为基础、以门第为标准而形成的地主阶级中的特殊阶层。它的根源最远可以追溯到先秦时期的宗法制度。东汉以来，地主田庄崛起，世家大族在经济上占据了有利的地位，控制了朝廷选官的途径，就形成了累世公卿的显赫家族。九品中正制更加巩固了士族的地位。魏末司马氏夺取曹魏政权，依靠的就是世家大族的支持。因此整个西晋时期，世家大族的势力进一步膨胀，门阀世族制度就这样确立了。从此，地主阶级中的士、庶之别更加严格。门阀士族为了维护自身的特权，就极力地扩大和寒门庶族的差异。他们独自把持政权，完全支配了国家的权力，形成了典型的门阀政治。整个两晋南北朝时期，门阀制度都十分稳定。

的人都要多走路，吃饭休息都选在傍晚或者早上，尤其夏天，还得连夜赶路，如果规定旅舍早早关门的话，客人不能及时赶到，那么他们就只能在路边休息，容易导致强盗抢劫。如果以旅舍经常破坏地方教化为理由，派官吏守在旅舍门口，那谁还敢来投宿？现在那些小官和弱者独自占有旅舍的收入，凭借手上的权力，以非法手段获利的现象就会越来越多。所以他请求取消这个规定，朝廷听从了他的意见。

潘安兼管两个县城，在政务方面很勤劳，不久就升任为尚书度支郎，又改任廷尉评，后来被免职。杨骏辅佐朝政的时候将他提拔为太傅主簿，杨骏被杀后他也被免职。当初公孙宏没做官的时候，潘安对他很好，杨骏被杀时，公孙宏是楚王的长史，他帮潘安说了好话，朝廷才免了潘安一死。

潘安性情浮躁，喜欢趋炎附势，他和石崇等人侍奉、攀附贾谧，每次等候贾谧出门的时候，两人就望着车马扬起的尘土行礼，十分谄媚。贾谧的"二十四友"里，潘安排名第一，关于《晋书》的起笔年限的议论文章也是潘安的大作。潘安母亲好几次都讽刺他说："你应该知道满足了，还要侥幸冒险个没完吗？"但潘安始终都无法改变。

当初潘安担任琅玡内史的时候，孙秀在他手下当小吏。这个人奸诈自负，潘安很讨厌他，多次鞭打他，孙秀对此一直怀恨在心。到了赵王司马伦执政的时候，孙秀担任了中书令。潘安在宫里碰到孙秀，问他："孙大人还记得以前我们相处的事吗？"孙秀回答："我心里一直藏着呢，哪一天能忘记？"潘安知道自己好日子不长了。不久，孙秀诬告潘安和石崇等人密谋帮助淮南王和齐王造反，于是把他们杀掉并灭了他们的三族。潘安在押赴刑场时，向母亲告别："我辜负了母亲对我的教诲啊！"当时被抓的时候，潘安和石崇都不知道对方也被抓了，石崇先到刑场，潘安后到。石崇对他说："安仁啊，您也在这里呀？"潘安回答："这可说是'白首同所归'了。"潘安以前写过送给石崇的《金谷诗》里面有一句是"投分寄石友，白首同所归"。潘安的母亲、兄弟、兄弟的儿子和他自己的女儿，无论年纪大小全部被杀，只有哥哥的儿子逃难免死。而弟弟的女儿和她母亲抱在一起哭得很惨，怎么拉都拆不开她们，这引起人们同情，皇帝就下诏把她们俩赦免了。

潘安面容俊美，举止有风度，他的诗歌和文章都写得非常华丽，特别擅长写哀悼的文章。他年轻的时候乘着车到洛阳大街上游玩，遇到他的妇女们都手拉着手围着他，往他的车上扔果子，最后满载着一车的果子回家。潘安的英俊潇洒可见一斑。

八王之乱

晋武帝建立西晋以后，为了吸取曹魏政权灭亡的教训，大封藩王，希望以此来对抗权臣中妄想篡权的野心家，从而巩固延长晋室的统治。他一共分封了27个人为藩王。这些藩王各自都有自己的领地、百姓、军队，实际上就是一个个独立的小王国，事实上制造了更多的觊觎帝位的野心家。"八王"就是一批窥视帝位的野心家。

这八王就是汝南王司马亮、楚王司马玮、赵王司马伦、长沙王司马乂、齐王司马冏、成都王司马颖、河间王司马颙、东海王司马越。

晋武帝临死前曾经嘱咐司马亮与杨骏共同辅佐痴呆的司马衷管理朝政，并且留下了一道诏书。可是杨皇后与她的父亲杨骏为了独揽大权，就合谋将诏书暗暗地加以修改，改成让杨骏一个人辅佐朝政。大家都知道杨骏篡权，但是谁都不敢吭一声，就是司马亮也不敢站出来替自己说话。司马亮还害怕杨骏谋害自己，就急忙逃回自己的封地去了。

当时的贾皇后是权臣贾充的女儿，也很有势力，并且野心勃勃，很有心计。她当然不能坐视大权旁落，就在次年找来司马亮密谋诛杀杨骏。但司马亮惧怕杨氏的权势不敢答应，倒是年轻气盛的司马玮与贾后不谋而合。贾后于是与司马玮、孟观、李肇等人发动政变。她又与东安公司马繇串通起来，指使司马繇率兵突然包围杨骏的宅邸，将他诛杀，还将杨太后软禁起来，不久也将她杀害。贾后为了斩草除根，又诛杀了杨氏党羽好几千人。

政变成功后，贾后掌握了大权，但是毕竟自己是一个女流，还不足以镇服朝廷百官。于是，她想到司马亮毕竟年长，在朝中还是比较有威信的，自己可以借助司马亮的威望来稳定朝廷。于是，贾后将司马亮任命为太宰，负责处理尚书事务，总理朝政。由于司马玮在政变中功不可没，于是贾后将他升任为卫将军。司马亮当上太宰后，为了进一步稳固自己的地位，开始滥封官爵，以此来收买人心，前后总共封了1000多个侯爵。司马亮虽然负责尚书事务，但唯独没有兵权，这成了他进一步扩充势力的软肋，于是他又想剥夺司马玮的兵权。

司马玮早就不满司马亮，认为他没有任何功劳就当上了太宰，心里很不服气。贾后利用两人之间的矛盾，唆使司马玮讨伐司马亮。司马玮于是带兵包围了司马亮的府第，将他逮捕。当时正是炎炎酷暑时期，司马亮被捆得紧紧的，汗如雨下。一些士兵因同情他，替他扇风。司马玮很气愤地下令说："如果有谁将司马亮的脑袋给我送来，我赏他一千匹布！"士兵们听了，个个眼红发亮，一齐扑向司马亮，像抢橄榄球一样团团围住司马亮，扯他的头发，割他的鼻子、耳朵，司马亮就这样被乱兵害死，惨不忍睹。司马玮也没有落个好下场，当他对贾后已经没有任何利用价值后，阴毒的贾后反咬一口，指责司马玮谋杀重臣，罪当诛。于是，司马玮被斩首。

贾后的专横跋扈引起了公愤，首先起来收拾贾后及其党羽的是司马伦。平时司马伦对贾后阿谀奉承，所以贾后偏偏忽视了他。司马伦依据属下孙秀的计策，假称惠帝的诏令，一路率兵攻进皇宫，将贾后废黜并毒死。贾后临死前懊悔地说："系狗应当系在狗的脖子上，我却系住了狗尾巴，难怪要被他反咬一口。"司马伦又下诏命自己为大都督、相国，接着干脆逼惠帝退位，自己当上了皇帝。司马伦和他几个儿子都顽劣愚笨，而他手下的孙秀又十分狡猾贪婪。他们根据自己的喜好随意改动诏令和制度，有时甚至是朝令夕改，百官像流水一样换来换去。

041

宗族制度

魏晋南北朝时期的宗族组织是整个中国历史上最强盛的，从结构上看，分为皇室宗族、士族宗族、寒门宗族三种类型。皇室宗族拥有最大的政治经济特权，但是由于皇权的更替不断使他们的影响受到限制。寒门宗族由于缺乏政治权势，影响较小。而士族宗族拥有强盛的政治、经济、军事实力，处于社会的支配地位。在宗族制度的影响下，社会上呈现重门第轻才德、重宗族轻个人、重孝悌尚复仇的观念。

孙秀认为齐王司马冏、成都王司马颖、河间王司马颙三王都各自拥有强大的军队，十分危险，于是打起他们的主意来。三王于是联合起来，打着清理逆臣的旗号兴兵讨伐司马伦，结果司马伦兵败被杀。这次混战，死了10多万人，司马伦和他的四个儿子以及党羽都被处死。惠帝重新即位后，将司马冏封为大司马，辅佐自己管理朝政；任命司马颖为大将军，都督中外军事；任命司马颙为侍中、太尉。

司马冏掌权后，生活腐化堕落，沉湎酒色，大兴土木，追求享乐。于是司马乂与司马颙发兵包围司马冏的府第，两军展开大战，死尸遍地，最后司马冏被诛，党羽被夷灭三族。就这样，司马乂被升为太尉，掌握了兵权。

本来司马颙是想借司马冏的手杀掉司马乂，然后借这个机会声讨司马冏，没想到司马乂顺利得手。于是司马颙与司马颖联合起兵进攻司马乂，司马乂率兵迎战。这场战争延续了好几个月，死了几万人。这时司马越叛变，出卖了司马乂，将司马乂逮捕交给张方。张方因怨恨司马乂，将他活活烧死。

经过接连不断的几场厮杀，八王只剩下了三王，即司马越、司马颖、司马颙。这三王谁也不服谁，相互展开了最后的角逐。司马越攻打司马颖，结果大败，逃回封地，而司马颖又被王浚所杀，最后司马颙得以独揽大权。接着，司马越又兴兵攻打司马颙，结果司马颙被杀，大权又落在司马越手里。后来，司马越将惠帝毒死，立司马炽为帝。不久，司马越也病死。

八王之乱，从晋惠帝元康元年（公元291年）一直持续到晋惠帝光熙元年（公元306年），长达16年，死伤无数，洛阳、长安被洗劫一空，成为废墟。西晋从此一蹶不振，各少数民族政权兴起。

痴呆晋惠帝

晋惠帝司马衷是历史上有名的痴呆皇帝，虽然身为九五之尊的皇帝，他的一生却受尽了各种苦难和屈辱。

晋惠帝司马衷是晋武帝司马炎的第二个儿子。杨皇后生了三个儿子，长子两岁就夭折了，司马衷成了理所当然的皇太子。司马衷从小就很愚笨，七八岁的时候还不认识几个字，怎么教也教不会。晋武帝总是怀疑像这样愚蠢的人能否继承自己的大业，多次有想废黜他的打算，朝中大臣也有许多人都委婉地劝司马炎废掉司马衷的太子身份。但是杨皇后却偏偏很喜爱这个蠢儿子，常常说自古以来，就是立长子作为太子。由于司马炎很宠爱杨皇后，所以一直没有将司马衷废掉。

司马衷成年后，司马炎开始替他物色太子妃。当时有两家（卫瓘和贾充）的女儿竞选，杨皇后接受了贾充的妻子郭槐的贿赂后，在司马炎的面前极力称赞贾充的女儿如何美貌，又如何贤惠，把她夸得天花乱坠。虽然没有亲眼见过两家的女儿，但对别人对他们两家的评价早有耳闻，晋武帝听了杨皇后的介绍后，连连摇头说："不行，不行。卫家的女儿有五处优点，而贾家的女儿有五处缺点：卫家的人贤德，而且子女多、人丁旺，卫家的女儿个个长得白净、身材修长；贾家的人喜欢嫉妒、好猜忌，后代不繁盛，贾家的女儿长得黝黑丑陋、身材矮小。两家比较起来，差距太大了，难道我们还要选择差的，舍弃优秀的吗？"但是杨皇后不依不饶，整天在司马炎耳边唠叨。司马炎只好去征询中书监荀勖、侍中冯纨的意见。这两个人都是与贾充私交很好的朋友，当然极尽所能地夸赞贾充的女儿如何美若天仙，又如何德才兼备。最后，几个人终于把司马炎说得动心了，同意选贾充的女儿贾南风为太子妃。贾南风比司马衷大两岁，性格机巧奸诈，嫉妒心特别强。司马衷娶了这么一个妻子，对她又爱又怕，完全被她玩弄于股掌。

晋武帝司马炎死后，太子司马衷继承了皇位，即晋惠帝，立贾南风为皇后。做了皇帝的司马衷的智力没有丁点儿起色，仍然像以前一样愚鲁痴呆。一次，他在华林园玩耍，突然听到池塘里的蛤蟆正欢快地叫着。司马衷就故作聪明地问身边的侍从说："你们说这叫的东西是为公事叫呢？还是为私事叫呢，"弄得身边的人个个哭笑不得。当时全国各地都在闹饥荒，许多老百姓都被活活饿死了，有人向惠帝报告此事，惠帝听了，却反问道："他们没有饭吃，为什么不吃肉粥呢？"

大家知道了他的愚弱后，都不把他这个皇帝放在眼里，权力逐渐被他手下的一帮小人掌握了。他也不知道怎么管理各个部门，因此政令经常出自各个不同的部门而不能统一发布。许多大臣官僚勾结起来，相互向朝廷推举自己亲信的人。贾后更是肆意妄为。她公开接受贿赂，总揽朝政，培植自己的党羽亲信，终于成为历史上有名的一代悍后。

等贾后被梁王司马肜、赵王司马伦、齐王司马冏合谋废黜杀害后，惠帝又辗转成为诸位王侯争权夺利的工具。

先有司马伦逼迫司马衷退位，自己做起了皇帝，将司马衷

"富贵万岁"瓦当　西晋

软禁在金墉城。等后来司马伦被其他王打败，他才得以恢复帝位。

司马衷虽然愚钝，但也是一个很有感情的人。晋惠帝永安元年（公元304年）七月，司马衷又随着司马越到荡阴与司马颖激战。司马越大败，丢下司马衷逃走。叛军的乱箭如雨点般地射过来，司马衷的面颊中了三箭，其他人纷纷作鸟兽散，只有侍中嵇绍奋不顾身地保护他。叛军向嵇绍一刀砍下去，鲜血溅在司马衷的衣服上。后来司马衷回到大营，侍从要他把脏衣服脱下来洗洗，司马衷悲怆到哭道："这上面有嵇绍的血，千万不要洗了！"

次年八月，司马颖被王浚军击败，司马颖于是带着惠帝从邺城撤往洛阳。回到洛阳，惠帝又被河间王司马颙部将张方劫持到长安，为司马颙所操持。

光熙元年六月，惠帝又被司马越挟持返回洛阳。当惠帝重新回到洛阳时，昔日繁华的洛阳城已经是一片衰草连天的凄凉景象，经过多年的混战，洛阳城早被洗劫一空。惠帝任命司马越为太傅，主持朝政。

就在这年十一月，惠帝吃麦饼中毒，在显阳殿驾崩。一朝帝王就这样结束了悲惨的一生。

一代悍后贾南风

贾南风是晋惠帝司马衷的皇后，西晋开国功臣及宰相贾充的女儿。贾充自魏朝时就受到司马昭宠信而当权，晋武帝能成为太子，贾充起了很大的作用，所以他更加受到晋武帝宠爱。贾南风的母亲郭槐极其凶悍妒忌，连贾充都很惧怕她。贾南风的性格像极了她的母亲，而且长得又矮又黑。

贾南风在15岁时，成了当时还是太子的司马衷的妃子。贾南风之所以能够在众多佳丽中脱颖而出而成为太子妃，并不是因为她本身有多么优秀，而是既依靠她父亲的权势，也利用了后宫复杂的人情关系。本来

狗尾续貂

司马懿的第九个儿子司马伦，与一个名叫张林的大臣密谋策划，玩弄阴谋诡计，篡夺了皇位。由于是靠这种手段当上皇帝的，司马伦整日忧心忡忡，害怕众人不服。为了笼络人心、扩大势力，巩固他的权位，就大肆地封官许愿晋爵，甚至连听差的奴役也给以爵位。像皇帝左右的侍中、散骑常侍等一类高官，在当时的宫廷人事编制中一般只有四人，可司马伦当皇帝时竟有近百人。真是官职泛滥成灾！当时凡宫内高级官员的官服，都是统一式样。如帽子上都插着貂尾做装饰。不同官职，插的位置也有分别。侍中插在左面，常侍插在右面。可是，当时司马伦封的高官太多了，貂是珍稀的动物，无处去找那么多的貂尾，于是有人出了高招，用狗尾替代。这样，不细看，还真分不出真假来。

这就是"狗尾续貂"这个成语的来源，原意是指官爵太滥，后来人们就用它比喻以坏续好，美丑不相称。多用来形象地揭示妄续他人文学作品，也有时用来表示自谦之意。

晋武帝在选太子妃时，并没有看中贾充的女儿，而是看中了司空卫瓘的女儿。可是贾南风的母亲郭槐四处活动，找关系，还贿赂了杨皇后说情。贾南风的父亲贾充利用自己太尉的地位，唆使一帮阿谀奉承的大臣在晋武帝面前极力夸赞自己的女儿如何优秀。在杨皇后和大臣们的坚持下，晋武帝也改变了初衷，将贾南风选为太子妃。

太子司马衷是个痴呆，晋武帝自己都怀疑选立他为太子是不是一个错误。大臣卫瓘更是多次暗示晋武帝将司马衷太子的身份废掉。晋武帝决定当着众臣亲自测试一下太子的能力。

一天，晋武帝设宴招待群臣，将事先准备好的一些问题密封起来，这些问题都是尚书卫瓘裁决不了的事情。晋武帝将这些问题送到东宫，让司马衷来处理。贾南风听到这个消息慌了神，连忙找了个人替答。这个人在答题时引用了许多古义，贾妃看后，还是有点不放心，为了慎重起见，她又找来给使张泓一起商议。张泓看完别人代写的答案，摇着头说："太子没有学问，这是陛下很清楚的，他知道以太子的才能不能引用这么多的经义典故来，肯定会发现他作弊的行为，那么太子将会错上加错了。"贾南风犯愁了，说："那怎么办才好？"张泓说："就依据提问，直接用通俗的口语来回答。"贾妃听了很高兴，对张泓说："你这就给我好好地答题，将来太子的地位保住了，有你享不尽的荣华富贵。"张泓当即根据司马衷的语气回答了所有的提问，司马衷照着抄了一遍，叫人送去。武帝看了很高兴，虽然词语不够文雅，但意思通顺，而且方法也比较好。武帝第一个拿给了卫瓘，卫瓘满脸羞愧，连忙表示歉意。大家都看出为消除卫瓘对司马衷的不满，晋武帝才出了这么一个计策。贾充当时也在场，事后秘密派人把这个消息告诉贾妃，并且说："卫瓘这老家伙差点毁了你！"

晋惠帝永熙元年（公元290年），司马衷即位，贾南风被立为皇后。由于晋惠帝的愚蠢软弱，贾皇后的权欲不断膨胀起来。当时阻碍她篡权的绊脚石就是杨太后及其父亲杨骏。杨太后与杨骏父女俩对朝廷大权也是窥伺了许久。他们秘密修改遗诏，将辅政大权改为杨骏一个人，从而攫取了朝政大权。贾皇后当然不甘心大权旁落，她利用楚王司马玮的年轻气盛，将他召到京城带兵包围了杨骏的府第，将杨骏及其亲信一网打尽，处死了几千人。

贾后从此更加骄横跋扈。为了巩固自己的势力，她在朝廷安插了许多亲属和党羽担任重要的官职。她将自己母亲的堂兄弟贾模越级提升为侍中，相当于丞相的地位，表舅郭彰任命为右将军。她的侄子贾谧由于过继给了贾后，所以格外受宠，得以历任散骑常侍、后军将军、侍中等官职，并且可以随便出入禁廷，生活极其奢侈。

为了进一步篡权，贾后打起了皇室诸王的主意，一再对他们下毒手。他先借楚王司马玮之手诛杀了司马亮，同时乘机杀了与她有过怨隙的卫瓘及其子孙一共九人。接着，贾后又反咬一口，说楚王司马玮诈称皇帝命令，擅自诛杀大臣，派人将司马玮杀死。

从此以后，贾皇后便独揽大权，重用亲族。由于贾后没有儿子，谢淑媛生的司马遹就被封为太子。贾后就用棉絮把自己的肚子垫得隆起来，谎称自己怀孕，暗中将妹妹生的婴儿韩祖慰抱进宫来，说是自己生的。为了让自己"儿子"承袭帝位，她又逼迫惠帝将太子遹废掉，并处死了太子的母亲谢淑媛。

多行不义必自毙。贾后的倒行逆施激起了朝廷大臣和诸王的怨恨。右卫督司马雅，右军将军、赵王司马伦，翊军校尉司马冏等合谋，假称惠帝的诏令，率领士兵突然进入宫中捉拿贾谧。正要诛杀贾谧时，贾谧大声呼叫贾后求救，贾后闻讯赶过来，看到齐王司马冏，感到事情不妙，吃惊地问："你为什么来这儿？"司马冏说："有诏令要逮捕你。"贾后说："诏书应该从我这儿发出，你们哪里来的诏书？"说着贾后跑出门口，远远地向惠帝求救。惠帝又哪能救得了她？贾后心有不甘，问司马冏说："是谁谋划这件事情的？"司马冏说："是梁王和齐王。"贾后这才无比悔恨当初没有将司马氏斩尽杀绝，以致留下祸患，她恶狠狠地说："系狗应该系狗的脖子，我却系住了狗的尾巴，反倒被狗反咬了一口，哪能不落到这个下场呢？"

贾后被废黜为平民，囚禁在建始殿。贾后的亲信党羽全部被处死。一代悍后，终于自食其果。

李特的流民大营

东汉末年，少数民族氐人李氏从巴西宕渠去依附张鲁，后又率领500多家归附魏武帝，被授予将军的职位，迁移到略阳（今陕西略阳县）以北地区定居，称为巴氐。

李氏的孙子李特、李庠、李流，都是文武双全的人，擅长骑马射箭，性格仗义，好打抱不平，当地许多与他们志同道合的人都乐意归附他们。

晋惠帝元康六年（公元296年），氐族人齐万年造反，连年混战。元康八年（公元298年），关中地区闹了一场大饥荒，连年庄稼不熟，略阳、天水等六个郡的十几万流民逃荒进入了汉中、蜀地。李特兄弟也跟着这些流民一起逃荒。一路上，处处可以见到有流民饥饿的、生病的。李特兄弟经常救助保护这些流民。流民非常感激、敬重李特兄弟。

这些流民到了汉中以后，散布于梁州、益州等地。由于蜀地土地肥沃，粮食比较充足，人口相对较少，所以流民靠着给富人家帮工，基本上能够解决吃饭问题。

但是西晋朝廷却要将这批流民赶回汉中，还专门派遣了有关官吏监督执行。

当时中原地区刚刚发生过变乱，这些流民回去根本没法生活。李特多次向官府请求留下流民，流民们都感激他，信任他。许多人携带家属归附李特，而李特就在绵竹设置了大帐篷来安置流民。归附李特的流民越来越多，仅仅一个月的时间，他就收容了两万多流民，李特的弟弟也聚集了几千个流民。

李特又派阎式去见益州刺史罗尚，重新确定期限，缓期遣送流民回原籍。阎式看到罗尚正组织人马在要害地段营建栅栏，图谋拘捕流民，感叹地说："现在流民的人心还不稳定，就这样急着遣送他们回去，看来一场变乱将要发生了。"阎式又得知罗尚手下的辛冉等人坚决遣送流民回去的态度不会改变，于是向罗尚告辞。

罗尚假惺惺地对阎式说："你回去告诉那些流民，说我同意放宽期限了。"

阎式警告他说："你受奸人蒙蔽，恐怕不会放宽期限。老百姓虽然地位卑微弱小，但是你不能轻视他们，不要引起众怒，到那时你恐怕就不好收场了。"

持盾武士俑 西晋

罗尚连连点头，满脸奸笑，说："是的，是的，我不会欺骗你的，你走吧！"

阎式回到绵竹，对李特说："罗尚虽然口口声声地说放宽期限，但是不可信。为什么呢？罗尚的威信和势力、刑法都还没有确立，手下的辛冉等人都各自把持着强大的兵力，一旦辛冉他们要变乱，也不是罗尚能够制服的，我们应当作好充分的准备。"

李特认为阎式说得对，采纳了他的意见。

晋惠帝永宁元年（公元301年）十月，李特把流民分成两个部分，李特驻扎在北营，李流驻扎在东营，准备好铠甲和兵器，做好了抵御晋军的准备。

不出所料，晋兵果然前来攻打李特的大营。李特早就得知消息，并做好了充分的准备。他故意假装不知道敌情，按兵不动。晋将以为李特中计了，出动全体士兵一齐进攻李特的大营。三万晋军进到大营的一半时，突然听见四面八方响起了震耳欲聋的锣鼓声。预先埋伏在大营里的流民手持长矛大刀呼喊着冲杀出来，个个勇猛无比，早就把没有防备的晋军吓得手脚发软。流民见了晋军就杀，把晋军杀得丢盔弃甲，四处逃窜，不少晋将也在混战中丢了脑袋。

流民们知道自己杀害了晋兵，朝廷肯定不会放过他们，于是六郡的流民一致推举李特为镇北大将军。李特任命弟弟李流为镇东大将军，镇守一方，又任命哥哥李辅为骠骑将军、弟弟李骧为骁骑将军，一同进军攻打广汉。一路上势如破竹，晋军大败，流民的军队占据了广汉。

当时罗尚非常恐惧，写信向阎式求救，阎式回信说："我以前跟你说过有关处理流民问题的办法，可是你们就是不听。你们对待流民过于严厉苛刻，就是走投无路的鹿也会拼死与强大的老虎搏斗，流民也不会答应伸着脖子让人宰割，所以最终导致了这场变乱。假如你当初接受了我的意见，放宽期限使流民能够从容整理行装，九月份一过去，就能够把流民全部聚集在一起，十月份就可以让他们上路，回到故乡，又怎么会落到今天这个地步？"

李特进入了蜀地，对当地老百姓遍施恩惠，取消劳役，赈济穷苦百姓，尊敬贤能的人，提拔怀才不遇的人为官，整顿军队，政务井然，蜀地的老百姓都非常高兴。罗尚多次被李特击败，后来就一面派使者与李特求和，一面暗地里勾结当地的豪强势力，围攻李特最后李特战败。李特死后，他的儿子李雄领导流民继续与朝廷对抗。

晋惠帝永兴元年，李雄自称皇帝，国号大成。后来李雄的侄儿李寿改国号为汉，历史上又称"成汉"。

周处悔过自新

孔子说过："过则勿惮改。"意思是说，犯了错误，就不要害怕及时改正。一代名将周处就成为改过从善的榜样。千百年来，他除三害悔过自新的故事一直流传，不断给后人以新的启迪。

周处生活在西晋时代，他的父亲周舫担任过吴国鄱阳太守。周处十八九岁的时候，长成了一个高大的汉子，有惊人的臂力，是个远近闻名的大力士，一般十几、二十人根本不敢靠近他身边。因父亲去世比较早，没有人管教，他变得不爱读书，喜欢喝酒，经常打架闹事。他还喜欢打猎，任意破坏老百姓的庄稼。当时乡里人对他是又怕又恨，但又不敢把他怎么样，只好远远地躲避他，尽量不招惹他。周处是一个不拘小节的武夫，虽然干了许多坏事，给乡里人带来了许多祸害，但他自己并不是恶意的，只是自己一直没有意识到。后来他发现大家都远远地躲避他，不愿意与他交往，觉得很无聊，也很疑惑不解。

有一个丰收的年头，周处出去游玩，看到大家在地里干活，主动走过去跟大家打招呼。可是大家见了他，皱着眉毛，远远地跑开了，只有一个老人没有来得及躲开。周处很恭敬地向老人作了一个揖，说："老人家，今年风调雨顺，是个难得的丰年，可是大家怎么还是闷闷不乐的呀？"老人深深地叹了一口气，说："你不知道呀，这三害不除，哪来的出头之日呀？"周处问道："两害指的是南山上的白额老虎和长桥下的蛟龙，另一害是什么呀？"老人说："另一害就是你周处呀。"周处听了，心里难过极了。他诚恳地对老人说："老人家，你去告诉大家，我一定能够替乡里除掉这三害。你们不要再忧虑。"老人说："如果你能够除掉这三害，那可是我们乡里的一件喜事，全乡人都会对你感激不尽的。"周处没再说什么，神色凝重地转身向老人告辞。

第二天，周处肩上扛了一袋干粮，手里挽着一张大弓，只身走进南山寻找白额老虎。南山高树丛生，阴森森的，仰望不见天空。周处小心翼翼地搜寻，走到半山腰时，突然听到老虎一声长啸，惊天动地。要是一般的人，早就吓得魂飞魄散了。周处身上顿时一阵寒栗，但一想到要为乡里人除害，很快镇定下来了。他寻着老虎喊叫的声音蹑手蹑脚地走过去，只见密林深处一只吊睛白额猛虎，身长一丈多，张牙舞爪，威风凛凛，向周处藏身的树下扑来。显然，它凭着敏锐的嗅觉，已经闻到了生人的气味。周处眼疾手快，左手持弓，右手搭箭，使出平生力气，向猛虎的要害处射去，一箭正中猛虎的左眼。猛虎顿时鲜血直流，疼得在地上翻滚，咆哮不已。周处赶忙再抽出一支箭，直射猛虎的喉咙。猛虎痛苦地抽搐一阵，倒下了。周处确定猛虎已经没有气息，确实已经死去，才拖着疲乏的身子回家。

乡里人听说周处杀掉了白额老虎，确实高兴了一会儿，可是很快又犯愁了——还有两害没有除掉。

休息了几天，周处又带了一把锋利的匕首，来到长桥。只见桥下水流湍急，一片浑浊。果然是蛟龙在水中肆意翻滚。周处定了定神，决定下水与蛟龙搏斗一番。于是他脱掉上衣，手握利刃，一跃跳入水里。蛟龙以为又是送上来的口中食物，非常高兴，向周处迎过去。周处纵身一跃，骑在了蛟龙的背上，左手紧紧地抓住蛟龙的身子，右手举起匕首向蛟龙的头顶狠狠地砍去。可是蛟龙的鳞片很厚，骨头太硬，没能砍下来，只是疼得在水中乱扑腾，血水把河面都染红了。蛟龙带着周处，也不知道游到哪里去了，一连好几天，也不见蛟龙和周处回来。大家都猜想蛟龙与周处两败俱伤，都死了。这样岂不更好？一下子就除掉了所有祸害。于是大家都手舞足蹈，鸣鞭舞狮，庆祝乡里终于除掉了三害。人们正高兴庆祝的时候，周处回来了。原来，蛟龙因受伤痛得游了好几十里外，终于因失血过多死了。这时，周处才真正知道大家对自己厌恶到这种程度了，于是辞别大家："我周处多年来连累了大家，现在祸害已经除掉，乡亲们从此可以安居乐业。我周处也要从此告别。"说完，周处准备出外求学，磨炼操守和德行。

当时最有学问的人是吴郡二陆：陆机、陆云两兄弟。他们是原吴国名将陆逊的儿子，不仅学问渊博，而且品德高尚，受到世人的尊重。周处于是去拜访二陆。见到二陆，周处向二陆详细地叙说了自己的身世经历和求学的原因。周处悔恨地说："我想痛改前非，重新做人。只是年纪已经不小了，不知道是否还来得及？"二陆见周处本质善良，只是不懂礼节，才犯下了许多错误，于是鼓励他说："古人说过'朝闻道，夕死可矣'，能够认识自己的错误，有决心改正，什么时候学习都不晚。"周处听了，幡然醒悟，从此立志笃学，跟着二陆潜心学习，品德和学业都进步迅速。一年后，当地官府就征聘他做官。

晋惠帝时，周处担任了御史中丞。他为官清正廉洁，检举官吏的过失、罪状，不回避有权势的皇亲国戚。梁王司马肜曾经触犯法律，周处审查并揭发了他。梁王司马肜非常忌恨他，一直想借机报复。晋惠帝元康六年（公元296年），惠帝任命周处为建威将军，隶属于安西将军夏侯骏和梁王司马肜，去讨伐氐族人齐万年，平定叛乱。梁王司马肜乘机劝惠帝让周处担任前锋，痴呆的惠帝当然不知道司马肜的诡计，便答应了。于是周处担任前锋，率领5000人攻击七万敌军。这次战斗从早上一直打到晚上，周处斩杀了大批敌军，直至弹尽粮绝，司马肜也没有派来一兵一卒支援。周处只好孤军奋战，直到战死。

周处改过自新，成为一代忠臣。他虽然被奸臣害死，但终于能够名垂青史。

清谈家王衍

西晋的知识分子，崇尚老子、庄子，喜欢谈玄。何曾、山涛、王戎、王衍等人就是这类知识分子的典型代表，而清谈家王衍尤为突出。

王衍出身显贵，他的家族则是西晋赫赫有名的世家。他的堂兄王戎是朝廷的重臣，同时也是一个大名士他的弟弟王澄在当时也很有名。王衍有两个女儿，一个女儿是太子遹妃，另一个女儿嫁给了当时独揽大权的贾后的侄子贾谧。王衍一生可谓官运亨通，他做过太子舍人，历任黄门侍郎、尚书令、中书令、尚书仆射、司空、司徒、太尉，威势煊赫。那些妄想升官发财的士人都把他当成了榜样。

小时候的王衍，长得非常聪明秀美。当时山涛见到了他，忍不住赞叹了很久，说："什么样的妇人，生下了这样漂亮的孩子！但是将来害天下百姓的人，未必就不是这个人。"王衍身居高官显贵，如此出名，并非因为他有多大的政绩，主要是他的清谈，不关心政务。王衍和他的弟弟王澄还喜欢评论人物并定其高下，当时的人们都把他们的评价作为

三男议事图

标准。

王衍的一生，完全可以用"自私自利"四个字来概括。

晋惠帝元康九年（公元299年），宫廷发生了太子司马遹被害的事件。当时贾后没有生儿子，惠帝就将谢淑媛的儿子司马遹册立为皇太子。贾后嫉妒心极强，对司马遹恨之入骨，一心想除掉他。贾后到处宣扬太子的短处，谎称自己怀孕，还煞有介事地在宫里准备了各种各样的接生工具，用棉絮把自己的肚子垫得隆起来，秘密地把自己妹妹刚生下来的韩祖慰接过来抚养，说是自己亲生的。接着贾后又想出了一条毒辣的计策，指使人将太子遹灌醉，趁他神志不清的时候，将一封秘密谋反的信要他抄写，然后拿这封信向惠帝告发，要惠帝将他杀了。惠帝犹豫不决，于是召来群臣商议，可是群臣意见不统一，迟迟没有决定下来。贾后又让董猛向惠帝假传长广公主的话："这件事应当尽快做个决断，如果大臣有反对意见的，就按军法处置。"可是张华等大臣态度非常坚决，贾后怕发生变故，于是逼迫惠帝将太子司马遹贬黜为平民。就这样，太子终于被废掉。王衍的女儿嫁给了司马遹，算起来还是司马遹的岳父。可是王衍为了自保，不但不为自己的女婿申辩或者说句公道话，反而连忙向惠帝上书请求让女儿与太子司马遹离婚。

继贾后的宫廷政变后，接着又发生了八王之乱。晋惠帝永安元年（公元304年），成都王司马颖率军进攻洛阳，掌握了大权。王衍却在这个时候接连升迁，从中军师一直升到尚书仆射，后来又做了尚书令、司空、司徒，累居显职。

王衍虽然身居要职，但一点也不考虑国家的安危，满脑子想的都是如何巩固自己的既得利益。当东海王司马越攫取了朝政大权的时

杯弓蛇影

晋朝乐广是有名的清谈家，他有个好朋友已经有许多日子不到家里来访谈了。有一次乐广在路上遇见了他，问他长久不来的原因。那人答道："上一次在您家，承蒙您请我喝酒，我正想喝，忽然见杯中有一条蛇，害怕极了，喝完回家后就生了一场大病，所以不敢再来。"乐广知道后，就再次请他，在同一座位上让他喝酒。然后问道："你在酒中还见到了蛇吗？"客人答："仍见到蛇，和以前一样。"乐广告诉他，这是因为屋角上挂了一张弓，它的影子倒映在杯子上中的缘故。客人知道了事实真相，心情豁然开朗，病也就好了。后来把"杯弓蛇影"比喻成疑神疑鬼、妄自惊慌。

候，王衍乘机对司马越说："现在朝廷局势混乱，全靠地方支撑，所以一定要选择可靠的、能够担当重任的能臣到各地方担任长官。"司马越沉吟了一会儿，说："你说得很对，那么你认为可以派谁去呢？"王衍见司马越中计了，心里暗自高兴，说："王澄是大名士，可以让他担任荆州刺史；王敦声望也高，可以让他担任青州刺史，一旦发生变乱，南方和北方都有援助了。"司马越接受了他的意见。这时的王衍好不得意，要知道，这王澄可不是别人，而是自己的亲弟弟，而王敦也是自己的堂弟。王衍毫不掩饰地对即将赴任的王澄和王敦说："荆州有长江、汉水的天险，青州有背靠大海的险要，都是进可攻、退可守的稳固基地。你们二人在外面，而我坐镇朝廷，足以形成狡兔的三个窝了。"可

是王澄上任后夜以继日地纵情喝酒，根本就不把政事放在心上，即使有像盗贼进犯的紧急军情，他也置之不理。

后来宰相司马越专权引起朝廷的不满，怀帝决定征讨司马越。司马越忧愤成疾，把后事托付给王衍。不久司马越去世，大家共同推举王衍为元帅，而王衍却不敢接受，推辞给襄阳王司马范，可司马范也不敢接受。

虽然有三窟，但王衍还是难免一死。

当时，汉国羯族人石勒率领轻装骑兵追击太傅司马越的灵车，在苦县宁平城将晋朝军队击败，又放开骑兵包围并用弓箭射击，10多万晋朝官兵互相践踏，死尸堆积如山。王衍等一大批王公大臣被俘虏。

石勒质问王衍："晋朝怎么这么混乱？"王衍争辩说："我从小就没有当官从政的愿望，从来就没有参与朝廷的事务，这些计策也不是我出的。我实在是身不由己呀。

"现在晋朝大乱，快要灭亡，将军是盖世英雄，何不早早称帝，我王衍怎么说也是晋朝一大臣，有我的扶助，定能干一番大事业！"

石勒将桌子一拍，指着王衍说："你年轻的时候就爬上朝廷的高位，名扬四海，居然还有脸说自己没有当官的欲望？晋朝乱成现在这个样子，难道说你没有责任吗？"说着命人将王衍拖下去。后来，王衍被石勒手下的士兵用推倒的墙压死了。

长沙郡公陶侃

从晋惠帝延续了16年的"八王之乱"开始，到后来的匈奴人刘渊、刘聪、刘曜相继入侵，接着是羯族贵族主石勒之乱，直到东晋内部的王敦叛乱、苏峻叛乱，这短短的几十年间，真是战乱频繁，民不聊生。陶侃就生活在这个中国社会最动乱、最黑暗的年代。青年时代的陶侃就抱着以天下为己任的理想和抱负，凭着坚强的毅力和严谨的作风，从一个小小的县官升任为太尉、大将军，还被封为长沙郡公，成为与祖逖齐名的国家栋梁，为东晋王朝多次平定叛乱，屡建奇功。而这一切，跟他办事果断，雷厉风行，严于律己，宽以待人，长期坚持个人道德情操、意志毅力的修养是分不开的。

晋愍帝建兴三年（公元315年），陶侃虽然在平定荆州时立了大功，消灭了大贼寇，王敦反而将他降职为广州刺史，让自己的堂弟担任了荆州刺史。后又怀疑陶侃指使郑攀攻打自己的堂弟，因而几次想杀掉陶侃。陶侃毫无惧色，表情严肃地对王敦说："您雄才大略，善于决断，应该能够决断天下的大事，为什么现在这么犹豫不决呢？"说完头也不回起身向厕所走去。王敦于是放弃了猜疑，安排了丰盛的宴席为陶侃饯行。陶侃连夜出发，直接进发广州。

但当时王机与杜弘以及广州将温邵、交州秀才刘沈已经占据了广州，广州所辖的各郡县也都投降了王机。陶侃快要抵达广州时，许多人都认为现在不能轻率行动，应当观察形势。可是陶侃根本不听，直接就来到了广州。

杜弘为了对付陶侃，就派使者假装投降。陶侃一眼就看穿了他的

耙地图砖画　晋

嘉峪关魏晋墓室壁画中的耙地和糖地的内容，是迄今所知我国使用耙糖农耕技术最早的形象资料。图中，农夫站在耙上，左手扬鞭，右手执缰绳，驱动二牛拉耙碎土。

阴谋，带兵攻打杜弘。结果，杜弘战败，刘沈也被抓。后来，陶侃又派遣督护许高讨伐王机，结果王机在路上病死。许高挖出他的尸体砍下脑袋。部将们请求乘胜攻打温邵，陶侃笑着说："我的威名已经显示出去了，难道还需要再派兵吗？如今我只需要写一封信就完全可以平定了。"于是写了一封信给温邵送去。果然温邵早就闻风丧胆，落荒而逃，陶侃的军队在始兴抓获了温邵。后来，杜弘也投降了，广州终于平定了。

陶侃担任荆州刺史时，荆州的男女百姓互相庆贺，从南陵到白帝，几千里的管辖范围内路不拾遗，老百姓们安居乐业。

陶侃一生无论是行军打仗，还是处理政务，都恪守两个字：一是"严"，一是"恒"。

陶侃对自己要求很严格。他每次带兵打仗，凡有缴获，都分给士卒，自己分毫不取；冲锋陷阵，则身先士卒，义无反顾，因此将士无不忠心效命。陶侃处理政事，极其谨慎认真。他每天并膝端坐，一丝不苟地仔细审阅公文，大事小事，无一疏漏。即使再忙，所有的公函，也从来不让人代写，必定亲自答复，而且从不积压。陶侃常常对属下说："像大禹这样的圣人，还珍惜每一寸光阴，更何况是我们普通人。一个人，如果活着对国家和社会没有一点贡献，死得也悄无声息，这简直是自暴自弃！"陶侃从不随意收受别人的礼物，如果有客人给自己送礼，他只收那些客人自己劳动所得的土产等，即使价值很低，他也很乐意接受，而且还礼时的物品价值通常都是自己接受礼品价值的三倍。一旦他发现客人送的礼品不是从正道上来的，不但拒不接受，还会把客人痛骂一番。

陶侃能够严于律己，对属下要求自然也很严格。一次，他的属下聚集在一起喝酒、赌博，陶侃看见了，将头领恨恨地鞭打一顿，斥责他们说："赌博这种游戏，是那些不务正业的人玩的！这些东西华而不实，正人君子怎么能够蓬头垢面，玩物丧志，还自以为洒脱？"

还有一次，陶侃出去散步的时候，看见有人手里拿着一把没有成熟的稻子。陶侃叫住他，问他："你手里拿着稻子干什么？"那个人说："我只是路过稻田，顺手摘了一把玩玩而已。"陶侃立即涨红了脸，把那个人狠狠批评了一顿，并命令手下将那个人捆起来鞭打了好几十下。陶侃还鼓励百姓辛勤耕种，所以在他管辖的范围内，家家粮食充足。

侨 置

西晋永嘉之乱以后，由于北方战乱频繁，各少数民族统治者肆意烧杀掠夺，那里的汉族人民纷纷越淮渡江，南下避乱。据统计，北方人口迁到南方总数90余万，南方人口有六分之一为北来的侨民。如何处置好这一大批北来侨民，关系到东晋政权的稳定与巩固。东晋政府对这部分人采取了侨置郡县的办法，即在地广人稀之处立侨州、侨郡、侨县，让北方人集中居住，仍沿用北方原籍地名。侨州郡县的官吏仍由北方人士担任。侨人不入当地户籍，与当地土著人有所区别，而且享有免除赋役的优待。

陶侃也很注意培养属下节俭的好习惯。一天，士兵们在江边造船，陶侃让大家把剩余的木屑和铁钉捡起来收好，大家都感到疑惑不解，也不知道陶侃要用它们干什么。后来下了一场大雪，议事厅里积满了残雪，陶侃命人将藏起来的木屑铺在地上，大家行走十分方便。许多年以后，桓温准备讨伐蜀地，需要建造战舰，陶侃藏的竹钉子居然发挥了很大的作用。这时大家才明白陶侃的良苦用心。

除了这种严格谨慎的作风外，陶侃还有宽宏大量的一面。

晋成帝咸和三年（公元328年），陶侃率领士兵到达浔阳。大家都说陶侃准备诛杀庾亮向天下人谢罪，庾亮心里很害怕，便采用了温峤的建议，去见陶侃叩拜谢罪。陶侃大吃一惊，制止他说："庾元规（即庾亮）竟然要来叩拜我吗？叫我怎么担待得起！"庾亮主动承认自己的错误，态度非常诚恳。陶侃笑道："您当年修石头城来对付老夫，今天反倒要来求我吗？”随即和他谈笑，并盛情宴请他。为了国家大事，陶侃完全忘记自己的私人恩怨，尽释前嫌，与庾亮、温峤一同赶赴建康征讨苏峻叛贼。

陶侃做到长沙郡公的时候已近晚年，为晋朝立下了卓越功勋。他深知物极必反的道理，主动要求功成身退，不再参与朝政，多次请求告老还乡，官吏们都苦苦相留。晋成帝咸和九年（公元334年）六月，陶侃病重，上表请求辞去所有的职务。陶侃将后事托付给右司马王愆期，授予其都护官职，统领文武百官。不久，陶侃去世。

陶侃去世后，尚书梅陶评价他说：“陶公做事的果断明智像曹操，忠诚勤劳像诸葛亮，是陆抗这些人无法相比的！”当时的名相谢安也说：“陶公虽然严厉，但也有宽容的一面。”

西晋灭亡

晋愍帝建兴四年（公元316年）八月，汉国大司马刘曜进逼长安。

不久，刘曜就攻陷长安的外城，麴允退到内城自守。长安城内与外界断绝了联系，城里的人由于断绝了粮食来源，非常饥饿，以至一斗米能卖到二两黄金，人吃人的现象时有发生。城里人死了一大半，士兵逃走了也无法阻止，只有一千凉州人死守不撤退。京城粮仓有几十个麦饼，麴允把饼磨碎做成粥给晋愍帝喝，可是不久也吃完了。

愍帝哭着对麴允说：“现在穷困到这种地步了，外面又没有来救援的，我们应该忍受耻辱向他们投降，让城里的士兵、百姓活命。”接着他又叹息地说：“耽误朕大事的，是麴允和索綝两个人！”愍帝派侍中宗敞把写好的投降书献给刘曜。索綝秘密地留住宗敞，并派遣他的儿子对刘曜说：“现在城里的粮食还足够维持一年，是不容易攻克的，如果您允诺索綝为车骑将军、仪同三司、万户郡公，那我们就请求献城投降。"刘曜当即把索綝的儿子杀了，送回尸体时说："帝王的军队，按照道义行事。我领兵十五年，还从来没有靠诡计去打败对方，必定是竭尽全部兵力战斗到底，然后占领该地。现在如果真像索綝这种情况，那就是他们内部不统一，以至互相攻击杀戮。如果城中的粮食确实还没有吃完，就可以努力坚守；如果城里的粮食用尽了，兵力衰竭了，也应该早点明白上天的旨意，早早出来投降。"

不久宗敞赶到刘曜的军营里声明投降，然后愍帝乘着羊车，袒露臂膀，口衔玉璧，用车拉着棺材从东门出城向刘曜投降。群臣号啕大哭，登上车去拉愍帝的手，愍帝也悲痛不已。御史中丞吉朗叹息说："我的才智不能为国家出谋划策，勇力不足以为国家战死，怎么能够忍受君主与臣子一起侍奉贼寇！"于是自杀。刘曜接受了愍帝的投降，让宗敞把他送回宫中。

刘曜把愍帝以及公卿大臣们迁移到自己的军营里，不久就把他们送到平阳。汉主刘聪来到愍帝的住处，愍帝赶紧出来迎接，见了他向前行稽首礼，俯首称臣。麹允见了趴在地上痛哭，扶都扶不起来。刘聪大怒，把他囚禁起来，结果麹允自杀了。

刘聪任命愍帝为光禄大夫，封他为怀安侯。并任命大司马刘曜为假黄钺、大都督，主管陕西的军事，又任命他为太宰，封为秦王。接着刘聪宣布大赦，改年号为麟嘉。根据麹允的忠烈，刘聪追赠他为车骑将军，谥号为节愍侯。索綝对皇帝不忠，出卖愍帝，在长安被斩首。

长安被攻陷后，晋国大将张寔与韩璞等忠义之士仍然进行顽强抵抗。

晋元帝建武元年（公元317年），张寔派遣太府司马韩璞、扶戎将军张阆等人率领步兵和骑兵总共一万人马向东阻击汉军，命令讨虏将军陈安、安放太守贾骞、陇西太守吴绍各自统领本郡兵马为前驱。又给丞相司马保送去一封信，信上写道："晋王室遭遇了灾难，我没有忘记投身报效国家。以前曾经派遣贾骞看先生的举动行事，连连接受符命，诏书命令贾骞撤回军队。不久就听说敌寇进逼长安，麹允携带五百两黄金向胡崧求救，可是他却仍然屯兵不前，于是我决定派遣贾骞等人翻山越岭进军援救。听说朝廷已经倾覆，尽忠报效祖国的愿望没能实现，心中感到无限伤心悲痛，至死也感到很遗憾，自责不已。现在我又派遣韩璞等人，一切听从您的调遣和安排。"可是韩璞的军队始终不能向东前进，只好退回来。

等退到南安，韩璞被许多羌人部族截断了退路。双方对峙了100多天，韩璞军队的粮食吃完了，作战用的弓箭也用尽了。韩璞杀掉拉车用的牛来犒劳士兵，哭着对他们说："你们想念家里的父母吗？"士卒都回答说："想念。"韩璞接着问："你们想念家中的妻子儿女吗？"士卒都高喊："想念。"又问："那你们想活着回去吗？"士卒都激动地回答："想。"韩璞又问："愿意听从我的命令吗？"士卒齐声高喊："愿意。"于是擂鼓呐喊，冲向敌军。适逢张阆率领京城的援兵赶到了，夹击羌人，杀了几千羌军。

长安失陷以前，民间曾经流传着这样的话："秦川之中，血流没腕，唯有凉州倚柱旁观。"等到汉兵攻陷关中，氐族、羌族攻夺了陇右，雍州、泰州的人民十有八九死亡，唯独凉州安然无恙。

刘渊重建汉国

如果说八王之乱削弱了西晋的政权，那么匈奴人刘渊就是西晋的直接掘墓人。

刘渊是匈奴贵族左贤王刘豹的儿子，从小就好学，才能出众。他拜上党儒生崔游为老师，广博地学习各种儒家经典著作。刘渊还喜欢阅读各种史书。有一次，他和同学谈论起历史人物时说道："我每次读《史记》《汉书》，常常为随何、陆贾、周勃、灌夫这些人感到羞愧。随何、陆贾能文不能武，周勃、灌夫能武不能文。一个人要干一番事业，应文武兼备。不管有哪一方面的缺陷，都让人觉得遗憾。随何、陆贾有幸与汉高祖一起建立帝王大业，却不能建功封侯，周勃、灌夫身处汉文帝以文治国的时代，却不能兴办学校，重视教育，这难道不可惜吗？"

刘渊认真学习文化知识的同时，也学习武术，武艺精湛。他魁梧高大，力气特别大，还擅长射箭，是一个文武全才。

三国魏元帝的时候，刘渊作为匈奴部落的人质被送往洛阳。晋朝建立以后，王浑与儿子王济都很器重刘渊，多次向晋武帝举荐他。晋武帝就召见刘渊，并与他交谈，非常喜欢他。王济主张朝廷应当予以他重任，可是却遭到更多朝臣的极力反对，认为他是匈奴人，是"异类"，不会对汉族人建立的朝廷忠心，反而会成为祸害。于是晋武帝最终没有任用刘渊。

刘渊与家世承袭二千石俸禄的东莱人王弥关系很好。有一次，刘渊伤感地对王弥说："王浑和李熹因为我是他们的同乡，所以才了解我。他们经常向皇上荐举我，可是朝臣们却不能容纳我，极力排斥我，这恰恰是我忧虑的。"说着不由得落下眼泪。

父亲刘豹去世后，刘渊继承了父亲左部帅的职位，后来晋武帝又任命他为北部都尉。刘渊努力推行法治，打击邪恶势力，轻视钱财，恤贫济苦，以诚待人，在匈奴五部中树立起崇高的威望，吸引了幽州、冀州的许多汉族不得志的知识分子去投奔他。

匈奴人黄金铠甲

晋武帝司马炎死后，他的白痴儿子司马衷即位，相继发生了贾后的宫廷政变和八王之乱，晋王朝的局势一片混乱，刘渊认为起兵的时机成熟了。

晋惠帝永安元年（公元304年），刘渊的堂祖父右贤王刘宣与他的族人密谋说："自从汉朝灭亡以来，我们的单于也只是徒有虚名，连一寸土地都没有，其他的王侯都沦落到跟平民百姓没有任何区别了。如今我们的族人虽然衰落，但也还有两万多人，怎么能够俯首帖耳地充当别人的奴隶而虚度了一生呢？左贤王刘渊是天下少有的英雄豪杰，这是上天不想让我们匈奴族衰败呀！现在司马氏几个兄弟互相残杀，天下乱得像壶里烧开的沸水，这正是上天赐给我们光复祖宗事业的大好时机！"族人纷纷响应，共同推举刘渊为大单于。

刘渊到达左国城后，刘宣等人给他奉上大单于的称号，20天之内，有了五万人跟随他起兵反晋，刘渊于是建都离石县。同年十月，刘渊将都城迁移到左国城，胡人、晋朝人归附他的更多了。刘渊对臣下说："过去汉朝能够长久地拥有天下，是因为恩德和仁义。我是汉皇室刘氏的外甥，是兄弟关系，现在我的哥哥亡故了，我这个做弟弟的应当继承汉王的位子，有什么不可以呢？"于是刘渊建立了汉国。

但是刘渊辛辛苦苦打下的一片江山只维持了短短的10多年时间。刘渊死后，太子刘和继承了帝位。但刘和生性多疑，喜欢猜忌，对待属下非常苛刻残暴，几个心怀鬼胎的大臣怂恿他诛杀其他几个兄弟，于是刘渊的第四个儿子刘聪起兵杀了刘和，夺取了皇位。刘聪骁勇超人，博览经史典籍，善于写文章，能使用三百斤张力的大弓，并结交了京都许多名士。尽管刘聪才能出众，但是还是抵不住权势、色欲的诱惑，生活荒淫腐化，竟然私通刘渊生前的单后，又将太保刘殷的两个女儿四个孙女同时收进宫去，以致游乐无度，荒废了国事。

刘聪死后，太子刘粲即位。但是刘粲还没有坐稳皇帝的位子，就被野心家靳准杀害了。刘渊生前抚养的刘曜闻讯从长安赶来，自称皇帝。

太兴二年（公元319年）六月，刘曜知道汉国的旗号已失去对汉人的号召力，改国号为赵，这就是历史上的前赵。

刘渊兴建的汉国在历史上只存在短短的16年，便像流星划过般匆匆地陨落了。

石勒建立后赵

西晋时期，匈奴人刘渊建立了汉国。刘渊死后，刘渊的养子刘曜发动政变夺取了帝位，改国号为赵，史称前赵。与刘渊同时代的羯族人石勒也继刘渊建立汉国后创建了赵国，史书上为了把两个赵国区分开，将石勒建立的赵国称为后赵。

石勒是一个出身贫苦的羯族青年，和历史上的许多英雄人物一样，他的一生充满了传奇色彩。

石勒有胆识有魄力，力气特别大，善于骑马射箭。当时八王之乱兴起，晋惠帝被张方劫持，司马越在崤山以东发兵征讨张方。并州发生了严重的饥荒，并州刺史司马腾把各少数民族的人抓到崤山以东的地区，把他们卖了补充军粮。石勒作为一个贫苦的羯族青年当时也被抓起来，卖到茌平县（今山东东阿北）地主师懂家，与放马场为邻。石勒获得自由后，就与放牧的首领汲桑聚集一些体魄强壮的人组成了强盗团伙。

等公师潘起兵以后，汲桑和石勒率领几百名骑士投奔到公师潘那里。后来刘渊起兵，石勒又投靠刘渊。石勒骁勇善战，跟随刘渊南征北战，在战场上勇猛无比，横冲直撞如入无人之境，所到之处战无不胜，攻无不克，很快被刘渊看中，成为他手下一员大将。

直到晋怀帝永嘉三年（公元309年）以后，石勒进犯巨鹿、常山，势力发展到了十多万人，并且聚集了一些有身份的人士，另外编成君子营，石勒这才开始独树一帜。他以张宾为主要谋士，刁鹰为辅佐，以夔安、孔苌、支雄、桃豹等人作为自己的助手，并州的胡人、羯人当中也有不少人跟随石勒，更加坚定了石勒图王霸业的决心和信心。

石勒之所以超出当时在中原称霸的其他许多霸主，是因为他尊重知识，努力招纳贤士和虚心纳谏。这也是作为一个优秀君王难得的政治品质。

张宾从小好学，博通经史，多谋胜算，常常把自己比作西汉的著名谋臣张良。在石勒攻取崤山以东的地区时，张宾凭着他敏锐的眼力，看中了石勒，认为他的军队有前途，就对所亲近的人说："我仔细观察了各位战将，没有谁能比得上这位胡人将军的，我可以投奔他，和他一起成就一番事业。"于是张宾跑到石勒的军营前请求投奔石勒门下。可是石勒并没有认为他有什么过人的地方，所以也没有重视他。但是在后来杀王弥、建都襄国等重大决策问题上，张宾表现出了过人的智谋。他献计献策，料事如神，石勒因此节节胜利。从此，石勒彻底消除对张宾的

后赵疆域示意图

偏见，非常信任并看重他，尊他为长史、大执法，封为濮阳侯。

在石勒登上皇帝宝座后，张宾作为功臣，得到的职位高、待遇优厚，群臣没有谁能比得上。但张宾本人却非常谦虚、恭敬、小心，真诚地对待比自己职位低的官员。他不徇私情，以身作则，入朝的时候能够直言规劝，但有功劳总是归于主上，因此石勒非常看重他。

每次上朝的时候，作为一国之君的石勒为了表示对张宾的尊重，总要先穿戴得整整齐齐后才去见他，说话时也总是先揣摩一下语言，生怕有失礼的地方。张宾去世的时候，石勒悲恸地哭着说："这是上天不愿意让我成就事业吗？为什么这么早夺去了我的右侯（即张宾）！"

在称帝的第二年，石勒准备在邺城大兴土木，修建豪华宫殿，廷尉续咸上书恳切谏阻。石勒气得大怒，说道："看来不杀了这个老家伙，朕的宫殿就建不成！"于是令御史收拿续咸。中书令徐光劝石勒说："陛下圣明聪慧简直超过了尧舜，可是怎么听不进忠臣的意见了呢？难道陛下要做一个像夏桀和殷纣一样的暴君吗？对于臣子的意见，觉得能够采用的就采用，不能够采用的也要予以宽容，怎么能够动不动就杀人呢！"

石勒也后悔自己说过的话了，不由得叹了一口气，说道："做一个帝王真的好难，好不自由啊！朕难道不知道续咸提的意见很对吗？我刚才只不过是说句气话。就是一般的家庭只要有一百匹布的家财，就要盖一栋别墅，更何况我还富甲天下，乃万圣之尊呢！这宫殿我终究是要盖的，不过现在我还是会暂时停下来，就是为了长长忠臣的志气！"石勒为了表彰续咸敢于直言，还赏赐了他二百匹绢和一百斛稻谷，又下诏让公卿以下的官吏举荐贤能正直的人为官。

石勒曾经在犒赏群臣的时候问徐光："我可以和古代哪个皇帝相比？"徐光说："陛下的聪明才智超过了汉高祖，任贤选能胜过了魏太祖，您只是稍微比轩辕氏逊色一点！"石勒很有自知之明，笑着说："人的可贵之处，就在于有自知之明，你称赞得太过头了。我要是能够遇到汉高祖，必定心服口服地向他称臣，只是与韩信这些人一争高下。要是遇到了光武帝，我必定与他并驾齐驱争夺天下。大丈夫做事应当光明磊落、胸怀坦荡，不能像曹操和司马昭父子那样靠欺负孤儿寡妇来夺取天下。我是高祖和光武帝之间的人物，怎么能够跟轩辕帝相比呢！"群臣听了，都叩头高呼万岁。

暴君石虎

后赵从石勒建国起，只经历了短短的33年就亡国了，是一个短命的王朝，而后赵的掘墓人就是那暴虐无比、赛过真虎的石虎。

石虎本来是石勒的远房侄子，只因被石勒的父亲收养，于是成为石勒的兄弟。

石虎从小就凶狠残忍，长大后当了军人，残忍的本性更加暴露无遗，军中的人都把他当成祸害。石勒知道后，告诉自己的母亲说："石虎这小子凶暴，爱耍无赖，如果让军队里的人把他杀了，有损石家的名声，还不如我们自己把他除掉。"石勒的母亲不忍心，劝阻说："壮健的牛还是犊子时，常没命地跑，把车子都颠破了。他还是个没长大的牛犊子啊！"

石虎长大以后，身体矫健敏捷，弓马娴熟，打起仗来，勇不可当。石勒很欣赏他，任命他为征虏将军。石虎占领一座城后经常进行屠杀，很少有人能够活下来，但是他驾驭部下却很有办法，严厉而不烦琐，没有谁敢违背他的命令。因此石勒虽然对他的暴行不满但又特别器重他。

石虎残忍嗜杀的本性一直没有改，反而变本加厉，前前后后，被他杀死的人不计其数。特别是攻城略地的时候，对俘获的士兵、百姓，不是砍头，就是活埋，无一幸免。有一次，石虎率领步、骑兵四万人攻击安东将军曹嶷，青州的郡县有不少人投降了他，石虎于是包围了广固城。曹嶷出城投降，被石虎送到襄国处死，投降的士兵三万人也全部被坑杀。石虎原本打算把曹嶷剩下的部下也斩尽杀绝，青州刺史刘征不满地说："你现在要把我留在这里，为的是统治百姓。现在你把他们全都杀了，我还怎么统治？我想我还是回去吧！"石虎饶了剩下的700多人，让刘征镇守广固城。

石勒称帝后，立长子石弘为太子，石虎因功勋卓著被授予太尉，并被封王。石虎倚仗赫赫战功，对毫无功劳的石弘被立为太子和大单于非常不满。他常常私下里愤愤地跟自己的儿子石邃说："是我成就了大赵的功业，大单于的封号应当属于我，现在却给了一个毫无功劳的黄毛小儿，想起来就让人气愤！等到石勒死了以后，我不会再让他留有后人。"果然，在石勒死后不久，他就把太子石弘杀了，并将太后程氏、秦王石宏、南阳王石恢幽禁在崇训宫，不久也将他们全部杀掉。石虎将石勒一家斩尽杀绝后，自称赵王，篡夺了赵国天下。

石虎不仅对别人心狠手辣，对自己的儿子也毫不心慈手软。

真是有其父必有其子，他的儿子们也都是一群小老虎。太子石邃荒淫无道，他不仅沉湎酒色，而且残忍无比。他经常挑选东宫中最漂亮贤淑的宫女装饰打扮起来，然后把她们的头砍下来，洗得干干净净，用盘子装着，传给宾客们观看。欣赏完了以后，石邃再烹煮她们身体上的肉和宾客们一起品尝。石虎对石邃的种种恶习不以为然，但总是对他的一些小小的过失吹毛求疵，大肆责骂惩罚，常常害得石邃左右为难，好像自己不管做什么都要招惹到父亲，心里很不痛快，并生出怨恨。于是石邃就一直想寻找机会谋害石虎。但是后来谋杀石虎的事情败露，石虎当天夜里就派人将石邃及其全家男女26人一齐杀死，然后又杀掉他200多个党羽。

太子石邃被杀后，石虎立自己的另一个儿子石宣为太子。石虎还有一个儿子叫石韬，深受石虎宠爱，被石虎任命为太尉，与太子石宣轮流处理政事，并可以独自决定赏赐或刑罚，不必向石虎禀报。石虎还一度想把石宣的太子身份废掉，改立石韬为太子。这引起了石宣的不满和妒忌，石宣与亲信密谋先杀掉石韬，然后趁石虎前去吊丧时把石虎也干掉，自己当皇帝。一天晚上，石宣趁着石韬与属下在东明观喝醉了酒，就派人爬着绳梯偷偷溜进去将石韬杀了。

石虎听说自己最宠爱的儿子石韬的死讯，当时就要赶去吊唁石韬。司空李农劝阻说："害秦公（即石韬）的凶手虽然还不能确定是谁，但肯定还在京城里。陛下这时千万不能轻率地出去，恐怕会有什么不测。"石虎立刻就怀疑是石宣杀害了石韬，于是骗他说石宣的母亲因悲伤过度昏死过去了，石宣连忙赶到宫里看望母亲，却被石虎扣押了。后来有人告发了石宣的阴谋，石虎知道后大怒，命人将石宣捉来。石虎眼睁睁地看着自己的亲生儿子慢慢被折磨而死，不仅没有一点怜悯之心，反而带着几千个嫔妃登上高台观看。处死了石宣，石虎还不解恨，又杀了他的妻子儿女九个人，连同石宣宫里的太监，被处死的就多达350人。

晋穆帝永和五年（公元349年），石虎病死。

祖逖闻鸡起舞

祖逖是一位杰出的爱国英雄，他生活在晋朝。多少年以来，祖逖半夜闻鸡起舞的故事一直流传，不知激励了多少仁人志士。就是在现在，仍然没有失去它的积极意义。

祖逖年轻的时候就有很大的志向，曾经担任过司州主簿（主管文书簿籍的小官）。他有一个很要好的朋友叫刘琨，也是一个有志气的青年。两个人因为意气相投，就经常在一起谈论时事，谈建功立业，报效国家，一谈就是大半夜，后来就干脆睡在一起。一天，他们谈得兴致勃勃，一直到深夜。刘琨一躺下就马上进入了梦乡，可祖逖却还在想着与刘琨谈论的话题，怎么也睡不着。好不容易要入睡了，突然听到荒

彩绘闻鸡起舞图　民国　魏墉生　瓷板画
本画源自《晋书·祖逖传》："祖逖与司空刘琨俱为司州主簿，情好绸缪，共被同寝。中夜鸡鸣，蹴琨觉曰：'此非恶声也'。因起舞。"祖逖立志为国效力，与刘琨互相勉励，半夜鸡啼起床舞剑。后成为有志者及时奋发的典故。

鸡的叫声（古人把鸡在三更以前的叫声叫作荒鸣，荒鸡的叫声是起兵的征象，被看作不吉利的征兆）。祖逖猛然一惊，从床上爬起来，猛摇正在酣睡的刘琨说："你听听，这不是荒鸡在叫吗？恐怕天下要大乱了，赶快起来。"刘琨也揉揉蒙眬的睡眼从床上爬起来，拿着剑跑出门外，到了院子里。只见深夜很安静，哪里有什么兵变，原来是自己在吓唬自己。祖逖对刘琨说："虽然现在还没有大乱，但我们也要居安思危！"于是两人商量以后每到鸡叫的时候，就爬起来在院子里舞剑。

不久，晋王朝果然爆发了八王之乱，天下大乱起来。晋怀帝永嘉五年（公元311年），汉国主刘聪趁着晋王朝内乱，派大将王弥、刘曜率领军队攻陷京城洛阳，烧杀劫掠，杀了三万多无辜百姓，连晋怀帝都成了俘虏。整个京城顿时一片混乱。

祖逖也在这时带着一家老小和亲人、邻居好几百个人向南渡过长江逃难。司马睿也逃到南方，在建康建立新的都城，史称东晋，司马睿就是晋元帝。司马睿听说祖逖也流亡到了长江以南，便任命他为军谘祭酒。祖逖在京口招募了一批骁勇的壮士，准备等待时机再打回去。可是当时的东晋王朝上上下下都是贪图安逸的人，只想偏安一隅，不思进取，根本就不想北伐的事情。后来中原大乱，藩王争权夺利，互相残杀，而且中原的汉族百姓遭受少数民族统治者的残酷掠夺，非常怀念西晋。祖逖见时机已经成熟，向司马睿请求北伐。

但是司马睿根本就无心北伐，不过为了打发祖逖，也为了显示自己的"英明"，他还是将祖逖任命为奋威将军进行北伐，但是只拨给了他1000个人的粮食和3000匹布，也不给任何铠甲和兵器，连士兵都要自己去招募。祖逖除了一个奋威将军的空头衔外，什么也没有，只得带了跟随他一起逃难而来的100多个人，租了一条大船，渡过了长江北上。祖逖站在船头，望着滔滔江水，感慨万分。已经50岁的他，回想起年轻的时候与刘琨闻鸡起舞的事情来，恍如隔世。当年从这条江逃难到南方，山河支离破碎几十年，想起中原地区遭受铁骑的蹂躏，中原百姓生活在水深火热之中时，祖逖心痛不已。现在虽然受命北伐，但奋威将军只是一个头衔，北伐的任务就落在这100多个人身上，悲壮之感油然而生。祖逖拔出利剑，发誓说："我祖逖如果不收复中原，决不回来！"言辞之壮烈，让船上的100多个人感动得热泪盈眶。

祖逖渡过长江后，带人在淮阴铸造兵器，招募士兵。大家一听说是东晋王朝派来北伐收复国土的，都积极响应。很快，应募的就有2000多人。祖逖带领这支队伍继续北进。当时石勒建立了后赵，中原地区差不多都在他的控制之下。祖逖接连攻破了依附石勒的堡、坞等割据势力，并击退了石勒派来的援军。这时，投靠祖逖的人越来越多，势力进一步扩充，进而占据了封丘，陈川老城的东、西二台以及雍丘等地，使后赵的国土面积日益缩小。不久，祖逖就收复了黄河以南的土地。

祖逖用兵很讲究谋略。他的军队与后赵的将军桃豹分别占据了陈、川两城，双方在西台对峙了40天。祖逖用许多布袋盛土，好像装满了粮食的样子，派1000多个人运到台上，又让一些人挑真正装有粮食的米袋子在路边休息。桃豹的军队很早就开始缺粮了，常常供应不足，士兵们饥饿难忍。当知道东晋士兵挑的粮食时，他们都以为祖逖的士兵生活富足，心中很恐惧。后赵将领刘夜堂于是用100头驴子为桃豹运来军粮，祖逖派遣部下在汴水截击，全数劫获。

祖逖除了善于谋略，还严于律己，宽以待人。他鼓励、督促农业生产，抚慰安置新近归附的兵民，即使是关系疏远、地位低贱的人，祖逖也对他们以礼相待，并主动和他们结交。当时后赵石勒为了控制黄河流域的许多坞堡，强迫坞主们送去人质。祖逖对那些凡是有被扣留在后赵的人质的坞主都很宽待，从来不为难他们，允许他们同时听命后赵和东晋。坞主们都对祖逖感恩戴德，后赵一有什么特殊举动，便秘密转告给他。因此，祖逖带兵打仗总是胜利，俘获了很多敌军。黄河以南的很多士民纷纷背叛后赵而归附东晋。

正当祖逖储备粮食训练军队，准备进军黄河以北，进一步收复失地的时候，司马睿却害怕祖逖势力膨胀，威胁到自己的统治而任命戴渊担任豫州都督。戴渊是一个典型的不思进取、力主偏安的人。司马睿派这样一个人来担任都督，不是要将北伐大业前功尽弃吗？而且，祖逖又得知掌握重权的大将军王敦与担任北伐重任的镇北将军刘隗是势不两立的仇人，一旦发生内乱，北伐岂不是又成了泡影？以前取得的一切成功也就功亏一篑了。祖逖越想越忧虑，终于积劳成疾，一病不起。

祖逖重病缠身，却仍然念念不忘北伐收复中原。他考虑到黄河以南缺少抵御敌人的坚固营垒，就派自己的侄子祖济修缮虎牢城。虎牢城北临黄河，能进能退，可以作为北伐的基地。可是没等虎牢城修好，祖逖就带着遗憾去世了。

祖逖一死，大将军王敦就认为自己天下无人能敌，在第二年就发动了叛乱。

宰相王导的明智与糊涂

晋朝在晋元帝司马睿的时候曾出现过一段短暂的中兴时代，当时辅佐司马睿的就是历史上有名的"糊涂"宰相王导。

当时前骑都尉桓彝为了躲避北方战乱渡过长江，见司马睿的势力微弱，对周颢说："我因中原地区战乱频繁，来到这里想图个清静，结果这里如此势单力薄，很没有安全感，将来靠什么复兴晋王朝呀？"后来，桓彝见到了王导，并与王导一起谈论天下的大事，这才改变了看法。出来后，桓彝对周颢说："我刚才好像见到了管仲，有这样的贤臣辅佐，我还有什么忧虑的呢？"

当时的名士喜欢在都城建康游玩喝酒，周颢也有这个爱好。他眺望长江以北，想起过去与同伴们在黄河边上游玩，而现在却为了躲避战乱，不得不远离故土，逃到江南，忍不住触景伤情，直掉眼泪，无比伤感地感叹道："这里的风景和家乡没有很大的差别，举目望去只有黄河与长江的区别！"大家听了，也都触到了痛处，互相望着忍不住流泪。只有王导看不惯大家的这种女人一样哭哭啼啼的样子，神情严肃地说："我们应当齐心协力报效朝廷，收复中原沦陷的土地，怎么能够像楚国囚徒一样只知道哭哭啼啼的呢？"大家听了，都感到无比惭愧，连忙停止了哭泣。

晋元帝大兴元年（公元318年）三月，晋王司马睿即位，即历史上的晋元帝，当时文武百官都站在皇帝的两旁。元帝让王导走

王导像

上去同自己坐在一起，王导坚决拒绝了，说："您是太阳，如果太阳与天下的万物等同，还怎么能够俯照苍生！"元帝于是更加信任他，后来还加任他为骠骑大将军，开府仪同三司。

可是就是这样一位聪明贤能的人也会有"糊涂"的时候。

王导在扬州担任刺史的时候，曾经派有关人员到所辖各郡去考察各郡官员的政绩。他们回来后纷纷向王导详细汇报各官员的情况，只有顾和低着头不说话。王导问他考察的情况，顾和挖苦他说："您辅佐朝政的时候，宁可使法网宽松以至连大鱼都可以漏过去，为什么现在又要道听途说，对这些地方官员吹毛求疵呢？"王导听了后不但不生气，反而大加称赞，连忙说："对，对，说得好。"于是这次考察功亏一篑。

当时东晋有一句民谣说："王与马，共天下。""马"自然是指司马氏，"王"则指的是王导家族。当时王导、王敦两兄弟垄断大权，引起了司马氏的不满。特别是大将军王敦很有政治野心，气焰嚣张，晋元帝非常反感他。晋元帝本来很信任王导，但因为王敦的原因，也慢慢疏远了王导，开始信任刘隗、刁协等一班佞人。王敦于是借清君侧，即清理刘隗、刁协等小人为由发动了叛乱。当王敦造反的时候，王导也是装模作样地消极抵抗。既不对他加以阻止，也不组织防备，以致王敦很快就打到了石头城。刁协和刘隗等人死的死，逃的逃，等到叛军兵临城下时，晋元帝在建康城里急得像热锅里的蚂蚁。他想到毕竟王导和王敦是堂兄弟，于是命王导带着百官与王敦讲和。王敦支开百官与王导进行了一次密谈。王导出来后，向百官转达了王敦的要求，百官又将这些话转告了晋元帝。虽然这些要求实在很过分，但晋元帝也无可奈何，只好听之任之，于是下令大赦天下，对王敦叛乱的罪行一律不予追究，而且将王敦封为丞相，统领全国的军队，并负责管理尚书事务，还封王敦为武昌郡公，任江州牧。

晋元帝经历了这次叛乱后，气得大病一场，不久就含恨死去。

晋元帝死后，晋明帝即位，王敦又发动了第二次叛乱。在加紧篡位的时候，王敦病重去世，而他的儿子又是一个没有任何政治头脑，碌碌无为、只知道享乐的荡子、所以王敦生前称帝的野心没能得逞，这场叛乱逐渐被平息下去。

明帝追赠在这次叛乱中死去的功臣，封甘

士 族

魏、晋、南北朝时期泛指世代为大官高爵的家族，又称世族、高门，以严格区别于庶族。东汉以后逐渐形成，东晋及南朝时势力鼎盛。他们占有大量土地和劳动力，世世代代把持高官，不与庶族通婚、共坐、交往。享有政治、经济等各方面特权。南朝后期，庶族出身者虽逐渐掌管机要，但士族的社会影响直至唐初仍未衰落。

卓、戴渊、虞望、郭璞、王澄等人官衔。王敦之所以能够如此迅速地攻进石头城，进而威逼都城建康，都是因为周札打开城门引进敌寇造成的。当时，周札在守备石头城的时候不但不积极抵抗，反而主动打开城门接纳王敦的军队进城，致使东晋朝廷的军队一击即溃。虽然后来周札也在这次叛乱中丧生，但是他的罪行非常明显。然而王导却黑白颠倒，好坏不分，说周札是忠臣，并与朝臣据理力争要替周札追赠谥号。在王导的坚持下，明帝最终还是追赠周札卫尉官衔。

"吾虽不杀伯仁，伯仁由我而死"

东晋王朝著名的开国元勋除了王导之外，还有周颛。周颛字伯仁，是安东将军周浚的儿子。周颛年少时期就有很好的名声，为人庄重，即使是和他关系很亲密的人，也不敢随便开他的玩笑。戴若思是有名的俊逸之士，他一向仰慕周颛的名声，于是前去拜见。结果和周颛交谈的时候，他始终不能侃侃而谈，只能老老实实地坐着。州郡都征辟过周颛，但他都没有受命。周颛成年后，继承了父亲的爵位，从此迈入了政坛。

周颢被任命为荆州刺史，他刚到荆州，当地人就造反了，周颢很狼狈，因为他没有地方可以据守。陶侃派兵援救，周颢才得以脱身，于是去豫章投奔王敦，王敦收留了他。后来周颢投奔司马睿，被任命为军谘祭酒，司马睿即位后，周颢被补为吏部尚书，不久因为喝醉酒而被弹劾，又因为仆人砍伤人而受牵连被免官。

　　大兴初年，周颢被召回任命为太子少傅，继续担任尚书一职。他上表推辞，但皇帝没有同意，将他转任为尚书左仆射。

　　晋元帝有一次宴请群臣，喝得正高兴的时候，晋元帝说："今天各位有名的大臣欢聚一堂，和尧舜时期比如何？"周颢严厉地说："今天陛下虽然称得上是圣明的君主，但怎么能和圣世君王相比呢？"晋元帝大怒，亲手写诏书下令把周颢交给廷尉治罪，想杀了他，过了几天才饶了他。周颢出狱后，同事们去看他，周颢说："我犯下的罪，我知道是不会被处死的。"不久周颢和王导一起参加尚书纪瞻的宴会，他喝得太多，失态了。有人便弹劾他，皇帝知道周颢的毛病就是喜欢喝酒，就没有责罚他，还帮他辩解。

　　本来周颢有很高的名声，后来因为他酗酒，才把名声降低了些。当初他担任仆射的时候，几乎就没有清醒的时候，成天都喝得大醉，当时的人称他为"三日仆射"。有一次他的一个老酒友来看望他，周颢非常高兴，于是拿出两石酒来喝，两人都喝得大醉。等到周颢醒来后一看，那个酒友已经因为饮酒过多，酒气烧胸而死了。

　　后来王敦起兵背叛朝廷，温峤对周颢说："王大将军这样做好像只是针对个别人，应该不会过火吧？"周颢回答："你还年轻，没有什么阅历。皇上又不是尧舜，怎么会没有过失呢？作为臣子怎么能带兵来挟制君主！我们拥立皇上还没有几年，这个时候出这样的事，不是作乱是什么？王敦刚愎跋扈，眼里根本没有皇上，他的欲望难道有终止么？"不久王敦打败了朝廷的军队，周颢去见王敦，王敦对他说："伯仁，你对不起我！"周颢说："您统兵造反，我统率大军却不能打败你，我就是这一点对不起你！"王敦被他的话震慑住了，不知道怎么回答才好。

司马睿召见周颛说："王敦攻下了建康，两宫都没有事，大家也都平安，王敦应该满意了吧？"周颛说："两宫的情况确实如此，但对于我们却还不知道呢。"有人劝周颛躲避王敦，周颛说："我身为大臣，朝廷的衰败和我有关，难道我可以躲到草丛里躲命，或者逃走投奔胡人吗？"不久周颛和戴若思被捕，路过太庙的时候，周颛大呼："天地和祖宗的神灵们啊！乱臣贼子王敦颠覆社稷，屠杀忠臣，你们如果有灵的话，就赶快杀死他，不要让他再荼毒生灵、危害王室了啊！"话还没说完，逮捕他的人就用戟刺伤他的嘴，不让他再说下去，血一直流到了脚下，他却始终神情自若，看见的人都为他流泪。周颛在建康城南边的大石头上被杀死，年仅54岁。

王敦一向很忌惮周颛，每次见到周颛的时候脸上都会发烧，即使是冬天也得用扇子扇脸。周颛死后，王敦派人抄了周颛的家，结果只抄出几个没有涂漆的装着旧棉絮的竹筐而已，另外还有几瓮酒和几石米，大家都很佩服他的清廉。直到王敦死后，周颛才被平反，被追赠为左光禄大夫、仪同三司。

当初王敦造反的时候，刘隗劝司马睿诛杀王家所有人，王导率领家人每天都跪在宫门口请罪。周颛正准备入宫，走到门口的时候，王导喊住周颛说："伯仁，我把全家人的性命都托付给你了！"周颛连停都不停下来，更没有搭理他。但他见到皇帝后，反复陈述王导的忠诚，极力营救他，皇帝接受了他的请求。周颛在宫里喝得大醉才出来，这个时候王导还在门口，对周颛打招呼，周颛不理他，反而对随从说："今年杀了这些混蛋，拿个斗大的金印挂在手臂上。"等回到家里，他又为王导上书辩解。王导不知道周颛营救自己，心里还很恨他。王敦掌握大权后，问王导："周颛和戴若思很得众望，应该进入三公的行列。"王导不说话。王敦又说："如果不是三公的话，那尚书令、仆射怎么样？"王导还是没说话。王敦说："那实在不行，就干脆杀了他们。"王导仍然不说话。结果周颛被处死了。等到后来王导整理档案时，发现周颛当年营救他的奏章，写得非常恳切。王导捧着奏章流下了眼泪，悲痛得不能自已，他对子侄们说："我不杀伯仁，伯仁由我而死。冥冥之中，我辜负了这个好朋友啊！"

书圣王羲之

中国最著名的书法家莫过于王羲之了，他的《兰亭集序》被誉为天下第一行书，他的每部书法作品都具有很高的艺术价值。

王羲之出身名门，他是王导的表侄，父亲和祖父都是有名的大官。王羲之小时候语言迟钝，人们都不认为他有什么出色的地方。他13岁那年去拜访周颛，周颛见到他后很惊奇，认为他是个奇人。当时在宴会上很重视烤牛心这道菜，通常是献给最尊贵的客人吃的，结果周颛没给别人吃，先切给了王羲之，从此王羲之出了名。王羲之成年后善于辩论，为人耿直，特别擅长楷书，人们评价他的书法，说他运笔的气势飘忽如浮云，流动如受惊的龙。王羲之很受王导和王敦的器重。当时陈留人阮裕名气很大，在王敦手下任主簿。王敦对王羲之说："你是我们家优秀的人，应当不比阮主簿差的。"阮裕也认为王羲之和王承、王悦三人是王家最优秀的青年才子。太尉郗鉴派人去王家选女婿，王导让来人随便相看他家的子侄。这人回去后对郗鉴说："王家的青年都不错，当他们知道我是来为您选女婿时，一个个马上做出正经的样子，只有一个人在东床上敞开衣服袒着肚子，就和没有这回事一样。"郗

羲之爱鹅图　清　任颐

鉴说："这个人就是我要找的好女婿啊！"一问，才知道这个人就是王羲之，于是把女儿嫁给了他。称女婿为"东床"，当着别人的面称呼其女婿为"令坦"就是这么来的。

王羲之很喜欢鹅，会稽郡有个老寡妇养了一只鹅，叫声很好听，王羲之想买下来，但没有成功。于是王羲之带了几个朋友去观赏，那个老寡妇听说王羲之要

来，不知道他是冲着鹅来的，见自己家没有什么好招待的，就把那只鹅杀了，做成菜来款待他，王羲之因为这件事而叹息了好久。后来有个道士养了一群好鹅，王羲之前去观看，越看越喜欢，提出要买下来。道士说："你替我抄一部《道德经》，我就把这些鹅全部送给你。"王羲之欣然同意，抄完经书后就兴冲冲地把鹅装进笼子里提回去了。其实那些鹅的价钱和他的字比起来根本不算什么，但从这件事上可以看出王羲之是一个率真坦诚的人。有一次王羲之到他一个门客家里，看到桌子表面光滑洁净，书兴大发，于是在桌子上写满了字，一半是楷书，一半是草书。后来门客的父亲不懂书法，以为桌子被弄脏了，在王羲之走后把桌子上的字都给刮掉了，那个门客为此懊丧了好多天。又有一次，王羲之看到一个老妇在卖六角竹扇，叫卖了半天，一把都没卖出去，王羲之很同情她，就把扇子要过来，在每把扇子上都写了字。老妇不认识他，

见扇子上被写了字，觉得被弄脏了更不好卖，于是很生气地看着他，但见他一副大官的模样，也不敢阻止他。王羲之写完后对老妇说："你只要对别人说这上面的字是王右军写的（王羲之担任过右军将军），一把可以卖一百个钱。"老妇照着他的话去做了，人们一看扇子上的字果然是王羲之写的，竞相购买，不一会儿就把老妇的扇子抢购一空。过了几天，老妇又拿来扇子找到王羲之请他题写，这次王羲之只是笑笑，没有理她了。

王羲之曾经说过："我的书法和钟繇的相比，可以说是并驾齐驱，但比起张芝，只能说仅次于他。"他在给别人的信中说道："张芝在池塘边练字，光是洗毛笔就把池水染成了黑色，别人如果也这样入迷的话，未必赶不上他。"王羲之的书法一开始的时候赶不上庾翼，直到晚年才达到精妙的境界。他曾经用章草体给庾亮写信，庾翼看到信上的字后十分佩服，在给王羲之的信中说道："我以前曾收藏过张芝的十幅章草，因为战乱，过江的时候全部遗失了。我经常因为这种精妙的书法绝迹而感到遗憾。见到你给我哥哥写的信，信上的书法美妙绝伦，好像当年张芝的书法又呈现在了我的眼前。"

《兰亭集序》帖　东晋　王羲之

王羲之和骠骑将军王述齐名，但王羲之看不起王述，两人关系一直不太好。王述在会稽当过官，因为母亲去世而回乡守孝，王羲之接替了王述的职务，只去吊唁了一次就没有再去了。王述很看重王羲之，吊唁期间，他只要听到吹号角的声音，就以为是王羲之来了，于是赶紧打扫庭院等着接待王羲之，结果等了几年，王羲之都没有来，王述因为这事开始怨恨起王羲之来。后来王述被任命为扬州刺史，临行前到会稽各地走了一圈，却没有看见王羲之。直到他要走了，王羲之才去象征性地告别了一下。以前王羲之对别人说："王述顶多也就是个做尚书的材料，到他老了还有可能得个仆射的官职。他得到会稽内史的地位就开始飘飘然了。"后来王述升了大官，王羲之是他的下属，经常为此感到羞耻，于是派人去朝廷建议把会稽郡分出来设立一个越州，好摆脱王述，但派出的人言语失当，反而落下笑柄，王羲之一直为这件事耿耿于怀。可见即使是大师，也有心胸狭窄的时候，不能因为他的成就就认为他尽善尽美。

王羲之的儿子王凝之和王献之也都擅长书法，王献之造诣尤高，和父亲王羲之并称"二王"。

仁义之士邓攸

邓攸是平阳襄陵人，祖父和父亲都当过大官，邓攸7岁的时候父亲就去世了，不久，母亲和祖母也离开了人间，邓攸按照礼仪的规定守孝9年，期间没有违反孝道，由此出了名。邓攸为人清正和气，平易近人。他成为孤儿后和弟弟生活在一起，他的祖父有赐官，朝廷下令由邓攸接受，后来太守劝邓攸辞去赐官，准备推荐他为孝廉（从孝廉出身进入政坛比从赐官出身进入政坛要光荣，而且升官容易）。但邓攸说："赐官是先人留下来的，不能改变。"没有接受太守的好意。他曾去拜访过镇军将军贾混，贾混把别人的诉状拿给邓攸看，让他决断。邓攸看都不看，说："孔子说过，听理诉讼的能力我和别人一样，应该做的是让人不进行诉讼。"贾混很欣赏他的话，把女儿嫁给了他。邓攸以他的清正廉明多次升官，受到皇族的尊敬。

中原大乱时期，邓攸被石勒俘虏，石勒一向很痛恨汉族的高级官吏，听说邓攸落到自己手中，准备杀了他。邓攸到了门口，看门的人正是当年邓攸当郎的时候给他看门的，所以认识邓攸，邓攸求他找来纸和笔，给石勒写了一封信。看门的人等石勒高兴的时候把书信递给了他，石勒看了后很赏识邓攸的文笔，就没有杀他。石勒的长史张宾以前和邓攸是邻居，很看重邓攸的节操和名望，向石勒推荐邓攸。石勒把邓攸找来谈话，谈完后很高兴，任命他为参军，送给他车和马，每次外出打仗都把邓攸安置在营里。石勒严禁晚上点火，违反者处死。邓攸的房子和一个胡人相邻，那个胡人晚上失火把车辆给烧毁了，胡人就在前来调查的官吏面前诬陷邓攸。邓攸很清楚和他没办法争辩，将错就错回答说是因为弟媳生病需要吃药，必须把药弄热，所以不小心失的火，石勒就下令赦免了他。那个胡人被邓攸的行为所感动，把自己捆上去见石勒，承认是自己诬陷邓攸。后来那个胡人还暗中送马、驴给邓攸，其他胡人听说后，都很佩服邓攸。

石勒过泗水的时候，邓攸找准机会，把车辆弄毁，用牛和马驮着全家逃跑。半路遇到强盗，把牛马都抢走了，邓攸没办法，只好用扁担担着儿子和侄子邓绥逃跑。邓攸知道石勒会派人来追他，他觉得没有两全的办法，于是对妻子说："我弟弟已经死了，他只有这一个儿子，不能让他的后代断绝，所以只能把我们自己的儿子丢掉了。如果我们能侥幸活下去的话，以后还会有儿子的。"他妻子深明大义，虽然很舍不得自己的儿子，但还是哭着同意了。邓攸就把自己的儿子扔掉，带着侄子逃跑。他儿子是早上的时候被扔掉的，晚上又追了上来。邓攸见实在没办法，干脆把儿子绑在树上，一狠心就走了。

邓攸和刁协、周顗的关系一直很好，于是跑到江南投靠他们，司马睿任命他为太子中庶子。当时吴郡没有太守，很多人都眼红这个职位，最后这个职位归了邓攸。邓攸自己带上粮食到吴郡就职，他不接受俸禄，只是喝吴郡的水而已。吴郡闹饥荒，邓攸上书朝廷请求赈灾，朝廷还没有答复，他就擅自打开粮仓赈济灾民。有人弹劾邓攸擅自开仓，朝廷下诏原谅了邓攸的做法。

邓攸在吴郡很清廉，执法严明，老百姓的生活都很好，邓攸也因此成为东晋中兴时期有名的好太守。后来他称病离职，吴郡本来准备了几百万迎送官员的经费，邓攸离开吴郡的时候一个钱都没有要。数千百姓牵着邓攸的船不让他走，邓攸没办法，只好下令把船停住，等到半夜的时候才悄悄开走。百姓到尚书台请求再挽留邓攸一年，但没有得到准许。在朝中，邓攸被任命为侍中，后来又调任吏部尚书。他平时只吃蔬菜，穿旧衣服，但是却经常周济别人。他性格和气，善于和人打交道，不管对方贵贱，他都一视同仁。

邓攸丢弃自己的儿子后，妻子就再也没有怀孕。到了江南后，为了生儿子，他娶了一个妾，非常宠爱她。后来问她的家属是什么人，小妾回答说自己是北方人，因为战乱才流落到江南来的，她回忆父母的姓名，结果她父亲居然是邓攸的外甥。邓攸一向很看重自己的节操和德行，听到这个消息后很悔恨，于是就再也没有纳妾，所以最后也没有儿子。当时的人都感念他的仁义，为他没有后代而感到哀伤，说："老天爷没有长眼睛啊，居然让邓攸这样的人没有儿子！"邓攸死后，他舍弃亲生子而救出的侄子邓绥为他服了三年的丧，也算是有人送终了。

大画家顾恺之

顾恺之是晋陵郡无锡县人，他的父亲担任过尚书左丞。顾恺之是个博学多才的人，他曾写过一篇《筝赋》，对别人说："我这篇赋比起嵇康那把琴，不懂的人肯定会认为它晚出而不重视它，但是那些见识高明的人一定会因为它的高妙而珍视它。"

大司马桓温推荐他为自己的参军，他很受桓温的信任。桓温死后，顾恺之到他墓前祭拜，写了一首诗："山崩沧海干，鱼鸟何所依！"有人问他："你是如此的推崇桓公，那么你痛哭的情景可以用诗来表达出来吗？"顾恺之不假思索地说："声如震雷破山，泪如倾河注海。"

《洛神赋图》

中国十大传世名画之一。东晋著名画家顾恺之绘制。这幅画根据曹植著名的《洛神赋》而作，为顾恺之传世精品。传世的宋摹本在一定程度上保留了顾恺之艺术的若干特点，千载之下，亦可遥窥其笔墨神情。全画用笔细劲古朴，恰如"春蚕吐丝"。山川树石画法幼稚古朴，所谓"人大于山，水不容泛"，体现了早期山水画的特点。

全卷分为三个部分，曲折细致而又层次分明地描绘着曹植与洛神真挚纯洁的爱情故事。人物安排疏密得宜，在不同的时空中自然地交替、重叠、交换，而在山川景物描绘上，无不展现一种空间美。《洛神赋图》宋代摹本，保留着魏晋六朝的画风，最接近原作。顾恺之的《洛神赋图》发挥了高度的艺术想象力，富有诗意地表达了原作的意境。

顾恺之生性诙谐，喜欢开玩笑，大家都喜欢和他来往。后来他担任了殷仲堪的参军，也很受器重。殷仲堪在荆州的时候，顾恺之请假回家，殷仲堪专门借给他一个布帆。结果船开到一个叫破冢的地方，遭遇了大风，船被风浪打坏了。顾恺之给殷仲堪写信说："那个地方叫破冢，真是'破冢而出'啊！同行的人都平安无事，布帆也没有坏。"回到荆州后，人们向他问起会稽这个地方的风景，顾恺之说："上千座山峰在一起竞相展现灵秀之气，上万道溪流争相奔流。草木郁郁葱葱，像云蒸霞蔚。"很有文采。有一次桓玄和顾恺之在殷仲堪家做客，三个人比试谁说话最能表达出事物的极致。顾恺之说："火烧平原，寸草不留。"桓玄说："白布裹棺材，竖起招魂幡！"殷仲堪说："把鱼扔到深渊里，把鸟放到蓝天上。"然后又比试谁能说出最危险的情景。桓玄说："在长矛尖顶上淘米，在剑尖上煮饭。"殷仲堪说："百岁高龄的老翁攀爬枯树枝。"有一个站在旁边的参军插嘴道："盲人骑匹瞎马，走近深水池。"殷仲堪正好有一只眼睛因为生病而瞎掉了，听了这话，他吃惊地说："这话也太逼人了！"就不再说下去了。顾恺之每次吃甘蔗的时候都是从尖上开始慢慢嚼，一直吃到根部（甘蔗根部比尖上要甜）。别人觉得他这种吃法很奇怪，他却说："这就是所谓渐入佳境嘛。"

《洛神赋图》局部
此图取材于魏国曹植名篇《洛神赋》，表现作者由京师返回封地的途中与洛水女神相遇而产生爱恋的故事。全图采用长卷形式，分段描绘赋中的情节：开始是曹植在洛水边歇息，女神凌波而来，轻盈流动，欲行又止；接下来表现女神在空中、山间舒袖歌舞，曹植相观相送；最后女神乘风而去，曹植满怀惆怅地上路。各段之间用树石分隔，并以舟车无情地飞驶离去反衬人物的依依不舍之情，极为传神。

顾恺之尤其擅长绘画，他勾线、涂颜色都非常精妙，谢安对此非常佩服他，认为自有苍生以来，还没有人达到过这种境界。顾恺之每次画完人像后，都不点眼睛，有时甚至几年都不点。别人问他为什么，他回答："人四肢的美丑本来就对画像的精妙之处没有多大影响，人像的传神之处，全部都在眼睛里面。"据说顾恺之曾经喜欢上邻居家的一个女子，挑逗过她，但没有成功，他就把那个女子的像画在墙上，用针扎心脏的部位，那个女子就得了心痛的病。顾恺之再次向那个女子表白了爱慕之情，那女子同意了，他偷偷把针拔掉，那女子的病也就好了。顾恺之很欣赏嵇康的四言诗，为这些诗专门配了图，他常说："要画出手弹琴的姿势很容易，但要画出目送大雁归来的意境却很难。"他画的每一幅人像，在当时都称得上是妙绝之作。他曾经为裴楷画过像，在脸颊上面添了几根毛，观看的人都觉得人像特别有精神。他还为谢鲲画过像，把画像上的谢鲲安排在山石背景之中，他说："这个人应该把他放在丘壑之中的。"他想为殷仲堪画像，殷仲堪因为自己有眼病，不适合画像，于是极力推辞。顾恺之对他说："大人您的特点恰恰就是在您的眼睛上，如果把您的瞳孔涂得黑黑的，再用飞白在上面轻抹，使其像淡淡的云遮住月亮一样，不是很好看吗？"殷仲堪这才答应。顾恺之曾经收藏了一柜子的画，在门上贴上封条，然后把柜子寄送给桓玄。那些画都是顾恺之钟爱的精品，桓玄找人把柜子背面打开，把里面的画拿出来，而前面的封条一点都没有动，把柜子弄好后送还回去，想捉弄顾恺之，告诉他柜子并没有打开。顾恺之见封条确实没有动，但画都没了，他只好说："绝妙的画是通灵气的，肯定是变化飞走了，就和人成仙飞上天一个道理。"丝毫没有露出奇怪的神情。

　　顾恺之为人矜持，喜欢自夸，常常言过其实，当时的轻薄少年就故意对他胡乱吹捧，以此来捉弄他。他还喜欢吟诗，自以为得到了古代贤人的风韵。有人请他学洛阳书生吟诗的样子，他回答道："怎么能学那些老奴婢的声音呢？"后来他担任了散骑常侍，和谢瞻是邻居。到了晚上，顾恺之就在月色中高声吟诗，谢瞻故意在远处赞扬他，顾恺之听到赞扬后吟得更加起劲，连疲倦都忘记了。谢瞻要睡觉的时候，命令别人代替自己赞扬顾恺之，顾恺之也没觉察出换了人，结果一直吟到天亮。

他还特别相信邪门小术，认为只要用心去学，一定能学到手。桓玄曾经拿了一片树叶捉弄他，说："这就是蝉用来遮住自己的树叶，用它来遮住自己别人就看不见你。"顾恺之居然相信了他的鬼话，很高兴地接过了那片叶子。他拿那片树叶放在自己眼前遮住自己，桓玄故意当着他的面小便，顾恺之以为桓玄真的看不见自己，于是非常珍惜那片树叶。

顾恺之在桓温手下任职的时候，桓温说："顾恺之身上痴呆和狡猾的部分各占了一半，两者合起来正好平衡。"因此当时都流传顾恺之身上有三绝：才绝、画绝和痴绝。他62岁那年死在任上。

桓温北伐

"如果不能流芳百世，就要遗臭万年。"这是东晋桓温的人生理想，也是他既有才能也有野心的人生写照。

桓温的父亲是桓彝，曾经在苏峻叛乱中被杀害。桓温从小就很有胆识和谋略。他做了大司马后，地位、声望、势力与日俱增。他不甘心做一个臣子，想取代皇帝的位置。他时常在晚上睡觉的时候，抚摸着枕头发出感慨："男子汉大丈夫，即使不能流芳百世，也要遗臭万年！"当时有个叫杜炅的算命先生很会看人，据说是能够看出一个人的前途和命运。于是，桓温就去拜访他，问他自己以后的官职能够做到什么位置。杜炅说："您功德无量，可以做到最大的官位！"桓温心里很不高兴，算命先生哪里知道桓温的野心呢，他岂甘心只做一个臣子？

当时蜀地有个独立的小王国成汉，被李氏割据了40多年。传到晋穆帝时期，一个叫李势的暴君执掌政权。李势骄奢淫逸，只知道贪图享乐，从来不关心国家大事。他还重用奸佞小人，给百姓带来了深重的灾难。

晋穆帝永和二年（公元346年），蜀地又遭遇了一场严重的灾荒，变得一片萧条，对本来处于多事之秋的成汉国来说无疑是雪上加霜。桓温认为自己建功立业、扩充势力的好时机到了，于是率领大军进入蜀地。朝廷的大臣都认为蜀地地势险要，

京口北固山图　宋懋晋　明
东晋征西大将军桓温曾驻守京口，并有"京口酒可饮，箕可使，兵可用"的豪言。

路途遥远，桓温带领少量军队孤军深入敌人的腹地，又没有任何援军，凶多吉少。大家都暗地里替他担心，可是桓温却满怀信心。

大军进入彭模的时候，桓温本来想兵分两路。一个叫袁乔的将领向他建议说："我们的兵力本来就少，不能再分成两路了。不如集中兵力，只带三天的粮食轻装上阵，士兵们没有退路了，一定会拼死杀敌。"桓温采纳了他的意见，把军械物资留在彭模，让一些老弱残兵看守，自己带着精锐的士兵直趋成都，结果在笮桥遇到李势的大军。

刚开始交战的时候，形势对桓温很是不利，参军龚护战死，自己骑的战马也中了一箭。将士们都有些害怕，桓温也想退缩了。正在这万分危急的情况下，负责击打战鼓的士兵却误解了桓温的意思，猛烈击打进军的鼓声，袁乔拔剑激励士兵们奋勇杀敌。一时间，士气大振，把李势的大军打得土崩瓦解。桓温乘胜率军长驱直入进入成都，一把火烧了城

门。李势连夜逃跑，最后不得不投降了桓温。于是，割据了40多年的成汉国归附晋朝，桓温也因立了大功，被拜为征西大将军。

平定蜀地以后，桓温的权势越来越大，连朝廷都对他礼让三分。会稽王司马昱感到了威胁，于是将在朝中比较有声望的扬州刺史殷浩视为自己的心腹，让他参与朝政，企图以此来牵制桓温。

几年后，北方的后赵被大将军石闵篡位，改国号为大魏，中原地区陷入混乱。东晋朝廷得到消息后，准备趁此机会收复北方失地。桓温也听说石闵叛乱，他当然不愿意放过这次绝好的"立功"机会，就主动向朝廷请求出兵收复失地。但朝廷害怕桓温势力进一步膨胀，想倚仗殷浩来对抗桓温，所以一直没有给他任何答复，不久就任命殷浩为中军将军，统领各路大军。

可惜殷浩没有将才，接连几年北伐都以失败告终，损失惨重，引起了朝野上下的强烈不满。桓温请求罢黜殷浩的官职，立刻得到大臣们的赞成。从此，朝廷大权全部落到桓温的手中了。

晋穆帝永和十年（公元354年）二月，独揽大权的桓温率领四万大军渡过长江，北伐前秦，在蓝田击败前秦军，进驻灞上。当时，晋朝南迁已经有40多年了。在这些年里，关中的老百姓受尽了欺压的苦头，非常怀念晋朝。当他们看到桓温率领的晋军威风凛凛的时候，感到很欣慰，纷纷牵着羊，带着酒来犒劳桓温的部队。有位70多岁的老人也蹒跚着赶来，感慨地说："没有想到我这把老骨头还能见到朝廷的军队！"可是桓温让关中的老百姓失望了。他原来是想趁麦子成熟的时候，收割了作为军粮，可是被同样狡猾的前秦军抢先把没有成熟的麦子割掉了，桓温没有办法，只好撤军。

北伐关中没有成功，两年后，桓温又北伐羌族人姚襄。趁着姚襄正围攻洛阳，桓温在洛阳南面的伊水将姚襄击败。桓温打了胜仗以后，还特地拜扫了历代帝王的陵墓，然后才班师回朝。

偏安一隅的东晋，也只有桓温有实力进行北伐，桓温的野心也日益膨胀。其实他北伐并不是为了国家的利益，而是想借此不断扩大自己的势力和影响。再加上东晋的几个皇帝都比较懦弱，桓温就很自然地成了掌握兵权的重臣。到晋哀帝司马丕兴宁元年（公元363年），桓温的权力已经达到了顶峰。

晋海西公太和四年（公元369年），桓温率领五万大军征讨由鲜卑贵族主慕容儁建立的前燕国。由于失算，他的军队在枋头被燕军抢先占据了石门渡口，导致水路不通，军粮无法运到。这时，燕国又与前秦联合起来，前秦派了两万大军前来援救。桓温只得丢弃了所有的军用物资仓皇逃跑。不料途中又中了慕容垂的埋伏，桓温大败。桓温狼狈地逃到山阳的时候，五万大军只剩下了六七千人。常胜将军桓温从来没有受到这样的耻辱，他不是自我反省，而是把兵败的过错全部嫁祸给袁乔，责怪他没有打通石门的水运。袁乔心里不服气，一气之下投降了前秦。

枋头失败，桓温的威信大减，但称帝的野心反而更大。不久他就利用床第之事诬陷东晋废帝（即海西公）司马奕"昏浊溃乱"，将他废掉，改立司马昱为皇帝，即晋简文帝。

当时前秦王苻坚听说了桓温废立皇帝的事情，讥笑他说："桓温在灞上、枋头接连失败，也不反思一下自己的错误，反而以废黜皇帝来开脱自己的错误，都60岁的老头了，做事还这么幼稚，又怎么能让天下的人信服呢？民间有句话叫作'把对妻子的愤怒撒在父亲身上'，大概就是说桓温这种人吧。"

简文帝继位不到两年，便因病去世了。桓温本来还想着他会遗诏禅位给自己，至少也应当像周武王委托周公那样，让自己做一个摄政王。谁知简文帝遗诏只要求他做像诸葛亮那样的人物，桓温气得咬牙切齿。

晋孝武帝司马曜即位时，请桓温辅佐朝政，但心怀怨恨的桓温断然拒绝了，后来一病不起。重病缠身的桓温还念念不忘称帝，多次催促朝廷给他加九锡。朝中当权的谢安、王坦之知道他病重，就故意拖延时间，结果桓温到死时也没有等到加九锡的诏书到达。

从容镇定的谢安

东晋时期著名政治家谢安以从容镇定的风范而名传古今。

谢安出身在显赫的谢氏家族，受晋代玄风的影响，信奉老庄哲学，注重个人修养，追求洒脱自由的精神境界。

年轻时的谢安就名重一时，但他一直拒绝出来做官，而是隐居在会稽山，徜徉于山水间，登山高呼，或临水赋诗，或以文献典籍自娱自乐。他虽然一直以一介平民的身份隐居在山水间，但当时的人们都对他寄予很大的期望，希望他有朝一日能够出来担任三公或者相辅。许多士大夫都私下议论说："谢安如果不出来做官，天下的老百姓怎么办？"谢安常常喜欢带着一帮歌舞妓女跟随，司徒司马昱听说后，说："谢安既然喜欢与别人一起分享快乐，想必也一定愿意为天下人分担忧愁，过段时间再征召他，他一定会来的。"

妻子刘氏见谢家的人一个个都做了大官，享受荣华富贵，只有自己的丈夫不思进取，成天只知道玩乐，忍不住抱怨说："有作为的男人不应当这样！"谢安连忙捂住妻子的嘴，在她耳边小声说："我是怕逃脱不了兄弟们的命运。"原来，谢安不是不想出仕，而是时机还不成熟。当时谢安的弟弟谢万担任西中郎将时，率军抵抗燕军，却不管军务大事。等敌人打过来时，他就拍马逃跑，使得大军损失惨重，朝廷正因为这件事在追究责任，谢安害怕弟弟的案子会株连到自己。

直到晋穆帝升平年间，朝廷将谢万的官职免去了，谢安才进身仕途，被征西大将军桓温聘请为征西司马，这时他已经40多岁了。

不久谢安就做到了吏部尚书。当时，权臣桓温带着大军进入朝廷，朝廷一片哗然，谢安却处乱不惊，表现出惊人的镇定与冷静。

简文帝司马昱死后，遗诏让桓温做个像诸葛亮、王导那样的辅臣。

东山丝竹图 元
本图描绘了谢安隐居东山的故事。

可是桓温一心想自己当皇帝，至少也要像西周周公那样做个摄政王，所以心里非常气愤，想起兵叛乱。当时孝武帝即位的时候才10岁，而朝廷大臣中也只有吏部尚书谢安和侍中王坦之比较有威望。大家听说桓温突然带兵从姑熟赶到京城，一时间谣言四起，都说是要来诛杀谢安和王坦之的。偏偏在这时，朝廷又下诏命谢安和王坦之去新亭迎候桓温。王坦之接到诏书，心里非常害怕，想找谢安商量个对策，谢安很平静地说："晋朝的命运，就决定于我们这次行动了，光害怕也没有用，我们就见机行事吧！"桓温率领大军进入朝廷后，派重兵守卫，威风凛凛。百官们都站在路边恭敬地迎候，一个个吓得灰头土脸的。王坦之更是吓得汗流浃背，手脚直打哆嗦。只有谢安仍然神态自若，从容地走到座位边坐下来。谢安笑着对桓温说："我听说光明磊落的人，他的护卫是站在大堂的四边，可是您为什么还在墙壁后边埋伏着这么多刀斧手呢？"桓温讪讪地说："我也是不得已才这么做的。"说完，就下令撤出刀斧手，并叫人摆上好酒好菜，与谢安畅饮一番，一直到天晚。

宴饮期间，桓温让主谋郗超藏在帐子中偷听他们的谈话。谈话间恰好刮过一阵风，把帐子掀开，郗超很难为情地站在那里，倒是谢安笑着说："郗超可真是帐子里的客人呀。"

这次会面后，桓温撤回了军队，不久就病重。桓温在病中多次派人催促朝廷给他加封九锡，可谢安有意拖延，借口说诏书的措辞不好，需要重新修改。结果拖了10多天，桓温便病死了，加封之事不了了之。

桓温死后，孝武帝终于能够亲政，谢安也接连升官，做到司徒兼侍中，统领全国的军队。

谢安担任宰相的时候，前秦军队屡次进犯，边境军队接连失利，但谢安总是从大局出发，不计较这些小小的挫败，安抚大家镇静下来。当时的人们总喜欢拿他与名相王导比较，认为两人不相上下，但谢安文雅的风度还要胜过王导。

在淝水之战这样的大决战中，前秦出动了100多万军队浩浩荡荡地南下，非常强盛，而东晋只有8万人，力量如此悬殊，令人瞠目结舌。东晋人没有不害怕的，就是身经百战的晋朝将领谢玄也整天魂不守舍，惴惴不安。只有谢安仍然镇定自如地指挥战役，闲暇的时候，还能够登山漫游，探亲访友，与平时一样逍遥快活。不久，谢安就接到战场送来的捷报，当时他正与一位客人下棋。谢安接过信，只随意看了一眼，若无其事地照旧下棋。客人问他是什么事情，他慢条斯理地说："还不是那些小毛孩已经把前秦的军队打败了。"

面对外有强敌压境，内部皇帝年幼不懂事的重重困境，谢安与王坦之齐心协力，竭尽忠诚辅佐朝政，处理了许多复杂的人事关系，维持了东晋王朝的稳定局面，不愧是一代名相。

到谢安晚年的时候，孝武帝昏庸无道，将大权都交给了弟弟会稽王司马道子。而司马道子喜好专权，又听信小人谗言，与谢安产生了隔阁。谢安为了避开矛盾，于晋孝武帝太元十年（公元385年）主动请求离开朝廷去镇守广陵的步丘。

扪虱而谈

所谓"扪虱而谈"，就是一边抓身上的虱子，一边纵谈天下大事。这个扪虱而谈的人就是东晋时期的王猛。

王猛从小就聪明好学，很早就表现出了出众的才华。他觉得胸怀抱负的人就应当干事业，而对小事不屑一顾。当时许多人都很瞧不起他，可他一点也不在乎，照旧悠然自得，隐居在华阴山等待时机。

晋穆帝永和十年（公元354年），东晋权臣桓温进驻灞上。王猛听说后，穿着粗布衣服赶去见桓温。桓温刚到关中，也想了解关中百姓、知识分子对自己的评价，于是接见了他。王猛虽是一介平民，见了权重一时的桓温毫不拘束，大大方方地坐下来与桓温高谈阔论，一边说一边还饶有兴致地在身上抓来抓去，时时能挠出不少虱子来。桓温也知道魏晋时代的许多名士都有各种各样的怪癖，所以也没有责怪他。桓温试探地问："我是奉天子的命令率领十万大军前来讨伐前秦，我这是替天下的百姓消灭贼寇，可为什么关中的豪杰人士很少有人来拜见我呢？"

王猛哈哈大笑，狡黠地说："您率领大军长途跋涉赶到这里，前秦的都城长安也近在咫尺，可是您却停驻在灞上，迟迟不渡过灞水继续进军，您猜百姓会怎么想？"桓

王猛像

温疑惑不解地问："百姓会怎么想？"王猛说："百姓会想桓大将军到底是为国家大义呢，还是为一己之私呢？"

好个王猛，一眼就看穿了桓温的小算盘，原来桓温确实是为一己之私才迟迟不肯打败前秦，占据关中。因为一旦占据了关中，胜利的战果就要归于东晋，这样一来，东晋就东有扬州，西有关中，对桓温的势力范围荆州就形成了包围的形势，势必要削弱自己的势力。因此，当他打到长安附近时，迟迟不肯进军。不料自己的心思被眼前这位年轻人一眼看穿，他不得不佩服王猛的才智，赞叹地说："长江以南的人没有谁能够和你相比！"于是邀请王猛跟他回江南，暂时安排他担任祭酒，王猛欣然答应了。

可是作为贫寒庶族的王猛到江南并不能大显身手。当时东晋的大权都被王、谢、庾、桓四大家族把持，王猛在那里根本就不可能有什么作为，况且桓温也是一个心胸狭窄的人。经过慎重思考，王猛还是决定留在关中，继续等待可以辅佐的明君出现。

晋穆帝永和十一年（公元355年），前秦王苻雄去世，苻坚承袭了东海王爵位。苻坚是一个有雄才大略的人，受到当时许多人的推崇。而前秦的君主苻生生性喜欢猜忌，暴虐无道，引起了很多人的离心，于是有人劝苻坚把权力夺过来。苻坚去征求尚书吕婆楼的意见，吕婆楼说："我都快是人家刀子底下的人了，不能有什么作为了。不过我可以向殿下推荐一个人，他就是我私宅里寄住的一个人，名叫王猛，他的才智和谋略是世间少有的。殿下应该请他出来，当面向他请教。"苻坚便召见了王猛，两人相见恨晚，谈得非常投机，在许多关键的大事上竟然不谋而合。苻坚大喜，说："这与当年刘玄德遇到孔明，不是一个样吗？"当苻坚即大秦王位之后，立即任命王猛为尚书左丞。

王猛日益受到重用，王室亲属以及有功的元老旧臣开始厌恶他，特别是姑臧侯樊世。他本来是氐族的豪强，辅佐前秦国主苻坚平定了关中，也曾经为前秦立下了汗马功劳。他十分嫉妒王猛得宠，认为王猛只是一个毫无功劳的毛头小子，心里很不服气，决定要为自己出这一口恶气。一次樊世当众羞辱王猛说："老子与先帝一起打下的江山，竟比不过你。你有什么功劳，敢担当如此大任？我们辛辛苦苦耕种，你就坐享其成吗？"王猛也不含糊，针锋相对地说："我不仅要让你耕种，我还要你煮成熟食！"樊世哪里受得了这个气，勃然大怒，恶狠狠地说："我一定要把你的脑袋悬挂在长安城门上，不这样，我就不活在人世！"王猛把这些话告诉了苻坚，苻坚说："我一定要杀掉这个氐族老头，来个杀一儆百，群臣百官才能对你恭敬从命。"恰好这时樊世进宫商讨事情，当着苻坚的面和王猛争论起来，并且出言不逊，还想站起来殴打王猛。苻坚大怒，把樊世杀了。从此，群臣百官见到王猛再也不敢趾高气扬了，恭恭敬敬地连大气都不敢出。

晋穆帝升平三年（公元359年），苻坚任命王猛为侍中、中书令，兼任京兆尹。

特进、光禄大夫强德是强太后的弟弟。他经常借酒逞凶，骄纵蛮横，抢夺别人的财物和子女，是百姓的祸害，但大家都是敢怒不敢言，没人能制得了他。王猛一上任就拘捕了他，呈上奏章请求处理。没等苻坚回复，王猛就把他杀了，并且将尸首放在街市上示众。

苻坚见到奏章后，马上派使者赶过去要将强德赦免，但为时已晚。王猛与御史中丞志同道合，斩除邪恶，纠正冤案，毫不畏惧。几十天时间，被处死和依法黜免的权贵、豪强、王公贵族有20多人，震动了朝廷上下。一时间，无人再敢目无法纪，国家政治清明，境内呈现出一片安宁和谐的景象。苻坚见了，感叹地说："我到如今才知道天下有法律了！"

同年，前秦王苻坚任命王猛为辅国将军、司隶校尉，原来在宫中值宿警卫以及仆射、詹事、侍中、中书令等兼任的其他职务仍然由王猛继续担任。王猛在一年内一连升迁五次，权势显赫压倒朝廷内外。有人因为嫉恨诋毁王猛，苻坚就处置诋毁的人，此后群臣中没有人再敢说三道四了。

王猛没有辜负苻坚的信任。他南攻荆州，北伐凉国，所攻必克。晋海西公太和五年（公元370年），王猛受苻坚派遣，率步骑兵10万攻燕。王猛一路攻关斩将，长驱直入，最后攻破邺都，俘虏燕王慕容玮，燕国灭亡。前秦势力扩展到黄河流域，长江以北大都归入前秦版图。

王猛不久被任命为丞相，后又加任都督军事。王猛身为宰相，苻坚把军队以及国家内政外交事务都交给王猛处理。王猛刚正贤明，清廉严肃，赏罚分明，放逐罢免了很多在其位不谋其职、尸位素餐的官员，提拔重用大批有才能而不得志的人。他还鼓励耕种养蚕，训练军队，根据才能任用官员，依据罪行判处刑罚，使得国富兵强，战无不胜，前秦的国力大增。苻坚对王猛也非常信任，经常对自己的儿子说："你们侍奉王猛，要像侍奉我一样。"

晋孝武帝宁康三年（公元375年），王猛因病去世。王猛临死时，还一再忠告苻坚暂时不要进攻东晋，而应该先平定鲜卑、西羌。但是苻坚这一次没有听进去，终于招致后来淝水之战大败，元气大伤，从此一蹶不振。

淝水之战

苻坚自平定各国以后，心中也日益滋长了骄傲情绪，经常宽赦叛乱的人，生活上也逐渐奢侈起来。苻坚可谓踌躇满志，唯一的心病是每当想到天下未能统一，觉也睡不着，饭也吃不香，很想即刻起兵讨伐偏安一隅的晋朝。

东晋孝武帝太元七年（公元382年）十月，前秦王苻坚在长安太极殿会见群臣，商议伐晋。苻坚说："朕继承大业以来已经30年了，南征北战，四方已大体平定，现在只剩下偏安一隅的东晋王朝。我粗略估计一下，可以调集97万军队，我要亲自率军前去征讨。各位爱卿，你们认为怎么样？"

苻坚说完，满以为举朝公卿会齐声拥护，谁知人群密集的大殿之内，众说纷纭，有赞成的，有反对的。持反对意见的大大多于赞成的。

等到退朝的时候，群臣们都出去了，苻坚唯独留下了弟弟阳平公苻融。苻坚对苻融说："自古以来干大事，最怕众说纷纭，真正决策的不过一两人。这伐晋的事，还是我们两个人来决定。"苻融说："据微臣之见，如今讨伐晋朝有三难：第一，晋主贤明，朝臣有桓温、谢安尽心辅佐，政治清明，上下团结；第二，我军连年征战，兵疲将倦，有畏敌厌战的情绪；第三，我最担心的，那些被我们俘虏过来的鲜卑、羌族是我们的仇敌，对我们怀有二心。王猛临终时曾忠告陛下切不可伐晋。我的话陛下听不进，但陛下把王猛比作孔明，难道他的话也不愿意听吗？"苻坚沉下脸，很不高兴，对苻融说："连你都这样说，我还跟谁

淝水之战示意图

100

讨论天下大事！"

此时向苻坚进谏的大臣很多，可是苻坚头脑发热，已听不进任何忠告。他自负地说："比较双方的势力，以我们的力量攻打晋朝，就像秋风扫落叶一样容易。然而你们一个个却都说不能攻打，这实在让我百思不得其解！"鲜卑人冠军将军慕容垂心怀叵测，迎合苻坚的意图，支持他伐晋，苻坚十分高兴地说："能跟我平定天下的，只有你了。"于是赐给他丝帛五百匹。

晋孝武帝太元八年（公元383年）七月，前秦王苻坚决定大举入侵东晋，下令："平民百姓每十个成年人当中选一个人充军；凡是年龄在二十岁以下的富家子弟，一律授予羽林郎的官职。"富家子弟应征羽林郎的有三万多骑兵，苻坚任命秦州主簿赵盛之担任少年都统。

八月，苻坚派遣平阳公苻融统率张蚝、慕容垂等人的步兵、骑兵20万人作为前锋，任命兖州刺史姚苌为龙骧将军，率领益州和梁州的军队。苻坚亲自率领60多万步兵、27万骑兵从长安出发，旌旗战鼓遥遥相望，绵延千里。

九月，苻坚的80多万大军抵达项城，凉州的军队也到达咸阳，蜀地的军队顺着长江东下，幽州、冀州的军队到达彭城，前秦的军队、战舰水陆并进，从四面八方包抄过来，大有一口吞下晋朝的气势。苻融的前锋部队20万人，先期抵达颍口。

东晋也任命谢安担任征虏将军，统领诸军。谢玄担任前锋，与辅国将军谢琰等人的士兵共8万人抵抗前秦的百万大军。谢石是谢安的弟弟，谢玄是谢安的侄子，谢琰是谢安的儿子，因此晋军几乎就成了谢家军。

当前秦的百万大军来进攻晋国的消息传至建康时，建康城内人心惶惶，连身经百战的谢玄都惴惴不安，屡次入朝向谢安询问应对的计策。谢安一副平静的样子，胸有成竹地说："我已经有安排了。"接着，谢安便驾车出去游山玩水，拜访亲朋好友，直到晚上才回来。

十月，前秦苻融占据寿阳后，派梁成沿着淮河做好布防遏制晋军，并带领5000人镇守洛涧。东晋谢石、谢玄也在洛涧不远的地方驻扎，但无法前进。

苻融攻打硖石的时候，暗中得知晋朝将领胡彬军粮断绝，于是派人快马加鞭地告诉苻坚。苻坚大喜，把主力军都留在项城，自己却带着8000骑兵日夜兼程赶到寿阳。到寿阳时，苻坚派朱序去劝谢安投降。可是朱序背叛了苻坚，密告晋将谢石说："前秦百万大军，势不可当，现在应该趁他们的军队还没有到齐的时候，打败他们的前锋，挫败他们的锐气，然后才能攻破他们。"

谢石听从了朱序的意见，派作战勇敢的刘牢之率领他手下的5000精锐的"北府兵"一举攻破了洛涧梁成的军营。前秦军队大败，四处逃散，死了一万五千人，军用物资全部被缴获一空。谢石率领大部队从水路、陆路相继进发，乘胜追击，追得前秦军败退至淝水。

东山报捷图　明　仇英

谢安是东晋的一代名相，《世说新语》中关于他的词条最多，记载也最丰富。图中表现的正是《世说新语》中描述的"东山报捷"场面：报捷的童子侍立在一旁陈述战事的胜利，而谢安仍专心下棋，镇定自如。

苻坚在寿阳城的城楼上，远远望见晋军旌旗飘扬，雄赳赳地攻进来，不由得心虚害怕。又听见八公山上漫山遍野的野草发出簌簌的声响，以为全是晋朝的伏兵！苻坚惊骇地对苻融说："晋朝的军队这么多，你怎么还说他们少？"

晋军逼近淝水的时候，苻坚连忙部署军队沿着淝水摆下阵势，致使东晋的军队无法渡过。正在一筹莫展的时候，前锋都督谢玄派人告知苻融，请秦军向后略退，让晋军渡水决战。苻融向苻坚请示，苻坚大喜，说："好哇！我们就趁他们渡到水中心的时候，发动突然袭击，一定能把他们打得大败。"于是苻坚下令秦军向后撤退。由于前秦军队太多，退的时候乱了阵脚。朱序混在乱军中，大声呼喊："前秦军队失败了！前秦军队失败了！"前秦军队后面的士兵不知实情，信以为真，急得撒腿就逃。前面的军队见后面的军队拼命逃跑，也慌了神，跟着狂奔乱逃起来。晋军士气大振，争先恐后抢着过河，奋勇杀敌。苻融骑着马在乱军中指挥，企图阻止士兵逃跑，结果战马跌了一跤，摔下来被晋军杀死，前秦军大溃。

苻坚也中了一箭，只得一个人骑着马逃到黄河以北。谢玄乘胜进军，攻占寿阳、彭城。前秦从此一蹶不振。

孝武帝宠信小人误国丧生

东晋的第九个皇帝司马曜（即孝武帝）死得很蹊跷，他既不是战死沙场，也不是被政敌谋害，更不是死于疾病，而是死在他最宠爱的一个妃子手上。

司马曜的父亲是晋简文帝司马昱，母亲李陵容是一个身份极卑微的又黑又丑的宫中织女。这种出身在讲究门阀制度的魏晋南北朝是极为罕见的。

司马昱死后，太子司马曜继承皇位，是为孝武帝。孝武帝司马曜刚当上皇帝的时候，还能够亲自处理国家的政事，任用贤臣，很有君主的气度。有名的淝水之战，就发生在他当政的时候。由于他用人得当，这一战击溃了强大的前秦，巩固了东晋的统治。

但这种局面并没有维持很久，淝水之战结束以后不久，孝武帝司马曜便沉溺于美酒和女色之中，近小人、远贤臣，东晋的政局开始混乱，国势衰微。

谢安是有名的功臣，他有个女婿叫王国宝，是王坦之的儿子。王国宝的人品很差，谢安很讨厌他的为人，一直压制着他，让他担任了个尚书郎的闲官。王国宝自以为出身名门，只愿意在吏部任职，对尚书郎不屑一顾，坚决不肯接受，而且还对谢安怀恨在心。王国宝有个表妹是孝武帝的亲弟弟琅玡王司马道子的妃子，于是王国宝在喜好专权的司马道子面前说谢安的坏话，让司马道子挑拨谢安与孝武帝的关系。而一些想升官发财的小人纷纷阿谀司马道子，跟着诋毁谢安，孝武帝从此逐渐疏远猜忌谢安。由于奸邪谄媚者挑拨煽动，谢安终于被排挤出朝廷。

孝武帝为了自己享乐，把朝廷的政事统统推给弟弟琅玡王司马道子代管。但司马道子也是嗜酒之徒，而且掌权后，开始独断专行，引起了孝武帝的不满。

司马道子渐渐独揽了大权，更加奢侈放纵，不可一世。当时朝廷有个叫赵牙的本来是优伶出身，还有个叫茹千秋的，本来是钱塘地方一个负责抓贼缉盗的小吏，但两人都依靠贿赂、谄媚得到提升。昏庸的司马道子将他们作为自己的心腹，予以重用。赵牙怂恿司马道子修建新的府邸。府邸建得相当豪华，里面堆积了假山，挖掘了水池，简直跟天然形成的一样，耗费了巨大的人力、财力。

一次，孝武帝到司马道子的府邸，对司马道子说："府上竟然有山，好是好，只是装修得太过分了。"司马道子无言以对。孝武帝走了之后，司马道子惴惴地对赵牙说："如果皇上知道这山居然是人工堆积的，你可就死定了！"赵牙满脸堆笑说："有您在，我赵牙怎么会死呢？"赵牙见孝武帝没有追究，非但不改，反而更加肆无忌惮地为司马道子营建豪华宫殿。而茹千秋特别贪财，他利用手中的权柄，卖官鬻爵，收受贿赂，搜刮钱财，加起来竟有上亿两白银。博平令、吴兴人闻人上奏说明这些情况后，孝武帝更加讨厌司马道子，只是迫于母亲的压力，没有下定决心罢黜。

为了牵制防备司马道子，孝武帝擢升那些在当时较有声望和与自己关系亲近的王恭、郗恢、殷仲堪、王雅等人，任命他们担当朝廷内外的重要官职。司马道子也针锋相对地将王国宝和王国宝的堂弟、琅玡王内史王绪等人作为心腹。从此，东晋朝廷团结友爱的景象再也

看不到了，朝野上下是一个个互相攻击、对抗的党派和小集团。

太后为了缓和两兄弟之间的矛盾，经常好心劝解孝武帝和司马道子。中书侍郎徐邈也劝孝武帝说："像汉文帝这样英明的君王还时常后悔自己处死了淮南王刘长。世祖司马炎是个聪明豁达的人，还一直对齐王司马攸深怀愧疚。兄弟之间，应当和睦相处。会稽（司马道子后徙封会稽王）王司马道子虽然有嗜酒好色的坏毛病，但也应当对他宽容。这样做，既是为国家长远利益考虑，也是不要让太后担心。"孝武帝听从了他的劝告，又像以前一样信任司马道子。

孝武帝迷信佛教，极端奢侈挥霍，浪费在这方面的钱财很多。他所亲近的人又都是三姑六婆、和尚尼姑，所以他身边的人趁机争权夺利，

收受贿赂，朝政极端腐败。

后宫的美女，孝武帝最宠幸张贵人。张贵人性情不贤淑，善于耍手段，心狠手辣，后宫中人人都非常害怕她。一天，孝武帝和后宫的嫔妃们一起宴饮，美女和乐队也都在一旁侍候。这时张贵人年纪将近三十，孝武帝故意调笑她说："你如果按照年龄来说，也应该废黜了，我现在更喜欢年轻的。"张贵人心中暗自气愤。到了晚上，孝武帝大醉，在清暑殿就寝。张贵人则拿酒赏赐所有的宦官，打发他们走开；然后，她让贴身的服侍婢女用被子蒙住孝武帝的脸，弑杀了孝武帝，又用重金贿赂左右的侍从，声称是"睡梦中惊悸窒息，突然死去"。

一个年富力强的皇帝，好端端地一夜之间突然暴死，大家都有点怀疑，但是谁也不敢说。当时太子司马德宗愚昧懦弱，有嘴不会说话，甚至到了连冷热饥饱也都不能分辨的程度。他喝水、吃饭、睡觉、起床都不能自己料理，哪里有能力探究父亲的死因？会稽王司马道子也昏庸荒淫，整天沉湎于酒色，自顾不暇。皇帝身边这两个最重要、最有权力的人都不追究查问，就更没有人过问了。于是，一桩天大的弑君之案，就这样不了了之了。

宋 纪

公元420年，刘裕取代东晋政权称帝，国号宋，定都建康（今江苏南京）。

东晋末期，民变此起彼伏，朝廷内部斗争也十分激烈。公元402年，东晋大将桓玄乘朝廷实力虚弱，起兵篡位，国号"楚"。刘裕与刘毅等起兵勤王，并最终消灭了桓玄的力量。继而刘裕率军南征北伐，其势力不断得到壮大，最终迫使晋恭帝将帝位禅让给他，宋朝建立。

宋帝国建立后，北方诸国虎视眈眈，战事不断。公元424年，宋文帝刘义隆即位，他在位30年，励精图治，国家生产经济有所恢复，史称元嘉之治。但公元453年，其长子刘劭为了篡夺皇位弑父，以后王室诸子为争皇位混战不止，帝王荒淫残暴，朝政日益腐败，国家实力从此一蹶不振。公元479年，宋顺帝刘准把帝位禅让给了萧道成，宋被齐所取代。

刘宋代晋

　　东晋的宋公刘裕，在当时势力非常大，一直都梦想着坐上皇帝的宝座。因此，当看到谶书（古人认为能应验预言和预兆的书）上写着"昌明之后，还有两个皇帝"以后，刘裕就心里想："我得按谶书预示的去办事。'昌明之后，还有两个皇帝'，一个是司马德文，一个是司马德宗，那接下来的皇帝不就是我刘裕吗？我得快点行动。"于是，他就派中书侍郎王韶之和晋安帝左右的几个亲信去谋害司马德宗，想另立琅琊王司马德文为皇帝。

刘裕像

刘裕（公元363～422年），南朝宋开国君主，字德舆，小字寄奴。为政崇尚简约，实行"庚戌土断"，集权中央。谥武，庙号高祖。

　　司马德文经常在司马德宗身边，吃饭、睡觉都寸步不离，这样就使得刘裕派去的人对司马德宗无从下手。正巧有一次，司马德文患了病，出宫休养去了。借着这个机会，王韶之等人就潜入司马德宗的房间，把衣裳拧成绳索，在东堂把司马德宗勒死了。司马德宗死后，刘裕声称奉司马德宗的遗诏，拥立司马德文为皇帝，大赦天下。

　　司马德文当上皇帝后的第二年七月（公元420年），下诏把东晋宋公刘裕晋封为宋王。八月，刘裕从彭城（今江苏徐州）搬到了寿阳（今安徽寿县）。十二月，刘裕被朝廷授予特殊礼仪，朝廷晋封宋王太妃为太后，他的儿子刘义符为太子。

　　其实，自司马德文继位以后，刘裕就对皇位有所图谋，他很想让司马德文把江山禅让给自己，然而这样的话毕竟难以启齿。于是，他就召集群臣在自己的府上设宴吃酒，想在宴席中表明自己的心思。

在宴席中，刘裕十分随意地说："想当年桓玄篡夺王位的时候，晋国眼看就要破灭，是我刘裕挺身而出，南征北战，力挽狂澜，最终挽回了皇室的尊严，平定了天下。功成之日，我的勋业人所共知，皇帝因此还给了我很高的赏赐，如今我老了，还享受着这份荣耀。有道是物极必反啊！我现在倒是真想把爵位还给皇上，到京城里安闲地养老算了。"众位大臣都在下面称颂他赫赫的功绩，一时没有人领会他这番话的意思。

天色晚了，宴席散后，中书令傅亮刚跨出刘裕的府门不久，忽然间顿悟了刘裕席间所说话的言外之意，而此时府门已经关闭。傅亮请求叩见刘裕，刘裕马上就派人把傅亮接了进来。傅亮进来之后就说了一句话："我想我应该赶快赶回京城去。"刘裕知道傅亮明白了自己的意思，便再也没有多说，直接问道："你需要多少人保护？"傅亮答："几十人就够了。"然后，刘裕就给傅亮准备了人马，傅亮与刘裕告别。

傅亮出门的时候，夜色已经很深了，他看见天上有长长的彗星划过，便不禁感叹道："我过去并不相信天象，今天却不得不信了，看来是要应验了。"

傅亮很快就到达了京城。四月初，晋恭帝下诏书，宣刘裕入京辅政。六月九日，刘裕到达建康。此间，傅亮一再暗示晋恭帝应识时务，把帝位让给刘裕。他把退位诏书写好之后，让晋恭帝照抄。晋恭帝很爽快地答应了，并对周围的人说："当年桓玄叛乱的时候，晋朝就可以算做亡国了，幸好刘公救国于危难之间，才使晋朝又延续了二十多年，现在让我让位给他，心甘情愿。"于是，他照着傅亮所写的草稿，用红纸写成了诏书，公布于世。

十一日，晋恭帝司马德文交出皇权，退回琅玡王故居。文武百官叩拜辞行，秘书监徐广悲痛万分，痛哭不止。

十四日，刘裕在南郊建坛祭拜，正式登基。祭坛大典结束后，刘裕从石头城乘皇帝专用的车驾，堂而皇之地进入建康城内的皇宫。

宋武帝刘裕登上太极殿，改年号为永初，大赦天下。

晋恭帝司马德文退位后，被刘裕封为零陵王。开始的时候，刘裕把一坛毒酒交给了从前的琅玡王郎中令张伟，让他毒死司马德文。张伟慨叹说："毒杀自己的君王，还不如自己一死了之来得痛快！"于是，他喝毒酒自尽。

司马德文知道自己难免一死，便和褚妃住在了一起，每天都待在屋子里生火做饭，足不出户，使得刘裕派来杀他的人无从下手。一天，褚妃被骗出屋内，受命暗害司马德文的士兵乘机潜入家中，让司马德文服用毒酒。司马德文不从，他说："菩萨说过，自杀的人是不能转世投胎的。"士兵不理，用被子把司马德文活活地闷死了。

在司马德文死后，刘裕亲自率领文武百官为他哀悼了三天。

足智多谋的王镇恶

刘裕能推翻东晋王朝，建立刘宋政权当上皇帝，除了他自己具有非凡的能力之外，他手下那一批能征善战的武将也作出了很大贡献，王镇恶就是其中的典型代表人物。

王镇恶的祖父就是前秦著名大臣王猛，父亲王休担任过河东太守。王镇恶出生在五月初五，当时有种说法是这一天出生的男孩对父亲不吉利，王休就想把他过继给别人。王猛见到王镇恶后说："这个孩子很不寻常，过去孟尝君也是这一天生的，但后来却成为齐国的相国，这个孩子以后也能光宗耀祖，光大我们王家的门楣。"所以给他取名为镇恶。王镇恶13岁那年，前秦因苻坚失败而灭亡，关中地区一片混乱，于是他就逃亡到别处。曾经在渑池人李方家里住过一段时间，李方对他很好，王镇恶对李方说：
"我如果遇到好主人，
被封为万户侯的话，以
后一定会报答你的。"
李方说："你是丞相的
孙子，才能卓越，还怕
不富贵吗？到时候我的
愿望就是能在本县当个
县令就行了。"王镇恶

● 前赵与后赵 ●

公元318年，刘聪之子刘粲继位，大臣靳准发动政变，杀刘粲自立为汉天王。刘聪的族弟刘曜闻讯也自立为帝，进兵平阳，灭了靳准一族，并且迁都长安。公元319年，刘曜改国号为赵，史称前赵。公元328年，刘曜被羯族将领石勒所建立的后赵政权击败，第二年，后赵大军进占长安，前赵灭亡。

后来跟随叔父到了东晋，在荆州住了下来。他喜欢读诸子百家和兵法书籍，议论国家大事。骑马不是他的长处，射箭也不行，但是他足智多谋，做事情很果断。

刘裕在讨伐南燕的时候，有人向他推荐了王镇恶，当时王镇恶是个小县令，刘裕立刻派人把他请来，和他谈话后觉得这个人确实不一般，于是留他住宿。第二天对下属说："王镇恶是王猛的孙子，真可以说是将门出将啊！"当时就任命王镇恶为青州治中从事史。后来王镇恶在抗击卢循的战役中多次立功，被封为博陆县子。

刘裕准备讨伐刘毅的时候，王镇恶请求给自己100条大船，让他出任前锋。当时刘毅请求派自己的堂弟为助手，刘裕假装答应了刘毅。当年九月，讨伐大军进军，王镇恶率领百艘大船进军。王镇恶出发后，假称是刘毅的弟弟前来增援，刘毅居然相信了。王镇恶在豫章弃船登陆，每艘船上只留一两个人，船上插上旗子，下面放了一面战鼓，王镇恶对留下的人说："你们估计我到城下的时候就擂响战鼓，好像后面还有大军的样子。"他又分出部分军队在后面，命令他们烧掉在江边的战船。王镇恶率领大军袭击江陵，对前面的人说，如果有人问起，就说是刘毅的弟弟来了。所以沿途的人没有怀疑，放他们过去了。

离城还有几里地，王镇恶遇到刘毅手下大将朱显之带着十几个骑兵和几十个步兵前来。朱显之看出了破绽，马上逃回去告诉刘毅，下令关闭城门。王镇恶加速行军，士兵们攀登城墙进入城内，城门还没来得及拉下门闩，东门就被打开了。刘毅的军队共有八队，全副武装的约有上千人，已经严阵以待。王镇恶的部队进入东门后，向北进攻，然后又攻打牙城的东门。刘毅的牙城内有从长江下游带来的旧部，另外还有六队人共千人，荆州本地军官和士兵还有两千多人。从中午一直抵抗到傍晚，荆州士兵都逃得差不多了。

王镇恶进入江陵城后，就放火烧掉南门和东门，又派人拿了诏书赦文和刘裕的亲笔信送给刘毅看，劝他投降。刘毅把三份文件都烧掉了。牙城内的人都不相信刘裕来了，有个叫王桓的人，本来就是江陵人，是刘裕很喜欢的部将，他向刘裕要求到荆州接家属，刘裕同意了。这个时候王桓带领十几个人来帮助王镇恶，吃晚饭的时候他在东门的城墙上凿了个洞，首先进入，王镇恶的部队也跟着进去了，和刘毅的人展开近距离的搏斗。王镇恶的人和刘毅从东方带来的人之间，有的是父子兄弟关系，有的是亲戚关系，王镇恶下令他们边打边和对方交谈，于是荆州的士兵都知道刘裕的军队来了，军心涣散，到晚上一更的时候队伍终于溃散。刘毅的士兵又关闭了东西阁死守，王镇恶怕天黑后自己人自相残杀，就退了出去，把牙城包围了起来，只在南边留下一个缺口，作为退路。刘毅怕南边有伏兵，三更的时候带领300多人从北门逃走。当初刘毅的马在城外没有进来，这个时候他就没马了，刘毅问儿子要马，他儿子不肯给，朱显之就说："人家要抓的是你父亲，而你不肯给马，你今天如果自己跑掉的话，能上哪儿去呢？"然后把马抢过来递给刘毅。刘毅好不容易冲了出去，正好遇到王镇恶的军队，怎么也冲不出去了，于是回头冲到另一边。王镇恶的士兵们已经战斗了一天一夜，很疲倦了，刘毅因此得以逃走，逃到牛牧佛寺那里上吊自杀。王镇恶在战斗中身中五箭，平定江陵后20天，刘裕的主力部队才赶到。

后来刘裕准备北伐，王镇恶被任命为谘议参军，再次出任前锋。

出发前，刘穆之给他打气："主公可怜后秦统治下的汉族遗民，他是想讨平这帮叛贼，过去司马昭任命邓艾征讨蜀国，今天主公任命你征伐关中，你要建立大功勋，不要辜负了这次使命。"王镇恶说："我不攻下咸阳的话，坚决不回来了！"

王镇恶进入敌境后战无不胜，敌人望风而逃，打到洛阳后，后秦陈留公姚洸投降。王镇恶回到渑池后，拜访了李方，并拜见了他的母亲，送给他很多东西，当即任命李方为渑池县令，实现了当初许下的诺言。之后又挥军北上，占领了潼关，在那里和后秦大将军姚绍对峙。王镇恶孤军深入，后勤不足，缺乏粮食，他亲自到弘农去征收税赋，百姓们争先恐后地前来送米，很快就补充了军粮。姚绍不久病死，但兵力还很强大，直到刘裕率大军打来，后秦军队才撤退。

王镇恶在进攻长安的时候，把船都改造成用生牛皮蒙着的小船，划船的人躲在里面，外面是看不到的。后秦的人看到战船在没有人划桨的情况下居然逆流而上，都感到很惊奇，以为是奇迹。抵达长安城下后，王镇恶把船扔掉，直接登岸。他激励士兵说："你们的家都在江南，这里是长安，离家有万里，而船和衣服、粮食都已经流走了，求生的路已经没了。只得拼死战斗，否则我们都没命了！"于是带头攻城，士兵们士气大振，都奋勇向前，把长安守军打得大败，攻下了长安城。

匈奴人在刘裕撤军后，就侵略北方，刘义真派沈田子前去抵挡，沈田子见匈奴军队很强，于是按兵不动，派使者报告给王镇恶。王镇恶斥责了沈田子，沈田子本来和他就不和，听到王镇恶这么说他，更加生气了。王镇恶带领军队离开北地的时候，被沈田子派人杀害了，他的七个兄弟也都同时遇害，一代名将就此死于非命。

刘裕与刘义符

宋武帝永初三年（公元422年）三月，宋武帝刘裕病重，太尉长沙王刘道怜、司空徐羡之、尚书仆射傅亮，以及谢晦、檀道济等人一一进宫，侍奉刘裕服药治疗。朝中的大臣们要为刘裕祈祷神灵，希望他早日康复，刘裕不允许他们这样做，只是派侍中谢方明到宗庙烧香，让他把自己的病情汇报给祖先。

刘裕一直都不相信鬼神。当他还是一个平民的时候，就有许多吉兆，等到后来大富大贵了，史官们都向他查证当时的传闻是否属实，他都拒绝回答。

皇太子刘义符经常和一些小混混在一起鬼混。为此，谢晦就对刘裕说过："陛下，您现在年岁已高了，到应该考虑如何才能使您的大业永世长存的时候了，帝位的继承非常重要，可不能交给没有才能的人啊！"

于是，刘裕就问他："你看庐陵王刘义真怎么样？"谢晦就说："陛下，那臣就先去看看吧！"谢晦出宫

● 刘宋元嘉之治 ●

刘裕建宋以后，大力革新内政，推行改革。他死后，长子刘义符继位，整日耽于游乐，不理朝政，不久便被废掉。刘义隆即位，这就是宋文帝。他是一位很有作为的皇帝。他继承前代的事业，进行了一系列的改革。在政治上，他整顿吏治，加强对地方官的考察监督，同时放宽刑罚，诏求贤才；在经济上，他兴修水利，奖励耕织，减免赋税，积极开展赈灾活动；在社会思想文化建设上，他大力兴复学舍，发展教育。这样，刘宋王朝就出现了政治清明、社会安定的大好局面。宋文帝的年号是元嘉，因此历史上把这段清明的统治时期称为"元嘉之治"。

以后就去拜访庐陵王刘义真。刘义真盛情地款待了他，还想和他进行长谈，但谢晦只是含混地应答，不愿和他多说话。

回到宫中以后，谢晦就和刘裕说："陛下，刘义真的德行低于才能，不能做人主啊！"三月十五日，刘裕就把刘义真派到州郡去了。

五月，刘裕病得更厉害了，他把太子刘义符叫到了床前，告诫他说："檀道济这个人虽然很有才干，但并没有什么大的志向和野心，不像他的哥哥檀道韶，这家伙性格刚烈，很难驾驭；徐羡之、傅亮当然也不会有什么其他的图谋和妄想；至于谢晦这个人嘛，他一直和我南征北战，很有能力，如果以后出事的话，那一定就是出在他的身上了。"嘱咐完儿子之后，他又命人拿来纸笔，亲手写下了遗诏，遗诏上写道："如果以后有少年天子出现，朝中所有的大小事务都交给宰相处理了，用不着让皇太后她老人家出面主持朝政。"司空徐羡之、尚书仆射傅亮、领军将军谢晦都接受了刘裕的遗令。五月二十二日，宋武帝刘裕在西殿驾崩。

刘裕活着的时候，清心寡欲，特别节俭，在生活的各个方面都严格要求自己，穿着朴素，很少出外游玩或是举办大型宴会。

他曾经非常喜欢后秦高祖的侄女，对她宠爱有加，因此荒废了不少国家大事。为此，谢晦只进谏了一两次，他就把秦后赶出宫去了。他的财产都放在国库里，自己没有什么私人收藏。

曾经有一次，岭南的官员进贡给他一种特别细软的布匹，一匹整整长达八丈。宋武帝很厌恶这种把劳力耗费在精美布匹上的做法，于是就让主管官员处治了当地操办呈送布匹的太守，把贡品给原路退了回去，并且严禁岭南地区再生产这种布匹。

他的女儿出嫁的时候，作为公主，却只有区区20万的嫁妆，而没有其他什么贵重的东西陪送。因此，皇宫内外，都以此为戒，没有一个敢铺张浪费、攀富比阔的。

刘裕死后，他的儿子刘义符当了皇帝。刘义符当政的时候，和刘裕的做法就大不相同了。

在为刘裕服丧期间，刘义符就与左右侍从轻佻地嬉戏、游玩，一点也没有皇帝的尊严。早已退休的范泰呈上一本用皂封好的奏章，说："陛下，臣听说您常常在后花园习武练功，锣鼓喧天的。鼓虽然是在宫中，但是鼓声却早已经传出了宫外。您在深宫禁院打闹砍杀，又在朝廷各个公堂之间喧闹不止，这样不但不能威慑四方的夷族，反而只能使他们觉得我朝有些怪诞了。陛下继位以来，把各种政务都交给宰相处理了。您应该和商朝时期的高宗武丁一样，有在为父服丧期间闭口不言的美德。但是，想不到您却和小人亲近，恐怕这就对治理国家和维持世风不利了吧！"刘义符并没有理会范泰的劝告。

刘宋的司空徐羡之、大将檀道济等人掌握着强大的军队。他们看到刘义符昏庸无能，就想联合起来，把刘义符废掉。

当时，刘义符在皇家华林园造了一排商铺，他亲自在里面当商人，买入卖出，讨价还价。同时，他还和左右的一伙大臣们划船取乐。傍晚的时候，刘义符又率领左右大臣，游逛天渊池，夜里就睡在龙舟上。

景平二年（公元424年）四月二十五这一天的凌晨，檀道济引兵开路，徐羡之等人在后面跟着，从云龙门入宫。刘义符的禁卫军早被事先说服了，所以没有人前来阻拦。刘义符还没有起床，士兵们就闯了进去，杀掉了刘义符的两个侍从，把刘义符绑出了东宫，还没收了他的皇帝玉玺。文武百官都向刘义符叩拜辞行，士兵们把他送回到他的故居太子宫。

此后，徐羡之、檀道济等人拥立南豫州刺史刘义隆做了皇帝。

裴松之注《三国志》

裴松之是河东人，祖父和父亲都担任过重要官职，裴松之从小就阅读了很多书籍，8岁的时候就通学了《论语》和《毛诗》。他博览群书，为人淳朴，20岁的时候被拜为殿中将军，成为皇帝身边的侍卫官。

裴松之因为当时社会上人们立的碑上面的文字和事实有很大出入，上表反对这种风俗，认为这是一种弄虚作假的行为，如果放任不管的话，会给社会带来弊病。他认为："那些想立碑的人，应该命令他们向上面请示，经过朝廷允许后，才能立。这样才能防止碑文上出现不实之词，表彰那些真正值得赞扬的行为，让后代知道这上面没有虚假的东西，让当代的东西受到后世的崇敬。"于是以后谁要刻碑的话都得照着裴松之的意见去办。

刘裕北伐的时候，将裴松之调到外地当地方官，刘裕称帝后，特地下诏说："裴松之是国家的栋梁之材，不应该老是待在边疆，所以现在把他召回来担任太子洗马一职，和殷景仁的待遇一样。"后来裴松之升任为零陵内史，不久被征召为国子博士。

公元426年，司徒徐羡之等人被宋文帝刘义隆诛杀，随后宋文帝派遣使者巡视天下，裴松之作为使者中的一员被派到汀州出使。回来之后，他向朝廷上奏道："我听说天道是给世界以光明，君主的德行是以全面地治理天下而作为极致的。古代的圣王贤者因为考虑到了所有的事情，所以一个人有好的想法，社会就能富足和平。即使只在江汉一带推行了礼制，但那种良好的影响却非常深远，所以能够让后人歌颂他们伟大的功业，创造出比周朝还要好的制度。陛下的想法玄妙通达，思想盖世无双，身居天子之位，考虑着四面八方的事情，咨询传播教化的不足之处，担忧荐举贤才的道路还不够通畅，公正地询问下面老百姓的痛苦，同情他们当中的鳏夫和寡妇，陛下光辉伟大的感召，影响远及四面八方。所以全国各地的人民都恭敬地颂扬，很远的外国也感到喜悦，没有不歌唱吟诵您的丰功伟绩和仁爱之心的，大家都欢欣鼓舞，时刻铭记皇恩；有的扶老携幼，在路旁述说他们的欢喜之情，实在是因为您的养育之恩传播到了各地，所以才能让他们忘乎所以。千年以来，只有这个时候才会有这种情况出现。我承蒙陛下的错爱，被选中出使，不合格地和那些显要的人物并列，缺乏才能，思想又简陋，没有宣扬圣旨的力量，也不能严肃和提倡礼教风化，举荐人才也没有章法，访求和推荐人才也显得孤陋寡闻，心里非常惭愧和惶恐，不知所措。现在上奏二十四条访问成果，恭敬地写好呈上。我看见您下的诏书，说官吏和民风的得失，都依照周朝的制度加以裁断，故每件事都写成了奏章，回来后会分门别类地上奏。"裴松之很懂得出使的意义，大家都赞扬他。

后来，裴松之担任过中书侍郎、司州和冀州两州的大中正，皇帝知道他历史知识很丰富，就派他为陈寿的《三国志》作注。裴松之搜集了许多材料，为《三国志》里的事件增加了很多不同的说法。好不容易写完后递交给皇帝，皇帝认为写得非常好，赞扬道："这个注是不朽的。"于是调任他为永嘉太守。他当太守的时候勤政爱民，官民都生活得很好。朝廷又将他补任为通直散骑常侍，不久又出任南琅玡太守。他年老退休后，拜为中散大夫，不久又兼任国子博士，提升为太中大夫。裴松之打算续写何承天写的刘宋国史，还没有来得及动笔就去世了，享年80高龄。他写的论文和《晋纪》，还有他儿子为司马迁的《史记》作的注一起在世上流行。

刘义隆自毁长城

檀道济是刘宋王朝的开国元勋，他善于用兵，骁勇善战，足智多谋，为刘宋王朝的建立和发展作出了巨大的贡献。

宋文帝元嘉七年（公元430年），宋文帝刘义隆派征南大将军檀道济率领大兵向北讨伐北魏。在短短的20多天里，檀道济就和北魏打了30多场仗，把北魏的军队打得节节败退。檀道济率军乘胜追击北魏残军，一直追到了历城（今属山东省）。

然而，就在檀道济到达历城，为胜利而暗自高兴的时候，却被北魏

的将领叔孙建来
了个突然袭击。
叔孙建瞅准机
会，率领一支轻
骑兵截断了檀道
济军队运送粮草
的道路，烧了他
们的粮草。这一
下檀道济的军队
就再也不能前进
了，只好从历城
撤退。

　　在撤退的途
中，他的军队中
有人逃了出去，
投奔了北魏。这
些逃兵把檀道济
因为缺乏粮草而
撤军的消息，告
诉了北魏的将

南北朝战争形势图

领。北魏将领一听情况，就立刻派出大军追赶檀济道的军队。

　　如果真让北魏追上，那不是必死无疑吗？檀道济每想到此便坐立不
安。后来他终于想出了一个好办法。一天晚上，檀道济带着一些士兵到
了军营前，和士兵们一起用升和斗等工具量沙子，然后再把沙子装进口
袋里。

　　在装沙子的时候，他让宋军把称出来的重量大声地念出来。口袋里
装满沙子以后，他就让人把军队中仅有的粮食拿出来，盖在沙子上。北

魏的探子趁着夜色，探头探脑地来到了檀道济的军营外，远远就听到宋军大营中有数重量多少的声音。探子感到莫名其妙。等到天亮后，他才看清楚，原来宋军的大营内，粮食堆积如山，于是探子撒腿跑回到北魏军中，向领头报告情况。领头知道情况之后，就以为是投降的刘宋士兵欺骗了他，于是大发雷霆，让手下把投靠他的士兵给杀了。

北魏虽然包围了檀道济，但是也不敢轻易动兵。尽管如此，险情还是没有消除，于是檀道济又做了一个大胆的决策。他命令士兵们全都穿上铠甲，而他自己则穿着一身白衣服，随意地坐在马车上，然后命令士兵们整齐有序地缓缓后撤。北魏人一直就知道檀道济用兵神出鬼没，一看他这副样子，不知道他在搞什么把戏，因此并没人敢追。最后，檀道济安全返回自己的营地。

正因为檀道济战功赫赫，所以他在朝中有着很大的势力和很高的威望，他的几个儿子也都掌管着兵权。朝廷中有一些大臣，经常在宋文帝刘义隆的面前说檀道济的坏话，说檀道济有谋反之心，于是日久天长，刘义隆就起了除掉檀道济的心思。

有一次，刘义隆身患重病，觉得自己快不行了。他最担心自己死后檀道济会控制朝政，篡权夺位。因此，他就让彭城王刘义康草拟了一道圣旨，召檀道济入朝。

檀道济的妻子是个非常聪明的人，她一听说皇上要召檀道济入朝，非常担心夫君的安危，对檀道济说："从古到今，凡是劳苦功高、声誉震主的大将，都会遭到帝王的猜忌。现在朝廷里也没有什么事情，却召你前去，看来是要大祸临头了。"檀道济觉得夫人说得很有道理，自己也很顾虑，然而圣旨不可违背，只好来到了京都。

檀道济进入京都后住在建康的檀城中，刘义隆把他留了很长一段时间，直到第二年的二月，刘义隆的病情略有好转，才放他回去。然而，檀道济刚踏上秦淮河的船上，刘义隆的弟弟刘义康就追了上来，他假借刘义隆的名义把檀道济召了回去，而且还把檀道济打入天牢，并对外宣称，檀道济想乘皇帝病重的时候，图谋造反。过了不久，刘义隆就把檀道济和他的儿子们给处死了。檀道济的一些部下也惨遭杀害。

临刑前的檀道济，又气又恨，他一口气喝下一壶酒，并且大声吼道："你们这是在破坏自己家的长城啊！"

檀道济被杀害的消息很快就传到了北魏，北魏的大小官员都欣喜若狂。他们庆幸地说："檀道济一死，刘宋还有什么值得可怕的啊！"果然，善于用兵的檀道济刚死不久，北魏就乘机南下，进犯刘宋了。

直到后来，刘义隆见北魏肆意横行，而朝中又无人能站出来抵抗的时候，才后悔错杀了檀道济。

统万城之战

宋文帝元嘉四年（公元427年）四月，北魏国主拓跋焘到了拔岭山（今内蒙古准格尔旗内）。拓跋焘到了拔岭山以后，大修城墙、军垒，也留下了很多的物资装备。完成这些事以后，他率领三万铁骑，快马加鞭赶往夏国都城统万（今陕西靖边县），准备攻打统万。

他的手下官员们都劝阻他说："陛下，统万城十分坚固，不是一朝一夕就能打下来的。现在您只率领一些装备不多的骑兵去攻打，如果进攻不下，再回头恐怕军需就难保了，还不如和步兵一起，等攻城工具都准备好了，再一起出发去攻打统万。"

拓跋焘就说："在兵法之中，强行攻城是最不可取的，只有在万不得已的时候，才用这样的办法。现在如果我们将步兵和攻城工具一同动用，那么，他们必然会因为害怕而坚守在城中不敢出来了。而我们万一短时间内攻不下城来，一旦粮草都用完了，士兵疲惫不堪，而又没有补充能量的地方，那我们将进退不得。"

大臣们点头称是，认为拓跋焘说得很有道理。拓跋焘接着说："所以说，我们还不如让骑兵直接进攻到统万城下，当他们看到我们的步兵还没有赶到，就一定不会重视。然后，我们再装出一副不堪一击的软弱样子来引诱他们，他们必然会上当出击，到时候就可以抓住他们了。我之所以这样安排，是因为我们的部队已经离开家两千多里了，我们的身后还隔着一条宽宽的黄河，这就正是兵法上所说的'置之死地而后生'的境地啊！以三万轻装骑兵去攻城，显然有些不足，然而，用这些人以速战的方式攻城，还是绰绰有余的啊！"于是，他率领大军向统万进发了。

拓跋焘到达统万以后，让士兵分开埋伏在山谷深处，只让少量的人马到统万城下进行挑衅。夏国将领狄于五投降了北魏，向拓跋焘报告说："陛下，我听说夏国国王知道北魏大军来了，就派人去召名将平原公赫连定，赫连定说：'统万城坚固陡峭，易守难攻，不容易攻破，等我捉到了奚斤以后，再领军前去，里外合击，没有不成功的。'于是，夏国国王就坚守城池，不出兵了。"

拓跋焘听狄于五这么一说，心里感到很不安，于是就命令士兵撤退，假装自己不敢作战。与此同时，他还派出了娥清和永昌王拓跋健，让他们率领五千骑兵向西掠夺西夏国民。

北魏也有犯了军法后，逃跑投奔夏国的士兵，他们中有的人对夏国人说："北魏军中粮草已经耗尽，士兵们只能以野菜充饥。物资都留在很远的后方，步兵还没有赶到，现在应该赶快攻击他们。"

夏国国王赫连昌相信了他们的话。于是，赫连昌亲自率领三万步兵和骑兵，出城迎战。北魏大臣长孙翰等人都对拓跋焘说："陛下，夏国步兵都摆好了阵式，很难对付，最好先躲一躲再说。"

北魏国主拓跋焘说："我们长途奔袭而来，就是为了求战，就怕他们不敢出来，他们既然出来迎战，哪有不战就躲起来的道理呢？这不是长他们的士气，灭我们的威风吗？"于是，拓跋焘就集合士兵假装逃跑，引诱夏国士兵，想让夏国士兵在追击中消耗战斗力。

夏国士兵兵分两路，喊杀声震天。北魏军队一路狂奔。当时东南方风雨大作，雷电交加，沙尘漫天，天昏地暗。宦官赵倪懂得不少鬼神法术之类的东西，他紧张兮兮地对魏主拓跋焘说："陛下，现在风雨从敌人方向袭来，我们是逆风作战，大为不利啊！看来是天神不保佑我们。士兵们也都又饿又累的，恳请陛下收兵撤退，改日再战吧！"

北魏大将崔浩一听，有点不乐意了，对赵倪说："你说的这算什么话？我们远道而来，自然是有准备的，哪有一天还没下来就方寸大乱的呢？敌人只顾追我们了，已经失去了与后续部队的联系，这正利于我们埋伏的部队分头突然出击。风是死的，人是活的，关键看怎么利用风向，谁说逆风就一定是不利的？"听完崔浩的这席话之后，拓跋焘拍手叫好。

北魏国士兵分成了两路，他们互相呼应，共同对付夏国的军队。在战斗的过程中，拓跋焘因坐骑失足而坠落马下，险些被夏国士兵抓获。幸亏拓跋齐浴血奋战，用自己的身体拼死做掩护，拓跋焘才得以借这个机会翻身上马。他上马后，举起武器刺死了夏国尚书斛黎文，然后又消灭了十几个夏国骑兵，在被流箭射中的情况下，依然杀敌不止。最后，夏国大败而归。

抚剑武士俑　南北朝

123

你一定要知道的

资治通鉴故事

你一定要知道的

汪阳 编

④

（全4册）

中国华侨出版社

·北京·

目　录

齐纪

南朝齐（公元479～502年），萧道成所建，中国历史上南朝的第二个朝代。

萧道成利用刘宋末年皇室内部、君臣之间相互残杀的混乱局面，于昇明三年（公元479年）代宋称帝，国号齐，年号建元，历史上又称南齐、萧齐。齐是南朝四个朝代中存在时间最短的，仅23年。齐高帝萧道成借鉴了宋灭亡的教训，以宽厚为本，提倡节俭。他在位四年，在他临死前，要求其子武帝继续其统治方针，并且不要手足相残。武帝遵其遗嘱，使南朝又出现了一段相对稳定的发展阶段。武帝死后，齐国的皇帝又走上了宋灭亡的老路，纷纷杀戮自己的兄亲、叔侄，至东昏侯时，因其疑心过重，几乎将朝内大臣全部处死。公元501年，雍州刺史萧衍起兵攻入建康，结束了齐的统治。

萧道成即位

萧道成，字绍伯，起初只是一个"布衣"，参军以后多次建立战功，因此升迁得很快。渐渐地，他被提升为刘宋中央禁卫军将领。随后，他又乘刘宋皇族内乱，掌握了军政大权。宋顺帝昇明元年（公元477年），萧道成杀掉废帝刘昱，立10岁的刘准为帝。昇明三年（公元479年）三月，萧道成自封为相国、齐公。

在萧道成的威逼下，昇明三年（公元479年）四月二十日，刘宋的顺帝刘准颁布诏书，把帝位传给了齐王萧道成。

二十一日这天，顺帝应该到殿前去会见百官，但是他怎么也不肯去，而且还战战兢兢地逃到了佛像的宝盖子下面，死活不肯出来。王敬则率领着一些士兵，抬着一顶木板轿子，到宫殿中前来迎接顺帝。太后见王敬则率兵前来，感到很害怕，亲自率领着宦官找到了藏在宝盖子下面的顺帝，顺帝这才爬了出来。

王敬则见到顺帝以后，顺帝哭着问王敬则："你准备把我杀掉吗？"

王敬则说："我不想杀你，只是想让你到另外的宫殿中居住罢了，你们家族以前取代司马氏也是这样做的啊！"

顺帝就哭得更厉害了，继续说："但愿我今后生生世世，永远不要生在帝王家中！"周围的宫人们见状也都跟着哭了起来。

齐高帝萧道成像

随后，顺帝又拍着王敬则的手说："如果今天不出什么意外的话，我就送给你十万钱。"王敬则笑了笑，又劝了他一会儿，顺帝这才抹着眼泪上了轿。

当天，文武百官都在齐王府陪着萧道成，而侍中谢朏当天正在宫中值班，所以不在萧道成的身边。按理说他应该把玉玺交给萧道成派来传达诏书的人，但是谢朏却假装不知道。他故意问诏使："你有什么公事吗？"

诏使就说："把玉玺交给齐王。"

谢朏说："齐王应该有自己的侍中啊！用我干什么呢？"说着，他就拉过枕头，躺下来睡了。

诏使很害怕，就给谢朏出了一个主意，他说道："谢大人，您就说自己有病了，这样，我回去以后告诉齐王，让齐王另找一个人兼任侍中，这也好给齐王一个交代啊！"

可是谢朏却对诏使说："我没有病，为什么要说我有病呢？"说完，穿上朝服，就气冲冲地步行走出东掖门，上了车，回自己的住宅去了。

诏使回去以后把情况对齐王说了，齐王无奈之下让王俭担任侍中，前去处理玉玺交接的事。

玉玺的交接典礼仪式结束以后，顺帝坐着车子出了东掖门，前往太子的府邸。顺帝坐在车子上问周围的人："奇怪，为什么今天没有乐器演奏呢？"周围的人心情都很沉重，沉着脸，没人作声。右光禄大夫王琨在晋朝的时候担任过郎中，现在已经白发苍苍了。到了此时，他抓着顺帝车上悬着的獭尾，泣不成声地说："世上的人们都为长寿而高兴，老臣却为长寿而悲哀啊！是我不能够事先死去，才亲眼目睹了今天这种事情。"他哭得老泪纵横，不能自已。周围的官员们见他这样，也都一个个泪如雨下。

有哭的，就有笑的。齐王萧道成这里可热闹了。司空兼太保褚渊等人捧着玉玺，领着文武百官，浩浩荡荡地来到了萧道成的府上，请萧道成接受帝位。萧道成假意再三推脱，不肯接受。

褚渊的堂弟、前任安成太守褚照问褚渊的儿子褚赍说："今天怎么不见你父亲，他去哪儿了？"

褚赟回答说："在齐王府大司马门前奉献玉玺呢！"

褚照笑了笑对褚赟说："真不知道你父亲把一家的东西交给另一家，这算怎么一回事儿！"褚赟在一旁不说话了。

齐高帝建元元年（公元479年）四月二十三日，齐王萧道成在南郊登基，宣布称帝，改国号为齐，年号为建元，大赦天下。萧道成就是南齐高帝。

萧道成登基以后，把顺帝封为汝阴王，并效仿刘宋初年的做法，很隆重地为汝阴王举行了封号典礼。萧道成还在丹阳（今安徽当涂）为顺帝修筑了宫室，并且还派兵为他守卫。刘宋各位皇帝的神位也都迁到了汝阴庙中，刘宋时期的各位王爷都被降爵为公。刘宋与萧齐两朝的官员依旧保持原来的职位不变。

就这样，存在50多年的刘宋王朝结束了，另一个新的王朝齐开始了。

猛将周盘龙

周盘龙是兰陵人，刘宋时期实行土断政策，兰陵隶属东平郡管理。周盘龙胆识过人，特别擅长骑马射箭。刘子业统治时期，周盘龙从军跟随官兵讨伐叛贼，在战斗中表现非常勇敢，进攻的时候总是冲在最前面，所以受到上级的赏识。周盘龙因军功而一直加官到龙骧将军、积射将军，赐爵晋安县子，食邑400户。对于一个平民出身的人来说，这已经是很丰厚的待遇了。刘休范在浔阳造反，周盘龙当时跟随萧道成守卫新亭，和屯骑校尉黄回出城南，与敌人对峙，不久退回城内，团结在一起抵抗敌人。刘休范的叛乱被平定后，周盘龙被任命为南东莞太守，加封前军将军，后来一直升到了骁骑将军。刘昱统治时期，他出任为假节钺，都督交趾和广州两个地方的军事、征虏将军、平越中郎将和广州刺史，还没有去上任，就平定了建康城司徒袁粲的起兵。萧道成掌权后，任命周盘龙都督司州军事兼任司州刺史，别的官职都不变。

一年后，北魏入侵，进攻寿春，朝廷命令周盘龙协助豫州刺史桓崇祖决堤放江水阻挡敌人。周盘龙率领军队在西部江泽中抗击敌人，杀伤敌人数万，桓崇祖和周盘龙等人抓住战机，以迅雷不及掩耳之势从水陆两路对敌人发起进攻，杀得北魏军队尸横遍野，战斗打到第二天早上，西部的敌人就被击败了。萧道成非常高兴，下诏褒奖了周盘龙，还送了20个金钗给周盘龙的爱妾杜氏，并亲笔写上："送给周公的阿杜。"

第二年，鲜卑军队再次进攻淮阳，把角城包围了起来。当时守卫角城的是成买，鲜卑人把角城围了好几圈，萧道成派李安民前去救援，并对周盘龙下令道："敌人已经开始对角城进攻了，西部的河道应该很空虚，你可以带领军队到淮阴去靠近李安民的部队。"这个时候成买正在和鲜卑激战，他亲手杀死了许多敌人，最后战死。

周盘龙的儿子周奉叔单独率领200多人冲锋，鲜卑有一万多骑兵从左右两翼冲上来向他展开包围。忽然一个骑兵来到周盘龙面前报告说周奉叔已经战死了。周盘龙当时正在吃饭，听到这个消息后马上扔掉了筷子，骑上战马，手持长矛带领部下冲到敌人阵前，大喊："我周盘龙来了！"鲜卑人一向害怕周盘龙的大名，一下子被他杀得晕头转向的。这个时候周奉叔实际上并没有死，他已经杀了很多敌人，冲了出来，但周盘龙并不知道，还是在敌阵中冲来杀去地四处寻找爱子，鲜卑人都不敢抵挡。周奉叔见父亲一直没有出来，很着急，于是骑着马再次杀进敌阵。父子二人战斗得非常勇猛，将几万鲜卑军队杀得大乱，最后打败了敌人，从此周盘龙父子威名大振。周盘龙外表看上去并不强壮，也不喜欢说话，但是在和敌人厮杀的时候却勇敢果断，别的将领都比不上他。

齐武帝萧赜即位后，将周盘龙提拔为征虏将军、南琅玡太守，不久又升为右卫将军，后来封他为侯爵。齐武帝多次搞演习，都命令周盘龙率领骑兵，并拿着长矛冲锋陷阵。

角城守将张蒲和北魏暗中勾结，有一次他趁大雾乘船到小岛上砍柴，偷偷装了20多个鲜卑士兵，让他们把兵器藏在竹器中，船开到城东门，守门的士兵没有阻拦他们，于是敌人登岸攻下了城门。守城主帅皇甫仲贤率领部将孟灵宝等30多个人在城门上抵挡，杀了三个敌人，别的敌人都受伤，纷纷跳进水里逃命。这个时候敌人的军队在城外已经集结了3000多人，因为受到阻挡而不能前进。淮阴军主将王僧庆率领500多人前去救援，这才把北魏军队逼退。事后追查责任，周盘龙也受到了牵连，被有关部门弹劾，皇帝下诏命他以平民身份继续担任职务。不久又给他恢复了职位，并兼任东平太守。

周盘龙上表说自己年老体弱，不能再在边境镇守了，请求解除自己的职务。朝廷同意了，把他调回来担任散骑常侍和光禄大夫。齐武帝和他开玩笑："你戴貂蝉冠比起打仗的时候戴的兜鍪盔有什么感觉？"周盘龙说："这貂蝉冠正是从兜鍪盔发展过来的呀！"几年后周盘龙病死，享年79岁。

范缜与《神灭论》

南齐的竟陵王萧子良是个佛教迷，他特别相信佛教，因此，时常会从全国各地请一些和尚来为他讲解佛法。一时间，佛教在江东地区非常盛行，这是以前从来都没有出现过的现象。更让人啼笑皆非的是，堂堂的一位一人之下，万人之上的竟陵王，有的时候还亲自给那些和尚们送饭送水。因此，无论是当地的官员还是百姓，都对他这种做法十分不满，认为这实在是太失亲王的身份了。

尚书殿中郎范缜一直坚持认为，世间上根本就没有什么佛、神、鬼这类东西，所以他自然对竟陵王萧子良的做法"深恶痛绝"。

曾经有一次，萧子良请各路"高僧"和官员到他的府上来研习佛法，范缜也被请去了。众人在场上高谈阔论，把佛法的精妙之处夸得天花乱坠。说着说着，萧子良突然停下了。然后他就当着众人的面问范缜说："范大人，本王知道，你是一直都不相信佛法的。那么本王问你，既然你不相信因果造化，那为什么还要说世间上有贫富贵贱的区分呢？"

范缜看了看萧子良，想了一会儿，说道："王爷，我承认人生是各不相同的，但这并不是由什么可笑的因果造化决定的。打个比方说，人生就像树上的花朵。虽然花朵都开在同一枝头，但是，随风飘散以后，就落到了各个不同的地方。有的飘进了室内，落到了华丽昂贵的床褥上面；有的则是飘过篱笆栅栏落到了粪坑中。落到华丽昂贵的床褥上面的，就是像王爷您这样的人；落到粪坑里的，就是像下官我这样的人。富贵和贫贱虽然差得很远，但是哪里又有什么必然的原因呢？"

萧子良听完这番话之后，气得脸色发青，可是人家说得头头是道，因此也无话可说了。

过了没多久，范缜又写了一篇《神灭论》，专门批判那些所谓神鬼之说。他在书中如此写道："物质具体的形体是精神依存的根本，精神只是物质具体形体的产物。精神和物质的具体和形体的关系，就像'锋利'这个抽象的概念和具体的'刀子'之间的关系一样。从来就没有听说过：具体的'刀子'已经没了，而'锋利'还依旧存在这样的怪事。因此，这个世界上怎么会存在什么鬼神呢？居然还说什么有的人躯体已经没了，而灵魂和精神还依旧完好，这简直是荒唐至极的道理。"

他认为人的精神和肉体是互相结合的，有了肉体，才有精神；肉体毁了，精神也就随着消灭。《神灭论》揭露了统治阶级利用佛教进行欺骗的本质。面对统治阶级的打击和围攻，范缜毫不屈服，始终坚持自己的真理。范缜继承和发扬荀况、王充等人的唯物论思想，有力地打击了当时流行的有神论，这种战斗精神值得赞扬。

范缜的《神灭论》一问世，马上引起朝廷内外一片议论。很多人出于对"鬼神"和"佛祖"的敬畏，纷纷指责范缜，说他简直是胡言乱语，完全是谬论。可是，虽然这些人都指责范缜，但却没有一个人能够拿出充分的证据来把他驳倒。

有一个名叫王改文的太原人，写文章讽刺范缜："范先生啊，你连自己老祖宗的神灵在哪里都不知道，真是太可怜了，我真替你感到悲哀啊。"本来，他想以这样的方式将范缜一军，想使范缜无话可说。范缜却针锋相对地回答王改文："王先生知道自己祖辈的神灵在哪里，却还不去追随他们，舍不得自杀前去孝敬他们，真是太不孝了！"王改文被范缜一顿"抢白"，从此以后再也不敢写文章讥讽范缜了。

竟陵王萧子良也想让范缜"投降"。他想用高官厚禄来引诱范缜就范，于是就派王融和范缜说："范先生简直太糊涂了，何必这么执迷不悟呢？按理说，以先生您出众的才华，根本不必担心只是个中书郎。可是您却故意坚持这种荒唐没有道理的怪想法，真是太让人惋惜了。我劝您还是早点抛弃这些怪观点，免得耽误了自己的前程。"

范缜听后大笑着高声地对王融说："你也太小看我范缜了。如果愿意出卖自己的想法去讨官做，我范缜早就当上尚书令、仆射了，哪能现在还只是区区一个中书郎呢？"

王融听后无言以对，灰溜溜地回去复命了。

郁林王萧昭业

郁林王萧昭业，面目清秀，举止优雅，非常聪明，为人处世也很有一套。萧昭业还有一个"特长"，那就是不管是高兴还是不高兴，他都能很恰当地表达自己的感情。因此，他的祖父齐武帝对他非常宠爱。实际上，萧昭业是一个阴险、卑鄙的家伙，只不过他很会伪装自己罢了。他与小混混们很投缘，私下里经常和他们吃住在一起。

萧昭业在担任南郡王的时候，和他的叔父竟陵王萧子良一起住在西州。他的父亲，也就是文慧太子，经常管束他的生活，控制他的花销。见父亲这样管他，萧昭业就私下里向有钱人要钱。

　　为了能够出去游玩，他还在背地里另配了一套钥匙。一到晚上，就悄悄地打开他所住州府的后门，和手下人一起跑到军营里寻欢作乐。

　　一天，他的老师史仁祖和侍书胡天翼商量说："如果萧昭业在军营里被人打了，或者是被狗给咬了，那么上面责罚下来，就不单单是我们两个人的事了，我们全家也难免会受到株连。而我们俩现在都是70多岁的老人了，还有什么值得贪生怕死的呢？"在以后的几天时间里，这两位老人就先后自杀了，而皇上和太子却不知道内情。

　　萧昭业事先给自己喜欢的侍从都封好了官职，并且还把官职的名称写在黄纸上。他让这些侍从把黄纸带好，而且还答应这些侍从，如果有一天自己当上了皇帝，就照纸上所写的兑现。

　　萧昭业在侍奉自己的父亲、当朝太子养病的时候，以及在为父亲死后居丧的日子里，每天都愁眉苦脸，哭得很厉害，把旁边的人都感动得直掉眼泪。但是，每次他一跨进自己家门，就喜笑颜开，大吃大喝起来。

山水画像　南北朝

曾经有一次，萧昭业命令一个姓杨的女巫向天祈祷，希望自己的祖父和父亲能早点儿死去，好让自己能够尽快登基。此后没多久，他的父亲就去世了，因此，他就认为这是女巫施法术的结果，于是，就更加信服女巫了。当他正式被封为皇太孙以后，祖父武帝患了重病，萧昭业又让杨巫婆故技重演，再次乞求武帝能早点死去。这时候，他正式的妃子何妃还住在西州，而他住在都城。当武帝的病情加重的时候，他就急忙给何妃写了一封书信，他在信纸的中间写了一个大大的"喜"字，而且，他还在大"喜"周围写了36个小"喜"，让小"喜"围绕着大"喜"。

萧昭业在侍奉武帝治病的时候，经常说一句话流一滴眼泪，特别地伤心难过。武帝看到他这个样子，就认为他将来一定能够承担重任，于是就嘱咐他："孙儿，我一旦死了，五年里大小的事情都交给宰相处理，你就不要插手管了。等五年之后，这一切都由你来做主，就不用再让别人管了。这样的话，如果你最终没有什么成绩，自己也就不会感觉到遗憾了。"

临终之前，武帝又拉着萧昭业的手说："如果你还想着你的祖父，你就应该好好干！"武帝说完以后就去世了。武帝的遗体刚刚放进棺材，还没来得及下葬，萧昭业就忙着把所有的乐队和歌女都招来，演奏各种乐曲。

自从武帝去世以后，萧昭业便整天和侍从待在一起，穿着老百姓的衣服，混在闹市里游玩。他还很喜欢到父亲世宗的墓地里去扔稀泥巴、比赛跳远、做一些鄙陋的游戏。他还常常任意赏赐侍从，往往一出手就是好几百万。他一看到钱，就眼睛盯着钱，对钱说："从前我想拥有十个你都十分困难，今天我可以玩玩你们吗？"武帝在国库里积存了五亿万钱，在斋库里也积存了大约三亿万以上的钱，至于金银绸缎之类的东西就更多了，萧昭业继位不到一年时间，就给挥霍得差不多了。

全才王僧虔

王僧虔是王羲之的族孙，他的祖父和伯父在东晋都当过大官，伯父王弘在刘宋时期还当过宰相，出身非常高贵。当年王僧虔的父亲和叔伯们把他们的孩子召集在一起，王弘的儿子王僧达在地上蹦蹦跳跳地做游戏，而王僧虔当时才几岁，一个人在地上端正地坐着，用蜡烛油捏凤凰玩。王弘说："这个孩子将来会成为一个忠厚的长者。"

王僧虔20岁的时候，为人宽厚，尤其擅长写楷书。宋文帝看到他的书法后，不由赞叹道："不光书法超过了王献之，器量也超过了他。"王僧虔被任命为秘书郎、太子舍人。他性格谦虚，沉默寡言，不怎么和人打交道，和袁淑、谢庄是好朋友。

他哥哥王僧绰被刘劭杀害，大家都劝王僧虔赶紧逃命。王僧虔哭着说："我哥哥用忠义来报效国家，用慈爱来抚育我。如果我没有牵连进去倒也罢了，现在能和哥哥一起死的话，就和升天成仙一样。"刘骏登基后不久，将他调为武陵太守，他的侄子王俭在跟随他的途中生病，王僧虔为此废寝忘食地照顾他，同行的人都劝他，他说："以前马援对待亲生儿子和侄儿没有区别，邓攸对待侄儿胜过亲儿子。我就是这样想的，和古人没区别。他是我死去的哥哥的后代，我不应该忽视他。如果这孩子救不活的话，我就马上回去辞职，这辈子都不做官了。"后来他回去担任了中书郎，转任黄门郎和太子中庶子。

刘骏企图独自享有书法家的名誉，所以王僧虔在他面前不敢显露出自己的书法才能。他常常用磨秃了的笔写字，写出来的字当然就不好看了，所以才能活下来。

不久，王僧虔调任为豫章内史，入朝担任侍中，升任御史中丞兼骁骑将军。当时的贵族向来不担任监察官，在平民区居住的王家的分支才会担任这个较低的职务，王僧虔却担任了这个职务，他说："这是平民区的人才会担任的官职，我也来试着干干。"后来朝廷把他调任为吴兴太守。当初王献之擅长书法，曾经担任过吴兴太守，而今王僧虔也擅长书法，也被调任为吴兴太守，两代书法家境遇相同，被传为美谈。

后来他又改任会稽太守。中书舍人阮佃夫是会稽人，请假回家。有人劝王僧虔要通过阮佃夫和朝廷搞好关系，对他要以礼相待。王僧虔说："我立身处世有自己的原则，哪用曲意讨好这种人。他如果不喜欢我，我走就是了。"阮佃夫把这话告诉了刘彧，并指使别人弹劾他，说："王僧虔在任吴兴太守的时候胡作非为，他从到任到迁官，任用官吏，广收门生，一共有448人。他还擅自批准百姓110家为士族，应该派人去调查。"王僧虔因此被免官。

不久王僧虔被重新起用，升任为吏部尚书，又加散骑常侍头衔，转为左仆射。后来又升为尚书仆射、中书令、左仆射，晋为左卫将军，他坚决推让，于是改任为左光禄大夫。当时郡县里对待囚犯一向是借囚犯生病的时候用毒药把他毒死。王僧虔认为这种做法是不对的，上书表示反对，皇帝采纳了他的意见。

萧道成也擅长书法，他当皇帝后对书法的爱好一直没有减退。他曾和王僧虔比试书法，写完后问王僧虔谁是第一。王僧虔回答："我的书法是第一，陛下您的也是第一。"萧道成笑着说："你真可以说是善于为自己打算的人啊。"同时给他展示了11本古人的墨迹，并让他举出历朝历代书法家的名字。王僧虔也搜集到了许多民间收藏的古人墨迹，皇帝没有而他有的就有孙权、孙休、孙皓、桓玄、王导等人的，一共12本，全部呈交给皇帝。

王僧虔在论述书法的时候说："宋文帝的书法自称可以和王献之相比，当时人们的评论是：'他的天赋比羊欣高，但功底不如羊欣。'平南将军王广是王羲之的叔叔，在南渡以前书法水平最高。我的曾祖父的书法，王羲之评价说不比他自己差。能变化古代书法的，只有王羲之和我曾祖父了，不然我们还会继续以钟繇和张芝的书法为标准的。我堂祖王坦之的书法，王献之评价说：'我弟弟的书法就和骡子一样，跑得飞快，总想超过骏马。'张芝、索靖、韦诞、钟会、卫夫人他们都在前代出名，现在没办法判断他们的优劣，只能看到他们的笔力惊人。桓玄认为自己的书法和王羲之同属一流，人们认为他只能和孔琳之相比。羊欣的书法名重一时，受过王献之的传授，行书写得最好，楷书和他名声不相称。孔琳之的书法自然放纵，有笔力，但不如羊欣的字规范。丘道护和羊欣都受过王献之的指点，所以孔琳之在羊欣之下。范晔和萧思话都拜羊欣为师，后来范晔改变了师父的传授，失去了原来的规范，只保留了羊欣的一点笔意而已。萧思话的书法简直就是羊欣的影子，不在羊欣之下，遗憾的是笔力弱了点。"王僧虔的这些话大致概括了魏晋南北朝时期江南地区书法家的状况，他的点评很有道理，是书法史上很重要的一篇评论文章。

王僧虔还精通音乐，他在政治、书法等方面都有所成就，是一个全面发展的人，60岁那年去世，谥号"简穆"。

大科学家祖冲之

南齐建国时间虽然很短，但让它骄傲的是那个时代出了中国古代最伟大的科学家——祖冲之，仅仅这一个人，就足以让这个朝代永远留在人们的记忆中了。

祖冲之的祖父做过大匠卿，父亲是一名散官，地位不是很高。祖冲之年轻的时候就喜欢读书，人也很聪明，尤其精通数学知识。当时的皇帝刘骏听说了他的名声，把他安排在华林园工作，赐给他住宅、车马和衣物，后来又把他调到南徐州担任从事史，从此走上了仕途。祖冲之在官场上只是一个平凡的官员，但在科学面前，他有理由笑傲当时的任何一个人。

刘宋时期使用的历法是何承天制作的《元嘉历》，已经比古代的11家历法要准确精密了，可是祖冲之对它还是不满意，于是开始自己编写历法。祖冲之经过长期的观察测量计算，最后终于写成了一部新历法，叫作《大明历》。这部历法的精确程度达到了惊人的地步，它测定的一回归年（两年冬至之间的时间），跟现代科技测定的只误差了50秒。测定月亮公转一周的天数，居然跟现代科技测定的数据相差不到1秒。

祖冲之像

这部历法虽然精妙准确，但是在祖冲之把它交给皇帝刘骏，皇帝下令群臣讨论的时候，反对的人还是很多。戴法兴就第一个跳出来反对，他摆出的理由是祖冲之擅自改变古代的历法，是离经叛道，还说后人不应该改变古人制定的历法。祖冲之用事实驳斥了戴法兴的荒唐理由，刘骏找了些懂得历法的人和祖冲之辩论。那些人对祖冲之提出了种种责难，但祖冲之用正确的数据将他们一个个都驳倒了。但即便如此，刘骏对颁布新历法还是很犹豫，一直到他死，新历法都没有颁布。

刘骏死后，祖冲之被派到外面担任了娄县县令，后来又被调回了朝廷。当时缴获了后秦姚兴时期制作的一部指南车，但只有外壳，里面的机关都是空的，当这车走起来的时候，让人坐在车里面掌握方向。所谓指南完全是骗人的，完全想象不出姚兴要这种没用的东西做什么。萧道成执政后，听说祖冲之对机械方面很有研究，下令让祖冲之按照古代的方法重新制作一部真正的指南车出来。祖冲之改用铜来制造里面的机械，机巧多变，最后那车不管怎么转，始终都指向南方，这种技术是三国时期的著名机械专家马钧以后从来没有过的。当时有一个北方人索驭麟吹牛说自己也能造指南车，萧道成让祖冲之和他各造一辆，造好后在京城的乐游苑比试，同时进行校对的试验结果索驭麟造出的指南车误差非常大，萧道成很生气，下令把索驭麟造的车拆毁，当柴火烧掉了。竟陵王萧子良喜欢古代的文物，祖冲之就自己制造了一件欹器送给他，对他加以劝讽。欹器就是一种礼器，可以往里面装水，如果装满了它就会倾倒过来，如果是空的它也放不正。只有装了一半水的时候它才能端正地放着。

后来齐武帝的太子看到祖冲之的历法后，觉得那历法确实精确，启奏齐武帝请求施行，但太子不久病死了，这事情又被搁置了下来。直到祖冲之去世10年后，《大明历》才得以施行。

祖冲之懂得音律，还是玩博塞（当时一种流行的游戏）的高手，在当时无人能比。他认为诸葛亮能造出木牛流马，不用风、水这样的动力，而依靠体内的机关就能行走，也想造出类似的东西。后来他造出了千里船，在长江的新亭段试验过，一天能走100多里，是当时最快的船。他还发明了用水力推动石磨舂米磨谷子的水碓磨，试验的时候，齐武帝都亲自跑去观看。

祖冲之在数学上的造诣非常高，他曾经注解过中国古代的数学典籍《九章算术》，自己还编写了一本数学著作《缀术》。他最杰出的贡献是将圆周率推算到小数点后面第七位，是世界上第一个把圆周率推算到小数点后面第七位的科学家。西方的数学家直到1100多年后才在这方面超过了他。

祖冲之的儿子和孙子都继承了他的事业，对数学特别有研究。尤其是他儿子祖暅之，提出了一条原理，就是说同样高的地方横截面积相等的两个立体，它们的体积也必然相等（"幂势既同，则积不容异"），祖暅之用这条原理计算出了球体的体积。很可惜的是，这条原理并没有引起当时人们的重视，很快就失传了。直到17世纪的时候才被意大利的数学家卡瓦列里重新发现，所以西方把这条原理称为"卡瓦列里定理"，而中国一般把这条原理称为"祖暅之原理"。而祖暅之在研究学问的时候是非常专心的，连天上打雷他都听不到。有一次他走在路上，边走边思考问题，对面走来个大官徐勉，祖暅之根本没有看到他，结果一头撞到徐勉身上。这时候他还没反应过来，直到徐勉招呼他，他才像刚睡醒一样，赶紧施礼。徐勉也知道他这个人的特点，并没有怪他。祖冲之的孙子祖皓也是个数学家，很可惜的是祖皓后来死于战乱，这个科学世家从此就断绝了。

北魏肃贪

　　北魏的时候，朝中和地方的官员都没有俸禄。官员们也都想生活得更好一些，因此，上有政策，下有对策，大部分官员都开始贪污受贿了。对此，北魏主拓跋弘下了一道诏书，诏书上说："各级官员，如果有哪一个敢接受下级一只羊、一壶酒的，一经发现，当即处死。"

　　此外，诏书上还规定："行贿者和受贿者的罪责一样，一同处罚。凡是能够揭发尚书以下各级官员罪状的人，那么被揭发的官员的职位就由他来替代。"

　　给事中张白泽就劝拓跋弘说："陛下，臣知道在周朝的时候，就连最普通的雇工都能领取为官员耕地的俸禄，而现在我们朝廷中的各级官员，虽然担任了繁重的工作，却得不到相应的报偿。如果实行了接受礼品被杀头而由揭发者去代替官职的措施，臣很担心，这样会使得那些不法之徒乘机干出一些扰乱社会的事，如果是那样的话，就不好了。"

　　拓跋弘点了点头，示意他继续说下去。张白泽又说："非常忠于朝廷的官员害怕被人诬告，反而不敢严格执法。如果您想用这样的办法来得到安民和廉政的效果，恐怕很难办到吧。臣认为，您还应该按照从前的办法，发给官员任职的俸禄，给清正廉洁的官员们相应的报偿。只有这样，才能从根本上消除腐败，实现廉政。"

听了张白泽的这番话后，北魏主拓跋弘恍然大悟，于是撤销了新制定的治理贪污的办法。

齐武帝永明二年（公元484年）的九月，北魏朝廷下达诏书表示，从该年的十月开始，按季节给官员们发俸禄。按照以前的法律，凡是贪污十匹布，受贿二百匹丝绵等织物的人，都按死罪处理。从发放俸禄那一天开始，只要是受贿一匹织物，无论贪污多少，都从严按死罪处理。同时，北魏主还派出许多使臣，到各地检查、处理有贪污和受贿行为的官员。

恒农人李洪之是泰州和益州的刺史，因为是朝廷的外戚，所以十分富贵。在当泰州和益州刺史的时候，他不仅十分贪财，而且还很残暴。在朝廷实行给官员发俸禄的政策后，李洪之成为第一个因为贪污受贿而被查办的人。北魏孝文帝命令手下人给他戴上枷锁，把他押到平城，而且还召集了许多文武百官到场，孝文帝亲自列举了他的各种罪状。不过，因为李洪之是朝廷外戚，所以，孝文帝特许他在家中自杀，没有到刑场上砍头。此后，地方官员因贪污受贿而被处死的有40多人。一些曾经贪污受贿过的官员都吓得半死，从此以后，贪污受贿的事情几乎没有了。

对于官员和民众中有犯其他罪行的，孝文帝的处理却十分宽大。对一些有人上报要求严厉惩罚而又找不到确切证据的犯人，文帝往往减免了他们的死罪，改为发配到边疆。在一年中，大约有1000多例这样的事情发生。而后每年在京城中被判决执行死刑的人往往不超过五六个，在地方上也不多。

过了很久以后，淮南王给朝廷发奏章，请求朝廷恢复以前的制度，不向官员发放俸禄。文明太后接到淮南王的奏章后，召集群臣，在大殿上商议这件事情。群臣议论纷纷，中书监高闾向太后奏本说："太后，当饥寒交迫的时候，就连慈祥的母亲也顾不上孩子了。现在给各级官员发放俸禄，那么就可以避免清廉的官员以贪污受贿的做法来维持生计了，而那些有贪赃枉法行为的人也可以从中受到影响，变得清廉自守。"

太后想了想，并没有表态。高闾为了能够说服太后，继续说道："如果不发放俸禄，那么贪官不就更肆无忌惮地贪赃枉法了吗？而清廉的官员恐怕连生计也难以维持。您说，淮南王的建议不是有点儿太荒谬了吗？"文明太后连忙点头称是，马上下达了诏书，采纳了高闾的建议。

孝文帝改革

齐武帝永明十一年（公元493年）的秋天，北魏孝文帝拓跋宏率领一支30万人马的大队伍，浩浩荡荡地开进了洛阳。

孝文帝到达洛阳以后命令大军南下，去攻打南朝。文武大臣们听见孝文帝要攻打南朝，都吓得够呛，一齐跪下来，哀求孝文帝说："臣请求陛下不要攻打南朝了，先帝拓跋焘南征刘宋王朝的时候，那种战败而归的场面至今还令人心痛。臣唯恐这次南征，准备不充分，士兵们水土不服，白白送死，落得和先帝南征一样的下场。这是关系到我们鲜卑朝廷生死存亡的大事，还请您慎重考虑，不要草率从事。"

孝文帝听完以后，感觉大臣们说得很有道理，就对他们说："你们说得很有道理。事关重大，既然你们都不愿意南下，我也不会怪罪你们。但是，有一个条件，我要把都城从平城迁到洛阳，我们可以在洛阳养精蓄锐，等到时机成熟以后，再攻打南朝，统一中国。"

大臣们忙着说："只要陛下您停止南下，我们都赞同迁都洛阳。"

此后，孝文帝就把都城从平城迁到了洛阳。孝文帝迁都洛阳以后，进行了一系列大刀阔斧的改革。他试图改掉旧的风俗，于是，他就把文武百官召进了宫里。

孝文帝对文武大臣们说："你们是希望朕统治下的国家像远古商周、时期那么完善呢，还是希望连汉、晋也不如呢？"

咸阳王回答说："我们全都希望陛下能超越他们。"

孝文帝又说："那么，我们是应该改变我们的风俗习惯呢，还是让我们的风俗习惯永远不变呢？"

咸阳王又回答说："我们都希望陛下的江山每天都是新的。"

孝文帝继续问："那你们是希望我们的江山到我这一代就结束呢，还是希望它也能传给子孙后代？"

咸阳王回答："希望能一代一代地传下去。"

孝文帝于是就说："如果真是这样的话，那么我们就必须进行改革，你们谁都不允许反抗！"

还是咸阳王代表大家说道："天子下了命令，我们就只能执行了，谁还敢有所反抗呢？"

孝文帝又说道："古人说过'名不正，言不顺，则礼乐不可兴'。现在，我想在全国之内停止使用鲜卑语，都统一使用汉语；凡是年龄在30岁以上的人，已经习惯说鲜卑语了，就暂时不勉强他们使用汉语，30岁以下还在朝廷任职的人，绝对不准再使用过去的语言。如果谁要是执意不改，那么就要贬低或者是罢免他的官职。大家一定要牢记在心里，引以为戒。各位王公大臣、文武官员，你们说这样做对吗？"

大家都回答说："我们都按皇上的意思去办。"

孝文帝点了点头，继续说："我曾经和李充谈过这件事情，李充和我说：'四方各族的语言，谁知道哪一个民族的语言是最标准的呢？皇上您说的话就是标准。'李充说出这种话来，真是该死！"

李充当时也站在下面，听孝文帝这么一说，吓得双腿直抖。孝文帝看着李充又说："李充，你有负于国家，朕应该让御史把你拉下去斩了。"李充连忙摘下帽子，磕头请罪。

农耕图　南北朝

太和九年，北魏孝文帝颁布了均田令，授给平民与奴隶农田耕种，农田不得买卖。均田制以法律形式确认了劳动者对于土地的占有权与使用权。其后，隋唐均沿用并完善了此土地制度。

孝文帝又责备留守洛阳的官员们说："前些天朕仍然看到妇女们穿着夹领小袖的衣服在洛阳的大街上行走，你们为什么不执行朕上次发布的诏令，让她们改穿汉朝的衣服呢？"洛阳的各位官员纷纷跪下来请罪。

孝文帝就批评他们说："如果朕说话有什么不对的地方，你们就应该当庭指出来，为什么在朝廷上，你们口口声声说是要执行，而下去以后又不照办呢？"洛阳的各位官员都红着脸，不吱声了。

又有一次，有关官员上奏说："陛下，广州王的妃子死了以后，被安葬到以前的都城平城，现在广州王也去世了，是应该把他安葬到平城呢，还是把他的妃子迁到洛阳和他合葬？"

孝文帝就说："凡是从旧都城平城迁到洛阳来的人，死后应该统一葬在洛阳城东的郎山；如果此前有丈夫死在平城的，容许妻子死后到平城和丈夫合葬；如果是丈夫死在了洛阳，就不准把他再送回到平城与妻子合葬。其他各个州县遇到这样的事情的时候，可以随便处理。"

几天之后，孝文帝正式颁布诏令，诏令上说："从北方各地迁到洛阳的人，去世以后，只能就近安葬在黄河的南面，不准再到北方安葬。"

梁 纪

南朝梁（公元502～557年），萧衍建立，中国历史上南北朝时期南朝的第三个朝代。

萧衍做皇帝之后，初期的政绩是非常显著的。他吸取了齐灭亡的教训，勤于政务，而且不分冬夏春秋，总是五更天起床，批改公文奏章。他广泛纳谏，听取众人意见，最大限度地起用人才。萧衍很重视对官吏的选拔任用，他要求地方长官一定要清廉，并且经常亲自召见他们，训导他们遵守为国为民之道，保持清正廉明。政令执行起来后，梁的官治状况得到显著改善。

梁朝后期国势败坏，北齐和西魏相继来攻，失去了大片土地。萧方智时陈霸先废帝自立，改国号为陈。

尔朱荣之死

　　起初，尔朱荣只是北魏一员普通的将领，后来，因镇压农民起义有功，尔朱荣得到了朝廷的重用。渐渐地，尔朱荣的势力越来越大，到北魏孝庄帝时期，朝中大权可以说完全被尔朱荣控制了。孝庄帝很担心尔朱荣会在日后干出篡权夺位的事来，因此，就有了杀掉他的念头。

　　梁武帝中大通二年（公元530年）的九月，尔朱荣来到了洛阳。在他到洛阳之后，北魏孝庄帝就想把他杀掉，但是又担心杀了尔朱荣之后，远在并州的太宰元天穆会成为新的后患（元天穆是尔朱荣的亲信），所以才暂时没有杀尔朱荣，只是把元天穆也召回了洛阳。

　　有的人就对尔朱荣说："大人，皇帝想把您杀了。"尔朱荣随后就把这话对孝庄帝说了。孝庄帝对他说："外面的人也传言说你想要害我了，这样的话你怎么可以相信呢？"尔朱荣听孝庄帝这么一说，就不再怀疑了。

　　他每次入朝拜谒孝庄帝的时候，身边只带几十个人，而且全都不带兵器。孝庄帝一见尔朱荣这样，也就放弃了原先的打算，不想再杀尔朱荣了。

　　于是，城阳王元徽对孝庄帝说："陛下，即使尔朱荣他不反叛，您又怎么能容忍他呢？何况您又不能保证他不反叛啊！"听城阳王这么一说，孝庄帝又开始动摇了。

　　九月二十一日这一天，尔朱荣只在朝堂上待了一小会儿，随后就到陈留王家里喝酒去了，一直喝到酩酊大醉才回家。回家后，他就对外说是自己生病了，连着几天都没有上朝。就在那几天，孝庄帝要谋杀尔朱荣的计划被泄露出去了，尔朱世隆（尔朱荣的堂弟）听到消息以后，就劝尔朱荣赶快逃跑。哪知道尔朱荣一点也没把孝庄帝放在眼里，他对尔朱世隆说："怕什么，何必要这么匆忙地逃跑呢？"

尔朱荣可不是个一般的人，他势力很大，而且掌握着兵权。因此，和孝庄帝谋划杀尔朱荣的人都很害怕，孝庄帝也很担心。城阳王元徽就给孝庄帝出主意说："陛下，如果您以皇后生太子为借口，那么尔朱荣一定会入朝贺喜，到时候就可以趁机把他杀了，您说呢？"

孝庄帝就对城阳王说："皇后才怀孕九个月，这么说他能信吗？"

"传祚无穷"瓦当　北魏
瓦当上的四个字表达了北魏统治者希望皇位永传的愿望。

元徽就说："不到日期而提前生子的妇人多了，尔朱荣肯定不会怀疑的。"孝庄帝一听也有道理，就听从了城阳王的意见。

九月二十五日，孝庄帝在明光殿的东厢里埋伏下武士，并且还对外声言说皇后生了皇太子。孝庄帝派元徽飞马赶奔尔朱荣的府上，向尔朱荣报告皇后生了皇太子这一消息。

元徽见到尔朱荣的时候，尔朱荣正和元天穆在一起赌博呢。元徽见状，上前就把尔朱荣的帽子摘了下来，然后拿在手上转圈儿，向尔朱荣表示庆贺，说他又会升官了。随后，元徽就神采飞扬地把"好消息"对尔朱荣说了。尔朱荣一听也很高兴。再加上当时从皇宫内殿派出来的信史也前来催促他，所以，尔朱荣也就很轻易地相信了这一消息。紧接着，他和元天穆一起来到了朝中。

当孝庄帝听说尔朱荣来了以后，吓得惊慌失色，不知所措。中书舍人温子升对孝庄帝说："陛下，您怎么脸色都变了啊！"孝庄帝不说话，只是连连向手下的人要酒喝。孝庄帝命温子升撰写赦文，等写完以后，温子升就拿着赦文出去了，刚出宫殿就碰到了迎面而来的尔朱荣。尔朱荣见温子升手里拿着东西，就问温子升："你拿的那是什么？"温子升十分镇定，脸色一点都没变，对尔朱荣说："这是圣旨。"尔朱荣听温子升说完以后，也没拿过来看看，就大步流星地进殿去了。

进殿以后，孝庄帝坐在东墙下，面向西，尔朱荣和元天穆就在孝庄帝的西北面，面向南坐了下来。尔朱荣刚坐下，元徽就进来了。元徽给孝庄帝磕头跪拜，刚拜了一拜，光禄少卿鲁安、典御李侃晞等人就提着刀，从东门闯了进来。尔朱荣见状，赶忙起身，快步来到了孝庄帝的座位旁，可是他万万没有想到，孝庄帝事先早已在膝下放了一把刀。孝庄帝见尔朱荣冲着自己来了，马上抽出刀。尔朱荣来得太急，等他反应过来的时候已经迟了，被孝庄帝一刀捅了个透心凉，挣扎了几下就不动了。

鲁安等人见尔朱荣倒下了，奔上去一顿乱砍，元天穆也被这些人砍死了。尔朱荣的儿子尔荣菩提，以及车骑将军尔朱阳睹等30多名跟随尔朱荣入宫的人，也全都被伏兵杀死了。孝庄帝得到了尔朱荣的手版，这上面有几张启奏书，记的都是皇帝左右要除掉或者要留下的人名，不是尔朱荣心腹的，全都记在这上面。

孝庄帝处死尔朱荣后，就对左右近臣说："幸亏今天把这小子处死了，如果让他活过了今天恐怕以后就很难驾驭了。"他的近臣们也都非常高兴，欢呼声布满了整个洛阳城。

昭明太子萧统

萧统是梁武帝萧衍的儿子，他自幼就聪明伶俐，才华出众，而且还为人敦厚，生性善良。在萧统成人以后，梁武帝就让他参与朝政，凡是文武百官们上奏的奏章，全都交给他来处理。萧统明辨是非，也很细心。每当发现文武官员的错误时，他并不苛刻地去追究责任，而是让他们改正就罢了。他在处理案件的时候，也都以宽大为怀。因此，萧统深受人们的喜爱。但是，在宫廷之中，他这样的人毕竟很难存活。在一次被人诬告后，引起了父亲萧衍的猜疑。结果，萧统悲痛万分，含冤而死。

事情是这样的：一天，梁武帝萧衍的身体有点不舒服，于是，他就待在养心殿中休息。就在他闭目养神的时候，忽然看见一个小太监在外面探头探脑，于是萧衍就厉声喝道："你在外面贼眉鼠眼地干什么呢？难道是想谋杀朕不成？"不料那个小太监一下子就跑了进来，跪着对梁武帝说："不！陛下，我不是要害你的，是有人要害皇上。"

萧衍一听这话大吃一惊，就知道一定有情况，于是就问小太监说："谁要害朕？"

小太监哆哆嗦嗦地说："是，是太子！"

"你说什么？来人，把他推出去砍了！"萧衍怎么也不相信太子会害他。

萧衍从小就对太子很疼爱，况且太子从15岁开始就帮他料理朝政，为人老实忠厚，他怎么可能加害自己的父亲呢？因此，萧衍一听小太监说太子要加害自己，就勃然大怒，要将他斩首。

小太监一听皇上要斩自己，就吓得大喊大叫，对萧衍说："陛下，我说的每一句话都是真的，不信的话，您可以到临云殿内的杨柳树下，派人去挖，一定能挖出蜡鹅。太子曾经命令道士做法，诅咒陛下早死，陛下您想想，为什么近几个月身体会感觉不舒服呢？"

萧衍本来不相信，但是小太监的最后一句话却令他深思。他想："我在养心殿养病没有几个人知道啊！莫非小太监说的是真的？"于是就派人把小太监叫到跟前细问。

小太监一见萧衍不杀他了，就眼珠一转，对萧衍说："陛下，宁可信其有，不可信其无。您一定要保住您的龙体，我说出来您一定不要生气，太子这几天经常领一帮人在紫云殿聚会，他们鬼鬼祟祟的不知道想干什么。"

萧衍听完小太监的话以后，顿时十分愤怒，就带了十几个人直奔紫云殿而去。到那以后一看，太子果然与一群人正在商量着什么，见自己来了以后，还都显得十分慌张。于是，萧衍怒气冲冲地对太子说："逆子，等我找到证据以后再说。"

难道是萧统真的想篡权夺位吗？否则他和那么多人在紫云殿商量什么呢？

其实，事情的原委是这样的。萧统非常爱惜人才，有一天他看到了著名的文学评论家刘勰所写的《文心雕龙》的手稿，看完以后爱不释手，对刘勰的才华很赏识，于是就召见了刘勰。二人一见如故，谈得很投机，他们从《文心雕龙》一直谈到太子所主持编撰的《文选》。刘勰还为太子的文选提了很多意见和建议，太子非常高兴。

第二天，太子又请了许多文人雅士，都一一介绍给刘勰认识，这些人见面之后，都畅所欲言，就像老朋友一样。以后，他们就经常聚到一起谈论诗书，研究治国之道。今天，他们相聚在紫云殿，一起商量给《文选》作序的事情。几个人正谈得高兴的时候，忽然听说皇上来了，太子等人赶忙出去迎接，不料皇上却怒气冲冲地说什么"寻找证据"，于是，太子和众人都愣住了，不知道发生了什么事情。

就在这个时候，先前那个小太监拿着一只蜡鹅慌慌张张地跑了进来，跪下对萧衍说："陛下，果然发现了这个！"旁边的太子一见此情景，吓得魂飞魄散，他知道自己这是遭人诬告了。可是心里越着急，就越说不出话来，他没想到自己平日对人那么好，还遭人暗算，就算是跳到黄河里也洗不清了，想到这儿，不由得天旋地转，晕了过去。

那个害太子的人到底是谁呢？他就是那个小太监。这个小太监原来是太子身边的近人，太子的母亲病故不长时间，太子就要给母亲做"生忌"，提前让一个太监值一个夜班。不料，小太监竟不负责任，胡乱熬到半夜就跑出去和宫女鬼混了。太子在巡视的时候，正巧逮住了和宫女厮混的小太监。要是换作别人的话，即使不杀，也得严惩他，而太子却没有治他的罪，只是不再像从前那样亲近他了。哪知道这个小太监不识好歹，知恩不报，还反过来怀恨在心。当他探听到皇帝的身体不舒服的时候，就前去向皇上诬告太子，说太子让道士做法，诅咒皇上早死，想篡权夺位。

萧衍哪里知道这些事情，他见太子当场晕过去，还以为他做贼心虚，也就不理不睬，一挥袖子走了。回到自己的寝宫以后，萧衍越想越伤心，越想越生气，于是，一怒之下，就杀光了太子身边的所有文士。

太子听到这件事以后，连喊冤枉，从此一病不起。满朝的文武大臣纷纷上奏，请萧衍明察。最后终于真相大白了，但此时太子已经病得很厉害，无药可治，没几天就去世了。

太子死后，萧衍很伤心，在看到太子编撰的《文选》的时候，悲恸欲绝，含泪在文选的扉页上写下"昭明文选"四个字，并降旨追封萧统为昭明太子。

"山中宰相"陶弘景

陶弘景字通明，晚年号华阳隐居，丹阳秣陵（今江苏南京）人，我国古代杰出的医学家。他幼年受葛洪的影响，立志修仙学道，在37岁时辞去官职，隐居句容茅山，遍游名山，寻访仙药，炼丹修道。他知识渊博，在药物、天文、地理、冶炼、生物、数学方面都有研究。

梁朝的时候，梁武帝萧衍希望请他出山帮助自己治理国家，可是陶弘景谢绝了他的好意。最后，梁武帝就只好在有大事的时候去咨询他，因此，人们称他为"山中宰相"。

陶弘景不迷信古书，从小就有独立思考、独自研究的精神。《诗经》里有这样的记载："蜾蠃这种小虫子，只有雄虫，没有雌虫。那它们是怎么繁殖后代的呢？它经常到菜地里把一种叫螟蛉的虫子衔回到自己的窝里，然后就对它念念有词地说：'快点变成我！快点变成我！'过不了多久，螟蛉果然就变得和蜾蠃一模一样，成了蜾蠃的儿子。"《诗经》里是这样说的，一代一代传下来，人们就全都以为是真的了，还把蜾蠃衔来的螟蛉称为"螟蛉子"。

有一次，陶弘景读到《诗经》里关于蜾蠃的诗句，他觉得诗句上所说的特别值得怀疑。恰巧在这个时候，有个朋友来拜访他，谈起了这个问题。朋友就对他说："您是一本活书，什么都知道，您给我讲一讲蜾蠃领养螟蛉子究竟是怎么回事。"这下可把陶弘景给难住了，他一时间回答不上来，只好红着脸对朋友说："这个问题我还没研究过呢！等我查查书再告诉你吧！"

陶弘景回去以后查了很多书，可是，不管是古代的，还是当时的书，说法全都和《诗经》里的一样。陶弘景

陶弘景与《本草经集注》

中国现存最早的药物学著作是汉代的《神农本草经》，共收药物365种，分上中下三品：上品无毒或毒性小；中品有的有毒，有的无毒；下品有毒，不能久服。该书成书后，经辗转传抄，有不少错误混乱。经历了南朝宋、齐、梁三个朝代的陶弘景（公元456～536年）决定对它进行校订和整理，写成《本草经集注》。他结合自己的经验，对药物作了鉴别和补充，收的药增加到730种。对药物的性味、产地、采集、形态、鉴别诸方面的论述，有显著提高。在分类方面，从原来上中下三品，改为七大类，即玉石、草木、虫鱼、禽兽、果菜、米食、有名无用（未经验证之药）。书中又提出了一个"诸病通用药"的列记表，如治黄疸有茵陈、栀子、紫草等。此书对后世影响很大，唐《新修本草》、明李时珍《本草纲目》都是在其基础上发展起来的。

就想，这些书都是我抄你，你抄他写出来的，查书肯定是查不出结果了，还是亲自去观察一下吧！

经过细心观察，陶弘景终于发现了蜾蠃衔螟蛉的真相。原来，蜾蠃也有自己的后代，它衔螟蛉只是把它当作后代的食物。它用嘴巴上的针把螟蛉刺个半死，然后衔回到自己的窝里。等自己产卵孵化出幼虫之后，幼虫就把螟蛉当作食物吃了。

等到他的那位朋友再来拜访的时候，陶弘景把螟蛉变蜾蠃的秘密告诉了他。后来，人们就全都知道了，也就不再相信那个传说了。

陶弘景用这种科学的态度，对中药进行了研究。汉代有人写过一本医学专著《神农本草经》，这部书记载了365种药物，并且还把这些药物分成了上品、中品和下品。上品的药物没有毒性，有强健和滋补身体的功效；中品的药物有毒性，既有治病的功效，又有滋补的功效；下品的药毒性较大，主要是用来治病的。这里所说的"毒性"，并不是指对人的身体有毒，而是指治疗疾病的作用。这样的分类方法很粗糙，也不太恰当，还很容易出差错。于是陶弘景收集了《神农本草经》上没有记载的新药365种，再加上以前的药，共730种，写成了一本新书《神农本草经集注》。在这本书里，陶弘景不按以前的上中下三种来分类，而是根据药物的天然属性来划分。他把中药共划分为玉石、草木、虫鱼、禽兽、果菜、米食和有名无用七大类，在每一种药的下面还注明了药的用途以及药性。

人们在翻阅这本书的时候，可以很方便地查到自己所需要的药物。

他还规定了丸、散、膏、丹、汤、酒的制作规程，统一细分了称量药物的斤两标准。这部著作是《神农本草经》之后几百年间药物知识的一次总结，在本草学的发展史上具有承上启下的重要地位。

陶弘景研究中药并不是闭门造车，而是自己背起行囊，拿着锄头到野外进行实际考察，还十分注意收集民间的药方。他认为民间的那些经过长期生活实践积累出来的治病药方，实用性很强。有一次，他走累了，就到一个村庄里休息。这个村子里有个人小便不通，很痛苦。村子里的老人就找来一些牵牛子，碾成粉末，和着水给这个人服了下去。过了不大一会儿，这个人的小便就通了，人也舒服了很多。陶弘景看到这种情况以后感到很惊奇，就拿出笔墨记了下来：牵牛子利小便。在陶弘景的著作里，很多地方都反映了劳动人民的智慧成果。

陶弘景不但是一位科学家，而且还是一位文学家，他写的诗、词、赋、文论都很典雅，在当时名气很大。

足智多谋的高欢

高欢是尔朱荣的侄子尔朱兆的部下，是一个富有雄才大略的人。因此，尔朱兆很嫉妒他。他们两人心里都很明白彼此不能相容，共事不可能长久。高欢想施展自己的才华，干一番惊天动地的事业，所以，他总是想方设法摆脱尔朱兆的控制。

一次，晋州一带爆发农民起义，搞得尔朱兆焦头烂额。无奈之下，尔朱兆只好硬着头皮来找高欢，希望他能够给自己想一个对策。

高欢一见机会来了，说：“大王，依我看来，这么多人反叛朝廷，按理应该全部杀掉。然而现在又不可能全部都杀了，所以说，大王最好派一个亲信前去杀了他们的头领，然后统率他们。只有这样才能平定叛乱。”高欢的话正说到了尔朱兆的心坎里，于是就对高欢说：“你说得很好，那么谁可以先去平叛呢？”

这个时候，尔朱荣的亲信贺拔允正好也在场，他是一个糊涂的人，不明白其中的事理，就连声说道：“高欢在晋州多年了，在当地可谓是深入人心，如果让他去的话，一定可以把事情办好。”

高欢这时虽然心里乐得开了花，但是并没有表现出来。只见他忽然跳了起来，显得十分愤怒，冲上去一连在贺拔允的嘴上打了几拳，贺拔允的门牙被打了下来，满嘴都是血。高欢边打边骂："天柱大将军活着的时候，你和我都像狗一样对待着主人，总是趴在地上听从他的指示，如今天下的事情都由大王做主了，你没等大王说话，就赶着发起言来，这还了得！"然后，他又回过头来对尔朱兆说："大王，这样不懂得上下的人，要他还有什么用呢？还不如早一点杀掉算了。"

尔朱兆本来就对高欢不放心，打算另派人去，现在一看他这样，反而以为高欢很忠于自己。于是就毫不犹豫地把军权交给了他，派遣他前往晋州收编葛荣的流散部队。高欢大喜，但是他又怕尔朱兆反悔，于是就立即和尔朱兆告辞。回到自己的地盘后，他就召集部将对他们说："众位，受大王的委派，现在所有的部将都听从我的指挥，请立即集合。"将士们一直都不喜欢尔朱兆，也很愿意听从高欢的派遣，于是就都按时到指定的地点集合了。

骑兵和步兵战斗图　南北朝

魏晋南北朝时期是中国古代骑兵发展史上继西汉骑兵兴盛之后的又一个大繁荣阶段。这主要表现在骑战成为当时战争的主要方式，重甲骑兵的建设与运用进入全面发展时期。该图取自甘肃省敦煌285窟壁画，绘出重装骑兵和步兵战斗的场面。

尔朱兆的长史慕容绍宗劝尔朱兆说："大王，如今天下动荡，很多人都心怀叵测。高欢这个人本来就很有野心，雄才盖世，现在又让他手握重兵，远离大王，岂不是如鱼得水，可以大施拳脚了吗？这样的话，恐怕您以后就更难控制他了。"

尔朱兆曾经和高欢结拜过兄弟，因此他就对慕容绍宗说："我和他曾经烧香发过誓，这还有什么可忧虑的呢？"

绍宗就对他说："亲兄弟还互相残杀呢，结拜兄弟算什么。"

高欢在事先早已料到自己走后，一定会有人向尔朱兆进谗言，因此，他预先就给尔朱兆左右的人送了礼。于是，当慕容绍宗向尔朱兆说完这些话以后，那些接受高欢钱财的人就和尔朱兆说："大王，慕容绍宗一直和高欢不和，所以就向您说高欢的坏话。"尔朱兆信以为真了，于是就把慕容绍宗给关了起来，还督促高欢快点出发。

高欢马上带兵出发了。在半路上，他碰到了尔朱荣的妻子刚从洛阳回来，还带着三百匹良马，于是高欢就给劫了下来，据为己有。听到这个消息后，尔朱兆才知道高欢图谋不轨，连忙把慕容绍宗从狱中放了出来，向他询问计策。

慕容绍宗对他说："大王，现在追还不晚，高欢还在大王您的手中。"尔朱兆听后不敢耽误，马上派兵追赶。

尔朱兆追到漳水，恰巧遇上涨潮，桥梁被冲毁了，没办法渡过河去。他就指责对岸的高欢说他不应该夺走良马。高欢说："大王，我只是想向您借三百匹良马，为了作战的需要罢了，没有什么其他的打算。大王您竟然听信别人的谗言，亲自追来，现在我不过河向大王请罪，是因为我怕这边的部队会发生叛乱啊！"

此时，尔朱兆依旧把高欢的话当真，还埋怨自己听信谗言。于是，他就把刀扔在地下说："将军既然是这样，我还有什么好忧虑的呢？"他还单独涉水过河向高欢解释。尔朱兆还拔下佩刀，伸长脖子叫高欢砍。高欢不接刀，还哭着说："自从天柱大将军死了以后，除了大王您，我还能依靠谁呢？我愿意为大王效犬马之劳。如今有人挑拨离间，大王还说这样的话，让我以后怎么做人呢？"

当天晚上，尔朱兆就住在高欢的营中，高欢的部下抱怨他把尔朱兆这个狼引了进来，就说："将军您既然不想在他的手下做事，就应该在他让你杀的时候一刀了结了他，以免生出后患。"他们在和高欢说这话的同时，还在外面埋伏数百名壮丁，打算在夜间把尔朱兆杀掉。

高欢制止了他们，和他们解释说："我现在如果杀了尔朱兆，他的党羽们一定会聚集起来给他报仇，而现在我的兵力还不行，如果有人要是乘机而入的话，那危害就更大了，还不如暂时先放过他。他是个有勇无谋的人，以后除掉他，问题不是很大。"

直到此时，人们才明白了高欢为什么不杀尔朱兆，都很佩服他的远见卓识。

第二天，尔朱兆返回了自己的军营，还摆了酒宴，请高欢去。高欢也很想前往，但是，他的心腹反复和他陈述其中的利害，为了防止意外发生，高欢接受了心腹们的意见，婉言谢绝了尔朱兆的邀请。

就这样，高欢渐渐摆脱了尔朱兆的控制，自己掌握了兵权。等势力壮大以后，他就吞掉了尔朱兆势力，控制了东魏政权。

梁武帝之为政

梁武帝是个很孝顺的人，也特别平易近人，而且还十分有礼貌，有涵养。

梁武帝知识广博，知书达理，对于阴阳、卜筮、骑射、音乐、书法、围棋等都十分精通。他在处理政治事务的时候，对自己要求很严格，做什么事都不敷衍了事，一切都十分谨慎。此外，梁武帝当政期间十分勤政，从来不偷懒。

在冬天的时候，梁武帝常常刚过四更天就爬起来处理国事了。因为天气太冷，他握笔的手裂开了一道道的口子，可是他从来不放在心上，依然继续处理政事。此外，他还一直遵守着佛教的饮食习惯，从来不吃鱼、肉等带荤腥的东西，并且每天只吃一顿饭，吃的也就是最简单的蔬菜汤和糙米饭。有的时候，由于国事太多，太阳已经升得一竿子高了，他还来不及吃饭，于是就漱漱口，全当是吃过饭了。

梁武帝不光吃上不讲究，穿也不

梁武帝像

奢侈。按理说，堂堂一朝皇帝，身上穿着绫罗绸缎也并不是什么过分的事，可是他却总是穿着粗布衣服，一顶帽子要戴两年多才肯换，一床被子也要盖两年以上。别看梁武帝穿衣节俭，但是他的衣冠一直都十分整洁，即使不在大庭广众之中，他也是这样，就连上厕所和三伏天的时候，也没有衣冠不整、袒露肌肤的时候。

不光对自己要求严格，梁武帝对别人也同样对待。他后宫的嫔妃们也没有什么华丽的服装。梁武帝不喝酒。除了举办大型宴会、进行佛事活动和祭扫寺庙的时候，他也从来不让人奏乐。他对待宫中的太监也十分尊重，就像对待自己重要的宾客一样。但是，有的时候，他对待自己下属的官吏们过于宽容，从而导致这些官吏们肆无忌惮、有恃无恐地盘剥老百姓的钱财。朝廷所派出的使者，到各个郡县以后，也任意搜刮钱财。他还经常听信那些奸佞小人的话，因此，在处理政事的时候，往往又显得苛刻严酷。他也建立了不少寺庙，浪费了不少的劳动力和钱财。

梁武帝很崇尚文雅的东西，不太赞成使用刑法。因此，梁朝的宫廷大臣们也都不太把心思放在处理案件上。奸猾的官员们以权谋私、行贿受贿的现象很普遍，冤枉好人、滥施刑法的事情不计其数。有人曾不完全地统计一下，每年大约有5000人被判处两年以上的徒刑，被判苦刑的人，只能凭着自己的技能或者是出卖自己的体力去干活。如果不能干活的话，他们就只好戴着枷锁忍受折磨了，只有在生了重病时才可以把枷锁暂时取下。在进入牢狱中以后，囚犯们因为家境的不同会遭到不同的对待。

梁武帝一天天地老了，每天都忙着处理国事，再加上他一心向佛，所以，每当有犯人被判了重罪，他就闷闷不乐。有时候甚至发现了要造反的人，他也不忍心严厉惩处，而是流着泪原谅了他们。

王公贵族们越来越横行霸道，有胆大的居然敢大白天跑到街上杀人，有的还乘着夜色干起了抢劫的勾当。一些犯了重罪的逃犯，一旦躲进王公贵族的府邸，司法官员们就不敢前去搜捕了。这一切梁武帝都知道，但是他一直都坚信佛教慈悲为怀的理论，所以一直没有采取措施禁止这些事情。

侯景叛梁

东魏的司徒侯景，右腿有残疾，骑马射箭、马上步下功夫，他都不在行。但是，这个人却特别善于谋算。当时，高敖曹、彭乐等人都是最勇猛的将领，而侯景却很看不起他们，说："这些人就知道横冲直撞，他们能干成什么大事呢？"

侯景与丞相高欢的儿子高澄是一对儿冤家，在高欢活着的时候，两个人就经常明争暗斗。等高欢去世以后，侯景考虑到自己与高澄不和，害怕高澄害了他，于是就反叛了东魏，想要归附西魏。后来，侯景又改变了主意，上表请求投靠梁武帝。恰巧，就在他上表的当天，梁武帝做了一个梦，他梦见中原的长官投降了他。因此，当侯景派去的人说侯景请求投靠他的时候，梁武帝就认为这是天意，不顾大臣的反对，收留了侯景，还把侯景封为河南王，让他管理河南等地。

侯景在归顺梁武帝之后，曾多次请求出兵与东魏的高澄决战，结果梁武帝一直没有同意。一次，侯景假造了一封来自东魏都城邺城（今河北临漳西南）的书信试探梁武帝。他在信上借高澄的口气说，如果肯把侯景交出来，就把当时梁朝被抓的贞阳侯萧渊明送回梁国。梁武帝考虑再三，就想答应。侯景知道梁武帝的反应后，就对左右的人说："我早就知道这个老家伙是个薄情寡义的人。"于是，在这件事以后，侯景有了反叛的心思。

梁武帝太清元年（公元547年），侯景在寿阳（今安徽寿县）起兵。他杀掉了中领军朱异、少府卿徐骥等人，反叛了梁朝。由于朱异等人为人奸诈、贪婪而骄奢淫逸，欺骗梁武帝，当时的人们很痛恨他们，侯景正好借杀他们的机会起兵叛乱了。

侯景的军队很快就打到了长江以北，梁武帝派他的六儿子萧纶带兵讨伐侯景，还派他的侄子萧正德守卫长江南岸，保卫京城建康。谁知萧正德早有夺取帝位的野心。于是，他就乘机和侯景勾结，做了侯景的内应。萧正德想在攻下建康城以后，自己当皇帝，侯景知道他的这一想法以后，就很自然地答应和他联手。于是他们二人相互勾结，萧正德在夜里给侯景准备了许多船只，把这些船只首尾都连接起来，让侯景的部队很顺利地渡过了长江，攻入了建康城（今江苏南京）。

虽然侯景已经进入了建康城，但是，只是进入了外城，而梁武帝却是住在中间的台城（今南京鸡鸣寺）。于是，侯景就让士兵们用火攻的方式，重点攻击台城。一时间，火光冲天，战鼓雷鸣，喊杀声震天。台城的守将羊侃见台城起火了，就赶紧命士兵们运水救火，人多力量大，火很快就被扑灭了。

侯景一见，赶忙命令士兵们用斧头劈砍台城的城门，希望能够破门而入。羊侃看见侯景的士兵们恶狠狠地砍城门，就命令自己的士兵用弓箭射杀。结果，乱箭一发，侯景的手下就全都变成了刺猬。侯景见无法进入城内，就只好暂时撤走了。

侯景不甘心失败，夜里他就又组织队伍，打着灯笼火把，再次对台城发起了进攻。但是，还是没有什么结果。侯景见攻不下台城，就派人前去劝羊侃投降。使者对羊侃说："只要你打开城门让我们进去，我们不但不杀你，而且还会让你做太尉；如果不开城门的话，等我们进去以后，全城的人都得被处死。"羊侃就对劝降的人说："侯景已经是个阶下囚了，自己的性命都难保了，让我投降，你们想都别想！"

见羊侃软的硬的都不吃，侯景只好采取久困台城的办法了。他想让台城与外部隔绝，等里面的粮食全部吃完，他们就会主动献城了。侯景害怕台城外的老百姓会接应台城内的官兵，于是就把他们的粮食全部都抢光了，还让他们服兵役，在台城的外围修筑土山。服兵役的百姓们忍着饥饿，挑着很重的泥土，每天都干活，连累带饿，死了很多人。有的人实在担不动土了，就被士兵们杀死，扔到土山上，充当了建筑土山的材料。台城外的居民大部分都死了，被堆在土山上，因此，侯景修筑的土山很快就高出了台城的城墙。

羊侃为了防止侯景借助土山进入，就在城里堆筑土山，但是城内的人比较少，粮食很快就被吃完了，所以，他们的土山越堆越慢。侯景堆筑的土山高出城墙以后，就开始率领士兵们对台城发动进攻了。于是，侯景和羊侃的军队就在土山上展开了决战。双方又僵持了很长时间。后来，下了几天大雨，台城内的土山被冲塌了。侯景见此机会，就命令自己的士兵在弓箭的掩护下攻城。他的士兵们很快就越过城墙，进城打开了城门，一股脑涌进了台城。羊侃率兵奋力抵抗，但是由于断粮多时，士兵们饿得难以坚持，所以，很快就被打败了，台城失陷。

侯景的士兵们进入台城内，开始大肆地屠杀抢掠。侯景命令部下先把萧正德杀死，而且还说："这家伙，连养育他多年的叔叔都能出卖，留着又有什么用呢？"紧接着，他又闯入皇宫抓住了梁武帝，并把他软禁起来，最后，把他活活地饿死了。

梁武帝死了以后，侯景拥立萧纲做了傀儡皇帝，萧纲就是简文帝。

陈霸先抗齐

南梁元帝萧绎继位之后，任命陈霸先为大司空，而且还让他兼任扬州刺史，镇守京口（今江苏镇江）。王僧辩被任命为太尉，负责全国的军事，镇守石头城（今属于江苏南京）。

萧绎做了皇帝以后，他的侄子萧詧和他的兄弟萧纶、萧纪开始互相残杀，争夺皇位。为了达到自己的目的，萧詧不惜引狼入室，让早就想灭掉南梁的西魏来帮助他夺得皇位。结果，在西魏的帮助下，萧詧攻下江陵（今湖北江陵），杀死了萧绎，自封为梁王。西魏的军队在南梁烧杀抢掠，无恶不作，大肆抢劫金银珠宝，还把数万人掠走当奴婢。随后，他们把江陵交给萧詧去管理。萧詧自称皇帝，仍称为梁朝，作为北国的附庸。

江陵被西魏攻破以后，陈霸先和王僧辩不承认萧詧这个皇帝，于是就在建康（今江苏南京）立萧绎的儿子萧方智为皇帝，也就是南梁敬帝。就在这个时候，被东魏俘虏的贞阳侯萧渊明被北齐兵给送了回来，北齐想让萧渊明回来当皇帝。王僧辩是个反复无常的人，他为了个人的利益，答应了北齐的要求，废掉了南梁敬帝，辅佐萧渊明当了皇帝。

在这之前，陈霸先曾经苦苦劝说过王僧辩不要这样做，结果王僧辩不听，还是执意废掉了南梁敬帝，在建康立萧渊明为皇帝。为此，陈霸先十分愤怒，在私下里曾慨叹地和他的亲信们说："武帝的子孙们很多，而只有元帝萧绎能为他的祖宗报仇雪恨，他的儿子有什么过错呢？怎么能说废就废了？我和王僧辩一起接受先帝的委托，然而王僧辩怎么说变就变了呢？他依靠齐国，不按次序列天子，到底想干什么啊？"

陈霸先越想越气愤，就和部将侯安都起兵攻打建康，打算除掉王僧辩。

侯安都率领自己的人马很快就到了建康，而且还打败了王僧辩的军队，冲进了建康城。王僧辩一听说城外有人杀了进来，大吃一惊，然而，此时侯安都的人马已经攻了进来。王僧辩在手下的拼命保护下向南门逃走，不料，陈霸先的人马已经从南门杀了进来。王僧辩走投无路，束手就擒，当天晚上就被陈霸先杀了。紧接着，陈霸先又杀死了萧渊明，重新立萧方智为皇帝。

王僧辩死了以后，他的党羽们继续和北齐勾结，乘陈霸先到义举（今在江苏、浙江的交界处）平定叛乱的时候，偷偷袭击了建康，占领了军事要地石头城。与此同时，北齐还派了5000兵马，从采石（今属安徽马鞍山）渡江，占领了姑孰（今安徽当涂），控制了建康的西南门户。陈霸先知道这一消息以后，连夜赶回了建康，乘着天黑袭击了长江北岸的北齐军，火烧了他们的粮船。然后，他又包围了石头城，把城中的水源切断。北齐军为了摆脱绝境，被迫向陈霸先求和。陈霸先知道这是北齐军的诡计，但是因为军队中的一些其他原因，就答应和他们讲和了。他对自己的部属们说："北齐人这次求和是被迫无奈的，他们是一些反复无常、不讲信用的人，很可能还要卷土重来，我们都应该做好准备。"

等和北齐的和约达成以后，陈霸先一方面清除王僧辩的残军，为巩固后方做准备；另一方面派兵驻扎在淮河沿岸的方山一带，防御北齐的入侵。

果然，没过多长时间，北齐就撕毁了和约，又来入侵，并且还占领了江南的一些地方。幸亏陈霸先早有准备，加上战士们作战勇猛，所以，北齐军队始终不能靠近建康。建康的老百姓也都很支持陈霸先对抗齐国，并且经常用荷叶包饭，煮好鸭肉，争着送给在前线与北齐作战的战士。北齐军队每到一处，都会受到江南人民的坚决抵抗。陈霸先的部队没有房子住，就住在泥泞的草地里；军粮供应不上，就靠百姓接济维持生计。就这样，陈霸先终于打败了北齐的军队，保卫了江南。

此后，陈霸先的威望逐渐提高。南梁敬帝还特封他为陈国公，总揽朝政大权。

陈 纪

　　陈朝，即南朝陈（公元557～589年），中国历史上南北朝时期南朝的最后一个朝代，由陈霸先代梁所建立，以建康（今南京）为首都。陈朝建立时已经出现南朝转弱，北朝转强的局面。陈朝刚建立时面临北方政权的入侵，形势十分危险。陈朝开国皇帝陈霸先在政治上宽政廉平，怀柔天下；在军事上抵御北朝入侵和压迫；在经济上发展了长江流域的经济，使之成为中华文明繁荣的中心，奠定了岭南及东南沿海经济腾飞的基础。陈叔宝即位后，沉迷酒色，国内政治腐败。当隋军南下时，君臣自恃有长江天险和城墙，不肯派兵援救。陈最后被隋所灭。

陈叔宝兄弟争位

陈文帝在登上皇位的第七个年头上就病倒了。临终之前，他对自己的二弟陈顼说："兄弟，我的儿子伯宗还小，又很柔弱，恐怕担不起天下大事，我死了以后，就把皇位传给你了，以免皇室内部发生动乱，弄得国家不得安宁。"

其实，陈顼早就有了称帝的野心，但是，哥哥当着众人的面传位于他，所以他只能尽力掩饰自己，假意不肯继承皇位。但陈文帝死了一年以后，陈顼就废掉了自己的侄儿伯宗，自己当上了皇帝。

陈顼的即位还比较含蓄一点，他的儿子们就不这样了。在陈顼将要死的时候，儿子们就开始争夺皇位了，他死了以后就争得更厉害了。

在陈顼将要断气的时候，他的二儿子陈叔陵就想把已经被封为太子的陈叔宝给杀掉。陈叔陵让管理医药的人给他把剑送来，管理医药的人以为他要给皇帝举行送终仪式，结果拿来了一把木剑，使陈叔陵想法落空。

陈叔宝虽然没有什么才能，但是对陈顼却十分孝顺。在陈顼病重的时候，他经常守在陈顼的

历代帝王图卷·陈后主像　唐　阎立本
陈后主承父祖之业，割据江南，内惑于张、孔二贵妃，外惑于群小，以至国破家灭，身为臣虏。入隋后贪求爵禄，是以隋文帝叹曰："陈叔宝全无心肝！"

床前，嘘寒问暖，寸步不离。陈叔陵想要实现自己的皇帝梦，也就学着陈叔宝天天看望陈顼。但是他心里想的却是等父亲咽气了，如何杀死哥哥陈叔宝，夺取皇位。

在陈顼遗体入殓的那一天，陈叔宝哭得很厉害，陈叔陵趁哥哥不注意，拿起刀就向哥哥的脑袋砍去，结果，陈叔宝当场晕了过去。幸亏柳皇后和奶娘吴氏及时挽救，陈叔宝才免于一死。等陈叔宝醒来，陈叔陵就逃走了。陈顼的四儿子陈叔坚，一直野心勃勃，他见二哥不想放过大哥，就把二哥陈叔陵抓住交给了大哥陈叔宝。可是，陈叔陵趁他们都不注意的时候逃跑了。

陈叔陵的势力在始兴（今广东韶关），建康（今江苏南京）城里都是陈叔宝的势力。本来他可以跑出京城到始兴，但是，慌乱之中却跑到了东府城（今属江苏南京），在那里还有他的几个部下。到东城府以后，他派人把城都封锁了。为了壮大自己的力量，他还打开了监狱，把犯人放了出来，收进自己的军队，想让他们与自己共同对付哥哥陈叔宝。

陈叔陵披着铠甲站在东府城的西门楼上，对下面的老百姓喊话说："你们谁要是加入我的部队，等我登上皇位以后，封你们做高官。有王公大臣来辅佐我的，我给你们官升几级。"城里的老百姓都知道他残忍狠毒，不体贴下人，因此，没有多少人愿意跟随他。

陈叔宝待在皇宫里养伤，把大事都委托给四弟陈叔坚处理，他还让陈叔坚见机行事。陈叔坚见二哥陈叔陵孤军奋战，成不了什么气候，心想只要杀了二哥陈叔陵，将来朝中的大权就一定会落到自己的手里。于是，他就派右卫将军萧摩诃带领5000人马围困了东府城。

陈叔陵知道萧摩诃很会作战，而自己势单力薄，人马很少，于是他就给萧摩诃送礼，诱惑他投降，并且对他说："太子叔宝软弱无能，很难挑起国家的重担，如果你能帮助我的话，打败太子以后，我做了皇帝，一定让你做右丞相，金钱、美女、豪宅样样都有。"

萧摩诃将计就计，假装答应了陈叔陵的要求。等陈叔陵把萧摩诃放进城内，萧摩诃就包围了陈叔陵的手下戴温，结果戴温被杀，士兵们全都投降了萧摩诃，献出了东府城。

陈叔陵一半的人马都背叛了他，他一见大势已去，为了保全自己的性命，就带了很少的人，从东城门逃跑了。萧摩诃把这一事情告诉了陈叔坚。陈叔坚怕留下后患，就令萧摩诃赶快追击陈叔陵。最后，陈叔陵被杀。

陈叔宝见陈叔陵已死，陈叔坚又很听自己的话，于是就继承了皇位，他就是历史上的陈后主。

陈后主陈叔宝

陈后主上台以后，沉迷于酒色，不理朝政，国家日渐衰落。

歌伎出身的张丽华是南朝陈后主的贵妃，她头发特别长，乌黑发亮，眉目如画，举止优雅，楚楚动人。此外，她还很会揣摩皇帝的心思，而且还具有敏锐的才辩与过人的记忆力。

张丽华给龚贵嫔做侍女的时候，遇到了陈后主。陈后主对张丽华一见钟情，把她封为贵妃，视为珍宝。张丽华为陈后主生下了一个儿子，这个孩子还被立为太子，张丽华的地位就更高了。为了获得张丽华的芳心，陈后主还大兴土木，耗巨资修建豪华宫廷。

陈叔宝还热衷于诗文，在他周围聚集了一大批文人骚客，以官拜尚书令的"好学，能属文，于七言、五言尤善"的江总为首。这些朝廷命官，不理政治，天天与陈叔宝一起饮酒作乐。陈叔宝还将十几个才色兼备、通翰墨会诗歌的宫女命为"女学士"。才有余而色不及的，命为"女校书"，供笔墨之职。

每次宴会，嫔妃群集，诸嫔妃及女学士、狎客杂坐联吟，互相赠答，飞觞醉月，大多是靡靡的曼词艳语。文思迟缓者则被罚酒。最后选那些写诗写得特别艳丽的，谱上新曲子，令聪慧的宫女们学习新声，按歌度曲。

当时的尚书仆射江总虽然身为宰相，但是对国家大事并不重视，每天都和都官尚书孔范、散骑常侍王瑳等人在一起，侍奉后主在后花园里花天酒地地玩。这些人在一起玩乐的时候，根本没有什么大小尊卑之类的礼节，被人称作是"狎客"。陈后主每次举办酒席的时候，都要让嫔妃和狎客们作诗，一起来吟唱。还在其中挑出一些特别香艳的诗词，然后再谱上曲子，让1000多位宫女练习演唱，并且还分成了多个声部，遥相呼应。这些歌曲里有《玉树后庭花》《临春月》等，大多是吟唱各位嫔妃美貌的。皇帝和大臣日夜都沉迷于花天酒地当中。

当时流传最广的有"壁户夜夜满，琼树朝朝新"10字。陈后主曾作的《玉树后庭花》如下："丽宇芳林对高阁，新装艳质本倾城。映户凝娇乍不进，出帷含态笑相迎。妖姬脸似花含露，玉树流光照后庭。花开花落不长久，落红满地归寂中！""玉树后庭花，花开不复久"成为著名的亡国之音。

都官尚书孔范和孔贵嫔结为兄妹。孔范想方设法讨好陈后主，他知道陈后主最反感人们向他进谏批评，于是他就竭力奉承陈后主。正因为这样，陈后主对孔范大加恩宠，给了他丰厚的待遇，而且还事事听他的。

孔范自称文武双全，满朝大臣没有人能比得过他，他曾经还很自负地对陈后主说："陛下，外面的那些将军全都是当兵出身的，只不过是一介武夫罢了，哪里懂得什么深谋远虑呢？"

梳妆亭
位于南岳衡山藏经殿附近，传为南朝陈后主宠妃张丽华梳妆之地。张妃曾拜慧思大师在藏经殿学习佛法，于是，南岳便有了一些关于她的佳话及遗迹。

045

陈后主就把孔范的话对施文庆说了，他问施文庆："施爱卿，你说孔范说得对不对？"施文庆很怕孔范，于是就说："陛下，孔范的话说得对极了！"中书通事司马申也同意孔范的说法。从此以后，带兵的将帅只要有一点点过失，陈后主就立刻剥夺了他们的指挥权，把指挥权转交给文官，从此文武官员的矛盾越积越深。

　　消息传入长安，正值隋文帝开皇年间。隋文帝本有削平四海之志，群臣争劝文帝伐陈。文帝下诏历数了陈后主的二十大罪，散写诏书二十万纸，遍谕江外。有人劝说文帝，伐陈之事不必过于张扬，还是谨慎行事为妙。文帝说："如果他因为害怕而有所悔改，我倒不希望继续攻打陈国。现在我是替天行道，为什么要秘密行事呢？"于是修建了许多战舰，命晋王杨广、清河公杨素等为行军元帅，韩擒虎、贺若弼等为总管，率兵分道直取江南。

　　陈后主祯明二年（公元588年），隋文帝率隋军进攻陈国。陈后主听说这事以后，对大臣们说："我们这里的风水好极了，自然就带着天子的王气，齐军来进攻了三次，周军也来进攻了两次，最后还不是打了败仗逃跑了吗？现在隋军又能如何呢？"

　　都官尚书孔范也就顺着他的话说："是啊！长江是天然的护城河，自古以来就可以阻挡南北的战事，现在隋军难道能长出翅膀飞过长江吗？守备的军官想立功的时候，总是把军情夸大了。"此时，有的人还向陈后主谎报说隋军死了一些战马。孔范接着又说："那本来是我的马啊！死了真可惜！"陈后主听完孔范的话以后，认为孔范说得很有道理，所以并不为战争做准备，而是和以前一样，每天听乐、吟诗、喝酒。

　　隋兵渡江，如入无人之境。沿江守将，望风而逃。陈后主向来懦怯，不谙军事，待到隋兵百万压境，才开始害怕，召萧摩诃、任忠等于内殿，商议军事。可惜为时已晚。隋兵有几十万大军，东接沧海，西距巴蜀，旌旗舟楫，横亘数千里，无不奋勇争先，尽欲灭了陈朝。陈后主的好日子就像玉树后庭花一样短暂，隋文帝仁寿四年（公元604年），死于隋大兴城，享年52岁。

隋文帝灭陈

　　陈后主祯明二年（公元588年），隋将贺若弼的军队从广陵（今江苏扬州北）渡过了长江，准备进攻陈。在一开始的时候，贺若弼就卖掉了军中的老马，用这笔钱从陈朝买来许多船只，然后，他把这些买来的船只藏了起来。后来，他又买了五六十条破船，停泊在小河中。当陈朝的人来看的时候，还以为隋军缺乏船只。

　　贺若弼还向隋文帝提议，让那些沿江防守的军人每当换岗的时候，都要在广陵聚集，并在野外大量设置军营，然后再遍插旗帜，装出声势浩大的样子。陈朝的人来看的时候，以为隋军要大肆入侵了，就立即派军准备抵抗。然而，当他们得知这是隋朝军队在防守换岗的时候，就让军队散去了。后来，陈朝渐渐地对隋军的这种举动见怪不怪了，就不再多加防备。

　　贺若弼还让人经常沿着长江打猎，故意让打猎的人弄得很喧闹。时间一长，陈军对这样的事情也就习以为常了。因此，当贺若弼率领军队渡江的时候，陈军一点也不知道。与此同时，韩擒虎也率领着500多人，乘着夜色渡过了长江，来到了采石（今安徽当涂县东北）。陈朝在采石的守军全都喝醉了，因此，隋军很顺利地占领了采石。

　　采石被隋军占领以后，守将陈子建赶忙到建康向陈后主报信。陈后主知道情况危急，就召集大臣议事，然后发布诏书说："隋军入侵我领土，占据了我京城附近的土地。虽然这就像蜜蜂、蚊子一样微不足道，但是总是会造成毒害的。因此，应该及时平定。朕将亲自率领大军，扫清全境内的隋军，京师和外地都要同时戒备。"于是，他就任命骠骑大将军萧摩诃、中领军鲁广达为都督，任命司空司马消难、湘州刺史施文庆为太监军。同时，他还设立了重赏的标准，和尚、道士等，都被征发服兵役了。

隋朝的将领贺若弼和韩擒虎一个从北路，一个从南路，同时进攻陈朝。陈朝沿江防守的军队，闻风而逃。贺若弼从自己的军队中分出一支人马，占领了要道曲阿（今属江苏丹阳），割断了陈朝援兵的道路，因而，他很快就率领主力进入建康。

陈朝在建康的驻军有10万多人，但陈后主性格怯懦，不懂军事，整天哭哭啼啼的，把朝廷的全部政事交给施文庆办理了。施文庆早就知道外面的将领都很讨厌自己，害怕将领们立下战功，威胁到自己。于是，施文庆就对陈后主说："陛下，这群将领一直对您心怀不满，现在情况又这么紧急，您怎么能信任他们，让他们擅自做主呢？"于是，不管将领们有什么请示，陈后主一律都不批准。

当贺若弼进攻到京口（今江苏镇江）的时候，萧摩诃请求出去迎战，陈后主却不让他去。当贺若弼进军到钟山（今南京紫金山）的时候，萧摩诃给陈后主上奏说："陛下，贺若弼是从很远的地方赶来的，他的士兵一定很疲惫。而且，他们现在所在的城寨也不牢靠，沟壑也不深，如果您让我发兵，对他们进行突然袭击的话，一定能够取胜。"陈后主又没允许他去。

一日，陈后主召集萧摩诃和任忠在宫中商议军事，任忠说："兵法上讲，前来侵犯的军队应该采取速战速决的策略，而防守的军队贵在坚持。现在我国兵多粮足，我们就应该固守京城，沿秦淮河建立栅栏。即使隋军来进攻，我们也不要轻易出战，应该分兵截断长江水路，阻止隋军音信相通。陛下您可以给我一万精兵，金翅战船三百艘，让我顺江而下，突然袭击六合镇。这样的话，隋军一定会认为他们渡过江的将士们已经被我们抓获了，锐气就必然会下挫，斗志下降。除此之外，淮南的土著居民以前就很熟悉我，现在一听说我领兵前去，必然会群起响应。

如果我再扬言要率领军队进攻徐州，断了隋军的退路，则隋军就会不战自退了。"这本来是一个很好的策略，可是陈后主却没有听从。

到了第二天，陈后主忽然说："和隋军相持了这么长时间，也没有决战，真让人心烦，就叫萧摩诃出兵攻打隋军去吧！"任忠苦苦相求，阻止出去迎战。

孔范在一旁对陈后主说："陛下，您就让我出去和隋军决战吧！我军一定会胜利的，我将会为陛下在燕山刻石立碑，纪念战功。"

陈后主听了孔范的话，就对萧摩诃说："萧爱卿，你可为朕和敌军一决胜负吗？"

萧摩诃说："陛下，从来作战都是为了国家和自己，而今天作战也是为了妻儿和家人，我愿意去！"于是，陈后主给将士们发了很多金钱财物，陈国的军队在萧摩诃、孔范、任忠等人的率领下出发了。

贺若弼率领着轻骑兵登上了钟山，在上面看见陈国的军队已经摆开了阵式，于是就和他的部将杨牙等七个人，率领着八千人马下山，也摆好了阵式，准备作战。

因为陈后主私通萧摩诃的老婆，所以，萧摩诃一开始就不愿意为他打仗。开战以后，只有鲁广达率领部下拼死作战。起先，陈朝的军队还略占上风，后来，陈朝军队骄傲自大，贺若弼乘机率军猛攻，结果陈军大败，萧摩诃也被抓获了，但是最后贺若弼还是放了他。

在当时，韩擒虎已经率领军队从新林向台城（新林、台城都在今江苏南京境内）进发了，任忠就带领手下前去投降了韩擒虎。随后，任忠又领着韩擒虎到了台城的朱雀门。他们到的时候，很多人都吓得逃跑了，留下来的一些人想要反抗。任忠就对他们挥挥手说："快散了！我们都投降了，你们还抵抗什么呢？"于是，陈军全部逃散。

此时，台城内的文武大臣全都跑了，只有袁宪、江总等人守在陈后主的身边。陈后主就对袁宪感叹着说："朕平日里对你并没有对待别人好，而你还守在朕的身边，惭愧！这一切不是朕昏庸无道所导致的，江东士大夫们的气节全都丧失尽了。"

陈后主慌慌张张，想要躲藏起来，袁宪严肃地对他说："陛下，隋军入宫以后，一定不会侮辱您，事情到了这个地步，我请求您穿戴整齐，坐在正殿上，就像当年梁武帝见侯景一样，再说您躲又能躲到什么地方呢？"陈后主坚决不听，下了坐床以后，疾驰而去，并且还说："兵刃之下，不能拿生命当儿戏，朕自己有的是办法。"

陈后主跟着10多个宫人逃出了后堂景阳殿，就往井里跳。袁宪苦苦哀求，但陈后主还是不听，夏侯公韵用身体挡住了井口，但陈后主还是使出浑身的劲儿，争着跳了进去。不久，隋军向井里窥视，而且还大声喊叫，井下没有人答话，隋军就扬言说要向井中扔石头了，这才听到井里有人呼唤。于是，士兵们就把绳索抛了下去，等往上拉的时候，士兵们感到非常沉，很吃惊。拉上来一看，原来陈后主、张贵妃、孔贵嫔是抓着一根绳子上来的。

隋 纪

公元581年，北周外戚杨坚夺取了政权，建立隋朝，定都大兴（今陕西西安），设洛阳为陪都。公元589年，隋灭陈，结束了长期分裂的局面，重新统一了全国。隋统一后，社会安定下来，南北经济文化得到了交流。隋朝时候，经济有很大发展。耕地面积大量增加，农作物产量提高。大兴、洛阳官仓里储粮多的达千万石，少的也有数百万石。66，造船技术达到很高水平，能建造五层楼的宏伟战舰。洛阳的商业盛极一时，居住着数万家富商，封建经济呈现繁荣的局面。

隋朝的迅速灭亡是对人民进行残酷统治的结果，在开凿大运河、重建长城、修筑其他的许多建筑等工程中，人民承担着沉重的苛捐杂税和繁重的劳役，不堪重负。

赵绰守法

赵绰是隋文帝时期的大理正，为人正直，守法严谨。他的故事在当时广为流传，被称为公道执法的典范。

隋文帝曾经下令禁止使用不合标准的钱币。有一次，大兴（今陕西西安）大街上有人拿次币换好币，结果被官差发现了，抓到了衙门里。隋文帝一听说有人竟敢这样违犯自己的法令，一气之下，就要下令把换钱人的脑袋砍掉。赵绰接到命令以后，赶忙进宫求见隋文帝。他对隋文帝说："陛下，这两个人虽然犯了禁令，但是按刑律只能打板子，不能处死。"

隋文帝很不耐烦地和赵绰说："这是朕自己下的命令，和你没关系。"

赵绰又说："陛下不嫌臣愚笨，让臣充当了大理寺的官员，安置在了执法部门，如今陛下不依照刑律，想要乱杀人，怎么说与臣无关呢？"

隋文帝气冲冲地对赵绰说："你是想撼动一棵大树吗？撼不动的话你就走吧。"

赵绰说："臣只希望能感动上天的心，劝陛下改变主意，和摇动树木无关。"

隋文帝又说："你是想触犯天子的威严吗？"

赵绰不管隋文帝怎么威吓，还是坚持自己的观点。隋文帝怎么骂他，赶他走，他都不走。隋文帝没办法，只好憋着一肚子闷气回后宫去了。后来由于别的官员也上奏章劝阻，隋文帝终于取消了杀人的念头。

还有一次，刑部侍郎辛亶穿了大红的裤子，民间的风俗说这样会有利于官运的亨通。隋文帝知道以后，认为这是在使用巫术，就命令把辛亶斩首。赵绰听了就对隋文帝说道："陛下，辛亶没有犯死罪，不能把他斩首，臣不能接受您的命令！"

隋文帝听赵绰这么一说，气得浑身发抖，说："你不想杀辛亶，那你自己的命就别要了！"他命令左右侍从把赵绰拉下去斩了。

观阳县印文　隋
此为隋开皇十六年（公元596年）十月五日所造的印绶，是县一级官员的权力凭证。

但赵绰依旧面不改色地说："陛下，您可以杀我，但您不可以杀辛亶。"当赵绰被押到厅堂，除去朝服，将要问斩的时候，隋文帝派人问他："赵绰，你到底改不改变主意？"赵绰回答说："我一心一意地执法，哪能顾得上自己的命呢！"隋文帝气得甩着袖子进入了后堂。过了一会儿，隋文帝的气消了不少，就令人把赵绰给放了。其实，他也不是真想杀赵绰。等到第二天，隋文帝还派人慰问了赵绰，给赵绰赔礼。

在大理寺的官员中，有一个叫来旷的，他听说隋文帝对赵绰不满意，就想借此机会迎合隋文帝。于是他就背着赵绰，给隋文帝上了一道奏章，说大理寺衙门执法太宽了。隋文帝看了奏章之后，认为来旷说得很有道理，就提升了他的官职。

此后，来旷自以为受到了皇帝的赏识，就昧着良心，诬告赵绰徇私舞弊，把不该放的犯人给放了。

虽然隋文帝嫌赵绰办事不合他的心，但是对来旷的上告，却很怀疑。于是，隋文帝就派亲信官员前去调查。结果调查了半天，发现根本就没有这回事。隋文帝弄清真相后，勃然大怒，就下令把来旷处死。

隋文帝把这个案子交给赵绰办，认为这一次是来旷诬告赵绰的，赵绰肯定不会放过他。哪知道，赵绰还是说："陛下，虽然来旷有罪，但是还是不该杀。"

隋文帝很不高兴，袖子一甩，就又要回内宫去。

《开皇律》

隋文帝即位以后，命人修订刑律，编成《开皇律》。《开皇律》分为《名例》《卫禁》《职制》《户婚》《贼盗》《斗讼》《捕亡》《断狱》等12篇，一共500条。《开皇律》废除了前代实行的许多酷刑，如枭首、宫刑、孥戮、车裂等，减掉了81条死罪和154条流罪。从历史的角度来看，《开皇律》意在维护封建统治秩序，同时它也体现了一种文明和进步的精神。

赵绰在他的身后大声说道："陛下，来旷的事，臣就不说了，不过臣还有别的要紧的事情，需要面奏给您。"

隋文帝信以为真，就把赵绰让进了内宫。隋文帝问赵绰又什么事，赵绰就说："陛下，臣有三条大罪，请陛下发落。第一，臣身为大理正，没有管好下面的官吏，使得来旷触犯了刑律；第二，来旷本来不应该处死，臣也不应该为此据理力争；第三，臣本来没有什么其他的事，只是因为心里着急，想面见陛下，于是就欺骗了陛下。"隋文帝听到最后几句话的时候，禁不住笑了起来。当时独孤皇后也在座，她也很赏识赵绰的正直，于是就命令左右赐给赵绰两杯酒。隋文帝也就赦免了来旷的死刑，改判为革职流放。

有德有才的独孤皇后

独孤皇后是北周大司马独孤信的女儿，独孤信见杨坚相貌奇特，就把女儿嫁给了他。杨坚和独孤皇后感情很好，两人情投意合，杨坚还发誓以后不要别人给他生的孩子。独孤皇后当时也是个温柔贤淑的女子，她的姐姐是北周明帝的皇后，大女儿又是北周宣帝的皇后，皇亲国戚里面，没有人比她更尊贵的，可她还是能够坚守自己的节操，一直谦虚谨慎，人们都认为她是个贤德的女子。北周宣帝死后，杨坚控制了朝政，独孤皇后告诉杨坚说："国家大事已经是这个样子了，你就好比骑在虎背上，根本无法下来，所以你要尽力而为。"

杨坚称帝后，把她立为皇后。突厥曾经和中原做生意，带来一箱明珠，价值八百万，幽州总管把这事禀告给了她，劝她把那箱明珠买下来。独孤皇后说："这种东西不是我所需要的。现在北方的少数民族一再侵犯我国疆土，在前方打仗的将士们都很疲惫，我觉得不如把这八百万钱赏赐给在前方立功的将士。"大家听说这件事后，都对她的行为表示赞赏。杨坚对皇后非常宠爱，但又有点畏惧她，每次上朝的时候，皇后都要把自己乘坐的车和隋文帝的车并列着，一起前往处理政事的地方，一直走到阁门才停下来。独孤皇后还派宦官多多注意隋文帝的事情，如果政治上有了失误，就及时规劝隋文帝，帮助他改掉错误。等到望见隋文帝下朝回来了，皇后才和他一起回到寝宫中。

独孤皇后因为自己早年失去了父母，所以经常怀念自己的亲人，羡慕那种家庭情谊，她常常让父母健在的大臣代自己向他们的父母行礼问候。皇后经常对公主们说："北周的公主大多都没有妇德，对她们的公公婆婆不以礼相待，还在宗室之间挑拨离间，这种不孝顺的行为，你们应当引以为戒。"大都督崔长仁是皇后的表亲，他做了犯法的事，按照法律应该判死刑。隋文帝因为他是皇后的亲戚，想免除他的死罪。独孤皇后说："这是关系到国家的事，怎么可以顾念私情呢！"崔长仁最后还是被依法处死了。皇后有个同父异母的兄弟名叫独孤陀，他对皇后心怀不满，用巫术诅咒皇后，事情败露后被捕，应当处死。独孤皇后很伤心，对隋文帝说："独孤陀如果是做了有损国家危害百姓的事，我是不敢替他求情的。但是现在他犯的罪是因为我的缘故，所以我才向您乞求免他一死。"隋文帝看到皇后替他求情，就将他的罪减轻，判处了比死罪轻一等的刑罚。皇后每次和隋文帝谈论政务的时候，她的想法和主张往往和隋文帝的不谋而合，宫里的人都称赞他们是一对圣人。

科举制度

它是历代封建王朝通过考试选拔官吏的一种制度，由于采用分科取士的办法，所以叫科举。其制创始于隋，确立于唐，完备于宋，而延续至元、明、清，至清光绪三十一年（1905年）废除，历经1300多年。隋文帝为废除士族垄断仕途的九品中正制，开始用分科考试办法选拔官员。隋炀帝时置进士科，允许普通士人应考。唐代于进士科外，又置秀才、明法、明书、明算诸科为常科，而由皇帝特诏举行的考试为制科，武则天时又增置武举。诸科中以进士科最为重要。至宋代，确立了殿试制度，使科举三级考试制度得以完备。宋以后，只有进士一科。为防止应试者及考官舞弊，历代都建立了比较完整的防范制度，在一定程度上体现了公平竞争的原则。考试内容，唐代主要是诗赋和帖经；宋代主要是诗赋、经义、论、策；明、清则以"四书五经"为主，考试文体用八股文。唐代进士及第后，需经吏部考试合格方授官；宋代进士一至四甲可直接授官；明、清进士则均可直接授官。

独孤皇后生性仁慈，每次听到大理寺处决罪犯的消息，她都难过得掉眼泪。但是独孤皇后喜欢妒忌，后宫的女子没有一个敢和皇帝睡觉的。尉迟迥的孙女长得非常漂亮，隋文帝见到她后，很喜欢她，和她发生了关系。皇后知道这件事后非常生气，趁皇帝上朝的时候把她杀了。隋文帝回来后见美人被杀，火冒三丈，但又不敢对皇后发火，只好一个人骑着马在山里乱跑。高颎和杨素赶紧去追，好容易才追上，两人牵住他的马再三规劝，请他回去，隋文帝长长地叹了一口气说："我身为天下最高贵的天子，居然不能得到自由！"高颎说："皇上，您难道就因为一个妇人而舍弃天下吗？"隋文帝听了这话后火气才减轻了些，停下来在山谷中站了好久，半夜才回去。独孤皇后一直等着隋文帝，好容易才等到他回来，哭着跪在地上向皇帝谢罪。高颎和杨素两人劝说了好久，隋文帝和皇后才言归于好。

这件事发生后，独孤皇后受到很大打击。当初皇后因为高颎是她父亲的朋友，对他非常亲近有礼。她听说高颎居然说自己是可以舍弃的妇人，从此对他怀恨在心，高颎妻子死后，他的姜给他生了个儿子，独孤皇后就更不喜欢他了，多次在隋文帝面前他的坏话。隋文帝对皇后的话一向是言听计从，什么事都照她说的去办。皇后只要看到诸侯王和朝中大臣中间谁的姜怀了孕，就一定会让隋文帝废黜他们。

独孤皇后50岁那年去世，隋文帝虽然很悲痛，但也为自己少了个束缚而感到轻松。他开始到处宠幸美女，由于长期纵欲过度，隋文帝很快就得了病。到他病重的时候，他对身边的人说："如果皇后还在的话，我就不会到现在这个地步啊！"

隋将韩擒虎

韩擒虎是隋朝著名的将领，他年少的时候就很有气度，胆略过人，身材魁梧，容貌俊美，很有英雄的气概。而且他还喜欢读书，对于经史百家都有了解。因此，在当时很受人们的赞赏。

北周的时候，北周太祖宇文泰见到他以后，感觉他非同一般，就让他和自己的儿子们在宫里交游。后来，韩擒虎因为军功被升为都督、新安太守等职位，不久又升为开府仪同三司，承袭了他父亲的封爵，升为新义郡公。

在北周武帝讨伐齐国的时候，北齐的大将独孤永业镇守金墉城（今河南洛阳），韩擒虎乘北周军队不断取胜的机会，说服独孤永业投降了。随后，韩擒虎又平定了范阳（今属河北），任永州刺史。不久韩擒虎又任行军总管，击退陈军对光州（今河南潢川）的进攻。随即又随大将军宇文忻进攻平合州（今安徽合肥西）。

杨坚在北周任丞相的时候，韩擒虎被调任为和州刺史，而且还多次打败陈朝将领甄庆、任忠、萧摩诃等对江北的进攻，使陈军锐气大丧。

北周大定元年（公元581年），总揽北周大权的大丞相杨坚废周立隋，即隋文帝。隋文帝登基之后，准备先灭陈朝，后击突厥，因此向南方调集军队，选了一些有才能的军事将领，驻守江淮。隋文帝一直都清楚韩擒虎具有很强的文武才能，而且声名卓著，于是就让当了庐州省的总管把守江北的要地庐江（今安徽合肥），为灭陈做准备。

当对陈朝的进攻开始以后，韩擒虎率军一路猛进，攻打姑苏（今江苏苏州），不出半天时间就拿下了。陈军因此很惧怕韩擒虎，陈将樊巡、鲁世真、田瑞等人也都相继投降了。江南百姓早就听说过韩擒虎的威名，于是，纷纷到军门前拜见他。隋文帝听说这件事以后，非常高兴，为此还宴请了群臣。

韩擒虎很快就攻到了建康（今江苏南京）。到了建康之后，他率领精选出来的五百骑兵，直捣建康。当他进兵到石子冈（今属南京城）的时候，陈将任忠就投降了他，陈后主派领军蔡征把守朱雀航（今在南京城内），蔡征的军队一听说韩擒虎的军队到了，都吓得四散而逃，于是韩擒虎的军队直接进了朱雀门。当陈朝的残留军队还想作战的时候，任忠就对他们说："我都投降了，你们还坚持什么呢？"陈军见任忠投降了，就都逃走了，于是韩擒虎迅速占领了建康，俘虏了陈后主，陈朝宣告灭亡。

为了表彰韩擒虎的战功，隋文帝下诏书褒扬了他，还拜他为上柱国。

以前，江南的歌谣里说："黄斑青骢马，发自寿阳边，来时冬气末，去日春风始。"大家唱的时候都不知道是什么意思。韩擒虎攻打陈朝的时候，常常骑着青骢马，往返的季节也与歌谣里唱的相符合，直到这时，大家才领悟到了歌词的含义。

后来，突厥派人来朝贡隋文帝的时候，隋文帝就对来使说："你听说过江南有个陈后主吗？"来使说："听说过啊！"隋文帝就命令左右的侍从，把来使领到韩擒虎的面前，说："这位就是抓住陈后主的人。"韩擒虎很严厉地看着来使，突厥来使很惊恐，不敢直视他的双目。

传说有一天，有一个人病得很厉害，却很着急地跑到了韩擒虎的家中，说："我想拜见大王。"韩擒虎的左右侍从都很惊奇，就问："什么大王？"那人答道："阎罗王。"韩擒虎的儿子们大怒，就要动手打这个人，韩擒虎制止了他们，而且还说："生为上柱国，死为阎罗王，我已经很满足了。"

从此以后，韩擒虎就病了，几天以后就去世了，当时他才55岁。

隋炀帝即位

隋文帝仁寿四年（公元604年），文帝要到仁寿宫去避暑，术士章仇太翼竭力劝他不要去，而且还对他说："皇上如果这次出去的话，恐怕是要回不来了。"隋文帝一听这话，气得火冒三丈，马上让人把章仇太翼关进了监狱，打算等避暑回来再杀他。隋文帝到了仁寿宫以后，就下诏书说：凡是赏赐、财政开支，无论事情大小，全部都交给皇太子处理。

文帝在仁寿宫住了一段时间，忽然感觉到身体不太舒服，而且病得厉害。最后，他躺在床上和文武百官告别，握着臣子们的手，叹息不止，还命太子赦免了章仇太翼。几天之后，隋文帝在仁寿宫的大宝殿中驾崩了。

文帝在仁寿宫卧病不起的时候，尚书左仆射杨素、兵部尚书柳述、黄门侍郎元岩都在内寝侍奉皇帝。隋文帝把太子杨广也召进宫中，让他住在大宝殿中。杨广担心文帝去世，自己没有做好防备，于是，就亲自写了一封信，把信封好后，让人送给杨素，想向杨素请教咨询。杨素一条一款地把当时的状况和自己的想法写了下来，然后

隋炀帝像

隋运河图

让人把信送给太子杨广。结果，送信的人把信误送到了文帝那里，文帝见信之后非常愤怒。

当初，文献皇后独孤氏去世以后，宣华夫人陈氏、容华夫人蔡氏都受到了隋文帝的宠爱。文帝在仁寿宫养病，有一天，陈夫人早晨出去更衣，太子乘这个机会就要凌辱她。幸亏她竭力搏斗，才得以脱身。回到文帝身边后，文帝看她和以往的神色不一样，就问她怎么了。陈夫人流着眼泪把事情的经过原原本本地说了出来。文帝听完以后，怒发冲冠，使劲用拳头砸着床说："杨广这个畜牲，我怎么能把国家大事交给他呢？是独孤皇后害了我啊！"于是他就把柳述、元岩召来，说："快把我的儿子召来！"柳述等人要急着跑去叫太子杨广，文帝说："是以前被废的太子杨勇！"柳述、元岩这才跑出室内，去拟定诏书。

杨素听说这件事以后，就向太子杨广做了报告。于是，太子就假托诏命，把柳述、元岩抓到了大理寺的牢狱中，然后又立即派东宫的将士们来守卫仁寿宫殿。宫门的守卫都由杨广的手下宇文述、郭衍来指挥，人员的进出都得通过他们的允许。杨广还命令右庶子张衡到文帝的寝宫中传令，让后宫的人全都到外面去住。不久，隋文帝就去世了。陈夫人和宫人们一听皇帝去世了，全都面面相觑，战栗不止，惊恐失色。黄昏之后，太子杨广派人给陈夫人送去一个小金盒，盒子边上贴了封条，封条上还有太子亲笔写下的字。陈夫人看到小金盒之后，惊恐万状，以为里面装着毒药，于是就不敢打开。在来人的催促下，她才打开了盒子，结果里面装的是一枚同心结。宫人们都很高兴，互相说："可以免死了。"陈夫人气得面色发紫，后退了几步，坐了下来，不肯致谢。宫人们一起逼迫她，她这才谢了来使。当天晚上，太子杨广就奸淫了陈夫人。

在为文帝发完丧之后，杨广继承了皇位。在杨广继位的时候，正好伊州刺史杨约前来朝觐，杨广就派遣杨约到大兴把留守大兴的人替

输籍之法

南北朝时期，北方长期战乱，社会动荡，农民或流离失所，或投附豪强大族，户籍散乱。隋朝建立后，为增加赋税收入和征调徭役，隋文帝采纳宰相高颖的建议，颁行此法。先由朝廷根据民户资产多寡划定户等的标准，称"输籍定样"，颁发至州县。每年正月初五，县府派人下乡，令民户三至五党（百户为一党，即300至500户）为一团，依照定样的标准确定各家的户等，写成定簿，并规定应交纳赋税徭役的数额。输籍定样制定的赋税额较豪强地主的剥削量要轻，以此吸引豪强大族的附徒向地方官府申报户口，而成为国家的编户。

换了。他让杨约拿着诈称是隋文帝所发布的诏令，将太子杨勇用绳子勒死了。勒死杨勇以后，杨约才把士兵们召集到一起，公布了文帝已经死去的消息。隋炀帝听说杨约已经处理好了这件事情以后，就对杨素说："你的弟弟果然可以委以大任啊！"杨勇死后，隋炀帝追封他为房陵王。

几天以后，文帝的棺木从仁寿宫运回了大兴出殡。柳述、元岩一起被免职，柳述被流放到龙川，元岩被流放到海南。隋炀帝还命令兰陵公主和柳述离婚，让她改嫁。兰陵公主发誓，宁可死去，也不和柳述离婚。之后她不再朝见皇上，并且还上表请求和柳述一起流放。这话传到了隋炀帝耳朵以后，勃然大怒。最后，公主忧愤而死。

残暴荒淫的隋炀帝

隋炀帝杨广即位以后，营建东都，开通运河，忙得不亦乐乎。在当时，有几百万的男女被征发去开凿运河，修建宫殿。

隋炀帝大业元年（公元605年），隋炀帝派黄门侍郎王弘等人到江南去建造龙舟和其他船只，总共要建造好几万艘，因此征集来很多的民工。东京的官吏们日夜督促民工，对他们非常残酷。因此，服役的民工，十个人当中有四五个都死去了。当时，东至城皋，北到河阳，运送尸体的车辆络绎不绝，场面十分悲惨。

五月，隋炀帝又忙着让人建造西苑，把西苑建造得奢华至极。炀帝经常带着数千宫女在月明之夜到西苑游玩儿，兴致好的时候，还赋诗作曲，亲自演奏。

八月，隋炀帝前往江都。他从显仁宫出发，王弘派遣龙舟去迎接他。隋炀帝乘坐的龙舟一共分为四层，高四十五尺，长二百丈。其中，上层还有正殿、内殿、东西朝堂，中层是用金玉装饰成的200多间房子，下层是宫廷侍臣们住的地方。皇后所乘的船和皇上的规模也不相上下，后面还跟着上千艘大小不同的船。船上面装着尼姑、道士、和尚、大臣、宫女等，应有尽有。拉船的人也有好几万。隋炀帝的船队首尾相接二百多里，灯火通明。

隋炀帝大业三年（公元607年）八月，隋炀帝又开始出游。他的车驾从榆林出发，经云中，沿着金河一直向上。他这次带了50多万士兵，还带了近10万匹马，士兵们全都穿着艳丽的铠甲。各色旌旗迎风摇摆，绵延了几千里。

隋炀帝还命令宇文恺等人给他建造出去观察民风时用的行殿。行殿可拆可卸，下面还安装着轮子，能很快地移动，里面能装下数百人。宇文恺还给隋炀帝建造了一座行城，用木板做主干，然后再蒙上麻布，用丹青涂画，十分豪华气派。各族胡人见到以后，惊得目瞪口呆，还以为是神创造出来的。他们每次仰望这座大营的时候，在十里以外就赶紧下马，跪下来叩头。

一次，隋炀帝来到了启民可汗的营帐。启民可汗见炀帝来了，赶忙捧着酒器给炀帝祝寿，跪在地上非常恭敬。王侯以下的人，全都毕恭毕敬地站在营帐前，没有人敢抬起头来仰视隋炀帝。隋炀帝见到这样的情景以后，非常高兴，还乘兴赋了一首小诗："呼韩顿颡至，屠耆接踵来。何如汉天子，空上单于台。"

与此同时，萧皇后也来到了义成公主的大帐中。隋炀帝赏赐给启民可汗和义成公主每人一个金瓮，还有许多衣服、被褥等。

隋炀帝大业六年（公元610年），各个番邦部落的首领都请求到洛阳东边的丰都市场进行交易，隋炀帝准许了。他下令事先整修丰都市场的店铺，所有的店铺、屋檐一律统一修筑，屋内也全都要挂满帷帐，堆满珍奇的货物。他还让来往的人全都穿上华丽的衣服，就连卖菜的人也要用龙须席铺地。只要有外族的客人路过酒店饭馆，隋炀帝就命店主把他们全部请进店内就座，让他们大口地吃肉，大碗地喝酒，想方设法把他们侍奉到最好，而且还分文不收。同时，他让店主对外族的客

隋炀帝龙舟出行图　清　佚名

人说："我们大隋太富有了，吃饭喝酒什么都不用您掏钱。"外族客人听完以后非常惊叹。也有的外族客人比较聪明，他们感觉不怎么对劲儿。当看到用丝绸缠树的时候，有的外族客人就问了："你们大隋也有穷人啊！有的连衣服都穿不起，为什么不把这些丝绸给他们，却用来缠树呢？"市场上的人听外族客人这么一问，就羞愧得说不出话来了。

隋炀帝大业十二年（公元616年），隋炀帝在江都新造的龙舟完工了，被送到了东都。宇文述就劝隋炀帝巡游江都。右后卫大将军赵才竭力反对，对隋炀帝说："陛下，如今百姓疲惫，国库亏空，盗贼蜂起，禁令不行，还希望陛下返回京师，安抚天下的百姓。"隋炀帝听赵才说完以后，勃然大怒，把赵才交给狱吏，关了起来。10天以后，等他的气消了，才把赵才放出来。

朝廷中的官员都不想让隋炀帝出行，但是隋炀帝执意要去，因此没有人敢向他进谏。建节尉竭力劝阻他，结果，当天在朝堂上就被用杖打死了。

几天以后，隋炀帝要出发到江都了，他让越王杨侗、光禄大夫段达等人留下来看守京城，而且还作诗向宫人告别说："我梦江都好，征辽亦偶然。"奉信郎崔民象以全国盗贼充斥为由，在建国门上表挡住了隋炀帝的去路，劝阻他去游江都。隋炀帝怒不可遏，马上命人把崔民象拉下去，然后就让人先把崔民象的下巴给摘掉，最后把他杀了。

隋炀帝一生残暴荒淫的故事，不可胜数。

杨素功高招忌

杨素是隋炀帝杨广的贴身重臣，他自幼就胸怀宽广，志向远大。但是，当时很多人都不了解他的才能，只有从祖杨宽佩服他。杨宽还经常对子孙们说："处道（杨素字处道）出类拔萃，是个难得的人才啊！"后来，杨素和牛弘志同道合，关系甚好，他俩都酷爱学习，还经常在一起研讨经典精义，二人相互取长补短，因此，学识大长。杨素很善于写文章，对草书和隶书也很在行，他还十分留意占卜之术。

刚开始的时候，北周的大冢宰宇文户用杨素做他的中外记室，最后又转为礼曹。北周武帝继位以后，亲自处理朝政，又拜杨素为车骑大将军，开府仪同三司。从此以后，杨素逐渐被重用。周武帝命杨素写诏书的时候，他常常是落笔成文，文辞和内容都十分精彩。武帝十分赞赏他，就对他说："好好奋斗吧！不要为得不到荣华富贵而发愁。"

杨素对武帝说："只怕是荣华富贵要追我，我却无心去追它啊！"

大运河

古代世界上最长的运河。隋炀帝为加强南北交通，巩固隋王朝对全国的统治，于公元605年下令开凿运河。大运河以洛阳为中心，北达涿郡（治所在今北京），南至余杭（今浙江杭州市），全长1794多公里。分为永济渠、通济渠、邗沟和江南河四段，连接海河、黄河、淮河、长江和钱塘江五大水系。经过今河北、山东、河南、安徽、江苏和浙江的广大地区，成为南北交通的大动脉，促进了南北方的经济交流。

在平定北齐的一次战役中，杨素请求北周武帝让他率领部下前去做先锋。北周武帝答应了他，并且还给了他一根手杖，对他说："朕想大张旗鼓地驱赶齐军，所以朕把这根拐杖给了你，希望你能为朕完成心愿。"结果杨素在与齐军作战的过程中，十分骁勇，立下了赫赫战功。北齐平定后，杨素被授为开府职责，改封为成安县公。由于战功赫赫，杨素又被封为徐州总管，位至柱国，并被封为清河郡公。

在隋文帝任北周丞相的时候，杨素就和他交情很好。隋文帝即位之后，杨素被封为上柱国，官至御史大夫。一次，他和妻子郑氏发脾气，对郑氏说："如果我做了皇帝，一定不立你为皇后！"

郑氏是个凶悍刻薄的人，一怒之下，就把杨素和她说的话告诉了隋文帝。隋文帝听说以后很不高兴，就把杨素的官职给免了。

之后，隋文帝攻打江南，杨素又被委以重任，他率领的军队作战勇猛，纪律严明，所到之处，深受当地人民喜爱。在他打败陈军班师回朝以后，又被隋文帝封为越国公。

杨素才智过人，气魄宏大，为隋文帝平定了许多叛乱。他打仗的时候，几乎是每战必胜，因此，隋文帝不断地提拔他，重用他，给了他很多显耀的职位。

杨素的家里有童仆上千人。他的宅邸也很豪华，就像皇宫似的，妻妾歌伎们都穿着华丽的衣服。朝臣中有和他作对的，杨素就在暗中中伤他们，而讨好他的人，虽然没什么才干，也会受到提拔。在朝廷中，只有兵部尚书柳述因为自己是隋文帝的女婿，才敢在文帝面前抨击杨素，大理卿梁毗也上表说杨素作威作福。

随着越来越多的人在隋文帝面前说杨素的坏话，隋文帝渐渐地疏远了杨素。后来，隋文帝就下诏书说："杨素是国家的辅政大臣，不可以自己去处理细小的事务，只需要三五天到一次尚书省，议论一下大事就可以了。"表面上看这是在体谅优待杨素，实际上是在削弱他的权力。

文帝的身体不太好，杨素就和兵部尚书柳述、黄门侍郎元岩等人入宫侍奉他。此时，太子杨广居住在皇宫内的大宝殿中，他为防文帝不测，就亲手给杨素写了信。杨素把文帝的情况记录下来，让宫人送给太子，结果，宫人把这封信悄悄送给了文帝。文帝看了以后，对太子很生气，就想把被废为

庶民的长子杨勇召回宫中。听说这件事以后，杨素就与太子谋划，想假借文帝的诏命，让东宫的兵士守住宫门，禁止出入。文帝在当天就驾崩了，因此，杨素的这些举动，让朝廷中人议论纷纷。

这个时候，汉王杨谅反叛了。于是，杨广就命杨素前去平反，杨素凭借着自己突出的军事才能，很快就平定了杨谅的叛军。隋炀帝登基以后，杨素被提升为尚书令。不久，杨素又被授予太子太师一职，其他的官职还和以前一样。

杨素虽然扶持杨广当上了皇帝，也平定了杨谅的叛军，功劳很大，但是，隋炀帝却特别不信任他。隋炀帝虽然表面上给了他优厚的礼遇，实际上对他情义甚薄。当太史说楚地有大伤（迷信的说法，指出现了不好的征兆）的时候，隋炀帝就把杨素封到了楚地。

杨素躺在病床上的时候，杨广每次都派最好的御医前去给他治病，给他吃上好的药，然而，私下里却恨不得让他早点死掉。杨素也知道自己的名位已经达到了巅峰，所以就不肯用药，也不太注重调养。他常常对自己的弟弟杨约说："我有必要继续活下去吗？活到现在，我死而无憾了。"

隋炀帝大业二年（公元606年），杨素因病去世，谥号景武。

继承父志的贺若弼

　　贺若弼的父亲贺若敦以武艺好、为人忠烈而出名，在北周当过金州总管，后来遭宇文护杀害，临刑的时候对贺若弼说："我生平的志愿就是平定江南，可惜我已经无法实现这个心愿了。你一定要完成我的遗志。还有，我是因为说太多话而死的，你一定要引以为戒。"说完就用锥子将贺若弼的舌头刺出血，告诫他说话一定要谨慎。

　　贺若弼牢记父亲的遗言，立下了大志，刻苦习武，而且能写文章，博览群书，很快就出了名。宇文宪很敬重他，引他做了自己的记室，周武帝的时候，上柱国乌丸轨对皇帝说："太子没有做皇帝的才能，这事我和贺若弼也谈论过。"皇帝把贺若弼叫来询问，贺若弼知道太子的地位无法动摇，害怕灾祸落到自己头上，于是对皇帝说："太子的学问每天都有进步，没有看到他的缺点。"皇帝听了之后不说话。贺若弼退出来后，乌丸轨责备他背叛自己，贺若弼说："君王的口不紧就会失信，而大臣的口不紧就连命都保不住，所以我不敢随便说话。"等到周宣帝即位后，乌丸轨被杀，而贺若弼则免去了杀身之祸。他和韦孝宽一起攻打陈朝，连战连胜，多数都是他的计策。

　　隋文帝即位后，一直都有吞并江南的打算，想找个可以帮助他成就大事的人。高颎说："朝廷里的大臣中，从文武才干上来看，没有一个可以比得过贺若弼的。"隋文帝深有同感，于是任命贺若弼为吴州总管，让他准备平定陈朝。贺若弼很高兴地接受了这个任务，并献上灭亡陈朝的10个计策，隋文帝看了很高兴，赏给他宝刀。

　　隋朝大军南下攻陈，任命贺若弼为行军总管。当初，贺若弼要沿江防守的士兵们在交接的时候，一定要集中在历阳，每次都在历阳树立了很多旗帜，满山都是军营帐篷。陈朝人都以为隋军大举进攻，征发了全国大部分的军队前来防守。后来才知道是隋朝的士兵在交换驻防地，所以征集来的士兵很多都撤走了。以后每次换防都是这样，陈朝人都以为这是很平常的事，也就不再动员大批人马来防御了。贺若弼由此麻痹了陈朝，率领大军渡江的时候，陈朝人根本没有任何察觉。贺若弼很快就攻下了南徐州，隋军军纪严明，秋毫无犯，有的士兵在民间买酒喝，被贺若弼知道后，立刻将他们抓来斩首。军队开到蒋山的时候，陈朝将领鲁广达、周智安、任蛮奴、田瑞、樊毅等人率领精锐士兵前来抵抗。田瑞率军攻打贺若弼，被贺若弼打败逃跑了。鲁广达等人率领部队相继冲锋，气势非常勇猛，贺若弼的部队渐渐抵挡不住，开始败退。贺若弼估计敌人士兵已经骄傲起来，失去了戒备心，而且也陷入了疲劳状态，于是严令士兵殊死战斗，将陈军杀得大败。陈朝大将萧摩诃被俘，贺若弼下令将他拉出去斩首。萧摩诃神情自若，丝毫也不怕死，贺若弼就把他放了，并以礼相待。后来杀进陈朝皇宫，当时陈叔宝已经被韩擒虎抓住，贺若弼来了后，叫人把陈叔宝带来让他看看。陈叔宝吓得要死，冷汗流得一身都是，见到贺若弼后浑身发抖，不停地给他叩头。贺若弼对他说："小国的国君面对大国的使者，按理说应该下拜，这是礼节。但你进入我朝后还是能当个归命侯的，所以也不用害怕。"

青瓷武士俑　隋

隋代国力昌盛，兵强马壮，军队装备精良。此士兵俑所着铠甲因金属护胸在阳光下闪闪发亮，故称"明光铠"。俑腹下部靠一面盾牌，周边饰以铆钉及花纹，为隋代士兵形象的真实反映。

回朝后，贺若弼因为怨恨没有抓到陈叔宝，让韩擒虎抢了先，功劳也排在韩擒虎的后面，和韩擒虎争吵起来，两人把刀都拔了出来，经隋文帝调解才罢手。隋文帝下诏表扬贺若弼，杨广却因为贺若弼在事先定好的进攻时间之前就和敌人决战，违反了军令，把贺若弼交给有关官员处置。隋文帝派人把他追了回来，不但没有追究，反而厚待他，赏给他很多财物，并加官晋爵。

　　贺若弼立了大功，地位和名望都很高，他的兄弟都因为他而被封为郡公，担任了刺史、列将一类的官职。贺若弼家里的珍玩数不胜数，穿绫罗绸缎的婢女都有好几百人，当时的人都认为已经非常荣耀了。贺若弼认为自己的功劳和名声都超过了其他大臣，觉得自己应该能当宰相。后来杨素担任了右仆射，而自己还是个将军，心里很不平，还将这种不平表现在了言语中，所以被免官，贺若弼怨恨得更厉害了。几年后他进了监狱，皇帝对他说："我任命高颎和杨素为宰相，你却经常发议论，说这两个人只会吃饭，这是什么意思？"贺若弼说："高颎是我的老朋友，杨素是我的表兄弟，我知道他们的为人所以才这么说的。"大臣们都纷纷上书说他对朝廷不满，应当处死。隋文帝觉得他功劳很大，只把他废为平民。一年多后又恢复了他的爵位，从此不再重用他，只是每次宴会赏赐的时候，对他总是很优厚。有一次，突厥人入朝进贡，隋文帝让他射箭，突厥人一箭就命中靶心。皇帝说："除了贺若弼没有人能和他们相比。"于是命令贺若弼射箭，贺若弼跪下来祈祷说："我如果是赤心为国的，就应该一箭命中。如果不是那样的人，就射不中。"结果一箭命中红心。

　　隋炀帝当太子的时候，曾经问贺若弼："杨素、韩擒虎、史万岁三个人都可以称得上是良将，但是他们之间的优劣如何呢？"贺若弼说："杨素是个猛将，但并没有谋略；韩擒虎是善于打斗的将军，不是善于领导的；史万岁是善于骑马的将军，不是大将之才。"太子问："那谁是真正的良将呢？"贺若弼下拜说："这得由殿下自己选择了。"他的意思就是说自己可以当大将。结果隋炀帝即位后，贺若弼更被疏远了。最终贺若弼没有遵守父亲让他谨言的遗训，因为私自议论朝廷得失而被杀，死的时候64岁。

正直敢言的刘行本

刘行本是隋朝有名的直臣，他父亲本来是在梁朝做官，家族在南方是有名的望族，所以刘行本很早的时候就担任了梁的武陵国常侍。后来萧修偕同梁州一起投奔了北周，刘行本和叔父也跟随他们到了北周。刘行本刚到北周的时候并没有出仕，而是闭门在家刻苦读书，经常学习得太专注而忘记疲劳。

刘行本性情刚烈，一旦决定了就不会有所改变。宇文护推荐他担任记室，周武帝即位后，刘行本负责记录皇帝起居注，连续升迁为掌朝下大夫。北周以前的制度规定，掌朝大夫负责主管笔砚，拿到御座前，然后由承御大夫取过来递给皇帝。到刘行本为掌朝大夫的时候，有一次将要把笔砚递交给皇帝，承御大夫要取过去，刘行本大声说道："笔不能给你！"周武帝吓了一跳，很吃惊地问他是怎么回事。刘行本说："我听说设立官位分明职掌，大家各有各自主管的事。我既然不能佩带承御大夫的刀，那他怎么能拿我的笔呢？"周武帝不由点头称是，下令从此以后两个部门各行各的职责。周宣帝即位后做了很多荒唐的事，刘行本看不惯，多次劝谏，结果惹怒了周宣帝，被外放到河内当太守。

杨坚出任北周丞相的时候，尉迟迥不服他的统治，举兵造反，向怀州发动攻击。刘行本率领部下抵挡住了他的进攻，因为这个功劳而被赐爵文安县子。杨坚即位后，刘行本被拜为谏议大夫，代理治书侍御史。不久又迁为黄门侍郎。有一次隋文帝对一个郎官发怒，在殿前公然用竹棍殴打他，刘行本劝谏说："这个人品行一向很高洁，他这次犯的过失又很小，希望陛下能够宽容些。"隋文帝没有理睬。刘行本见皇帝不采纳他的意见，干脆站到皇帝跟前对他说："如果我说的是对的，陛下怎么可以不听从呢？如果我说的是错的，那就应该把我交给执法的官员，以此来申明国法，怎么可以因为轻视我而不理睬我呢？我所说的又不是什么私事。"说完把朝笏放在地上，自己退下去了。隋文帝也觉得自己的态度有点过分，马上郑重其事地向他道歉，顺便原谅了那个被打的郎官。

雍州别驾元肇上书皇帝说："有一个州吏接受了别人送给他的三百文钱，按照法律他应该被判处打一百杖。因为我刚到那里的时候和他约定好了要守法，他还故意违背，所以请求在此基础上再给他加一年的徒刑。"刘行本反驳道："法律的执行都经过诏书发布，和百姓们做好了约定的。现在元肇居然胆敢只重视他自己的命令，而轻视国家的法令，他要申明自己的言语一定要实行，却忘记朝廷大的信义，破坏国法而重视个人的权威，这不是为人臣子应该有的准则。"隋文帝表扬了刘行本的直谏，并赏给他一百匹绢帛。

刘行本担任黄门侍郎几年后，被拜为太子左庶子。太子杨勇对刘行本非常敬畏，在他面前一直很谦虚谨慎。当时唐令则也担任左庶子，太子非常亲近他，经常让他在自己面前弹奏瑟来取乐，并让他教太子宫中的歌女舞女还有妻妾唱歌跳舞。刘行本知道这件事后很生气，找到唐令则，责备他说："庶子的工作是用正道来辅佐教导太子，为什么要让太子在内室中昵爱呢？"唐令则听到他的责备后感到很惭愧，但并没有改正。当时沛国的刘臻、平原人明克让和魏郡人陆爽因为有文学才华而被太子亲近，刘行本对他们和太子亲近却又不能对太子的行为加以辅导而感到很生气，多次批评那三个人说："你们这些人只知道读死书！"当时左卫率长史夏侯福被太子所宠爱，曾经在阁里和太子嬉戏打闹，夏侯福放声大笑，声音在外面都能听到。刘行本刚好经过，等夏侯福出来，刘行本拦住他责备道："殿下为人宽容，给了你好脸色，你是什么小人，居然敢如此轻慢！"把夏侯福交给执法的人处理。太子曾经得到了一匹好马，让夏侯福骑上去奔跑，他自己在一边观看。太子玩得很开心，要刘行本也骑上去给自己看看。刘行本不肯骑，很严肃地说："皇上把我放在庶子这个位子上，是要我用正道来辅佐太子，并不是让我来给殿下做游玩的人！"太子听了之后很惭愧，也就算了。后来刘行本担任了大兴县令，权贵们都很惧怕他，没有人敢上门去拜访，从此大兴走后门请求办事的路就断绝了。刘行本去世后，官吏和百姓都很怀念他，隋文帝非常伤心，悼念了很久。后来太子被废后，隋文帝说："如果刘行本还在的话，杨勇也就不会到今天这个地步了。"

瓦岗军起义

韦城人翟让本来是东郡的一个小官，因为犯了法被打进监牢，还被判了死罪。

有个叫黄君汉的狱吏认为他是个英雄，于是就在晚上悄悄地来到了翟让所在的牢中，对他说："翟法司，现在的社会情况，想必你也清楚。我看你是条好汉，怎么能在牢里等死呢？"

翟让听黄君汉这么一说，就惊喜地说："我翟让就像是一条被关在圈中的猪，我的生死全都掌握在您的手上了。"

听翟让说完以后，黄君汉就马上砸了镣铐，打开牢门，放了他。翟让向黄君汉拜了两拜，说："我有幸遇到了您，才能脱身，可我走之后，您该怎么办呢？"说着还流下了眼泪。

黄君汉很生气地说："我原来还以为你是个男子汉，出去以后可以拯救老百姓，因此，我才不顾自己的危险来救你。可是你怎么反而像个小孩一样，哭着和我道谢呢？你尽管逃命去吧，别管我了。"翟让这才红着脸，向黄君汉辞行。

炀帝三征高句丽

高句丽建国于西汉时期。隋文帝曾发兵征讨，因高句丽遣使谢罪而罢兵修好。炀帝即位后，要求高句丽来朝拜被拒绝，便决心大举东征。公元612年，炀帝亲统大军出征，发兵113万多人。高句丽国顽强抵抗，隋军屡战不胜，而进攻平壤的30多万士兵只有2700人生还，炀帝被迫退兵。公元613年，炀帝再渡辽水，和上次一样围攻辽东城，一个多月仍没有攻下，而杨玄感又起兵反隋，炀帝只好退兵。公元614年炀帝又征高句丽。高句丽连年战争损失惨重，便向隋朝求和，而国内的战争也使炀帝觉得无法把战争进行下去，便乘势收兵。

翟让逃出牢狱后，逃到了东郡附近的瓦岗寨，召集了一些贫苦农民，组织了一支起义队伍。和翟让同郡的单雄信，勇猛矫健，善于在马上使用长枪，他也带着一伙人，投奔了翟让。当地一些青年人，也都来投奔他。其中有一个青年叫徐世勣，不但武艺高强，而且很有计谋。翟让听从徐世勣的意见，带领农民军到荥阳一带，专门打劫当地的官府和富商，得到了大量的资财。附近农民见翟让的势力越来越大，就都去投奔他。很快，翟让的部队就发展到一万多人。

京兆长安人李密曾经参加过杨玄感的反隋斗争。杨玄感兵败后，李密一路逃亡。他一开始前去投奔郝孝德，结果，郝孝德不看重他。于是，他就又到了王薄那里，王薄也不看重他。李密身无分文，经常饿着肚子，甚至有时候还用树皮来充饥。最后，他终于躲到了淮阳郡的一个村子里，改名换姓后，收了几个学生，做起了老师。郡县的官吏很怀疑他，就去抓他，李密就逃到了他的妹夫雍丘县令丘君明家。丘君明不敢收留他，就让他到游侠王秀才家去躲藏。

谁知，丘君明的堂侄丘怀义知道这件事以后，居然告发了李密。隋炀帝命令丘怀义带着诏书去通知梁郡太守杨汪抓捕李密。杨汪带人包围了王秀才的家，恰好李密外出不在，逃过了一劫，结果丘君明和王秀才全被处死了。

当时，外黄人王当仁、济阳人王伯当、韦城人周文举、雍丘人李公义等各拉起一队人马，李密从雍城逃出来以后，就往来于各部首领之间，向他们游说该如何夺取天下。一开始人们都不相信他，但是，时间一长他们就渐渐地相信了。他们还说："李密是个公卿子弟，又有这么大的志向和抱负，现在人们都说杨氏将灭，李氏将兴。最近还听说：'能成王业的人是死不了的！'李密能多次渡过难关，难道他就是那个将要成就帝业的人吗？"于是，他们渐渐地就都很敬重李密了。

李密通过观察各部的情况，发现只有翟让的势力最强大。于是，他就通过王伯当的关系，投奔了翟让。李密投奔翟让以后，首先帮翟让整顿他手下的"游击军"。当时，瓦岗附近还有一些小股的农民队伍。李密知道以后，就亲自游说他们，让他们与翟让联合起来，并且听从翟让的指挥。翟让对李密的表现十分满意，跟李密渐渐地亲近起来。

不过，翟让手下的队伍虽然壮大了不少，但是他并没想过要造反。

李密就劝他说："想当初刘邦和项羽也不过是普通的百姓，但是他们经过努力推翻了暴秦的统治。如今隋炀帝荒淫无道，百姓生活苦不堪言。同时，朝廷的军队大部分都远在辽东，现在正是您举大事、成大业的好时机啊。"

翟让听了很高兴，就谦逊地说："我们这些人只是一些强盗，没有您那么目标远大。"

李密就又劝翟让说："如今国内兵荒马乱，百姓无法种田。您兵马虽然多，但是没有储藏的粮食，只靠外出抢掠，常常是供给不足。若是时间长了，一旦大敌临头，必然会不战而败，还不如现在就攻打荥阳，先夺取粮食储存下来，等兵强马壮的时候，再和别人争夺利益也不迟。"翟让一听有理，就听从了他的意见，开始攻打荥阳。荥阳太守吓得胆战心惊，马上向隋炀帝告急。隋炀帝知道以后不敢怠慢，赶忙派大将张须陀带军镇压。

隋末农民起义晚期势力分布图

张须陀骄傲轻敌，很快就进了李密布置的埋伏圈，结果全军覆没，自己也白白送了一条性命。

经过这一场战斗，李密在瓦岗军中的威信越来越高。李密治军时号令严明，并且在生活上也很朴素。只要是从敌人那里缴获来的钱财，他全都分给将士们，自己一点都不留。正因为这样，李密在瓦岗军中受到很多人的爱戴。

隋恭帝义宁元年（公元617年）二月初九，李密和翟让率领着七千精兵，越过方山，从罗口袭击并攻破了兴洛仓，他们打开粮仓，听任老百姓取粮。取粮的老弱病残、男女老幼，在路上接连不断。

李密在一次次与官兵交战的过程中，威名大振，翟让就推举李密做了首领。李密设坛即位，大赦天下，还给众人分了官职。瓦岗军越来越"正规"，也越来越强大。在李密的领导下，瓦岗军攻破了很多城池，取得了不小的胜利。

唐 纪

公元618年，李渊建立唐朝，以长安（今陕西西安）为都，后来又设洛阳为东都。唐朝建国后，继续完善三省六部、科举、均田制及租庸调等制度，社会迅速发展。唐太宗时，出现"贞观之治"。此后政坛风云多变，并产生武则天改唐建周的历史。开元时期，唐朝国势鼎盛。安史之乱后，一方面形成藩镇割据的局面，同时又出现宦官专权与官僚势力激烈斗争的现象，逐渐削弱了唐帝国统治。黄巢农民大起义后，唐朝很快走向灭亡。

唐朝时期，社会经济发展迅速。农业生产技术进步，粮食亩产量增加；手工业水平提高，产品更为丰富、精良；商业规模扩大，南北经济交流密切，同时出现了经济重心南移的趋势。唐朝加强了对周边少数民族地区的管理，成为当时世界经济、文化交流的中心。

隋炀帝之死

隋炀帝不顾中原乱兵四起，依旧巡游江南，并久住江都（今江苏扬州）。在江都期间，他变得越来越荒淫无道，他的宫里有100多间房，每间房都装修得十分华丽，奢侈之极。这些房子里都住着漂亮的妃子、宫女，隋炀帝每天都让她们其中的一个人当这里的主人。同时，隋炀帝每天还和萧后，以及她宠幸的美女到处宴饮，跟随他的1000多名美女也都经常喝醉。

尽管如此，隋炀帝看到天下动荡不安，心里面也经常很忧虑。他退朝以后，就穿着短衣，拄着拐杖，在宫里到处走，不到天黑不会停止。

隋炀帝自己也会占卜相面，还喜欢说吴地的方言，经常在夜里喝酒的时候，抬头观察天象。一次，他对萧后说："外面有许多人图谋不轨，但是，我仍然不失为陈叔宝，你也不失为沈后。姑且一起饮酒作乐吧！"然后，倒满酒杯，一直喝到烂醉如泥为止。

曾经有一次，隋炀帝照完镜子，回过头来对萧后说："我长了这么好的一颗脑袋，该由谁来砍掉呢？"

萧后听完以后很吃惊，也很伤心，就问他为什么要这样说。隋炀帝笑着说："贵贱苦乐，都是循环更迭的，这又有什么好伤心的呢？"

大业十四年（公元618年），隋炀帝见中原地区已经大乱，就不想再回到北方了，于是就把都城从长安（今陕西西安）迁到了丹阳（今江苏南京）。

当时，江都的粮食都已经吃完了。跟随炀帝来的骁果军（隋炀帝建立的新军）大多都是关中人，长期在外地，思念故乡。他们见炀帝没有回长安的意思，就产生了逃回家乡的想法。将军窦贤带领着自己的部下西逃，炀帝派骑兵追上了他，把他给处决了。尽管如此，还是有人不断地逃跑，这让隋炀帝很头疼。

武贲郎将司马德戡一直都很受皇帝信任，隋炀帝让他率领骁果军驻扎在东城。司马德戡和平时与他关系较好的元礼、裴虔通商量说："现在骁果军的士兵人人都想逃跑，我想和皇帝说，但是说了又怕被杀头。如果不说，事情最终也会发生，也逃脱不了被灭族的危险。这该怎么办呢？我还听说关内沦陷了，李孝常在华阴反叛了，皇上囚禁了他的两个弟弟，准备把他们杀掉。我们这些人的家属也都在西边，能不为这事担心吗？"

司马德戡又说："如果士兵们都逃亡了，那么我们一定会被杀头，我们还不如和他们一起跑呢。"元礼和裴虔通都说是好主意。于是，他们就联合虎牙郎将赵行枢、鹰扬郎将孟秉、勋侍杨士览等人一起商量逃跑的事。

有一个宫女知道了司马德戡等人的事情后，就告诉萧后说："外面的人都想造反了！"萧后说："你向皇上奏报去吧！"宫女就跑去报告了隋炀帝，隋炀帝听宫女说完以后，大怒。他认为这不是宫女应该说的话，于是就把宫女杀了。后来，又有宫女向萧后报告，萧后就说："如今，天下的形势到了这个地步，已经无法挽回了，何必再说呢？说了也只是让皇帝白白忧虑而已。所以，就别再说了。"从此以后，就再也没有人进言了。

虎牙郎将赵行枢和将作少监宇文智及一直都很要好。杨士览是宇文智及的外甥，于是赵行枢和杨士览就把他们和司马德戡一起计划的事告诉了宇文智及，宇文智及听到这个消息以后很高兴。

司马德戡等人定于三月月圆的那一天结伴逃跑，宇文智及就对他们说："皇上虽然昏庸无道，但是他的威令还是有的，你们现在逃跑，下场和窦贤一样，是在找死。现在，老天爷让隋朝灭亡的时候到了。英雄蜂拥而起，和你们同样心存反叛的也有上万人，这正是一个成就帝王之业的大好机会。"司马德戡等人都同意他的意见。赵行枢、薛世良等人都推宇文智及的哥哥右屯卫将军宇文化及为首领，等人们商议好了，才告诉宇文化及。宇文化及生性怯懦，没有什么能力，听说这件事情以后，脸色大变，浑身直冒冷汗，最后，他还是听从了众人的安排。

三月初十这一天，司马德戡召集全体骁果军的士兵，把计划告诉了他们，大家都说："我们听将军的话。"就在当天，大风刮得天昏地暗。司马德戡买通了城门守卫，于是，各个城门都没有上锁。等到三更时分，司马德戡在东城聚集了几万人马，点起了火把和城外呼应。隋炀帝看到了火光，又听到外面有喧闹的声音，就问发生了什么事情。当时，正在值班的裴虔通就对他说："陛下，草房失火了，外面的人正在救火。"当时宫城内外是隔绝的，炀帝也不知道，就相信了他的话。

三月十一日的凌晨，司马德戡率领士兵从玄武门进入宫里。隋炀帝一听有人叛乱了，就赶忙换好衣服，逃往西阁。

裴虔通和元礼让士兵撞开东阁的门，士兵们进了永巷，大声地问："陛下在哪里？"一位美人从房间里探出头来，告诉了他们隋炀帝的藏身之处。于是，校尉令狐行达就直接拔刀冲进了西阁，隋炀帝躲在窗户后面对令狐行达说："莫非你想杀我吗？"

令狐行达回答说："臣不敢，臣只是想让陛下再回到长安罢了！"说完以后，他就把隋炀帝扶出了西阁。

裴虔通本来是隋炀帝的老部下，隋炀帝见到他以后就问："你不是我的旧部吗？你和我有什么仇，为什么要谋反？"

裴虔通说："臣不敢，将士们都想回乡，我只是想尊奉陛下回长安罢了！"

隋炀帝说："朕正打算要回去，只是因为长江上游的粮船还没有到，我现在就和你们回去。"裴虔通于是领兵看守着隋炀帝。

等到天亮以后，孟秉派人去迎接宇文化及。宇文化及全身发抖，连话都说不出来。有人来参见他，他就低头靠在马鞍上，连声说着"罪过，罪过"。等宇文化及到达宫门前，司马德戡迎接他进了朝堂，还称他为丞相。

裴虔通和隋炀帝说："陛下，百官都在朝堂里，你应该亲自出去慰劳他们。"他说完以后，送上自己随从的坐骑，逼着隋炀帝上马。隋炀帝嫌他的马鞍笼头太破旧，裴虔通就换了一个新的马鞍，隋炀帝这才肯上马。裴虔通牵着马缰绳，提着刀出了宫门，反叛的士兵们欢声雷动，宇文化及扬言说："哪能让这个家伙出来呢？快弄回去，弄死算了。"

于是，他们把隋炀帝带回了寝宫。裴虔通、司马德戡都拿着刀站在旁边。隋炀帝叹息着说："我犯了什么罪啊？怎么落得这个下场？"

马文举说："陛下抛下宗庙不顾，不断巡游，对内荒淫奢侈，对外不停作战，致使强壮的男人都死在了战争中，老弱病残的都死在了沟壑里，民不聊生，盗贼四起。你一直任用奸佞，文过饰非，拒不纳谏，怎么说你没罪呢？"

隋炀帝说："朕确实是对不起老百姓，可我对你们不薄啊！你们为什么还会这样做？今天这事，谁是主谋？"

司马德戡说："整个天下的人都怨恨你，哪有什么主谋啊！"宇文化及就派封德彝宣布隋炀帝的罪过，隋炀帝对封德彝说："你可是士人啊，怎么能干这种事！"封德彝红着脸，退了下去。

隋炀帝的爱子赵王杨杲，当时才12岁，在隋炀帝的身边不停地号啕大哭。裴虔通就杀了杨杲，鲜血溅到了隋炀帝的衣服上。这些人要杀隋炀帝，隋炀帝说："天子也有天子的死法，怎么能对天子动刀呢？拿毒酒来。"

马文举等人不答应，就让令狐行达把隋炀帝按住。隋炀帝自己解下了连巾交给令狐行达，让令狐行达把他绞死。

隋炀帝死后，萧后和宫女们撤下漆床板，做了一副小棺材，把隋炀帝和赵王杨杲一起埋在了西院的流珠堂。

李世民攻取洛阳

唐高祖武德四年（公元621年），秦王李世民率兵讨伐郑王王世充，对洛阳（今河南洛阳）发起了进攻。李世民很快就包围了洛阳城，随后，就率军对洛阳城发起了猛烈的进攻。但是，洛阳城把守得非常严密，因此，李世民攻了十几天，也没有攻下来。

三月，夏王窦建德发兵援救洛阳城内的王世充，王世充的弟弟徐州行台王世辩也派自己的手下郭士衡率领着几千士兵和窦建德的军队会合。他们一共有十几万人，在成皋（今河南荥阳东北）东边的平地上安营扎寨，和王世充里应外合。

李世民的手下一见王世充的救兵来了，而且规模还这么大，就劝李世民避一避风头。李世民采取了一些人的意见，率兵进入险要的虎牢关（当时洛阳城东一个重要的关口）。王世

唐 律

唐初，唐高祖命参照隋律，重定新律。于武德七年（公元624年）颁行，称《武德律》。唐太宗时，命长孙无忌、房玄龄等修改《武德律》，编为《贞观律》之后，长孙无忌等又奉高宗之命，厘定旧律，修成《永徽律》。永徽三年（公元652年），高宗再命长孙无忌依据《永徽律》逐条解释律文，撰成《永徽律疏》12篇30卷（即《唐律疏义》），于次年颁行全国，与律文一样具有法律效力。《唐律疏义》是中国保存至今最完整的一部封建法典。"唐律"制定有笞、杖、徒、流、死五刑，以及"十恶"之条，作为正刑定罚之律。还有律、令、格、式四宥。"唐律"作为一部完备的封建法典，旨在维护封建制度和特权，防范人民的反抗。但对稳定社会秩序，促进生产的发展，亦有积极的意义。

甲骑具装战斗图　唐

充在城头上看到李世民带兵，向虎牢关方向进发，却不敢出兵攻击。于是，李世民很轻易地进入了虎牢关。

三月二十六日这一天，李世民率领着500名骁勇的骑兵，出了虎牢关，到城东20多里的地方，侦察窦建德的营地。他让骑兵们沿路留下来，让徐世勣、程咬金、秦叔宝分别率领一部分士兵埋伏在路边。最后，李世民的身边就只剩下四名骑兵了，他们五个一同前去侦察窦建德的营地。

周边的人都心惊胆战的，李世民却一点儿也不害怕。他对身边的尉迟敬德说："我拿着弓箭在前面开道，你拿着长枪在后面跟随，即使有100万人来了，又能把我们怎么样？"

尉迟敬德笑着说："是啊！"

李世民又说："敌人看见我们就撤回去，这应该是他们最聪明的做法，是上策啊！"跟着他的几个人都笑了。

等他们到了离窦建德营地三里远的地方，遇上了窦建德的巡逻兵，巡逻兵就以为他们是侦察兵。李世民不慌不忙，大声地对巡逻兵喊道：

"我是秦王李世民。"说完拉弓搭箭，向对方的一名将领射去，一下就射死了。

窦建德的兵马见状大惊失色，赶忙派人给窦建德报信。不大一会儿，窦建德就派出五六千骑兵追击李世民，跟随李世民的人见后面的追兵那么多，全都吓得变了脸色。李世民依旧很镇定，他对那几个骑兵说道："你们只管在前面跑好了，我和敬德在后面挡着。"

于是，李世民和尉迟敬德就勒住马的缰绳，在后面慢慢地走。等到追兵快要追上了，李世民就拉弓射箭，每次总能射死一个。追兵非常害怕，就不敢再追了。等过了一会儿，追兵又开始追了，快要追上的时候，李世民又射，这样反复了好几次。

李世民先后射杀了几个人，尉迟敬德也杀死了十几个人，追兵就再也不敢逼近了。

李世民故意徘徊，最后把敌军引进了埋伏圈。徐世勣、程咬金等人奋力出击，杀了300多人，还抓获了窦建德的将领殷秋、石瓒，最后大获全胜，回到了虎牢关。

五月，窦建德又和李世民交战。窦建德很轻视唐军，还派人对李世民说，想要和他耍耍。窦建德的部下王琬骑着隋炀帝的青骢马，铠甲和兵器都很鲜亮，他站在阵前，向大家夸耀。

李世民看见了，就对众将说："他骑的那匹马，真是一匹好马啊！"

于是，尉迟敬德就请求前去夺取，李世民就劝他说："别去了，我怎么能为了一匹马，而损失一名猛士呢！"

尉迟敬德不听，就和其他两名将领骑马冲进了敌阵，擒获了王琬，牵着他的马就回来了，没有人敢阻拦。

李世民将一切都布置好后，就向窦建德的大营杀了过去。当时，窦建德正在拜谒，所以，一时间乱了手脚。

李世民的士兵和将领们都作战英勇，气势逼人，很快就把窦建德的军队打得大败。唐军到处追击，共斩杀了3000多名窦建德的士兵。窦建德也在战斗中被长枪刺中，逃到牛口渚躲了起来。李世民手下的车骑将军白士让、杨武威追上了窦建德，窦建德从马上掉了下来，白士让上去就想拿长枪刺他，窦建德就赶忙说："别杀我，我是夏王，我能给你们荣华富贵！"

白士让和杨武威哪会听他的，下马抓住他，拖回去交给了李世民。李世民见到窦建德就说："窦建德，我们讨伐王世充，和你有什么关系呢？你为什么要越过自己的领地，来进犯我们？"

窦建德苦着眉头说："如果我不自己来的话，到时候，恐怕还得麻烦你自己远道去攻击我呢！"

窦建德的士兵全部逃散。李世民押着窦建德等人来到洛阳城下，见到了王世充。王世充见到窦建德以后，站在城墙上一边哭，一边说话。

事后，王世充就召集将领们一起商量突围的事，将领们都说："我们是依赖窦建德的，窦建德都被抓了，我们突围还有什么用呢？"

过了几天，王世充穿着白衣服，领着太子、群臣共2000多人，到李世民的军营投降。李世民按礼节接待了他，王世充趴在地上磕头，吓得汗流浃背。李世民就对王世充说："你总把我当成是小孩儿，现在见了小孩儿，为什么如此恭敬呢？"王世充赶忙磕头谢罪。最后，李世民把王世充的重要党羽，在洛水边全部斩首了。

玄武门之变

太原起兵的时候，唐高祖李渊拿不定主意，多亏李世民态度坚决，一再劝说，才让李渊走上了反隋的道路。在以后的五六年里，李世民东征西讨，南征北战，为大唐的建立作出了巨大贡献，可以说，大唐的天下，是李世民打出来的。正因为这样，朝廷里出名的人才，如长孙无忌、杜如晦、房玄龄、尉迟敬德、秦叔宝等人都聚集在李世民的旗下，他在朝中的势力，无人能及。

唐高祖武德九年（公元626年），天下已经平定了。太子李建成、齐王李元吉都很嫉妒秦王李世民，兄弟之间的矛盾越来越大。李建成、李元吉和后宫的嫔妃们，每天都向李渊说李世民的坏话，李元吉还劝李渊杀掉李世民。

有一次，淮安王李神通立了功，李世民就把一块田赏赐给了他，恰巧张婕妤也想把这块田送给自己的父亲，就哭着对李渊说："您赏赐给我爹的田，让秦王抢去给了李神通，我不知道是皇帝的权力大，还是秦王的权力大。"李渊听完以后很生气，就把李世民骂了一通。

还有一次，伊德妃的父亲伊阿鼠让家人把经过自己家门的杜如晦拉下马来，骂他说："你算什么东西，竟敢到我门前不下马！"一边说着还一边打杜如晦，甚至打断了他的一根手指。事后，伊德妃怕李世民把这件事告诉李渊，就恶人先告状，说秦王派手下的人欺负伊阿鼠引得李渊又是一阵大怒，把李世民找去狠狠训斥了一通，任李世民怎么解释，李渊也不相信。

唐太宗像

还有一日，李建成把李世民叫到他的府上喝酒，想用毒酒害死李世民。李世民喝完之后，感到肚里剧痛，随后就开始吐血，吐了很多。恰巧当时淮南王李神通也在，就把他搀扶着回到了自己的住所。因治疗及时，李世民才捡回一条命。

李元吉和李建成总是想方设法谋害李世民，李渊也准备惩罚李世民。为此，李世民就召来房玄龄，和他商议这件事。房玄龄说："秦王您功劳盖世，本应该继承皇帝的大业，现在您心怀忧虑和恐惧，这正是上天在帮助您啊！希望您不要再举棋不定、犹豫不决了。"于是，房玄龄就和秦王府属杜如晦一起劝说李世民杀掉李建成和李元吉。

武德九年（公元626年）六月初三，李世民给李渊呈上密奏，说李元吉和李建成与后宫的嫔妃淫乱，还说："我没有丝毫对不起哥哥和弟弟的地方，而他们却想杀掉我，像是要为王世充和窦建德报仇似的，我如果含冤而死，就远离您了，魂魄回到地下。我实在不愿再见到那些被我诛杀过的贼人！"

李渊看完奏章以后，很惊奇，就回复说："朕明天就调查这件事情，你应该及早前来朝见我。"

六月初四，李世民率领长孙无忌等人入朝，把自己的兵马埋伏在玄武门附近。张婕妤暗中得知了李世民上表的大概内容，就急忙赶去报告了李建成。李建成把李元吉叫来商议这件事情，李元吉说："我们应该统率东宫和齐王府的军队，假托有病，不去上朝，以便观察形势的变化。"

李建成说："我们的军队已经防备得很严密了，到处都是我们的人，我们应该入朝，亲自打听消息。"于是，他们二人就一起骑马入朝，向着玄武门走来。

当时，李渊已经将裴寂、萧瑀、陈叔达等人召集来，要调查这件事了。当李建成和李元吉走到临湖殿的时候，感到情况有点不对头，于是就立即勒马转头，准备向东。返回东宫和齐王府。李世民等人见李建成和李元吉要跑，就追了出来。李世民在后面大声叫他们，李元吉返回身，拉开弓箭准备射死李世民，但是，他射了好几次，都没有射准。李世民提箭射李建成，一箭就把他射死了，李建成坠落马下。李世民的坐骑跑到了树林里，李世民被树枝挂住，掉了下来。李元吉见状，迅速赶到，夺过李世民的弓来，准备勒死他。尉迟敬德带领着骑兵及时赶来，大声呵斥李元吉。李元吉见势不好，就想步行逃往武德殿，尉迟敬德从后面追来，用弓箭射死了他。

翊位车骑将军冯立一听说李建成被射死了，就叹息着说："哪有在人家活着的时候，享受他给的恩惠和好处，他死了就独自逃避的人呢？"于是，他就和副护军薛万彻等人率领精锐兵马2000人，快速赶到了玄武门。结果张公谨关闭了城门，致使冯立等人无法进城。

云麾将军敬君弘掌管着宿卫军，驻扎在玄武门。他见冯立等人前来，就要挺身而出，准备作战。他亲近的人就劝他说："将军，事情还未见分晓，先慢慢观察事态的发展，再见机行事吧！等到我们的人马集合起来，结成阵列再出战也不迟啊！"敬君弘不听劝说，执意出兵。于是他就和中郎将吕世衡大声呼喊着奔出城门，和冯立的人马交战，结果全部战死了。

把守玄武门的士兵与薛万彻率领的人奋力作战，持续了很长时间。薛万彻擂鼓呐喊，准备进攻秦王府，将士们都很恐慌。这时候，尉迟敬德提着李建成和李元吉的人头，给薛万彻等人看。薛万彻带领的东宫和齐王府的人马一见总头领已死，就全都逃散了。薛万彻和10多个骑兵逃进了终南山。冯立杀死了敬君弘以后，就对手下说："这也就算是略微报答太子了。"于是，他也丢掉兵器，落荒而逃。

此时，李渊正在海池划船，李世民就派尉迟敬德入宫，担任警卫。尉迟敬德身披铠甲，手拿长矛，直接就奔李渊所在的地方来了。李渊十分惊恐，就问他："今天是谁在作乱啊？你到这里做什么？"

尉迟敬德回答说："太子和齐王起兵作乱，秦王派兵诛杀了他们。秦王担心惊动您的大驾，就派我来担任警卫。"

李渊就对裴寂等人说："朕没料到今天会出这样的事情，你们说该怎么办呢？"

萧瑀和陈叔达就说："李建成和李元吉在平定天下的时候，本来就没立多少功。他们还忌妒秦王，准备谋杀他。现在秦王已经把他们处决了，秦王的威名遍布天下，人们都臣服他，您还不如立秦王为太子，把国家的大事交给他来处理，这样就不会再发生什么事情了。"

李渊叹了口气说："那好吧，这也是我一直以来的心愿啊！"

六月初七，高祖李渊将李世民立为皇太子，还颁布诏书说："从今天开始，军队和国家的各项事务，无论事务大小，全部都交给太子处置决定。"

又过了几个月，李渊索性退位当了太上皇，李世民当了皇帝，改年号为贞观。

谏臣魏征

魏征，字玄成，馆陶（今属河北）人。他从小就失去了父母，家里很穷，小的时候还当过道士。隋大业末年，魏征被隋朝武阳郡（今河北大名东北）的长官元宝藏任命为书记。元宝藏投降李密之后，他又被李密任命为元帅府文学参军，专管文书卷宗。

李密失败后，魏征跟着他进入关中，投降了唐，但是一直都没有被重用。后来，魏征请求朝廷让他前去安抚河北，朝廷同意了。于是，他就到了黎阳（今河南浚县），劝李密的部下、黎阳守将徐世勣归降唐朝。不久，窦建德攻占了黎阳，魏征被抓获。

后来，窦建德失败，魏征又回到长安，被太子李建成任用为东宫僚属。魏征看到太子和秦王李世民的冲突日益加深，就多次劝李建成要先发制人，早点动手。

等到李建成被杀，李世民召见魏征的时候，问他道："你为什么要离间我们兄弟呢？"

大家都为魏征担心，但是魏征却很从容地说："如果太子早听我的话，一定不会落得今天这个下场。"

李世民一向都很注重魏征的才能，于是就赦免了他，对他以礼相待，让他担任詹事主簿，后来又任命他为谏议大夫。

魏征古帖

传说唐初虞世南书名远播，李世民从其学"戈"法，一日，李世民将写"戬"字，空书右半边"戈"旁，召虞世南补写。之后拿给魏征看，并说："朕学虞世南，似乎已尽其法。"魏征细看一番，评曰："天笔所临，万象不能逃其形，非臣书所可仰。今仰观圣作。惟'戬'字'戈'法逼真。"李世民大加赞叹，可见魏征书法鉴赏力之高。

李世民继位以后，励精图治，多次把魏征请进卧室之内，询问政事。魏征知道什么说什么，太宗也很高兴地采纳他的意见。不久以后，魏征被任命为右丞相。

贞观元年（公元627年），有人告发右丞相魏征袒护他的亲戚，太宗就派御使大夫温彦博审查魏征。结果没找到证据。温彦博对太宗说："魏征办事的时候，毫不掩饰，不避嫌疑，虽然没有什么私心，但是也有应该责备的地方。"

太宗就让温彦博责备魏征说："从今以后，你要掩饰自己的行为啊！"

有一天，魏征进宫朝见的时候，就对太宗说："陛下，臣听说君王和臣子就应该像是一个整体，应该彼此都真心诚意的，如果彼此都掩饰的话，那么国家的兴亡就不得而知了，臣也不敢再听从您的诏令了。"

太宗听魏征这么一说，

就知道是什么意思了，于是，他就和魏征说："朕已经后悔了。"

魏征向太宗拜了两拜，然后说："臣有幸能侍奉陛下，臣请求陛下您能让我做良臣，不要让我做忠臣。"

太宗就问他："忠臣和良臣有区别吗？"

魏征就说："能够使自己获得美名，使君主成为明君，子孙相继、福禄无边的臣子，是良臣；而能使自己身遭杀戮，让君主沦为暴君，丧家破国、空有其名的臣子，就是忠臣。"太宗听完以后，认为很有道理，十分高兴，就赏赐给他丝绢500匹。

贞观二年（公元628年），魏征被授予秘书监一职，并且还参掌朝政。他刚在职不久，长孙皇后听说一位姓郑的官员，有一位年仅十六七岁的女儿，才貌出众，国色天香。她把这件事告诉了唐太宗，请求太宗将郑家的女儿纳入宫中，选为嫔妃。于是，太宗就听了长孙皇后的话，下诏书，将这一女子聘为妃子。

魏征听说这位女子已经许配了人家，就立即进宫，给太宗进谏。他对太宗说："陛下为人父母，应当抚爱百姓，为自己应该担忧的而担忧，为自己应该高兴的而高兴。您居住在宫室台榭中，应该想想老百姓有没有房子住；当您吃山珍海味的时候，应该想想老百姓是否还置身在饥饿之中；您的嫔妃满院，而老百姓是否拥有阖家的欢乐？现在郑官员的女儿早已许配了人家，您没有详细查问，就把她纳入了宫中，如果消息传出去，难道不会被世人笑话吗？您所做的，难道符合为民父母的身份吗？"

太宗听完之后，大吃一惊，当时就表示歉疚，并且决定收回成命。但是，房玄龄等人却认为郑官员的女儿没有许配人家，就坚持诏令有效。与郑官员女儿定亲的那家人，也派人递上表章，说以前虽然和郑官员有交往，但是，并没有定亲的事。唐太宗半信半疑，就又召来魏征询问这件事。魏征直截了当地对太宗说："定亲的那家人之所以否认这件事，是害怕陛下您以后因为这事而害他们，其中的缘故已经十分清楚了，这还值得奇怪吗？"太宗这才恍然大悟，于是就坚决地收回了诏令。

魏征敢直言进谏，即使在太宗大怒的时候，他也敢和太宗当面争论，从不退让，所以，唐太宗有时对他也很敬畏。

有一次，唐太宗想要去秦岭打猎，行装都已准备好了，但却迟迟没有出行。后来，魏征问到这件事的时候，太宗就笑着说："朕当初的确有这个想法，但害怕你又要直言进谏，所以，很快又打消了这个念头。"

还有一次太宗得到了一只上好的鹞鹰，把它放在自己的肩膀上，很是得意。但是，当看到魏征远远地向他走来时，就赶忙把鹰藏到了怀中。魏征假装奏事，故意拖延时间，致使鹞鹰在太宗的怀中闷死了。

贞观六年（公元632年），大臣们都请求太宗去泰山封禅，借这个机会炫耀功德和国家的富强，只有魏征表示反对。唐太宗觉得奇怪，就问魏征："你不主张进行封禅，是不是认为我的功劳不够高、德行不够、国家还没有安定、四面的少数民族还没有平息、国家还不够富裕、好兆头还没有来临呢？"

魏征回答说："陛下虽有以上的六种功德，但是，自从隋末天下

三省六部制

三省六部制是自西汉以后形成的政治制度，到唐朝时这种制度趋于完善。国家中央机关主要由"三省"和"六部"构成。三省是最高的权力机关，分别是中书省、门下省、尚书省，各省长官是辅佐皇帝处理天下政事的最高官员。中书省负责掌管制定决策，门下省掌管封驳审议。所有的军国大事，必须由中书省拟定诏书，门下省审议复奏，然后交付尚书省颁布实行。各部门以及地方所呈的重要奏章，也必须通过尚书省交给门下省审定，然后由中书省呈请皇帝批阅。尚书省是一个执行机关，下统六部分别为吏部、户部、礼部、兵部、刑部、工部，各部下有四个属司，一共24司，负责处理全国的各类具体的行政事务。

大乱以来，直到现在，户口还没有恢复，仓库还没有积蓄，而您耗费巨大的资财东巡，沿途百姓一定会承受不了。况且陛下封禅，各国的人必然都会前来，远方的少数民族君长也会随行。而现在中原一带，人烟稀少，灌木丛生，各国的使者和少数民族的君长看到我们的国家如此虚弱，怎么能不轻视您呢？如果赏赐不周到的话，就不会满足这些远来的人的欲望；免除赋役，也远远不能报偿老百姓所破费的财物。这样仅仅能够谋取虚名，而实际上却要受害的事情，陛下为什么要干呢？"过了不久，中原各个州暴发了洪水，封禅的事也就不了了之。

贞观七年（公元633年），魏征取代王珪当了侍中。这年年底，中牟县丞皇甫德参向太宗上书说："修建洛阳宫，苦了老百姓；地租收得太多，却都被宫女们穿衣化妆给挥霍掉了。"太宗收到奏章以后很愤怒，就对宰相们说："德参想让国家不使用一个百姓，不收地租，富人什么事也不干，这才符合他的心意。"于是，就要给皇甫德参治罪。魏征上谏说："自古以来，上奏不偏激，就不能触动人主的心。所谓狂徒所说的话，圣人选择好的听从。请陛下想想这个道理。"最后他还强调说："陛下最近不爱听直言了，虽然还能勉强包涵，但已不像从前那样豁达自然了。"唐太宗觉得魏征说得合情合理，就转怒

租庸调制

唐朝初年，对田赋户籍制度进行了改进。唐高祖武德七年（公元624年），朝廷颁布了均田令，改进了前代的均田制。在此基础上，推行租庸调制。政府规定征敛赋役的原则是"务在宽简"，农民的主要负担是租庸调。具体规定是：每丁每年纳租粟二石；输调绢二丈，绵三两，或是输布二丈五尺，麻三斤；每年服徭役20天，如不应役则按每天三尺绢折纳，叫作输庸。凡是加役15天者，可以免调；加役30天者，租调全免，额外加役最多不能超过30天。租庸调制是统治者轻徭薄赋政策的具体体现，农民的负担比前代大为减轻，社会秩序日趋稳定，经济也随之繁荣。

为喜，不但没对皇甫德参治罪，还把他提升为监察御史。

贞观十六年（公元642年），魏征得病后，一直卧床不起，唐太宗知道后，不停地派人前去探望。魏征一生节俭，家室极其地简陋。魏征病后，唐太宗便下令把为自己修建小殿的材料，全部为魏征建筑大房子使用。不久，魏征就在家中病逝了。太宗亲自前去吊唁，痛哭失声，悲切地说："拿铜当镜子，可以帮助人修整好衣冠；以古代的事当作镜子，就可以知道兴衰变迁的规律；以人做镜子，就可以知道自己得到了什么，失去了什么。朕常常想着这三面镜子，以防自己犯错误。现在魏征走了，朕失去了一面镜子啊！"

便桥会盟

玄武门之变以后，突厥的颉利可汗率领大兵，乘唐朝发生内乱时大举入侵。唐太宗派尉迟敬德率兵阻击。尉迟敬德骁勇善战，把突厥可汗打得大败而逃。可是，颉利却是个不见棺材不落泪的人。过了没几天，他再次入侵大唐，一直到了渭水便桥的北岸。颉利可汗还派遣他的亲信到唐的京城里拜见太宗，以便打探唐朝的情况。

太宗见突厥可汗这样猖狂，就气不打一处来。一天，他亲自带着高士廉、房玄龄等六个人，骑马出了玄武门，径直来到渭水边上。颉利可汗见对岸出来人了，于是也就领兵带队站了出来。唐太宗隔着河和颉利可汗对话。

太宗高声地向对岸说："颉利可汗，我们不是有过盟约吗？你为什么背信弃义，不守盟约，前来进犯我朝呢？"

太宗说话的时候，声音洪亮，气度非凡，特别有威慑力，突厥士兵见状大为吃惊，全都从马上跳下，一起拜唐太宗。

不一会儿，唐朝的军队就陆续赶来，旗帜飘扬，铠甲在阳光下闪闪发光，漫山遍野都是唐朝的士兵。见亲信没有回来，而唐太宗又亲自出马，唐朝的军队又阵容强大，颉利可汗也感觉到很不安，脸上露出了恐惧的神色。

唐太宗让自己的军队退出一些地方来排成阵列，他自己仍然留在原地和突厥可汗交谈。官员萧瑀认为太宗轻敌，于是，就赶紧上前拉住太宗的坐骑，再三劝阻他不要这样。太宗见他一副紧张的神色，就笑着对他说："萧瑀，你不用害怕，朕已经很周密地谋划过了，你还不了解朕的用意。突厥之所以敢竭尽全国的兵力前来，直接进犯我们京城的边郊地区，这是因为我们国家内部出现了祸难，朕又是刚刚继位，认为我们不能抵抗他们。"

萧瑀在一旁静静地听着，太宗就继续说："现在，如果我们向他们

战争壁画
敦煌莫高窟第十二窟唐代的战争壁画。从双方隔河相峙、筑城而战的紧张场面，可看到"城"之于"战"的重要。

示弱的话，关闭城门，防守抵御，则突厥人必然会出动大队人马，对我们发起进攻。这样的话，到时候就很难遏制他们了。所以，朕轻装骑马前来，就是要显示出看不起他们的样子，向他们炫耀我们军队的阵容，是想让他们相信我们的军队肯定会出战。朕的行动出乎突厥人的意料之外，是要让他们失去主张。这样的心理战术难道运用得不对吗？"

萧瑀觉得太宗真是太英明了，于是连声称是。太宗继续说："突厥进入我们的疆域，心里面肯定有所恐惧，所以，如果我们和他们交战的话，就一定能够胜利；我们和他们言和的话，他们也一定会答应。制服突厥，就看这一次的行动了，你不要阻拦了，尽管看着好了。"

萧瑀听完以后，对太宗佩服得五体投地，就退了下去，再也没说什么。

当天颉利可汗就忍不住了，他派人前来请求和唐朝和好。太宗也不想和他们再发生战争，于是就答应了他的请求。过了几天，太宗又到了城西，宰白马歃血，和颉利可汗在便桥定下盟约。颉利可汗率领兵马撤了回去。

事后，萧瑀私下里向太宗请教说："陛下，在突厥没有请求言和的时候，各位将领都争着请求出战，您却不允许。我们都对陛下您的做法感到疑惑不解。过了没多久突厥就自动撤退了，这到底是怎么回事啊？有什么奥妙吗？"

太宗笑着说："朕观察突厥兵马虽然为数众多，但是阵容并不整齐，而突厥君臣也只是想得到一些财物而已。当突厥和朕讲和的时候，可汗独自一人留在了渭水西岸，其他的官员都来拜谒朕。如果当时朕采取谋略，消灭他们的话，不是易如反掌吗？"

萧瑀很疑惑地说："是啊！那怎么不消灭他们呢？"

太宗说："朕之所以不肯和他们交战，是因为朕继位的时间太短，国家还不稳定，百姓还不富裕，现在应该以休养生息为主。如果我们和突厥开战了，那一定会带来很多损失。现在我给他们一些金银布帛，满足他们的欲望，他们就自动撤退了。回去以后，他们一定不再设置军备了，而我们养精蓄锐，等到时机成熟，就能够一举消灭他们。这正是想要索取，就得先要给予的道理啊！"萧瑀听完以后，立即叩拜说："陛下，您真是深谋远虑啊！"

长孙皇后

长孙皇后知书达理，贤淑善良，13岁就嫁给了李世民。唐朝建立以后，她被册封为秦王妃，等李世民登基以后，她被立为皇后。

长孙皇后生性节俭，从不铺张浪费。太宗知道她深明大义，因此也经常和她谈论国家大事。长孙皇后给太宗生下一个女儿，也就是长乐公主，被太宗视为掌上明珠。

唐太宗贞观六年（公元632年），长乐公主要出嫁了。因为太宗特别疼爱长乐公主，所以，他就命人给长乐公主送去比永嘉公主多一倍的嫁妆。这件事让魏征知道了，魏征就上书对太宗说："陛下，过去汉明帝想要分给皇太子土地，他就说：'我的儿子怎么能和先帝的儿子相比呢！'于是，分给皇太子的土地就比楚王和淮阳王（和汉明帝是兄弟关系）少一半儿。如今，您给长乐公主的嫁妆，比永嘉公主多一倍，您的做法不是正好和汉明帝相反吗？"唐太宗觉得魏征说得很有道理，回去以后就把这件事情告诉了长孙皇后。

长孙皇后听太宗说完之后，叹息着说道："平常我经常听您称赞魏征，却不知道是什么缘故，今天才知道。他引证礼仪来抑制陛下的私情，真是辅佐您的栋梁大臣啊！"

太宗点头称是。长孙皇后继续说道："我和陛下您是多年的结发夫妻，但每次和你说话的时候，都得察言观色，不敢冒犯您。而魏征只是个大臣，和您比较疏远，他还能够做到直言进谏，他的意见陛下不能不

遣唐使

到了唐朝，中日两国的交往达到了一个前所未有的频繁程度。从公元630年开始的200多年中，日本先后派出多批使者来到中国，学习唐朝的典章制度和文化礼仪。随同使臣一起来中国的，有官员、留学生和留学僧，人数多时达五六百人。由于他们都是由日本政府派遣的使者，所以就被称为"遣唐使"。这些人在中国学习了各种技艺，回国以后便积极传播唐朝的制度和文化，中国的典章制度、工农业生产技术、历法、哲学、历史学、文学、数学、医药学、建筑学、美术、工艺等，都被介绍到日本。据史书记载，唐朝时日本派来的遣唐使前后有13批，达数千人之多。遣唐使对推动日本社会的发展和促进中日友好交流作出了巨大的贡献，促成了中日文化交流的第一次高潮。

听从啊！"太宗认为皇后说得非常有道理。

皇后请求太宗派人到魏征家，给他送去了丰厚的赏赐。

还有一次，太宗罢朝不上回到了宫中，很生气地说："我以后一定要找个机会，杀了这个乡巴佬！"

长孙皇后见状就问："陛下，是谁惹怒了您！"

太宗说："能有谁呢？还不是那个魏征，他经常在朝堂上羞辱我。"

皇后听完太宗的话，就退了下去，穿上朝服站在庭院内。太宗很惊奇，就问皇后为什么这样。

皇后就说："我听说君主开明，臣子才能正直，如今魏征正直敢言，这正说明了陛下开明，我怎么能不穿好衣服，祝贺您呢！"唐太宗听完以后，脸上的怒色很快就没了。

长孙皇后仁慈孝敬，很喜欢读书，经常和太宗谈论历史，还会提出一些有益的意见。

有一次，皇上无故对宫女发怒，长孙皇后也假装动怒，请求太宗让她亲自来询问。于是，她下令把宫女绑起来。等到太宗的怒火消了，她才慢慢地为宫女申辩。从此，宫廷中再也没有出现过冤枉好人、滥用刑罚的事。

豫章公主早年失去母亲，皇后收养了她，就像对待亲生的一样。嫔妃以下的人，谁有了疾病，皇后都亲自前去探视，并且还拿出自己的药给她们服用，宫中的人都很爱戴皇后。

唐太宗贞观十年（公元636年），皇后病重，要和太宗诀别了，此时，房玄龄已经被太宗遣返回家。皇后临别的时候，强打起精神对太宗说道："房玄龄侍奉陛下已经这么多年了，做事一直都很细心，朝廷的机密要闻他一点也没有泄露出去过。如果他没有犯什么大过错的话，希望陛下您不要抛弃他啊。"太宗握着她的手，点了点头。

皇后继续说："我的亲属是因为我才得到了恩惠，既然他们不是因为德行升到高位的，就很容易惹上灭顶之灾，希望陛下不要给他们太大的权力，只是让他们以外戚的身份，定期朝见您就行了。"

说到这儿，皇后已经喘得很厉害了，皇上想阻止她，但是皇后继续说："我活着的时候对别人也没有什么用处，死了以后就更不能害人了。希望陛下不要为我建造陵墓，浪费国家的财力，只要简单地葬掉我就行了。我还是希望陛下能够亲贤臣，远小人，接纳忠言，不信谗言，节省劳役，禁止游猎，如果真能这样的话，我在九泉之下也就安息了。还有，请您也不要让儿女们来看我，他们看见以后只会悲哀，这样只能搅乱人心。"

太宗听完以后，非常感动，泪流满面。

贞观十年（公元636年）六月二十一日，皇后在立政殿离世。

此前，长孙皇后曾经收集上古以来妇人的荣辱得失的事，编成了一本《女则》，她亲自做文章对这些妇人的功过进行批驳和赞扬，十分有见地。她去世以后，宫中管理书籍的人向太宗呈上了这本书，太宗看完以后，十分悲痛。他把这本书给周围的大臣们看，然后说："皇后的这本书，足以成为千古的典范，朕不是不知道上天的安排，才沉溺在这无益的悲哀中，只是在宫廷内再也听不到规谏的话了。失去了贤良的内助，我怎么能不想她呢？"

过了几天，太宗就把房玄龄召了回来，让他官复原职。

贤相房玄龄

唐朝著名的大臣房玄龄，名乔，字玄龄，齐州临淄（今山东淄博东北）人。他从小就聪明伶俐，博览群书，特别擅长草书、隶书，还擅长写文章。他曾经跟随他的父亲到过京城，当时，天下太平，人们就都说隋朝国运长久。房玄龄就避开人群，背地里和他的父亲说："隋朝的皇帝本来没有什么功德，只会迷惑黎民百姓，不为国家的长治久安做打算。他还混淆嫡系和庶族，让他们相互争斗，皇太子和各位王爷又争着攀富比阔，早晚会互相残杀的。靠这些人治理国家，恐怕难以长久，现在天下虽然很安宁，但是，过不了多久，就会灾祸四起，国家灭亡的日子快要到了。"他的父亲听完以后，大吃一惊，从此以后，就对他刮目相看了。

房玄龄18岁的时候，他所在的州郡举荐他去考进士。他考中以后，被授予羽骑尉一职。吏部侍郎很会看人，当他见到房玄龄以后，就很欣赏他，还对裴矩说："我阅人无数，还从来没见到过房玄龄这样的才子。他日后一定会成大气候的。遗憾的是，我恐怕等不到他功成名就的那一天了。"

房玄龄的父亲病了100多天，他一直都尽心地守在床边，总是穿着衣服睡觉。他的父亲去世以后，他五天不吃不喝。后来，房玄龄被任命为隰城县县尉。

李渊举义旗入关以后，秦王李世民率领军队向外拓展土地，房玄龄骑马前去军营参见李世民。李世民一见房玄龄，就像老友重逢一样，任命他为渭北道行军记室参军。房玄龄一见遇到了知己，就竭尽全力帮李世民，知道什么就说什么。每当平定贼寇的时候，众人都争着去抢珍宝、钱财，唯独房玄龄先去搜罗人才，然后，再把搜到的人才送到秦王的幕府。当遇到猛将谋臣的时候，他就暗中和他们结交，使他们能够忠实地为国家效力。

唐朝建立后，太子李建成见秦王李世民功劳和权势都比他大，于是就产生了猜忌。有一次，秦王到太子府上吃饭，被太子投了毒，中毒而归。为此，秦王幕府的人都震惊不已，但又无计可施。房玄龄就

房谋杜断

贞观三年（公元629年）二月，李世民以房玄龄为左仆射，杜如晦为右仆射，魏徵守秘书监，参与朝政。

房玄龄（公元579~648年），齐州临淄（今属山东）人。参与玄武门之变，助李世民得帝位，深得李世民信任。公元629年任左仆射，精于理政，为贞观时政事的主要谋划者和执行者。

杜如晦（公元585~630年），字克明，京兆杜陵（今陕西西安市长安区）人。少即聪悟，好谈文史。隋末曾任滏阳尉。唐兵入关中，助李世民筹谋，官至陕东道大行台司勋郎中。太宗即位，任右仆射，与房玄龄共掌朝政，并称"贤相"，时人合称"房杜"。

《旧唐书》载："世传太宗尝与文昭（房玄龄）图事，则曰：非如晦莫能筹之。及如晦至焉，竟从玄龄之策也。盖房知杜之能断大事，杜知房之善建嘉谋。"又载："文含经纬，谋深夹辅。笙磬同音，唯房与杜。"两人精于理政，制定了各种典章制度，为"贞观之治"的开创立下了汗马功劳。

站出来对长孙无忌说："现在，秦王和太子的冤仇已经很深了，祸乱将要发生了，天下的人心都没有主见，各有各的想法，灾祸一发生，则必然就会引起大乱。如果这样的话，灾祸不但会殃及秦王幕府，弄不好的话，恐怕对国家的存亡还会有威胁。在这样的关头，我们怎么能不好好

想想呢？现在，我这里有一个计策，不如像周公诛杀自己的兄弟那样，除掉李建成和李元吉。这样的话，可以对外安抚天下，对内安定宗族的江山社稷。古人曾经说过'治理国家的人不能顾及小节'，说的就是这个道理啊！这样做，不是要比国家沦亡、身败名裂好得多吗？"

长孙无忌说："其实我也早有这样的打算了，就是一直都没敢说出来。您现在所说的，和我所想的不谋而合啊！"

他俩议论完以后，长孙无忌来到秦王府，向秦王李世民献计。李世民就召来房玄龄，对他说："现在已经有了灾祸临头的迹象，你说该怎么办呢？"房玄龄就对他说："国家遭逢危难，古今都是一样的，只有英明的圣人才能平定灾难，大王功高盖世，符合君临臣民的天象预兆，不用靠人谋算，自有天助。"

后来，秦王听从房玄龄等人劝说，发动玄武门之变，杀死了李建成和李元吉，除去了登上皇位的绊脚石。

房玄龄在秦王府的10多年里，每当写奏章的时候，从来都是成竹在胸，写得很简洁，道理也很充分，不打草稿。高祖李渊曾经对侍臣们说："房玄龄这个人很懂事理，完全可以放心地委任他办事，每当他替秦王向我陈述事情的时候，我就感觉像是在和我自己的孩子对话一样。"

李世民当上皇帝后，房玄龄代替萧瑀当了中书令。李世民论功行赏，以房玄龄、长孙无忌、杜如晦、尉迟敬德、侯君集5个人为第一，房玄龄晋爵邢国公。贞观三年（公元629年），李世民任房玄龄为太子太师，房玄龄坚持不受，于是就改任为太子詹事，兼任礼部尚书。后来，房玄龄又接替长孙无忌任尚书左仆射，改封魏国公，并兼修国史。

房玄龄在总管百官事务的时候，虔诚恭谨，日夜操劳不息，尽量要求自己把事情做到最好。他听到别人有什么长处的时候，就像自己有长处一样高兴。他还精通吏事，审定法令的时候，力求宽大平等，不求全责备，从来不拿自己的长处衡量别人，唯贤是举，不以贵贱作为用人的标准，被当时的人称为良相。

贞观十三年（公元639年），房玄龄又被加官为太子太师。他再三上表请求解除他的尚书左仆射职务，但是，太宗李世民下诏书说："选用贤能的基本标准是在于他的无私，侍奉皇上的道义是指有责任的时候应该当仁不让。从古至今，各位圣贤之所以能弘扬风化，在于贤臣们都能同心协力。您忠贞庄重，诚信贤明，为我创下帝业作出了巨大贡献。现在，让您执掌尚书省，使政事通和，辅佐皇太子，实在是众望所归。您现在忘记了这些大事，却拘于这些小节，虽然说您能很好地完成教学的任

翰林院

翰林院是中国唐代开始设立的各种技能之士供职机构。开元二十六年（公元738年），建翰林学士院，专供草拟诏制者居住，供职者称翰林学士（简称学士）。安史之乱以后，翰林学士的地位愈加重要，在参谋密计方面分割了宰相之权。唐宪宗以后，翰林学士往往晋升为宰相。

宋沿唐制设学士院，也称翰林学士院，有时亦称翰林院。翰林学士实际上充当皇帝顾问，很多宰相都从翰林学士中选拔。元丰改制后，翰林学士成为正式官员，正三品，并且不任其他官职，专司草拟内制之职。

明翰林院掌制诰史册文翰之事。入翰林院者均为科举进士名列前茅者，官品虽低，却被视为清贵之选。明朝翰林若得入职文渊阁参与机密，则更是贵极人臣。

清因明制，设翰林院。掌院学士无文学撰述之责，是侍读学士以下诸官的名义长官，与唐宋之翰林学士有所不同。但仕为翰林官者不仅升迁较他官为易，而且南书房行走及上书房行走例由翰林官充任。

务，但是要辞去宰相的职位，难道就是您所说的辅佐朕安天下吗？"于是，房玄龄就带着宰相的职位，担任了太子太师。当时，皇太子要行拜师礼，已经做好了仪仗，等房玄龄来。房玄龄谦让推辞，不敢进见，就

众学士登瀛洲　版画

李世民建文学馆，广揽人才，杜如晦、房玄龄、孔颖达、李玄道、于志宁、苏世长、姚思廉、虞世南、蔡允恭、薛收、褚亮、陆德明、李守素、苏勖、颜相时、许敬宗、盖文达、薛元敬十八人称为学士。后来薛收去世，召刘孝孙补入。令阎立本作画，褚亮作赞，题十八人名号、籍贯，称《十八学士图》，民间也称为"众学士登瀛洲"。李世民手下人才辈出，文臣武士如云，这为他夺取皇位、治国强兵打下良好基础。

回家去了。有见识的人们都很敬佩他的谦让精神。

贞观十六年（公元642年），房玄龄和高士廉等人一起撰成《文思博要》，得到太宗丰厚的赏赐。皇上任他为司空，仍然让他执掌朝政。房玄龄上表辞官，太宗一再挽留，他才停止了推让。

贞观十七年（公元643年），房玄龄和司徒长孙无忌等人的画像，被画在了凌烟阁上。房玄龄画像下面的赞词写道："才能兼有辞藻，思虑化入神机。为官励精守节，奉上尽忠亡身。"

文成公主出嫁

吐蕃源于羌族，也就是现在藏族的前身。唐朝初年的时候，吐蕃的赞普松赞干布统一了吐蕃的各个部落，定都逻些（今西藏拉萨）。之后，松赞干布又进行了一系列的改革，国家渐渐强大起来。

唐太宗曾经派使者冯德遐前去安抚吐蕃，吐蕃听说突厥、吐谷浑等国都娶过唐朝的公主，也想和唐通婚。于是，吐蕃就派使节跟着冯德遐前往大唐求婚。他们带了很多的金银财宝，但是，唐太宗没有答应。

吐蕃的使者没料到太宗会拒绝，担心回去以后没法和首领交代，就想出一条妙计。等他回去以后，就对首领松赞干布说："我是初次去大唐的，大唐的天子对我特别好，还答应和我们通婚。但倒霉的是正赶上吐谷浑的首领也到了大唐，他在背地里离间我国和大唐，结果，唐对待我就渐渐地冷淡了，后来就不答应和我们通婚了。"松赞干布一听，气愤难平。于是，他就下令发兵攻打吐谷浑。

吐谷浑还不知道是怎么回事儿，吐蕃的大军就攻了进来。吐蕃势力强大，因此，吐谷浑抵挡不住，就逃到了青海的北面。

为了威慑大唐，吐蕃接着又打败了党项、白兰等羌族部落，派20万大兵驻扎在松州（今四川松潘）西部边境。他们还派使节进献金银绸缎，声称是前来迎娶公主的。

不久以后，他们就对松州发起了进攻，打败了松州的都督韩威。羌族的首领阎州刺史别丛卧施、诺州刺史把利布利一起投降了吐蕃，献出了城池。吐蕃每年都对外征战，大臣们竭力劝阻，因为赞普不听劝告而因此自杀的大臣就有八人。

唐太宗贞观十二年（公元638年），唐朝任命礼部尚书侯君集为当弥道行军大总管，任命执失思力、牛进达、刘简为三路行军总管，跟随侯君集，率领着步兵和骑兵总共五万多人，攻打吐蕃。

当侯君集到松州的时候，吐蕃已经攻打松州10多天了。九月初六这一天，牛进达率领的部队作为先锋军，乘吐蕃不注意的时候，在松州城下打败了吐蕃军队，杀了1000多名吐蕃士兵。为此，松赞干布很害怕，就率兵回到了自己的领地，还派人到长安向唐太宗请罪。借这个机会，他再次请求和大唐通婚，唐太宗答应了。

贞观十四年（公元640年），吐蕃的赞普松赞干布派遣他的丞相禄

文成公主入藏壁画　吐蕃

东赞给太宗奉上黄金五千两以及上百件的珍宝，请求和大唐通婚，太宗答应把文成公主嫁给他。

贞观十五年（公元641年），唐太宗任命吐蕃的丞相禄东赞为右卫大将军。太宗很喜欢禄东赞，称赞他善于应答，想把琅玡公主的外甥女段氏许配给他。禄东赞就一本正经地对太宗说："我已经有了妻子，她是我的父母为我聘娶的，我不能把她抛下啊！何况，我们的赞普还没有见到公主，我作为陪臣，怎么能够先娶媳妇呢？"听禄东赞这么一说，唐太宗很感慨，对他大加称赞。太宗想用丰厚的恩德来安抚他，但是，禄东赞没有接受。

正月十五，唐太宗让礼部尚书、江夏王李道宗持旌节送文成公主到吐蕃。等松赞干布见到李道宗、文成公主以后，非常高兴，完全按女婿的礼节来对待李道宗。他还对大唐的衣服和仪仗称赞不已，一一细看，不住地点头。

为了优待文成公主，他还专门给文成公主另外修建了宫室，让文成公主住到里面。而他每逢与公主团聚时，事先总要打扮再三，换上最好的、最漂亮的衣服，才去见文成公主。当时，吐蕃人都用红土涂着脸，文成公主刚到的时候，吓了一跳，她很不喜欢这种做法。松赞干布知道文成公主讨厌这种以红土抹脸的做法后，就下令全国禁止这一习俗。自从文成公主嫁给松赞干布以后，松赞干布的性格也改变了不少，他不再像从前那样残暴了，也不像从前那样容易猜忌别人了。他还派本族的子弟到长安的国子学，学习《诗经》《尚书》等古代典籍。

从此以后，唐和吐蕃的交往更加频繁，关系日益密切。

晋王李治被立为太子

唐太宗贞观十七年（公元643年）的四月，纥干承基向李世民告发，说太子李承乾要谋反。太宗李世民召集大臣，调查以后，发现纥干承基所说属实，就废黜了太子李承乾，把他贬为平民。

李承乾被定罪以后，魏王李泰就每天进宫侍奉太宗，太宗还当面答应，要立他为太子。一些大臣也劝太宗，应该立李泰为太子。

一天，太宗对他周围的大臣们说："昨天晚上，我说要立李泰为太子，李泰就像个小孩儿一样，扑到了我的怀里，还对我说：'父皇，我今天才真正当了您的儿子，今天可以说是我再生的日子啊！我有一个儿子，等我死的时候，我要把我的儿子杀掉，好把皇位传给弟弟李治。'是啊！李泰多么忠厚啊！谁不疼爱他的儿子呢！而他却愿意杀死自己的儿子，把帝位传给李治。他有这样的诚心，真是让我高兴！"

大臣们听后没人说话。这时，谏议大夫褚遂良站了出来，他对太宗说："陛下，您所说的话，大错特错，希望您能再三考虑，不要在立太子的问题上出什么差错。陛下从前立李承乾为太子，而您却对魏王李泰更加宠爱，这样才导致了李承乾想要谋反。事情刚发生也没几天，您应该以这件事为鉴啊！陛下您现在要立魏王为太子，希望您先把晋王处置掉，这样才能确保平安无事！"

太宗听完褚遂良的话以后，不作声了。过了一会儿，他流着泪说：

"他们都是我的儿子啊！我怎么能狠心下手呢！这件事，我办不到！"说完以后，就很失意地回了后宫。

魏王李泰也很担心太宗会立晋王李治为太子。一天，他对晋王说："你和汉王元昌（李元昌是李世民的弟弟，因谋反被杀）关系很不错吧！现在元昌被赐死了，难道你不担心也会落得和他一样的下场吗？"

李治听李泰这么一说，心就提了起来。从此以后，每天都愁容满面。太宗见他每天都这个样子，就问他为什么会这样。李治把事情告诉了太宗。太宗听李治说完以后，心里面很不舒服，很后悔答应立李泰为太子。他记得李承乾和他说过，他的谋反是李泰唆使的。现在，李泰又对李治说这样的话，而自己又要立他为太子，这不正中了他的下怀吗？为此，太宗很痛苦。

李承乾被废黜的当天，太宗待在两仪殿，晋王李治陪着他。等大臣们都出去后，殿中只留下长孙无忌、房玄龄、李世勣、褚遂良四个人。唐太宗就和这些人说："朕有三个儿子，一个弟弟，他们怎么不是谋反就是心怀不轨啊？朕为此实在是伤透了心。"说着说着，太宗流下了眼泪。忽然，他很激动地向床头上撞去。长孙无忌等人见状不好，赶忙跑上前去抱住他。太宗还不罢休，极力地挣扎着，又抽出了佩刀，哭着喊着要自杀。褚遂良赶忙跑上前去，把刀夺下来，交给了晋王李治。

长孙无忌等人见太宗这么激动，就竭力安慰他，和他说："陛下，您消消气，有什么话说出来就好了，别憋着。"

太宗叹了一口气，然后说："朕想立李治为太子，你们说行吗？"长孙无忌就说："我们都听您的，如果有人不同意，就请您拉出去斩首。"

太宗听长孙无忌这么一说，就转过头对待在一旁的李治说："你舅舅已经许诺让你当太子了，你应该谢谢他！"李治赶忙拜谢长孙无忌。

随后，太宗就问长孙无忌："你们和朕的意见已经达成一致了，可是不知道朝外的官员们是怎么想的？"

长孙无忌就说："陛下，晋王仁义孝敬，天下的百姓都很喜欢

唐长安城

　　唐长安城，兴建于隋朝（时人称大兴城），唐朝易名为长安城，为隋唐两朝的首都，是中国历史上规模最为宏伟壮观的都城，一度也是世界上规模最大的城市。它是隋文帝君臣建立的中国古代最宏伟的都城，反映出大一统王朝的宏伟气魄。为体现统一天下、长治久安的愿望，城池在规划过程中包揽天时、地利与人和的思想观念。"法天象地"，帝王为尊，百像拱侍。为容纳更多的人口以及迁徙江南被灭各国贵族以实京师的宏伟计划，将城池建设得超前大，面积达84平方千米，是汉长安城的2.4倍，明清北京城的1.4倍，是同时期的拜占庭帝国都城的7倍，是公元800年所建的巴格达城的6.2倍，为当时世界大城之一。长安城由外郭城、宫城和皇城三部分组成，城内百业兴旺，最多时人口接近300万。唐王朝建立后，对唐长安城进行了多方的补葺与修整，使城市布局更趋合理化。龙首原上大明宫的建立，使李唐王朝统治者更加占有优越的地理位置。站在龙首原上，俯瞰全城，更显一代帝国一统天下的气度与风范。

　　他，望陛下召集文武百官来试探着问一下，如果有不同意立晋王为太子的，就是微臣等人辜负了陛下，您惩罚我们就行了。"

　　太宗听了长孙无忌的意见，来到太极殿，召集文武百官，然后就对他们说："太子李承乾大逆不道，犯上作乱，魏王李泰也居心不良，他们都不能立为太子。朕想从各位皇子中选出一位合适的继承人，你们认为立谁为太子比较合适？请当面讲明！"

　　大臣们听完太宗的话以后，心里就全都明白了。于是，大臣们就齐声高喊："晋王李治仁义孝顺，应该立为太子。"太宗听后十分高兴。就在这一天，当李泰带着100多个骑兵到达永安门的时候，被太宗派去的人抓了起来，后来把他幽禁在北苑中。

　　七月，太宗下诏书，把李治立为太子，太宗还亲临天门楼，大赦天下。

武则天封后

唐高宗永徽六年（公元655年）十月，唐高宗下诏书说："王皇后、萧淑妃阴险毒辣，想用毒酒把人害死。朕现在就将她们废黜为平民，他们的父母亲戚也全都要免除官职，流放到岭南。"

王皇后被废，皇后位置空缺。过了没几天，文武百官就给皇上上表，请求皇上另立新皇后。于是，唐高宗就下诏书说："武昭仪（武则天）出身于有功劳的大家庭，家中世世代代都出任朝廷中的官员。她因为才华出众、品行端庄才被选入了后宫，在后宫期间她的口碑也很好。先皇在世的时候，她就日夜侍奉先皇，一丝不苟，尽心尽力。父皇看好了她，才把她赐给了我，因此，我要立武昭仪为皇后。"

武昭仪被立为皇后，皇上大赦天下。武昭仪给皇上上表说："陛下，您当初要封臣妾为宸妃，韩瑗和来济在朝堂上当面反对您，他们能这样做，实在是太难能可贵了，难道这不正说明他们是在为国家一心一意着想吗？臣妾恳请陛下表扬奖赏他们。"

高宗就把武昭仪的奏章拿给韩瑗和来济等人看，韩瑗等人看完以后变得提心吊胆，他们不知道武昭仪的"葫芦里装的是什么药"，很害怕武昭仪会报复。于是，他们就多次给高宗上书，请求高宗让他们辞职还乡，但是高宗没有答应。

唐高宗永徽六年（公元655年）的十一月初一，唐高宗亲自到了皇宫大殿前的平台上，让司空李世勣带着玉玺册封武昭仪为皇后。文武百官在素义门朝拜了皇后。

原来的王皇后和萧淑妃，自从被废后，就被一同囚禁在后宫的别院中。高宗虽然废了她们，但也很想念她们，毕竟也夫妻一场，怎么能割舍得下呢？何况她们本来也没犯什么错误。高宗自己心里也感觉到很歉疚。

有一天，高宗独自一人悄悄地来到了王皇后和萧淑妃被关的地方。囚禁王皇后和萧淑妃的地方封闭得很严密，只在墙上凿了一个小洞，以便给她们送食物和日常用品。高宗一看这二人落得这般下场，十分伤心。他向屋子里喊道："皇后、淑妃，你们在哪儿呢？"王皇后听出了是高宗的声音，于是就哭着回答说："我们已经沦落为宫中的奴婢了，您怎么还称呼我们为皇后、淑妃？如果您还记得从前的情分，让我们重见天日的话，就请您把这个院子命名为回心院好了。"高宗听完以后，就对王皇后说："你放心吧，朕答应你的请求，朕回去以后就给你们安排。"

没有不透风的墙，高宗去看望王皇后和萧淑妃的事情被武则天知道了。她勃然大怒，派人到王皇后和萧淑妃住的地方，狠狠地杖打了她们，每人100下，还砍断了她们的手和脚。最后，她还让人把王皇后和萧淑妃扔到酒瓮中，然后对她们说："我要让你们两个人的骨头也喝醉酒。"过了没多久，王皇后和萧淑妃就被处死了。

当得知自己要被处死的消息以后，王皇后只是向天拜了两拜，然后说："祝愿皇上万岁！武昭仪蒙受皇恩，我自然应该死了。"萧淑妃则气得大骂道："阿武（武则天）啊！你竟然奸诈、狡猾、阴险到了这种地步！但愿我来生转世投胎，变成一只猫，你变成一只老鼠，我要活生生地卡住你的咽喉，把你掐死！"萧淑妃

武后步辇图　唐　张萱

111

武则天像　年画

说话的时候，咬牙切齿，脸都扭曲了，恨到了极点。当武则天听说这件事情以后，便不让人在宫中养猫了。不久以后，她又把王氏改姓为蟒氏，把萧氏改姓为枭氏。

武则天杀了王皇后和萧淑妃以后，自己心里面也很害怕。她多次在梦中惊醒，还经常说自己看见王皇后和萧淑妃的鬼魂，披头散发，浑身淌着鲜血，来找她算账。后来，她实在不敢在皇宫里住了，就移居到蓬莱宫去住。但是，王皇后和萧淑妃来找她算账的情形，在她的脑海里一直挥之不去。后来，她就搬到了洛阳居住，再也不敢回长安了。

徐敬业谋反

光宅元年（公元684年），太后武则天把中宗李显废掉，让他做庐陵王，又另立豫王李旦为皇帝。随后，武则天还给自己的亲族加官晋爵，给予优厚的赏赐。武则天的这一举动让李氏宗室的人感到很愤慨，同时，他们心里面也很担心会受到武则天的迫害。

正好这时候，李世勣（原姓徐，后被太宗赐姓李）的孙子、担任眉州刺史的徐敬业被降职了。徐敬业的弟弟徐敬猷，还有唐之奇与骆宾王、杜求仁等，都因为一些事情被降职的降职，罢官的罢官。这些人与第二次罢官的魏思温等聚在扬州。因为失去了官职，所以他们对朝廷极为不满。几个人聚在一起，密谋要以恢复庐陵王的地位为借口，发动叛乱。

魏思温是他们中最主要的谋划者，他和他的同伙监察御史薛仲璋使了一些小计谋，把扬州长史陈敬之投进了监狱。

过了几天，徐敬业就乘着驿车来到了扬州，假称自己是扬州司马派来的官员，说奉太后的密旨，要镇压谋反的叛军。于是，他就命人打开府库，放了囚徒和铸钱作坊里的工匠，给他们发了铠甲和武器，随后他又杀了监狱中的陈敬之。这一系列的举动，把扬州的官员都给镇住了。于是，他就发动整个扬州的兵力，还改了年号，设置了官制机构，自称匡复府上将，领扬州大都督。10天不到，徐敬业就聚起了十几万人马。

徐敬业还发布檄文到各个州县，檄文上大体意思是说："武则天出身寒微，人也很残暴，太宗在位的时候，钻了空子才侍奉太宗。太宗晚年的时候，他又和太子淫乱，谋得了皇帝的宠爱，陷害王皇后，最后，以不义的手段当上了皇后。武则天杀害自己的姐妹兄弟，毒死皇后，天下人人对她不满，她篡权夺位，天理难容。"

这篇檄文写得文采斐然，武则天看完以后，就问大臣们这是谁写的。

有人就说："是骆宾王写的。"

武则天就对大臣们说："这可是宰相的过失啊！这个人如此有才华，却不重用他，以致他还在外面流落！"众人都不吭声了。

徐敬业为了使自己的号召力更大，他就找了一个很像太子李贤的人，然后就骗大家说："太子李贤并没有死，他逃亡到了城里，现在，他命令我们起兵。"于是，徐敬业也学了一回曹操的做法，与曹操的"挟天子以令诸侯"不一样的是，徐敬业来了个抚"太子"以令天下。

魏思温就对徐敬业说："既然您已经打出去匡复社稷的口号了，您就应该率领大军，大张旗鼓地向东都洛阳进军，这样的话，天下人都知道您是为了援救天下，就全会响应您的。"

而薛忠璋却对徐敬业说："金陵（今江苏南京）有帝王的气象，又有长江天险，很容易把守。我们还不如先夺下常州（今江苏常州）和润州（今江苏镇江），以此作为开创帝王之业的基础。然后再向北夺取中原地区，这样向前可以开拓，向后可以退守，是上上之策啊！"

魏思温听薛忠璋这么一说，就赶紧向徐敬业说："崤山以东地区的英雄豪杰，都因为武氏的专制而不满。他们听说您起兵了，就全都自己准备了干粮，拿起了自制的武器，等着您的大军到来。我们不乘此大好机会建功立业，却修建巢穴，退缩不前，让远近的人知道了，还不全得心灰意冷吗？"

徐敬业没有听魏思温的话，他派唐之奇驻守在江都（今江苏扬州），自己则率领大军前去进攻润州。魏思温见状就对杜求仁说："兵力聚起来才强大，分散开就衰弱了，这是常识啊！徐敬业不聚集力量渡过淮河，去召抚山东的兵众，攻取洛阳，反而分散人马去攻打润州，失败眼看就要临头了。"

朝廷任命左羽林卫大将军李孝逸为扬州道大总管，率领30万大军，前去讨伐徐敬业。而且还追削了徐敬业祖父和父亲的官爵，刨了徐敬业家族的坟墓，劈了棺材。

徐敬业听说李孝逸前来讨伐他，就马上从润州返回。徐敬业派徐敬猷进攻淮阴（今江苏淮阴西南），还让韦超和尉迟昭驻扎在都梁山。

李孝逸派助手马敬臣进攻都梁山，马敬臣出师顺利，斩杀了尉迟昭。等到十一月，韦超、徐敬猷相继逃跑。徐敬业见状不好，就派军队隔着下阿溪防守李孝逸的进攻。

李孝逸和徐敬业的军队交战了几次，但全都失败了，为此李孝逸很害怕，想要撤退。行军管记刘知柔和魏元忠就对他说："大帅，现在从我们这里到徐敬业的大营是顺风，再加上芦苇很干燥，正是火攻的好机会啊！"

唐高宗死后不久，武皇后立太子李显为帝，是为唐中宗。不久又废中宗为庐陵王，改立另一个儿子李旦为帝，是为唐睿宗。平定了徐敬业领导的反叛后，天授元年（公元690年），皇后武氏废睿宗称帝，改国号"唐"为"周"，称圣神皇帝。武后也成了中国历史上唯一自称皇帝的女人，前后掌权50余年。由于谥号中的"则天"二字，所以近代以来一些学者称其为"武则天"，但这是一个不严谨的称号，她在即位后自己造了一个字"瞾"，这个字意为"日月当空"，以示自己的神圣。

在武周15年统治时期，武后为了制衡甚至打击高宗以来的世家大族的权力，对以科举进身仕途的官员大力提拔。狄仁杰是其中的代表。她又安排她的侄儿武三思和武承嗣等人担任重要机务。索元礼、来俊臣和周兴等官员在她的鼓励下替她监视群臣。武后又常绕过门下省、中书省，直接对官员发号施令，开了破坏官吏制度的先例。

武后对佛教亦大力推崇，武周时期的佛寺兴建频繁，使用年号证圣、大足等，这与李氏皇族推崇道教和贞观、永徽、景云、开元等年号相对。

李孝逸一听是个好计，就出兵对徐敬业发起了进攻，乘着风势，放火攻击徐敬业。徐敬业大败，他的士兵死伤无数。

徐敬业骑马逃回了江都，带领着自己的妻儿老小逃奔润州，然后准备走海路，逃往高句丽。但是，当他携着全家老小到达海陵边境的时候，被大风给挡住了，一时不能逃脱。他的部将王那相见徐敬业大势已去，就砍了徐敬业、徐敬猷的人头，投降了朝廷。徐敬业剩下的党羽唐之奇、魏思温也都被抓住砍了头。

徐敬业造反就这样被平息了。

唐平高句丽

高句丽的泉盖苏文去世以后，他的大儿子泉男生代替他当了莫离支（一种官职名称，相当于兵部尚书兼中书令）。刚开始的时候，泉男生勤勤恳恳地治理政事，到各地视察，让他的两个弟弟泉男建、泉男产在京城里，负责处理大大小小的事情。

后来，有小人在背地里离间泉家兄弟的感情。有人对泉男生的两个弟弟说："你哥哥痛恨死你们两个了，他嫌你们碍手碍脚的，因此想把你们处掉，你们趁早做好打算吧！不然，可就有罪受了。"泉男生的两个弟弟刚开始的时候并不相信。

过了没多久，又有人对泉男生说："你的两个弟弟怕你回去把他们的权力剥夺了，他们打算把你拒绝在京城以外，不让你回去。"泉男生也半信半疑，于是就派自己的两个手下回到京城平壤，暗中侦察这件事是否属实。结果，他手下的两个亲信到京城以后，就被他的两个弟弟给捕获了，他的弟弟以王的命令召泉男生回去。泉男生害怕自己回去以后会被害，就不敢再回平壤。泉男建自己封自己为莫离支，派兵讨伐泉男生。泉男生只好逃走，驻守在其他的城邑里不敢出动，并让他的儿子泉献诚拿着自己的亲笔书信，到唐朝去请求帮助。

唐朝权衡各方面利弊，最终答应帮泉献诚出兵。

唐高宗乾封元年（公元666年）的六月，唐高宗任命左骁卫大将军契苾何力为辽东道安抚大使，领兵前去高句丽；又任命泉献诚为右武卫将军，让他做向导；还任命右金吾卫将军庞同善、营州都督高侃为行军总管，共同讨伐高句丽。

唐高宗初年，大将薛仁贵在金山打败高句丽兵以后，就要攻打扶余城。他的手下将领都认为他的兵力太少，反对进攻扶余城。薛仁贵见大将们都反对，就把豹子眼一瞪，说："兵不在多少，就看你怎么用，难道你们害怕了吗？那你们看我的好了！"于是，他自己作为先锋官，率兵进攻扶余城。结果，薛仁贵把高句丽兵打得落花流水，杀死和俘虏的高丽兵加起来总共有一万多人，扶余城就这样被攻下了。其他40座城池的首领见薛仁贵率领的部队这样勇猛，就全都乖乖地请求投降。

侍御史贾言忠奉命从辽东回到了京城。唐高宗就问他辽东的军事情况如何。贾言忠很乐观地对皇上说："陛下，高句丽一定会被平定。"高宗一听很高兴，就问他："你凭什么知道高句丽一定会被平定呢？"

贾言忠就对皇上说："陛下，隋炀帝东征没能成功，是因为隋军自身人心离散，相互怨恨。先帝太宗东征不成功，是因为高句丽内部没有破绽。而现在高句丽力量薄弱，自从泉盖苏文死后，朝中大臣专权，泉男生兄弟又相互攻击，加上高句丽还连年闹饥荒，人心涣散。而我朝国富民强，陛下圣明，将士们也都尽全力打仗，又乘着高句丽内乱的好机会，平定它不是很容易的吗？"

骑兵交战图 唐

高宗一听笑容满面，连连点头。他又问贾言忠："那你认为在辽东的将领中，哪一位最值得称道呢？"

贾言忠就说："薛仁贵勇冠三军，无人可比；庞同善虽然不善于带兵打仗，但是他治理军队十分严谨；高侃勤俭自律，忠诚而且还有谋略；契苾何力沉着坚毅，办事果断，虽然他很嫉妒比他强的人，但是，他很有统率军队的才能；至于说在忘记个人利益，全心为国家考虑的人当中，谁也不会赶上李勣。"

唐高宗一边听，一边点头，很赞同贾言忠所说的话。

唐朝的将士们在平定高句丽的过程中，连连获胜，攻下了许多城池，俘获了许多高句丽的士兵。

大将李勣攻克大行城以后，各路人马都和他的军队会合了，他们一路推进，到了鸭绿江。高句丽军队奋力反抗，但是李勣的军队作战勇猛，高句丽军队被打得大败而逃。李勣乘胜追击了200多里，攻下了辱夷城，其他各座城池的人见势不好，要不就弃城逃跑了，要不就都投降了。

契苾何力最先率领士兵们到了平壤城下，李勣的军队接着就赶到了。他们把平壤包围了一个多月，高句丽王高藏无奈之下派遣泉男产率领着98个首领，打着白旗，到李勣的军队投降。李勣以礼相待，没追究他们的责任。

泉男建仍然负隅顽抗，还不断地派兵出战，但往往都是大败而归。泉男建把军事都委托给僧人信诚处理了，结果信诚秘密派人找到了李勣，请求李勣让他做内应，李勣当然很高兴。过了四五天，信诚把城门打开，让李勣的军队进入。泉男建知道情况不妙，就要自杀，但是自杀未果，最后被大唐的士兵俘虏了。自此，高句丽才被全部平定。

裴炎之死

唐高宗时，突厥可汗阿史那伏念屡次侵扰中原，唐朝边疆地区人民的生命财产安全受到严重威胁。为了抵御阿史那伏念的侵扰，唐朝派大将裴行俭率军讨伐。

阿史那伏念本来以为自己的部落距唐朝路途遥远，唐朝军队不会来，所以在军事上毫无防备。裴行俭就利用阿史那伏念这种侥幸心理，率军越过沙漠，奇袭突厥。面对突然前来的唐朝军队，阿史那伏念一时间惊慌失措。为了减轻伤亡，尽快结束对突厥的战事，裴行俭以免除死罪为条件招降了阿史那伏念。

裴行俭平定突厥，立了大功，宰相裴炎对此非常嫉妒。裴炎怕裴行俭因为立功被提拔做宰相，跟自己争权，就向朝廷上奏说："阿史那伏念是因为被唐朝军队围困，走投无路才投降的。"因为裴炎的上奏，阿史那伏念最后被判处了死刑。知道阿史那伏念被处死的消息后，裴行俭伤心地说："杀了投降的人，恐怕以后再没有人投降了！"从此以后，他就借口有病，不再出门了。

唐高宗死后，武则天掌握了权力。虽然武则天没有称帝，但实际上已经相当于皇帝了。按照古代的制度，凡是皇帝都要建立七庙，分别供奉自己的上七代祖先。武则天的侄子武承嗣就请求武则天也建立七庙，武则天答应了。但宰相裴炎却坚决反对，武则天因此对裴炎渐渐产生了厌恶心理。

武则天篡夺了唐朝的政权，唐朝的皇室成员都对此耿耿于怀，伺机反叛。武则天为巩固自己的地位，就想把唐朝的皇室成员全部除掉。当时皇室成员韩王李元嘉、鲁王李灵夔在皇室中地位最高、威望最大，武则天的侄子武承嗣和武三思力劝武则天找借口赶快除掉李元

太平公主

太平公主（约公元665～713年），唐高宗李治之女，生母武则天。下嫁薛绍，再嫁武攸暨。生前曾受封"镇国太平公主"，后被唐玄宗李隆基赐死。太平公主是中国历史上赫赫有名的人物，不仅因为她是中国历史上第一个女皇武则天的女儿，而且因为她几乎真的成了"武则天第二"。

作为唐高宗李治与武则天的小女儿，唐中宗和唐睿宗的胞妹，太平公主生平极受父母兄长，尤其是其母武则天的宠爱，权倾一时，被称为"几乎拥有天下的公主"。其实，太平公主一生很不太平，她的血管里流动着的是她那极不安分的母亲的血液。从小，她骄横放纵，长大后变得凶狠毒辣，野心勃勃地觊觎着那高高在上的皇位，梦想像她母亲那样登上御座，君临天下。然而，正如黑格尔所言，历史往往会发生惊人的重复，但如果第一次是以喜剧面目出现，第二次则以闹剧出现。太平公主虽不乏心机和才干，也曾纵横捭阖得意于一时，但终未能承传母志，位列九五，只是在史书上留下许多五颜六色的斑痕而已。

嘉和李灵夔。武则天咨询执政大臣的意见，别的大臣都一言不发，只有裴炎坚决反对武则天这么做，武则天对裴炎更不满意了。

武则天的篡权行为也给了其他野心家起兵夺权的借口。将军徐敬业就借口武则天篡权，以恢复李氏唐朝为号召发动了叛乱。裴炎的外甥薛仲璋也参与了徐敬业的反叛。徐敬业的叛乱发生后，人心惶惶，裴炎这时为了表示自己临危不乱，不急于讨伐徐敬业。武则天问裴炎怎么才能平息叛乱，裴炎说："叛贼的借口就是恢复李氏唐朝，您只要把政权交还李氏，叛乱自然平定。"监察御史田崔詧听到裴炎的话就上奏说："裴炎身为宰相，有平叛的职责。他要是没有和徐敬业串通谋反的话，为什么让太后交回政权？"武则天于是下令把裴炎抓进监狱，派大臣审问裴炎是否有谋反的行为。裴炎入狱后一点都不屈服，有人劝他不要这样，裴炎说："自古宰相进监狱的，哪有活着出来的？"裴炎知道，武则天对自己深恶痛绝，自己必死无疑。

大臣李景堪出来证实裴炎确实谋反了。而大臣刘景先、胡元范都说："裴炎是朝廷重臣，对国家有功，对皇上尽忠，天下人都知道了。我们敢证明裴炎没有谋反。"武则天说："裴炎谋反有证据，只是你们不知道而已。"刘景先、胡元范说："假如裴炎这样忠心的大臣都算谋反，那把我们也当成谋反的人算了。"武则天说："我知道是裴炎谋反，而你们没有谋反。"文武大臣们证实裴炎没有谋反的人很多，但武则天都不听，过了几天把刘景先、胡元范也抓进了监狱，升了李景堪的官。这样朝中的大臣们再也没人敢帮裴炎说话了。

突厥骑兵攻城银碗　唐

裴炎最后在洛阳都亭被处斩。临死之前，裴炎回头对他的兄弟们说："兄弟们的官职都是靠自己努力得来的，我一点儿力都没出，现在却受我的牵连被贬官流放，太让人伤心了。"朝廷查抄裴炎的家产，发现裴炎身为宰相，竟然没有一丝一毫的积蓄。刘景先被贬官为晋州刺史，后又贬为辰州刺史（治今湖南沅陵）。胡元范被流放到海南岛后去世。

刚直不阿狄仁杰

唐高宗时期，将军权善才和范怀义误砍了唐太宗李世民陵墓上的松树，大理寺（唐朝最高审判机构）审判后将二人免职为民。可唐高宗李治却下特旨要将权善才和范怀义处死。大理寺法官狄仁杰向李治进谏说："权善才和范怀义的罪责不够判死刑。"李治说："他们砍了先皇陵墓上的树，惊动了先皇，朕要不杀他们就是不孝。"狄仁杰仍然坚持不能将权善才和范怀义处死。李治生气了，让狄仁杰出去。狄仁杰说："不顾皇帝生气向皇帝进谏，从古到今都被认为是难事，但我认为碰上夏桀、商纣王这样的暴君是难事，如果碰上尧、舜这样的圣主就不是什么难事了。现在法律上不够判死刑的陛下却判了死刑，这将使法律失信于人。今天因为一棵松树而杀死两位将军，后世的人会怎么看待陛下您呢？我之所以不敢执行陛下的命令，就是不敢因为自己失职而让陛下被后世嘲笑。"听狄仁杰说得这么诚恳，李治的怒气稍稍缓解了一些。最后权善才和范怀义被除名，狄仁杰因为直言进谏被李治赏识，几天后被任命为御史。

御史是专门负责监察官员的，狄仁杰担任御史后，对违背法律的官员都加以弹劾，毫不留情。大臣韦弘机负责建造皇室宫殿。他将这些宫殿都建得十分华美，特别是上阳宫，依山傍水，令人流连忘返。李治很喜欢上阳宫，刚一建好就搬了进去。可狄仁杰却弹劾韦弘机诱导皇帝奢侈享乐，韦弘机因此被免官。左司郎中王本立倚仗皇帝宠信，胡作非为。狄仁杰将王本立的罪行向朝廷启奏，请求朝廷将王本立治罪。李治想赦免王本立，狄仁杰说："王本立这样的人对国家有什么用，值得违背法律来赦免他？如果陛下要赦免王本立，就先将我治罪，让后人引以为戒！"王本立最后被免去了官职，朝廷中其他大臣都被狄仁杰的勇气所震慑，没人敢枉法行事了。

武则天掌权后，豫州刺史越王李贞、博州刺史琅玡王李冲为了恢复李家天下，起兵反抗武则天。那些平常养尊处优的王爷早没了父辈当年扫平天下的勇气和能力，还不到一个月，他们的反抗就被武则天平定。武则天派狄仁杰到豫州（今河南）担任刺史，彻查李贞的同党。当时，在豫州因李贞反叛受牵连的有5000多人，这些人都被判处死刑。朝廷的使者让狄仁杰尽快行刑。狄仁杰秘密给武则天上奏说："这些人都是被胁迫参加李贞反叛的，希望陛下原谅他们。"
武则天因此特别下旨将这5000人　　免
死，流放到丰州（今内蒙古五原
南）。被流放的人们路过狄仁杰曾
担任刺史的宁州（今甘肃庆阳）时，宁州
的百姓在路上迎接他们，对他们说：
"是狄仁杰公使你们活下来呀。"
流放者都被感动得痛哭流涕，
在宁州百姓给狄仁杰所立的狄
仁杰德政碑前拜了三天才离
开。

　　负责平定李贞叛乱的将
军张光辅居功自傲，肆无忌
惮地向地方索取财物，狄仁杰
没理张光辅。张光辅见狄仁杰不把
他放在眼里，生气地说："一个州
刺史怎么敢无视元帅的命令。"狄
仁杰说："反叛朝廷的只有一个李
贞，可现在李贞死了，却出现了成
千上万个李贞。"张光辅质问狄仁
杰是什么意思。狄仁杰说："你领
兵三十万，要杀的只有李贞。城中
的人听说你带兵来了，纷纷翻越
城墙向你投降。可你却纵容士兵
大肆抢劫，杀害投降的百姓冒充
杀死的敌人，致使河南血流成

狄仁杰像

河。你不是在制造成千上万个李贞是在干什么？我恨不得现在就把你的头砍下来。"狄仁杰这番义正词严的话让张光辅无言以对。张光辅回朝后对武则天说狄仁杰对他不礼貌，武则天因为张光辅的缘故，将狄仁杰降职为复州刺史。

后来，狄仁杰因在地方上政绩卓著又被调到朝廷任职。武则天对狄仁杰说："你把地方治理得很好，可有人陷害你，你想知道陷害你的人是谁吗？"狄仁杰回答："陛下认为我有过错，我就加以改正；陛下知道我没有过错，这是我的幸运。我不想知道陷害我的人是谁。"武则天很赞赏狄仁杰的美德，叹息了良久。不过狄仁杰最终也没逃过酷吏的魔掌，以谋反的罪名被抓进了监狱。狄仁杰知道如果不承认的话就会被拷打致死，就承认了谋反的罪名，借看守松懈的机会向武则天上奏说自己是冤枉的。酷吏还想让狄仁杰诬陷其他的人。狄仁杰听了之后以头撞墙，当场鲜血直流，以此表示宁死也不牵连他人。酷吏被狄仁杰的勇气吓倒，不敢再加以逼迫了。后来武则天终于醒悟过来，将狄仁杰释放了。

此事之后，狄仁杰更受武则天信任，才能也得到充分的发挥，成为武则天时代的一代名臣。